美 国 的
军事装备工业与贸易

黄如安　著

国防工业出版社

·北京·

内 容 简 介

美国的超级大国地位基本上是由四大支柱构成的:超强作战能力的军队;绝对优势的军事装备工业与贸易;强盛的国民经济和先进的科学技术。其中,拥有绝对优势的军事装备工业与贸易既是支撑霸主角色的四大支柱之一,也是美国宣称能够继续领导世界一百年,主导世界秩序和"独步天下"的重要"利器"。美国的军事装备工业贸易行业对于世人来说,既耳熟能详又神秘莫测。许多对于世界时事感兴趣的读者,可能都有这样一些疑问:美国的军事装备工业贸易行业的"前世今生"如何?它是如何演变发展的?它在美国国家和军事战略中扮演什么角色?尤其是在支撑其世界霸权中起到什么作用?美国的军事装备工业出口和装备采办是如何运作的?这些也正是作者要在书中探讨的问题,并与读者共享。本书以冷战前后的世界局势为背景,以美国国家安全战略目标为轴心,从理论与实务两方面探讨了美国军事装备工业与贸易的发展历史和政策演变,以及操作实务和利益博弈的具体展现。书中图文并茂、资料翔实,试图以兼收并蓄、百家争鸣的手法立一家之说,以达抛砖引玉的目的。

本书可作为军工、军贸、采办,以及美国军事装备爱好者的阅读资料,也可作为国防(军事)经济专业教科书或教学参考资料。

图书在版编目(CIP)数据

美国的军事装备工业与贸易 / 黄如安著. —北京:
国防工业出版社, 2015.10
ISBN 978 - 7 - 118 - 10767 - 8

Ⅰ. ①美… Ⅱ. ①黄… Ⅲ. ①军事工业 - 研究 - 美国
②军火贸易 - 研究 - 美国 Ⅳ. ①F471.264②EE712.45

中国版本图书馆 CIP 数据核字(2015)第 318647 号

※

国防工业出版社出版发行
(北京市海淀区紫竹院南路23号 邮政编码100048)
北京奥鑫印刷厂印刷
新华书店经售

*

开本787×1092 1/16 印张 18¼ 字数431千字
2015 年 10 月第 1 版第 1 次印刷 印数1—2000 册 定价56.00 元

(本书如有印装错误,我社负责调换)

国防书店:(010)88540777 发行邮购:(010)88540776
发行传真:(010)88540755 发行业务:(010)88540717

前　言

　　自从二战中美国总统罗斯福提出要做"民主国家的兵工厂"之后,美国的军事装备工业与贸易就做得风生水起,先进的武器装备也是全球闻名。二战后美国为了与苏联争夺势力范围,结成以美国为首的西方阵营对抗以苏联为首的东方阵营,并与苏联展开了长达近半个世纪之久的军备竞赛。于是,美国的军事装备工业贸易得到再一次的迅猛发展,其先进武器装备和军事技术大量流入北约盟国和日本、新加坡、韩国等非北约盟友,以及以色列、沙特、阿联酋、埃及等中东国家。苏联解体、东欧巨变,冷战结束后,包括美国人民在内的世界人民都指望着能够天下太平,收获和平红利,美国的军事装备工业贸易也该消停了。事情的发展往往出乎人们的预料,冷战刚结束,以美国为首的西方联盟就发动了第一次海湾战争。在短短几十天的战争中,美国使出了包括陆海空在内所有最先进武器装备,有的甚至是刚研制出来的武器,导演了一出高科技武器装备的战争秀,开了世界高科技局部战争之先河。进入21世纪,美国发动的伊拉克战争再次震撼世界。因为它使用的先进武器装备不再是单纯由机械化牵引而是由信息网络技术主导的,把世界带入了信息化战争时代。在最近美国牵头的西方对中东IS恐怖势力的空中军事打击中,美国出动F-22隐身战斗机和无人战机等最尖端武器,势必又要开创隐身和非接触战争的新先例。这必然引起世人对美国军事装备工业与贸易政策及实务的极大好奇,自然产生一种非要探究其中奥妙的冲动。因此,美国的军事装备工业与贸易依然是当今国防经济(军事经济)研究领域的重要选题。

　　也是从二战之后,美国就"自觉"地充当起世界警察和人权卫士的角色。为什么美国要自发地承担这些角色?美国觉得自己掌握了普世价值观,站在道德的制高点,具有超强的国民经济和一流的科学技术水平,以及拥有绝对优势的军事力量。而现代世界是无序的、混乱的,必须、也只有美国能够主导世界秩序的重建,以及维护好这个新秩序。为了维护美国制定的秩序和推行其价值观,或者说所谓的人权观,美国不惜发动战争,用超级暴力消灭美国的敌人或秩序破坏者。根据俄罗斯军事专家的观点,二战结束后,美国发动了几十场战争和军事冲突①。为了满足战争对装备、弹药、军需物资的巨大消耗,军事装备工业企业纷纷扩大生产,从而使得军事装备工业贸易

---

① 　瓦西里·米克留科夫.美国的沉重负担[N].俄罗斯独立军事评论,2015-01-16。

行业快速扩张。但是,长时间的战争消耗和军事支出,逐渐影响到国民经济的发展,恶化了美国的财政收支状况。到了奥巴马走马上任总统期间,不得不采取了国防预算的减支计划。但奥巴马已经向公众发出豪言——"美国要继续领导世界一百年"。其"亚太再平衡战略"也在实施当中,近期又主导了西方联盟对伊拉克和叙利亚境内IS的空中军事打击行动。此外,令美国担忧的还有一个不容忽视的安全威胁,那就是中国和俄罗斯等潜在对手进行的军事现代化计划,正在逐步侵蚀美国在武器装备和军事技术等方面的绝对优势,它将直接影响到美国的"作用"和"世界领导地位"。为此,美国正在制定新"抵消计划"。据2014年12月号的美国《国防》月刊的文章披露,五角大楼正在研究应对下一轮军备竞赛的战略,即如何在既定财力或国防费增长不大的前提下,集中美国的所有资源,优先发展先进无人机、无人潜艇和隐身轰炸机,以及新一代信息网络技术,从而抵消潜在对手的各种努力,保持美国的军事装备与技术优势。这些都预示着,未来美国的军事装备工业与贸易行业将会继续强劲发展,既要为美军武器装备采办提供物美价廉的选择,也要通过扩大军事装备工业出口为美国赢得巨大经济利润和地缘政治利益。

美国的军事装备工业与贸易是其国民经济当中的一个特殊经济部门,也是世界军事装备工业与贸易体系中的一个重要组成部分,但绝不仅仅是一个经济部门。在当今复杂多变的国际安全形势下,美国要承担起世界领导角色,要时刻捍卫其国家利益和价值观,还需要与欧盟、俄罗斯、中国等重要的国际力量进行利益博弈,它必须倚重其超强的武装力量和绝对优势的军事装备工业与贸易。因此,在研究和探索美国的军事装备工业与贸易问题时,要避免两种倾向:一种是单纯地从经济的角度去研究,认为美国发展军事装备工业与贸易只是为获得超额利润,平衡其巨大的国际贸易逆差;另一种是孤立地看待美国的军事装备工业与贸易,仅是把它放在一国国防经济的领域去研究其产生发展轨迹,从而找到一些规律性的东西。其实,美国政府一直是把军事装备工业与贸易作为一个战略部门来看待,把它当作实现其国家利益与军事战略的重要手段,以及领导世界、推行其价值观的"独门利器"。因此,本书试图透过现象看本质,以后冷战时代为大背景,从追踪美国国家安全与军事战略调整的轨迹出发,从理论与实务两个方面探索美国军事装备工业与贸易变轨、整合与再造的理论学说、实际做法、政策选择和采办改革,并试图以最新的和翔实的资料,图文并茂地客观描述美国军事装备工业与贸易的发展趋势。

美国的军事装备工业与贸易的走势与动态,随时牵扯着国际安全的神经,更牵动着我国的国家安全神经,因为美国是当今世界唯一的超级大国,拥有最强大的军事力量和绝对优势的军事装备工业与技术,又要继续发挥世界领导作用,推行亚太再平衡战略,把我国当作其潜在对手和制定世界新秩序的竞争者。耐人寻味的是,虽然许多人非常关心这个问题,但至今我国还没有一部专门研究美国军事装备工业与贸易的专著出版,我国在这方面的系统研究仍然处于空白。因此,本书作者希冀在弥补这个空白方面尽点绵薄之力,这就有了本书写作的动机和成书过程。

《美国的军事装备工业与贸易》的成书,可以说经历了十多年的风雨征程。作者长期从事军事经济教学科研工作,曾先后主编出版了《后冷战时代的世界军事工业与贸易》《俄罗斯的军事装备工业与贸易》《外军资产管理》等专著,并计划出版一本有关美国军事装备工业贸易的专著。现在这本书终于呈现在读者面前,既是作者多年的心血结晶,也了却了作者的一个夙愿。本书在写作过程中参考了大量国外和国内文献资料及相关研究成果,并借鉴了其中的有益观点,除了在书中的脚注和书后列出的"主要参考文献"外,可能还有一些,恕不一一列举,在此一并表示衷心的感谢。研究生李祯笃、梁啸一、朱爱平、刘业鹏、刘宜鑫、郭浩等,在本书资料收集、翻译、初稿整理和图表制作等方面出了不少力,在此也表示感谢。

本书在撰写和出版过程中,得到了军事经济学院及军队财务系领导的关心和指导。国防工业出版社的领导和责任编辑也给予了热情的帮助和支持。在此,也一并表示感谢!

虽然本书的撰写成书历经十多年、数易其稿,但美国的军事装备工业与贸易问题是一个大课题,属于军事强国军事装备工业贸易方面较敏感的选题,限于资料的收集和作者的水平,书中难免存在错误或不足之处,还望广大专家及读者不吝赐教,以便将来再版时修改。

作 者

2015 年 3 月于武汉

目 录

导　　论

　　美国为什么要拥有和发展规模庞大的军事装备工业与贸易？第一个原因，肯定是为了战争。军事装备工业与贸易既是战争的产物，又是参与或发动战争的基本物质手段之一。第二个原因，就是为了实现美国的全球战略和国家利益。在战争难以避免的今天，军事装备工业与贸易已经成为美国国家安全和军事战略的重要组成部分，也成为推行其价值观和发挥世界领导作用的一把"利器"。因此，探究和追踪美国军事装备工业与贸易发展的政策取向及其运行轨迹，以及军队装备采办的法规与实务，对于探寻美国的内政外交，尤其是探寻美国如何利用这把"利器"实现其国家利益，获得最大地缘政治利益和军事经济效益的所作所为，将是非常有益的。

　　军事装备工业(military equipment industry)，又称为军事工业(military industry)、军事科学技术工业(military science and technology industry)或国防工业(defence industry)，是指以从事武器装备等军事商品研究、开发、生产、销售，及对外军事技术合作交流为主的经济部门(行业)。因以生产销售武器装备和军需物品为主，以大规模、机械化、流水作业为主要特征，所以通常称之为"军事装备工业"。军事装备工业属于一国(或地区)国民经济中的一个特殊行业，它以经济基础和社会分工为依托，以重工业为基础，以高新科技发展为先导，专门或主要生产战争及军事用品等特殊"消费品"，是满足社会特殊消费(战争、军事训练、国防建设)需要的，服从和服务于上层建筑(国家安全与军事战略)的"战争行业"。

　　军事贸易(military trade)，通常又称为军火贸易(arms trade)或军品贸易(military article trade)，是一个与军事装备工业结合在一起，但又相对独立的行业，它既属于国别经济贸易的一部分，又属于国际经济贸易的一个重要组成部分。军事贸易通常是指国际军用商品的交易，即国与国之间发生的，跨国过境所进行的军事商品、技术与劳务的流通。因为国内发生的军事交易，各国都把它称之为军品采购或军队采购。所以，军事贸易通常是指国际或世界军事装备工业贸易，它属于国际贸易的一部分，但是，其中的一个特殊部分，因为军火属于一种特殊商品。军事贸易的产生，既是战争与军事的需要，也是军事装备工业发展本身的需要，因此，军事贸易不仅在战时会发生，就是在和平时期也很繁荣。军事贸易因战争和军事需要而出现，也是军事装备工业中的一个重要环节(流通环节)，属于一个国家(或地区)的一种特殊商品交易活动，更是军事经济的一个重要范畴。军事贸易的对象总体上说是武器装备等军需物品及其军事技术服务，而具体化又可以把它细分为以下几方面：一是直接用于战争或军事行动消耗的武器弹药及其装备；二是直接或间接用于军队建设或军事装备工业的生产资料和战略物资；三是直接用于军队建设或军事装备工业的技术专利等知识产权及劳务；四是与军事装备工业贸易和军事装备工业有关的投资、信息和服务等。由于军事装备工业与军事贸易密切相关，所以通常把两者结合起来研究。比如说本书的主题就是"美国的军事装备工业与贸易"。当今美国政府也是把两者作为一个整体进行统一管理,形成了美国军事装备工业与贸易的管理体制机制。

自南北战争之后,美国就开始建立其独立的军事装备工业。第一次世界大战期间,美国开始做起了军事装备工业出口贸易。二战时期,随着美国成为"世界工厂",也形成了世界上规模庞大、技术先进、配套完善的军事装备工业贸易产业,并成为了"民主国家的兵工厂",生产的武器除装备美军外,还大量出口给盟友及世界各地。二战后,美国与苏联进行了长达近半个世纪的军备竞赛,以及发动或参与了朝鲜战争、越南战争等许多海外军事行动,使得其军事装备工业与贸易得到再次膨胀发展,而且拥有了世界领先的绝对优势。冷战后,美国的军事装备工业与贸易虽然经历了前所未有的挑战和紧缩压力,但非常短暂。在美国政府的主导下,经过20世纪90年代第一个10年的企业重组、行业转型和基础再造,使其融入美国整个工业体系之中,整体实力和竞争力比过去更强。尤其是在20世纪90年代初,美国发动的第一次海湾战争,开创了高科技局部战争的先例,为其军事装备工业贸易产业变轨打了一支"强心剂"。美国随后开始的军事转型与军队转型,更是给军事装备工业贸易行业注入新的发展动力。21世纪初,美国发动的伊拉克战争,开了世界信息化战争的新河,不仅给军事装备工业贸易行业注入新的活力,也提出更高要求。当下,美国领导西方盟友对 IS 的空中军事打击行动,派出 F - 22 隐身战机和无人机等最新式武器,推开了"隐身和非接触战争"的一扇窗。美国政府正在研究部署新的"抵消战略",重点发展先进无人机、无人潜艇、隐身轰炸机、空天超高声速打击武器和无缝连接的新一代信息网络等颠覆性武器装备和技术。

美国军事装备工业与贸易是为战争和军事需要服务的,是"战争机器"的一部分,但是,它更需要服从和服务于国家安全战略,是从属于实现国家安全战略的重要手段——军事战略的一个重要组成部分。因此,研究美国的军事装备工业及贸易问题,就离不开对其国家安全战略和军事战略的研究。同时,离不开对其所处的国际安全环境,以及美国利用军事装备工业与贸易同其他国家进行博弈以谋取更多地缘政治利益的研究。如果撇开美国的国家安全战略和利用军事装备工业与贸易手段的国际利益博弈研究,单纯就军事装备工业与贸易研究而研究,结果会是如同"只见树木不见森林",或者说"只见河尾不见源头",更不可能透过现象看本质,找出美国军事装备工业与贸易的运动轨迹和规律性东西了。这正是本书的一大特点,或者说作者想要做到的。本书的逻辑构想就是在后冷战时代的大背景下,由于世界安全格局的演变而引起美国国家安全战略的变化,从而导致美国政府重新定位军事装备工业与贸易,并将其作为推行自己价值观和维持世界领导地位的重要筹码,作为一条红线贯穿始终,美国军事装备工业与贸易转型及其装备采办政策演变只是围绕着这条"纲绳"(红线)变化而变化的"目"或"项珠"。本书的第二个特点是,在研究美国国家安全与国际博弈策略的基础上,把其军事装备工业与贸易放在全球军事装备工业与贸易的大格局下进行研究,将其纳入全球军事装备工业与贸易框架进行比较研究,从而得出美国军事装备工业与贸易的更准确、更完整的定位与认识。本书的第三个特点是,取材经过反复斟酌,资料数据新。书中引用的素材和资料数据,有的是作者在国外实地考察的收获,有的是从报刊文献和网上浩如烟海的信息中精心选取,并尽可能地引用最新的数据资料。作者在研究撰写书稿时,注意随时搜索和及时更新资料,同时做到图文并茂,有的数据截止到2015年3月。本书的第四个特点是,在调查收集和掌握大量资料数据,以及吸收前人研究成果的基础上,立足于作者自己的独立思考和研究,争取将作者的最新研究成果或体会心得介绍给读者。这些观点也许不见得是真知灼见,但也是一家之说,目的是以文会友,与同行专家及热心读者共同切磋,以求共同进步。本书除了导论部分,还分为以下十三章,分别围绕这一主题展开了论述。

第一章　国家安全战略演化中的美国军事装备工业与贸易,主要是将美国的军事装备工业与贸易放在其国家安全战略演化的框架下来观察和分析,分别从冷战战略构想、后冷战战略构想和转型战略构想三个方面,探讨了美国国家安全战略的变化对军事装备工业与贸易发展数量与质量等的作用机理。

第二章　全球视野下的美国军事装备工业与贸易,主要从全球军事装备工业与贸易的大视角研究美国的军事装备工业与贸易,将其与俄罗斯、欧盟各国等军事强国进行比较分析,从而找准美国军事装备工业与贸易在全球的定位和重大作用,并展望了未来美国军事装备工业与贸易对全球军事装备工业贸易的重要影响。

第三章　鼎盛时期的美国军事装备工业与贸易,主要探讨了在冷战和军备竞赛时期美国军事装备工业贸易所取得的业绩,包括为军事装备工业与贸易打下了坚实基础,形成了全球规模最大的军事装备工业贸易产业,与苏联争夺军事装备工业出口世界第一所采取的方针政策,并与国民经济结成了紧密关系。

第四章　冷战后美国军事装备工业与贸易的整体转型,主要研究美国军事装备工业与贸易在冷战后所遇到的挑战和应对经历,包括美国政府制定军事装备工业与贸易转型战略,主导军事装备工业企业进行收购、兼并和重组,着手对其军事装备工业进行基础的转换、体制的重建,稳坐军事装备工业出口世界第一宝座的风雨历程。

第五章　美国军事装备工业基础再造与企业重组,主要探讨美国为应对冷战后国际安全格局变化和国家战略方针的调整,主导军事装备工业融入国家工业体系而进行基础再造活动,探索其军事装备工业基础再造的动因及其具体做法,尤其是军事装备工业企业进行重组,从而推动国家统一工业体系形成的经验教训。

第六章　美国军事装备工业转换与军民一体化,主要探讨美国在冷战后如何进行军事装备工业转轨,重点是进行军民一体化转换的经验做法,包括对其军事装备工业管理体制进行改革,引军入民与引民入军实现军事装备工业产业军民融合式发展,大力发展军民两用技术,提高军事装备工业整体竞争力等。

第七章　美国军事装备工业实力与核心竞争力,主要探讨后冷战时代经过重组与再造之后,美国军事装备工业整体实力和核心竞争力得到提升的基本情况,其军事装备工业基础进一步夯实,武器装备研制的实力大幅提高,军事装备工业的核心竞争力优势进一步彰显,并推出一大批高端武器装备和军事技术。

第八章　美国研制中的军事装备与作战系统,主要探讨美国正在研制或将要研制的武器装备和作战系统,包括电磁与激光武器装备,空天装备与未来技术,天价"未来作战系统",新概念武器和网络作战装备技术,以及一些颠覆性装备技术。

第九章　经济全球化与美国国际军事装备工业技术合作,主要论述美国在当今经济全球化与一体化大背景下,与他国开展军事装备工业技术合作的动因、策略和具体做法,重点是与北约、日本、以色列等盟国之间进行的军事装备工业技术合作。

第十章　冷战后美国军事装备工业出口贸易的发展变化,主要阐述美国在冷战后一边主导军事装备工业转型,一边积极推动军事装备工业出口,既配合国家战略实施又达到"以武养武"目的政策调整变化情况,包括如何制定出台新的军事装备工业出口控制法规政策,从而引发军事装备工业出口规模、出口结构和军事装备工业承包商的发展变化。

第十一章　美国的军事装备工业贸易政策与实务,主要从法学的角度,对美国军事装备工业贸易政策法律体系的演变和实际操作等,进行宏观和微观方面的深入分析与探讨,包括其军事装备工业贸易控制法规体系的框架结构、实际做法与采取的政策措施,以及为获得最大军事经济效益等国家利益而采取双重标准的技巧手法。

第十二章　美国军事装备工业贸易与军备控制,主要探讨美国在利用军事装备工业与贸易这把"双刃剑",企图实现军事装备工业贸易与军备控制"双赢"的艰难经历,重点从军事装备工业贸易与军备控制两者关系的分析出发,回顾了冷战后美国进行国内与国际军备控制的主要活动,展示了其期望军事装备工业出口与军备控制兼顾的主要成果。

第十三章　美国军事装备采办管理体制及其改革,主要研究美国军事装备采办管理体制及其改革的经验做法,探讨了其管理体制的基本框架、主要内容和制度办法,以及操作流程,对其改革的措施、成效和未来发展趋势进行了初步分析。

第一章 国家安全战略演化中的
美国军事装备工业与贸易

军事装备工业与贸易作为国家安全战略与军事战略的重要组成部分,是实现国家战略目标的必要物质基础;同时,两者具有互动关系。国家安全战略对军事装备工业与贸易具有质和量等方面的决定作用,前者的演化会导致后者的重大变化,而后者的变化也会引进前者的调整。在此方面,美国也不例外。

一、冷战战略构想中的美国军事装备工业与贸易

(一) 冷战战略构想的形成

1. 国家安全战略的基本含义

国家安全战略最初称为"国家战略",或"大战略"。如英国作家利德尔·哈特在1929 年出版的《历史上的决定性战争》著作中就提出了大战略的概念;而 1935 年的英军野战条令中对大战略所下的定义是,"最积极地运用国家全部力量的艺术。它包括运用外交、经济压力,与盟国缔结有利的条约,动员国家工业和分配现有的人力资源以及使用陆海空三军使之协调行动"[①]。美国战略家柯林斯在其著作《大战略》中对"大战略"概念的表述是,"在各种情况下运用国家力量的一门艺术和科学,以便通过威胁、武力、间接压力、外交、诡计以及其他可以想到的手段,对敌方实施所需要的各种程度和各种样式的控制,以实现其安全的利益和目标"[②]。

从以上关于"大战略"的两个种解释中可以看出,国家安全战略是一个有关国家长远的、整体的安全与防务的规划或设想,它包括利用和动员国家全部现有的或潜在的各种资源及手段(军事力量及其军事装备工业与贸易是主要的资源与手段),如何保障国家的安全,实现国家安全利益目标的艺术或科学。由此可见,国家安全战略与军事装备工业与贸易密切相关,后者是前者的重要组成部分。但"国家安全战略"的范畴远远超出"军事装备工业与贸易"的范畴。军事装备工业与贸易是实现国家安全战略目标的重要物质基础与手段,是一个国家为实现其战略目标必须考虑建立和发展的重要国民经济部门,但又不是一般的经济部门。所以,研究美国的军事装备工业与贸易,必须从其国家安全战略形成发展研究入手。

2. 冷战时期美国安全战略的形成

所谓冷战时期是指第二次世界大战结束之后,由于美国和苏联在意识形态、各自势力

---

① 孙向明,张辉灿. 战争与战略论集粹[M]. 北京:军事科学出版社,1989:477。
② 孙向明,张辉灿. 战争与战略论集粹[M]. 北京:军事科学出版社,1989:480。

范围的划分和争夺世界主导权等方面的分歧而产生的、以"冷对抗"为主要特征的时期，这个时期持续到1991年苏联解体和东欧巨变而告终，前后历时近半个世纪。

可见，美国冷战时期的国家安全战略是随着二次世界大战结束与苏联争夺世界霸权和军备竞赛而逐步形成的。其中，美国的军事装备工业与贸易在其冷战战略形成中起到十分重要的支撑作用。早在二战的早期和中期，美国打着"中立"的旗号，乘着交战双方都需要大量武器装备和作战物资的机会，大力发展军事装备工业，大肆出口军火和物资，大发战争财，从而成为战争的最大受益者。两次世界大战，战场都在美国本土之外，除了日本偷袭位于太平洋美国夏威夷的珍珠港，美国基本上没有受到战争的破坏，反而是大发战争财。美国依仗自己科技领先、经济发达的优势，在二战之前就已经取代英国成为"世界工厂"，并建立了技术超群、规模庞大、结构完整的军事装备工业与贸易体系。这成为美国敢于与苏联对抗，并试图完全按照自己的意图重建战后世界政治、经济和军事秩序，从而形成其冷战时期国家安全战略的重要筹码。

3. 美国冷战战略构想的主要特征

美国在冷战时期的国家安全战略的基本内容，简单地说就是其在确保本土安全前提下，按照自己的意愿在世界推行其价值观和生活方式，谋求整个世界朝着有利于美国方向发展的最大国家利益。因此，这时美国的国家安全战略不再是局限于本土安全的、纯国家利益的狭义的战略观，而是一种泛国家的或超国家的战略观，即世界性的国家安全战略。因此，美国冷战战略的核心是"维护美国在世界的领导地位"、建立"美国世纪"和美国主导的单极世界，寻找对美国的"最大威胁"，并与盟国加强军事合作，以及建立庞大而占绝对优势的军事装备工业贸易与国家防御体系，消灭一切对美国及其盟友可能构成的所有威胁。美国冷战战略构想具有以下主要特征：

（1）完全抵制甚至消灭共产主义政权及其意识形态。美国认为其奉行的以"自由、民主、人权"为核心的私有制、市场经济和资本主义制度是最完美的，而以苏联为首的社会主义国家实行的公有制、计划经济和社会主义制度是反"自由、民主、人权"的，是非人道的"独裁"政权，必须进行坚决抵制，甚至消灭之。于是美国纠集西欧、日本等西方国家形成资本主义国家阵营，与以苏联为首的社会主义国家阵营开展了一场"不见硝烟的战争"。为此，1947年3月12日，美国杜鲁门总统发表了他的冷战宣言，国会还通过了一项带有明显冷战色彩的法案，后来统称为杜鲁门主义。这种冷战思维后来又发展为麦肯锡主义以及克林顿主义。

（2）对社会主义国家政权及所谓主要威胁奉行遏制的策略。由于苏联战后经济、科技、军事装备工业的快速发展，并与美国展开全方位的军备竞赛，到20世纪50—60年代已经发展成与美国并列的世界超级大国，中国等社会主义国家也开始强大起来，美国想要消灭社会主义国家的战略目标难以实现，于是就转而采取了"遏制"的策略。据此，遏制便成为唯一的战略选择，即以"非全面战争"的方式，其中包括军事、政治、经济、文化等一些可控制、可动员的手段，阻止对手进一步发展，削弱对手扩张的能力，并试图使对手最终取消实施"扩张"的意图。

（3）优先发展军事科技、军事装备工业贸易等军事手段，以支持战略目标的实现。为确保在美苏争霸、军备竞赛和两大阵营竞争中美国的最终获胜，美国采取优先发展军事科技、军事装备工业贸易等军事手段的策略，保持作战能力、武器装备、军事技术的绝对世界领先的地位,以军备竞赛拖垮苏联,向世界热点地区销售军火牟取最大的地缘政治经济和军事利益,利用超强的军事实力遏制社会主义政权的"扩张"及其他对美国可能构成的威胁因素。

(二)冷战战略构想对美国军事装备工业与贸易的影响

1. 冷战战略构想对美国军事装备工业与贸易量的规定性

美国冷战时期国家安全战略对其军事装备工业与贸易量的规定性,是指该战略构想如何从数量或规模方面决定或影响军事装备工业与贸易的发展。二战结束,本该是"刀枪入库、马放南山",人类开始收获和平红利的时候,但随之展开的美苏争霸和军备竞赛,又使军事装备工业与贸易的发展成为美国优先的战略选择,并对其数量规模的增减与发展速度的高低产生重大影响。

首先,冷战战略构想对美国军事装备工业与贸易数量规模增减的重大影响。美国在二战时期就建立了种类齐全、规模庞大的军事装备工业与贸易体系,战时向同盟国出口了大量的武器装备,同时还给苏联提供了许多武器及作战物资援助。战后,美国一度收缩了其军事装备工业贸易的规模,许多军事装备工业企业开始军转民,主要生产民品,军事装备工业贸易额也大幅下降。但随着冷战战略的出台,尤其是与苏联展开全方位的军备竞赛,美国的军事装备工业与贸易又迎来了一个新的扩张机遇期。为了配合冷战战略构想,确保与苏联争霸和军备竞赛的胜利,美国还出台了"马歇尔计划",向西欧提供巨额军事经济援助,并直接出口大量高科技武器装备,全面武装欧洲;随后,美国又出台了武装日本和西德的计划,向过去的敌人(对手)提供大量的军事经济援助,以及军事技术装备的出口,将它们打造成对抗苏联等社会主义阵营的"马前卒",这些都成了直接支撑美国该时期军事装备工业与贸易保持庞大数量规模的重要因素。

其次,冷战战略构想对美国军事装备工业与贸易发展速度的重大影响。冷战时期,为了与苏联展开全方位的军备竞赛,保持世界超强与一流的军事技术实力,就必须保持其军事装备工业与贸易的庞大规模,并使之较快地发展。要维持军事装备工业与贸易较快的发展速度,首先必须增加投入,扩大国防预算,尤其是对军事装备工业贸易发展的支持经费。因此,二战结束后,美国仍然保持着庞大的国防预算,其国防开支一直占到世界各国的一半以上。再就是要增加军事采办开支,给美军采购和装备更多的先进武器装备,以应对与苏联的"冷战"和对外武力干预的"热战"需要。还有就是极力开展军事装备工业贸易,向世界(但不包括社会主义及敌对国家)兜售军火,"以武养武",使军火公司成为美国利润最大、最挣钱的企业。

2. 冷战战略构想对美国军事装备工业与贸易质的规定性

冷战战略不仅制约着美国军事装备工业与贸易的数量规模,而且还决定着其质量效益。美国冷战时期国家安全战略对其军事装备工业与贸易质的规定性,是指该战略构想如何从质量方面决定或影响军事装备工业与贸易的发展。

在冷战时期的美国和苏联,它们都制定了全球性的国家安全战略,都追求超强的军事实力与海外军事干预能力,因此,两个超级大国展开了长达近半个世纪的军备竞赛,首先是追求巨额的军费开支和大量的武器装备,以及规模庞大的军事装备工业贸易体系。在军备规模世界第一、势均力敌后,它们开始了军事装备技术与质量的较量。这就直接影响到美国军事装备工业与贸易发展的质量效益。美国首先爆炸了核弹,并第一个将核武器用于实战,苏联改进了核技术,并生产出世界上最大和最小的核武器;苏联发射了首枚人造卫星,并第一个将宇航员送入太空,美国紧接着实施"阿波罗"计划,第一次实现了人类登月的壮举;美国制定了"星球大战"计划,苏联建立了航天部队;美国研制成功了"GPS"全球导航定位系统并用于实战,苏联也在建立自己的卫星导航系统"格洛纳斯",但还未能完成苏联就解体了……

两国在军事技术与装备质量上竞赛的白热化时期应当说是在1973—1983年期间。据资料统计,20世纪70年代初,世界全部军事科研与试制费用中,美苏两国就占了将近85%。在这10年中,美国投入武器装备研制的费用高达1300亿美元以上,若把开发空间技术的费用包括在内,则占到整个联邦科研预算的2/3。苏联在这个时期的头5年中,军事科研与试制费用的投入落后于美国,但从1978年开始的后5年中,则超过美国30% ~ 40%。竞赛的结果是,加快了双方武器装备更新换代和质量提升的速度。自洲际导弹问世到20世纪80年代初期的25年中,核武器的发展就经历了4代。而在二战前,像这样高端武器的更新换代至少要用30 ~ 40年[①]。竞赛的最终结果是,美国军事装备工业贸易的质量效益略胜一筹,并保持世界超群水平,而伴随着冷战结束、苏联解体,苏联/俄罗斯军事装备工业贸易的质量效益则急剧下滑。

(三)冷战时期美国军事装备工业与贸易的发展状况

1. 冷战时期美国军事装备工业与贸易的基础

在冷战战略的指导下,美国不仅建立了技术超群、规模庞大的军事装备工业贸易体系,而且还打下了一个很好的基础。冷战时期,美国军事装备工业与贸易的基础有以下主要特色:一是组织管理严密,政府主导的特色明显。虽然美国的市场经济非常发达,军事装备工业企业大多属于民营企业,但其军事装备工业贸易在冷战时期仍然由国家直接控制,管理计划性强。以美国的航空工业为例,约1/3的工厂面积、很大一部分的制造设备和所有的军用飞机维修库都是政府所有的。在其他部门,如战略导弹工业、兵器工业,政府拥有的厂房与设备也占了举足轻重的地位。罗斯福时期研究原子弹的"曼哈顿计划",艾森豪威尔政府的弹道导弹发展计划,肯尼迪的"阿波罗"载人飞船登月计划,尼克松的航天飞机研制计划,里根的"战略防御倡议"计划(即"星球大战"计划),无一不是在国家统一的领导下有组织、有计划地进行的。二是门类齐全,新兴军事装备工业产业优先发展。国防开支的近1/3用于新武器系统的研发和采购,其国防科研与发展经费通常占国家研发总额的一半以上(见表1-1)。其军事装备工业生产已经发展成为几乎包括所有新兴技术在内的一个科研密集型的高科技产业。许多重大科技成果,例如原子弹、火箭、电子计算机和航天、电子、红外、光纤、激光器新技术,以及新材料、新工艺等广泛应用于军事领域。三是法规制度健全,军事装备工业贸易运作规范有序。

2. 冷战时期美国军事装备工业的超常增长

二战结束后,美国的国防开支虽经历短暂的调整,但随着朝鲜战争、越南战争的爆发,以及冷战战略的实施,国防费又开始不断地攀升,并经历卡特和里根时代,直到20世纪

---

① 王羊. 美苏军备竞赛与控制研究[M]. 北京:军事科学出版社,1993:31。

表 1-1　1980—1984 财年美国国防与民用研究及发展经费分配表　单位:亿美元

	1980	1981	1982	1983	1984	1980—1984 增长/%	按不变价增长/%
全国总研发费	316	333	361	685	446	41	10
国防研发费	150	184	221	249	293	93	53
民用研发费	161	149	140	136	153	-5	-29

资料来源:邹国晨等,《国防工业的特点、模式和军转民的经验教训》,国防科工委研究所,1987 年 8 月

80 年代末,其间美国的军事装备工业也一直处于不相称的膨胀时期。据资料统计,在冷战结束时,美国总的国防开支接近于第二次世界大战时的花费。其中最大的受益者之一就是军事装备工业企业及其承包商,美国的军事装备工业也得到了一个超常增长的机会。美国大多数重要的尤其是来自于军事装备工业的评论家的观点认为,那时的美国军事采购支出(如 1987 财年)达到自朝鲜战争以来的最高水平。在如此巨额的财力支撑和千载难逢的机遇中成就美国的军事装备工业贸易综合体,并形成了少数军事装备工业贸易寡头,它们把持着美国的军事装备工业并决定未来的走向。以下简要介绍美国的几家军火大公司。

麦克唐纳·道格拉斯公司(简称麦道公司 MDC)是二战后世界名列第一或第二位的军火商,并且在 1972 年、1981 年、1982 年、1984 年和 1988 年这 5 年中,其对外军事销售(FMS)的主要合同配额超过 8 亿美元,在 1982 年和 1985 年向国外军火销售的利润约占 MDC 的军品贸易的 1/5。在军事商品出口商中,该公司的垄断地位在某种程度上应归功于冷战时期其已成为美国最大的军品承包商。其主要生产一些武器系统,而不是大系统的部件或其他少量的昂贵装置,并且它的销售几乎全部是通过国外军事销售计划而不是一般商业途径。麦克唐纳·道格拉斯主要的出口项目是 F/A-18"大黄蜂"和 F-15"鹰"战斗机,以及"捕鲸叉"反舰导弹等。

波音(Boeing)公司长期处于世界飞机制造业领先地位,同时也是世界最大的军事装备工业出口商之一。根据美国财政部的统计表明,在 1983 财政年度里,波音公司是美国通过对外军事销售(FMS)渠道提供制造和维修武器装备的最大供应商之一。1982—1984 年一直处于前五名。1977—1981 年期间,波音公司的武器出口商业渠道要多于对外军事销售渠道。

通用动力公司是美国名列前茅的海外军事销售承包商。20 世纪 70 年代初期,该公司从未进入美国对外军事销售额前 14 名之列,但自 1977 年以来它就跃居前 5 名之内。通用动力公司通常不完全是从事营利性销售的军火商,但随着工业领域的扩展,推动着该公司与外国政府直接进行销售而改变非营利者身份。

3. 冷战时期美国军事装备工业贸易的繁荣发展

二战结束初期,美国的军事装备工业生产锐减,武器出口转入低潮。美国为加强同苏联的竞争,为配合其冷战战略的需要,在进行军事装备工业贸易时强调国家的政治、军事利益至上,军事装备工业贸易完全服从并服务于国家的安全、军事战略,并以军事集团内的军火销售为主导。美国于 1949 年通过与西欧国家的《共同防御援助法》,强调所谓"集体安全",向西欧盟国大规模提供军事和经济援助。20 世纪 50 年代,美国大部分军火系根据"军事援助"无偿提供,年销售额不足 10 亿美元。

美国军事装备工业贸易的再次繁荣是从 20 世纪 60 年代开始的。此时美国调整了军售策略,既要保障获得最大的国家安全与地缘政治利益,又要获得可观的经济效益。因此,无偿军事援助开始下降,以销售方式出口的武器大幅度增长,军售占美国整个军火输出额的比例由 20 世纪 50 年代的 20% 上升到 1962—1966 年的 64%。20 世纪 70 年代末,军火销售额占军火输出额的比例已高达 98%,而无偿援助则由 1970 年的 22 亿美元下降到 1976 年的 26 万美元。

在美国军事装备工业贸易繁荣发展时期,其出口项目之多,范围之广,在世界上也是首屈一指。军事装备工业出口产品从最先进的战斗机、战略和战术导弹、微电子设备,直到一般的基础设备和支援服务。其中 F－16 战斗机,B－1 战略轰炸机,E－3A 预警机,"北极星""三叉戟"战略导弹,"霍克""响尾蛇""捕鲸叉"战术导弹是国际军火市场的畅销货。美国军火销往 100 多个国家和地区。但主要出口流向是与其有军事联盟的国家或地区,向第三世界的军事装备工业出口中 70% 输往中东国家,其中,以色列和沙特阿拉伯是最大的顾主,远东地区主要销售对象是韩国、印度尼西亚和中国台湾地区。二战结束后,美苏争霸的重点在欧洲。美国提出了马歇尔计划,并在军事联盟方面建立了北大西洋公约组织。以苏联为首的东欧阵营也针锋相对,成立了华沙条约组织。这样,美国军火流向西欧,苏联军火流向东欧,使整个欧洲在 20 世纪 50—60 年代成为军事装备工业贸易最集中的地区。

冷战时期,美苏在武装欧洲的同时,也加剧了在亚洲和中东以及世界其他地区的对抗和争夺。朝鲜战争爆发后,美苏双方分别向南北朝鲜提供了大量的军火,再加上美国武装中国台湾和支持日本,致使远东的军事贸易比重迅速上升,在 20 世纪 50 年代,约占对第三世界军事装备工业出口总量的一半。朝鲜战争结束后,远东的军火需求量开始下降,但越南战争的爆发,又刺激了这一地区的军火需求,越南战争结束后,这一地区的交易量迅速下降,以后每年维持在 25 亿美元左右的水平上。

二、后冷战战略构想中的美国军事装备工业与贸易

(一) 后冷战战略构想形成

1. 后冷战时期主要标志

20 世纪 90 年代初,东欧巨变、苏联解体,以及华约的解散,标志着世界进入后冷战时代。1991 年 12 月 25 日,有着 74 年建国历史的苏联仿佛被魔法师的魔杖点了一下就宣告消失了。其法定继承者、新独立的俄罗斯联邦又势衰力弱,并面临着十分严峻的国内外安全形势。冷战时期与美国竞争,争夺世界霸权的另一个超级大国苏联已经不复存在,由此在冷战时期制定的准备与苏联打大规模战争,包括核战争的军事"遏制"战略已失去了存在的基础。冷战结束,美国面临的国际国内形势也发生了重大变化。冷战时期美苏长期的军备竞赛虽说把苏联拖垮了,但美国国内也是财政赤字长期居高不下,20 世纪 80 年代末 90 年代初,又恰逢美国遭遇一次新的经济衰退,国内要求削减政府开支,包括国防预算的压力日益加剧。出于国内外形势变化的考虑,美国政府也打算调整其国家战略构想。

2. 后冷战时期美国安全战略的形成

冷战结束后，美国适时调整了国家战略，包括国家安全战略和军事战略。其战略核心由与苏联争霸的两极对抗的"遏制"为主战略，转变为单独称霸与维持美国"领导"世界的单极目标的"参与和扩展"战略。如果说"遏制"战略是着眼于争取以美国和北约的军事质量优势来与苏联的军事数量优势的抗衡，并阻止"一个超级大国可能对美国发动的突然袭击"，是守势；"超越遏制"战略的推行则使美国迈出了以军备竞赛拖垮苏联，以西方模式演化苏东集团的实际步骤，是重点进攻；那么，"参与和扩展"战略就是美国为实现独霸世界的单极世界战略目标而实施的全面进攻，重点是北约东扩，在欧洲全面压缩俄罗斯的势力范围，在亚太地区积极主导地区形势，进一步"遏制"中国的崛起，进而巩固已有战果，建立美国主导型的世界霸权体系。而且，美国的国家安全与军事战略思维也开始摆脱"遏制—消灭"的窠臼，逐步向"参与—演变、扩展—消化"及"营造—独霸"过渡。

1994 年 5 月，克林顿总统正式向国会提交了《国家参与和扩展安全战略》报告，明确提出以安全、经济和民主为三大支柱，以军事力量为后盾，用积极手段参与国际事务，并在世界扩展其价值观和市场经济模式，最终实现确立美国世界霸主地位的目标。"参与"，就是美国要介入并企图主宰一切国际事务；而"扩展"，就是要把美国的价值观和生活方式推广到世界的每一个角落，最终实现"美国治下的世界"。因此，这个后冷战时期出台的美国"参与和扩展战略"相对于冷战时期的战略，更具有世界性和进攻性。1997 年 5 月，美国国防部在其《四年防务审查报告》中又出台了面向新世纪的世界战略，即"参与"战略。其核心是"维护美国在世界的领导地位"，建立"美国世纪"，为此必须寻找对美国的"最大威胁"，并将其消灭。在冷战时期，这个最大的威胁是苏联，在后冷战时期，是一切可对美国的世界或地区领导权构成挑战的大国或失败国家政权以及不确定的潜在对手。该战略认为，在 2015 年之前，美国所面对的主要安全威胁是新兴强国对美国霸主地位的挑战、大规模杀伤性武器的扩散和"非对称"威胁等对以美国为主导的国际体制的冲击。而在 2015 之后可对美国构成世界性挑战的对手则可能是中国或俄罗斯，因此，美国必须"领导"世界，通过不断扩大世界发展不平衡状态和彻底打破冷战遗留下来的均势结构，重新制定国际游戏规则，营造一个对美有利的战略环境，将冷战时期与苏联分享的均势霸权平稳过渡到独霸世界的单极霸权。

3. 美国后冷战战略构想的主要特征

美国后冷战战略的特点与冷战时期相比，其主要表现就在于利用军事手段和军事战略实现美国国家安全和世界战略，更加强调其无与伦比的绝对军事优势的"威慑"作用，包括军事装备工业与贸易，以炫耀武力和实战能力来"吓阻"任何可能对美国及其盟友的武装挑衅与威胁，保持能够同时打赢两场大规模的局部战争的作战能力，并推进军事革命和军队改革，以及改善与加强同盟国合作，提高美军与盟军联合作战的协同水平，确保美国的世界霸主地位不受威胁。可见，美国后冷战战略目标不是比过去减少了，而是增加了；其战略范围不是比过去收缩了，而是进一步扩张了；其战略要求不是比过去下降了，而是更加提高了。因此，乔治·W·布什一上台就在国际事务中推行"单边主义"，向世界热点地区及所谓盟友大量兜售武器，大幅度提高军事预算和军事装备工业的投入，加紧部署导弹防御系统，重新整合军事装备工业与贸易体系。

（二）后冷战战略构想对美国军事装备工业与贸易的影响

1. 后冷战战略构想对美国军事装备工业与贸易量的规定性

20世纪90年代初,随着苏联解体、东欧巨变和华约的解散,冷战结束了。这时,地球人又开始思量着如何分享和平红利的问题。事情的发展起初也确实如人所愿。1991年当苏联红旗从克里姆林宫消失,老布什政府修订了它的国家安全战略和防务计划,要求实行削减军事开支和裁减其庞大的军事力量的计划,但还应保持一个的"基本军事威慑力量",以应付大规模地区突发事件,并允许继续执行某些加强和改进军事实力的项目。虽经历了1991年的海湾战争和1999年的科索沃战争两次局部战争,克林顿政府基本上沿袭了老布什政府的国家安全观和削减军备的初衷,这些变化导致到1997年的国防开支实际削减了21%,并要求实质性地大规模压缩冷战时期的武器现代化项目。而克林顿与老布什两者的军备调整计划也有着许多的区别,老布什虽然压缩了海军,但保留着一只庞大的海军舰队;克林顿的计划还对陆军和空军进行了精简,同时,要求压缩过度膨胀的军事装备工业与贸易体系。这些都对美国的军事装备工业与贸易的规模和发展速度造成重大影响,使其面临着重大的调整期。此后,美国的军事装备工业与贸易确实进入自二战以来的第二重要调整期,其庞大的军事装备工业贸易体系得以"瘦身",发展速度慢了下来。

冷战结束后的最初几年,美国各大军事装备工业企业面临国防费下调,军事采购费骤减,订单大幅减少的局面。1985—1995年的十年时间里,美军方对军舰的采购量下降了80%,从1985年采购29艘下降到1995年的6艘;对飞机的采购下降了86%,从1985年的943架下降到1995年的127架;而主战坦克生产已经结束,1985年曾生产720辆主战坦克,到1995年一辆都不生产了。战略导弹的生产下滑了93%,从1980年的307枚下降到1995年的18枚。20世纪80年代武器装备的高库存也成为90年代军事装备工业发展的一个不利因素。与此同时,国际军火市场对武器装备的需求大幅度下降,军火市场由卖方市场转变为买方市场,美国军事装备工业的生存和发展面临挑战。尽管军火公司和政府努力促进军事装备工业更加国际化和更加商业化,但是,军事装备工业贸易规模压缩与速度减缓已成事实。

2. 后冷战战略构想对美国军事装备工业与贸易质的规定性

后冷战战略构想不仅对美国军事装备工业与贸易的数量规模产生了重大影响,而且还对其发展的质量效益造成了重大影响。后冷战时期美国的军备重整计划与冷战时期不一样。整个冷战时期的军备计划是一种公开的军备竞赛,是美苏战略对抗,是在美国与苏联之间展开的,并导致彼此追求高新武器数量的突破,以及保持规模庞大的军事装备工业贸易体系,以应对两者之间可能爆发的大规模战争甚至是核战争对武器装备的超常需求。后冷战战略构想则不同,由于苏联的消失,世界爆发大规模战争或者核战争的可能性基本不存在,现有的常规武器和核武器的数量规模大大超出实际的需求。因此,美国的当务之急是要不断提高与武器系统相关的技术水平,加强战略的前瞻性研究,以使自己的军事技术优势不被对方的军事革新所取代。所以,美国在大力压缩军事装备工业贸易规模的同时,却引领着一场世界军事革命,即20世纪90年代初发端于美国的世界新军事革命。这次新军事革命是建立在新技术革命基础之上的,是以信息网络技术、数字化技术、计算机技术在军事领域的广泛运用为特征的。它不仅对武器装备产生了重大影响,同时也对军事理论、战争形态、建军思想、体制编制和后勤保障等诸多方面造成重大变革。新军事革命给美国军事装备工业贸易发展的质量效益带来的直接变化是,其生产的武器装备逐步实现了信息化、数字化和网络化,不仅进一步确保了美国的世界军事技术领先地位,也使美国的军火在国际军火市场上大受欢迎,军事装备工业综合体也是财源广进。

(三) 后冷战时期美国军事装备工业与贸易的发展状况

1. 后冷战时期美国军事装备工业与贸易基础的调整

后冷战战略不仅影响到美国军事装备工业与贸易发展的数量规模与质量效益,对其根基也产生了重大影响,使军事装备工业贸易的基础进入了重大调整期。美国军事装备工业贸易基础调整的主要特点,就是企业合并与重组,目的是通过军事装备工业贸易企业的合并和重组来增强其市场竞争力,形成几个军事装备工业贸易企业集团,取得规模经济效益,并且军民兼容,与整个国民经济融为一体,从而既减轻对政府和国防预算的依赖,又彻底改变军事装备工业贸易体系的旧有格局。美国政府支持军事装备工业企业合并重组的理论依据非常简单:当前的国防开支水平不能维持一个冷战时代的军事装备工业基础。国防部希望通过鼓励军事装备工业企业合并、减少国防需要的行动,来缓和国内有关美国在冷战后仍然维持更高的国防开支水平的政治批评。事实上,军事装备工业贸易基础调整开始于20世纪80年代,老布什政府采取了一种不干涉的方法进行军事装备工业的改革。到了克林顿政府,特别是国防部长威廉·佩里和他的前任部长,都在积极地推动和支持在主要军火公司里进行并购。事实上,佩里在他任国防部长时指出:"在先前的政府和我们之间存在的不同是,我们希望制定一项军事装备工业基础调整政策。"这些政策的目标,不仅仅是简单地给予美国军火公司补助和支持,而是创造和维持一个能够支持未来国家安全目标的可行的军事装备工业基础。

军事装备工业企业快速合并极大地改变了美国军事装备工业基础。到21世纪出现的是:一个私人的"军事装备工业贸易"系统高度依赖于5~10个大的联合企业集团,并且努力寻求国际合作。大型军事装备工业企业往往选择合并重组的道路,通过加大规模,减少成本,增强国防竞争力的方式,成为保留下来的具有强大竞争力的少数几个军火行业巨头。美国政府全力支持军事装备工业企业规模空前的并购整合,通过加速结构的调整,优化资源配置以增加产业的整体力量。美国政府还通过放宽军事装备工业贸易政策,扩大军火销售额,为其军事装备工业重组获取启动和运作资金。经过十多年的并购,尤其是20世纪90年代大规模的并购整合,到1997年底,美国军事装备工业已被四五家巨型跨国公司所瓜分。20世纪90年代时,洛克希德与生产电子装置的马丁·玛丽埃塔公司合并,洛克希德·马丁公司稳稳地占据了军用飞机头号制造商的地位。目前,全球最大的军事装备工业企业是美国的洛克希德·马丁公司,这家公司已掌握美国国防部军事采购的1/3左右,控制了40%的全球战斗机市场。军事装备工业最引人注目的是波音公司与麦道公司的合并,两大公司合并后成为了全球第二大军火公司。以生产导弹为主的雷神公司兼并了两家技术实力雄厚的电子公司,得以在导弹技术领域遥遥领先,在反恐战争中轰炸阿富汗的精确制导导弹就是由这家公司生产的。

　　冷战后军事装备采购支出空前下降的情况也动摇了美国的军事装备工业贸易基础，除促使军事装备工业企业合并重组外，军事装备工业企业裁员也不可避免。根据美国国防部的估计，与军事装备工业贸易相关的雇员在 1989—1997 年间下降了 39%，每年大概下降 5% 。相似的是，美国劳工统计局（Bureau of Labor Statistic）证实，私人军事装备工业企业在 1987—1992 年间裁员 60 万人，在 1997 年又裁掉了 60 万人。除了人员缩编，美国军事装备工业基础已经经历了结构上的转变。贸易企业并购已经大范围地进行，军事装备工业结构看起来与 1986 年时的状况很不相同。军事装备工业企业合并浪潮并没有发生在一个真空的状态里。军事装备工业企业合并得到美国政府的大力支持，国防部积极地推动并购。国防部在向国会提交的报告中指出，国防部"继续鼓励在军事装备工业的大量需要的合理化调整"。因为在军火公司里，过大的生产能力频繁地转化为更高的武器成本，对于国防部和纳税人来说，合理化调整会带来一个明显的国防成本的节约。这是政府和纳税人都乐意见到的最好结果。

　　2. 后冷战时期美国军事装备工业的整合

　　根据后冷战战略构想，美国政府一方面出台相关政策，鼓励军事装备工业企业合并重组，调整军事装备工业贸易行业的基础，增强军事装备工业综合体的国际竞争力；另一方面，又出台政策促成军事装备工业企业"军转民"工程的实施，以整合整个军事装备工业。美国军事装备工业企业为了改变过度依赖国防订货以及生产效益下滑局面，纷纷主动求变，改变生产和经营策略。有的通过合并重组，形成了几家大的军事装备工业企业集团；有的众多小型企业选择了"军转民"，退出了军事装备工业；而许多军事装备工业贸综合体则采取了"军民兼容"的策略，走了一条军民融合发展的路子。

　　美国军事装备工业整合的显著特征就是军民融合。随着冷战的结束，许多专家，包括军事装备工业贸易行业及政界人士都提出了在军事装备工业与商业行业基础之间重新整合的军民兼容观点，以此来应对军事装备工业所面临的若干挑战。这里以美国国防部的观点为代表。首先，国防部认为，要维持美国军事技术的领先地位，就必须继续显著地依靠商业领域的尖端技术，并将其引入防务系统；其次，防务预算的削减意味着军事专业化研究与生产的费用也可能受到限制，而许多军事需求的供应不得不依靠商业性厂家，但这必须是可行的，也能够充分满足防务需要；再次，通过防务技术的转让也能达到规模经济效益，并提高商业产品的性能和促进两用产品的生产；最后，军民兼容政策的实施也能改变现行军事装备工业的企业经营、政府主导的旧有模式，尽可能使整个军事装备工业融入国民经济体系，实现军事装备工业的军民一体化。

　　3. 后冷战时期美国军事装备工业贸易的变化

　　进入后冷战时代，美国的军事装备工业贸易体系的发展规模和速度虽然受到抑制，雇员有所减少，许多小型军事装备工业企业也退出了军事装备工业，但经过几年的调整改革，尤其是企业合并重组与结构调整后，美国军事装备工业的整体实力有所加强，高科技武器装备尤其是信息化武器装备的生产能力不断提高，不仅能够充分满足本国军队所需，还能大量出口，给军事装备工业企业带来了很好的经济效益。这些都反映在冷战后美国军事装备工业贸易的一些新变化方面。冷战结束，特别是美国发动第一次海湾战争等几场高科技局部战争之后，美国的武器装备在国际军火市场获取了相当大的份额，以此也说明，美国军事装备工业的调整改革是成功的。冷战时期，美国在国际军火市场的份额有时低于苏联,进入20世纪90年代后,美国的军火巨头们大大扭转了过去的逆势。自1990年军事装备工业出口再次超过苏联后,随后连年独霸世界军火市场。

美国是后冷战时期全球最大的军火销售国。从1991年起,美国一直控制着世界军售市场,每年出口的武器装备占全球军售总额的50%以上,1993年甚至超过60%。而在冷战结束前的4年里(1986—1989年),美国共出口了345亿美元的武器装备,但从1991—1994年的4年时间里,这一数字增加了140%,达到831亿美元。1999年,美国提供了世界武器市场54%的武器(价值184亿美元)。美国在2000年一年向外国出口的武器装备总额就达到550亿美元(这包括不在官方统计数据之外的非法的武器和技术出口额)。2000年美国签订的武器出口合同金额比1999年增长了57亿美元,达到了186亿美元,增长44%,是连续第三个增长年,这一数字占该年全球军贸的50.4%。美国的军售相关情况从表1-2~表1-4可略见一斑。

表1-2　1990—1996年美国等主要军事装备工业出口国常规武器销售情况　　　　　　　单位:亿美元

	1990	1991	1992	1993	1994	1995	1996
美国	106.48	125.68	141.87	142.70	120.29	109.72	102.28
苏联/俄罗斯	104.59	46.57	29.18	37.73	7.63	35.05	45.12
德国	15.56	25.20	15.27	17.27	24.48	15.49	14.64
英国	15.09	11.43	13.15	13.00	13.46	15.68	17.73
法国	22.20	10.71	13.02	13.08	9.71	7.85	21.01
荷兰	2.67	4.53	3.33	3.95	5.81	4.30	4.50
意大利	2.87	3.60	4.34	4.47	3.30	3.77	1.58
世界前30家军火公司总额	308.91	258.19	248.40	264.44	218.20	231.89	229.80

资料来源:SIPRI年鉴1993—1997

表1-3　1991年世界最大军火公司及销售额占地区/国家的比例

军火公司数	国家或地区	军火销售额/亿美元	占军火销售比重/%
47	美国	1089	60.90
40	西欧经合组织成员国	586	32.80
7	经合组织其他成员国	67	3.80
6	发展中国家	46	2.50
100	总计	1788	100.00

资料来源:SIPRI年鉴1992

表1-4　2000年美国等主要军事装备工业出口国武器销售情况比较　　　　　　　单位:亿美元

国别	美国	俄罗斯	法国	德国	英国
出口额	186	77	41	11	6

资料来源:防务系统日报,2001-08-22

三、转型战略构想中的美国军事装备工业与贸易

(一) 转型战略构想的形成

1. "9.11"事件的爆发

进入 21 世纪,人们又开始为世界和平祈福,期望人类从此能够和平安宁,幸福永远。然而,"9.11"事件又打破了这个美梦,战争与暴力再次与人类如影随行。2001 年 9 月 11 日的早晨,十几名恐怖分子劫持了美国三架民航班机,几乎同时撞向纽约世贸中心的双子塔和五角大楼,造成双子塔夷为平地,五角大楼的一角坍塌,数千人死亡的严重后果。这是美国本土自从独立战争与南北战争以来遭遇到的最严重的恐怖袭击和人员伤亡事件,虽然美国在 20 世纪参与了两次世界大战,但美国本土并没有遭受到战争的创伤。因此,"9.11"事件虽然造成的人员伤亡和财产损失并不是很大,但对美国人的心灵却是十分震撼的一击,对于美国政府更是"当头一棒"。美国人开始清醒意识到美国并不是神圣不可侵犯的,美国本土也不是十分安全的。美国政府也开始忙于调整其国家安全战略,不仅要实现军队转型,同时也要实现战略转型,通过战略转型以改善美国的军事力量,包括军事装备工业贸易体系的能力,在确保本土安全防御的基础上,继续谋求巩固其全球领导地位和一超独霸的格局。

2. "9.11"事件后美国国家安全与军事战略的转型

"9.11"事件发生后,美国政府及情报部门迅速判断它是一次国际恐怖袭击事件,其幕后策划者是隐藏在阿富汗的塔利班"基地"组织头目本·拉登,于是美国政府要求塔利班政权交出本·拉登,但遭到拒绝。2001 年 10 月 7 日,美国发动了对阿富汗塔利班政权的大规模军事打击,阿富汗战争爆发。美国称为反恐战争的正式暴发。2003 年 3 月 20 日,美国又以伊拉克萨达姆政府拥有大规模杀伤性武器及与本·拉登相勾结为由,发动了伊拉克战争,又称为第二次海湾战争。于是美国领导的所谓世界反恐战争再次暴发。今天来看,它是一场旷日持久的世界局部战争。

美国发动世界反恐战争正是实施其转型战略的具体步骤之一。美国战略转型的内容主要体现在如下事项之中:2001 年 10 月 26 日,美国时任总统小布什签署了《爱国者法案》,在维护国家安全的名义下,赋予有关当局更多的侦查和搜查权。2001 年 11 月 3 日,小布什签署命令,批准设立特别军事法庭审判外国恐怖嫌疑犯。2002 年 4 月 17 日,美国国防部宣布组建美军北方司令部,负责美国本土防御。2002 年 6 月 12 日,小布什签署防止生物恐怖袭击法案,以应对包括炭疽袭击在内的恐怖袭击。2002 年 7 月 16 日,小布什正式公布了美国历史上第一份《国土安全国家战略》。这项战略要求采取各种措施,加强国内安全,防止美国再次遭受类似"9.11"的恐怖袭击事件。2002 年 9 月 20 日,美国公布了小布什总统上台后的第一份《美国国家安全战略》,首次正式提出了向恐怖分子和敌对国家发动主动进攻的"先发制人"战略。2002 年 11 月 25 日,小布什签署了成立国家国土安全部的法案。2003 年 2 月 14 日,小布什政府公布了《打击恐怖主义国家战略》,表示美国将把反恐重点放在将恐怖袭击扼杀在萌芽之中,阻击在美国本土之外,并且在必要时美国必须采取单边行动。

从以上一些重要文件的内容可以看出,美国战略转型核心内容有三点:一是国家安全防御的重心由海外转到本土;二是军事战略方针由"积极防御"转到"先发制人";三是对付恐怖分子以及对美国及其盟友可能的威胁由预防为主转为"主动进攻"。而要实现这些转型战略的目标,首要必须加强美国军事力量(包括军事装备工业贸易体系)的能力建设,促进军队与军事装备工业综合体的转型。奥巴马当选总统后,虽对国家战略进行了适当的修订,但还基本继承了小布什的转型战略构想。2010年5月27日,美国发布了新版《美国国家安全战略》报告。这是奥巴马上任以来首次发布这一战略,也是美国4年来的第一次。新战略仍以维护美国"领导地位"为战略目标,但在战略手段方面强调立足国内与开展国际合作,并没有出现"先发制人"战略方针以及"同时打赢两场大规模局部战争"的旧有措辞。该版《美国国家安全战略》报告强调,必须把推动经济增长和扭转财政状况作为国家安全的优先任务来看待;包括基础设施建设和军事装备工业综合体在内的经济复苏,将更加安全可信地应对恐怖主义。2015年2月6日,奥巴马总统公布了新的《美国国家安全战略》报告,这是其第二个任期发布的最新战略报告。该报告在继承其第一任期战略核心思想的基础上,虽然重提美国的世界领导作用并表示会继续领导全球反恐斗争,但强调华盛顿不想单干。主要考虑是美国的资源有限,单独动武乏力,十多年的"反恐战争"已经消耗美国纳税人1.7万亿美元,虽然支撑了军事装备工业贸易行业的繁荣,却给国家财政带来了沉重的负担。因此,奥巴马的新国家安全战略强调外交优先,美国不会放弃世界领导权,而是会改变策略,在主导全球事务基础上,组织联盟替代单干。这样既能保持美国军事实力与军事装备工业技术的绝对优势,又可避免资源不逮之忧。

(二)转型战略构想对美国军事装备工业与贸易的影响

1. 转型战略构想对美国军事装备工业与贸易量的规定性

转型战略构想不仅使美国的国家安全理念产生了重大变化,也使得其军事装备工业与贸易迎来了又一快速发展的"春天"。首当其冲的是刺激了美国军事装备工业贸易规模与数量的快速发展。首先,从美国的选举文化来看,小布什的上台本身就意味着军事装备工业贸易集团的重大胜利。俄罗斯军事分析家弗拉基米尔·斯利普琴科认为,小布什不是多数票选举出来的,而是军事装备工业集团任命的总统。在克林顿8年执政期间,克林顿几乎没有订购过太多的军事装备工业集团的武器,美国"军事装备工业企业"只是在保养以前制造的武器,这项工作数量不多,挣钱也不多。军事装备工业集团艰难度日,因为缺乏来自政府购买高精确度武器的巨额财政拨款。备受缺钱困扰的军事装备工业集团终于抛弃了戈尔,而任命了小布什。于是,小布什回报军事装备工业集团的恩赐,重新装备美国。其次,由于遭受"9.11"恐怖袭击,美国发动和领导了世界反恐战争。人类刚进入21世纪,美国就借口遭受恐怖袭击,连续发动了阿富汗战争、伊拉克战争两场大规模局部战争,并称之为世界反恐战争,扬言要将战火扩大到其他支持恐怖主义的国家或地区,并且是持久战。战争不仅消耗了美国所有库存军火,而且许多军火公司必须加班加点才能满足前方军队的需要。再次,由于美国的"单边行动"和国际军事冲突不断,许多国家都要求加强军备以求自保。美国凭借"9.11"事件或是情报部门的不确切信息,就单方面发动对一些弱小国家的全面战争,美国等西方国家也时常借口保护人权而肆意对主权国家进行军事干预,如2011年4月的"利比亚模式",加之世界热点多,武装冲突不断,许多国家为求自保也要求加强军备,但本国又无能力生产,只好进口美国的武器装备,这也拉动了美国军事装备工业贸易的发展。

转型战略,尤其是反恐战争,使美国陷入衰退的军事装备工业贸易行业再次变得繁荣。20世纪90年代以来,由于美国信息网络行业(简称IT行业)的快速发展,大量的计算机软件技术人员成为最热门的人才。以往,IT技术人员从加州的军事装备工业相关企业流向硅谷,曾掀起了信息技术的热潮,造就了闻名遐迩的硅谷神话。但现在却刚好倒过来,出现了与此相反的人才回流的浪潮。被称为美国五大军火巨头的洛克希德·马丁公司、波音公司、雷神公司、诺斯罗普·格鲁曼公司和通用动力公司都出现了类似的现象。美国美林证券公司的国防评论家指出,对于因网络公司破产而出现的大量失业的计算机技术人员来说,军事装备工业的繁荣反而成为他们的救命之神。

2. 转型战略构想对美国军事装备工业与贸易质的规定性

转型战略构想对于美国军事装备工业贸易发展质量效益方面的影响也是十分显著的。虽然"9.11"事件之后,美国一些政客强烈要求重整军备,继续给予军事装备工业应有的重视和发展的空间,反恐战争则客观上刺激了其繁荣发展。但小布什政府更清楚,当务之急还是要在保持军事装备工业生产适度规模和重要武器系统生产线的基础上,进一步提升其质量效益。必须使美国的高科技武器装备,在研制、试验和批量生产等方面继续领先于全世界。小布什政府的《国家安全战略》认为,现在美国不再需要庞大的军队,它也可以不长期占领战略受害国的领土,并全部消灭其军队。高精确度的巡航导弹炸毁关键的经济设施和生活保障设施,这种武器的使用带来了战争胜利的目的。因此,美国要保持武器装备的科技优势,就必须持续加大军事装备工业的国防科研投入。因为"和平时期技术优势是威慑力量的关键要素"。

为此,美国政府及国防部门主要采取了以下措施:重点加强和完善以国防部门科研单位、大学和军事装备工业企业为核心的国防科学技术体系;着重突出基础研究与应用研究;适应武器装备从数量规模型向质量效益型的转变,加强对关键技术的关注;不断加大国防科研投入;大力发展军民两用技术,推动建立一个统一的"国家工业基础"。美国十分重视在新兴技术和关键技术领域发展军民两用技术。自1993年起制定两用技术发展的核心计划后,相继制定了小企业革新研究计划、技术再投资计划、两用技术应用计划等。这些技术计划的运行广泛依靠了各类研究机构的密切合作,许多计划项目都具有军用价值和民用潜力。与此同时,美国还通过技术中心、技术推广中心或技术转让中心,加速军民两用技术推广和成果转化。

(三)转型时期美国军事装备工业与贸易的发展状况

1. 转型时期美国构建"基于能力的军事装备工业基础"

为适应转型战略的需要,尤其是"9.11"事件之后的战略形势变化,美国政府提出了构建"基于能力的军事装备工业基础"的战略思想,将军事装备工业基础按照作战需求重新划分为作战空间感知、指挥与控制、兵力运用、兵力和本土保护、聚焦后勤、网络中心战6个领域,并采取以下措施加以实施:

(1)注重完善军事装备工业组织体系,搞好武器装备的供需协调。为了加强武器装备的供需衔接,美国政府在军火承包商制度的基础上,注重发挥企业在项目管理方面的优势,建立完善的新型武器采办协作体系。例如,在"未来作战系统"项目中,采用"工业部门管理、军方监督"的做法,波音公司和科学应用国际公司被选为"系统集成牵头单位",代替军方管理上百家项目承包公司。再就是组建军事采办协调机构,加强武器装备制造领域的内部合作。如2004年9月,成立了由28家专业化大公司组成的军事装备工业财团——网络中心战工业联盟,专门负责召集工业界成员,加强相关领域方面的协调。

（2）采取多种措施和方法,打牢武器装备生产的基础。冷战结束后,特别是美国发动反恐战争之后,为有效维持和提高武器装备生产能力,美国政府采取一系列措施保存和提高军事装备工业的生产能力。比如,在军事装备工业生产领域充分利用民用科技工业成果,引进民用标准和规范,推广先进的生产组织方式和生产技术,从而提高武器装备生产的规模化、标准化和协作化水平;在考虑国防需要的同时,也兼顾对经济成本的控制,协调完善国防科研与生产之间的关系,实施样机战略,针对系统、分系统和部件的各种选择方案,研制出多种样机,为转入批量生产做好技术和生产储备,并采用"最低批量订货"和"分阶段发展、螺旋式前进"的方法,不断完善武器装备生产工艺和流程;为尽快将成熟技术直接转入武器生产过程,转化为战斗力,美国防部提出了"先期概念技术演示"计划,作战人员和技术开发人员一起对国防科技工业项目的技术有效性进行全面评估,为下一步的项目生产奠定基础。

（3）处理好垄断与竞争的关系,适时调控军事装备工业市场的格局。美国在构建"基于能力的军事装备工业基础"中,根据形势变化适时调控军事装备工业市场上的垄断与竞争格局。从1992年起,由于国防订货大幅度下降,美国大力鼓励军事装备工业企业兼并重组,并对合并的公司提供一定数目的直接和间接补贴。2000年后美国军事装备工业市场的垄断特征十分明显,形成了洛克希德·马丁公司、波音、雷神、通用动力和诺思罗普·格鲁曼5个高度集中的军事装备工业工业集团。随着兼并重组加快,美国军事装备工业的高度集聚和垄断造成了企业创新能力的下降。于是,国防部门要求改变主承包商控制军事装备工业市场的局面,引导和鼓励掌握创新技术的中小型公司进入军事装备工业领域,从而形成大小兼备、供应商众多的新型军事装备工业市场格局。

2. 金融危机促使美国军事装备工业的转型发展

2008年初,由美国"次贷危机"引发的金融危机形成"蝴蝶效应"在全球发酵,它不仅对美国的民用消费市场造成巨大的冲击,也对其军事装备市场造成了重大的影响。随着美国金融危机的加重和财政赤字的增加,特别是反恐战略引起的国防开支居高不下,使本已负债累累的国民经济不堪重负。奥巴马政府只得采取紧缩公共开支的措施,包括在未来10年压缩国防预算5000亿美元,这对于美国的军事装备工业无疑是个重大打击。金融危机对于其他国家尤其是广大发展中国家的冲突也不小,"欧债危机"引发多米诺骨牌连锁反应,国民消费都捉襟见肘,哪有余钱去采购美国昂贵的武器装备。2008年10月16日,美军参谋长联席会议副主席卡特莱特面对美国经济界高层人士坦言,目前世界金融危机是个大问题,已经对美军和其他组织造成深刻影响。这里所指的其他组织实际上暗指美国庞大的军事装备工业产业。全球金融危机兴起于美国,首先使美军陷入紧缩银根的境地。削减一般性需求,保证决定性武器装备的发展,已成为武器采办的基本原则。其中,那些研发周期长、成本高的项目成了裁减的重点。

五角大楼2008年10月16日决定取消达信集团512架ARH-70武装侦察直升机生

产项目,虽然 ARH - 70 直升机试飞超过 1700 多个小时,取得多项成绩,但陆军现役 OH - 58D"基奥瓦勇士"直升机还能用,而且达信集团的研发要价太高,预算严重超支。无独有偶,美国国会情报拨款委员会又决定削减 2009 年度关于精确定位他国核武器研发基地和恐怖组织训练营地的间谍卫星计划,并取消该计划的剩余资金,该计划预算高达几十亿美元。从大趋势上说,美军武器采办正在发起"瘦身"运动,但"瘦身"并不意味着削弱其筋骨,相反,这种"瘦身"可能有助于美军的"强筋"运动。与 2006 年美军为应付伊拉克局势而采取各军种分摊减少采购数量的方式有所不同,那次空军减少了 96 架 F - 22"猛禽"的预算,海军减少了 3 艘"弗吉尼亚"级核潜艇、两艘 DD(X)驱逐舰和 63 架下一代 C - 130 运输机计划,海军陆战队削减了价值 12 亿美元的 V - 22"鱼鹰"直升机,就连国家导弹防御系统的预算也减少了 50 亿美元。而这次面对金融危机造成的预算拮据,则是一边"瘦身",一边"强筋"。"瘦身"省下来的钱不仅减少了预算,还能拿出一部分追加到重点项目上去。如今尽管美国深陷金融危机,但在建设导弹防御系统方面仍不遗余力。为加快在太空中部署 1 000 枚拦截导弹,美国在 1 640 亿美元预算基础上新近增加 500 万美元的专项研究预算,预期的结果远远超出对伊朗和朝鲜的防御需求,力求能拦截 200 枚攻击导弹。这意味着美国导弹防御系统的目标升级。这就迫使美国军事装备工业产业必须进行转型,以适应军备调整的战略需要。于是,在此次调整中,美国国防部专门制定出台了《军事装备工业转型路线图》,要改变主承包商控制军事装备工业市场的局面,引导和鼓励掌握创新技术的中小型公司进入军事装备工业领域,从而形成大小兼备、供应商众多的新型军事装备工业市场格局。美国整个军事装备工业产业也要达到既要"瘦身",更要"强筋"的转型目标,提高其市场竞争能力。

3. 奥巴马新战略要求美国军火巨头进一步走向海外

奥巴马入主白宫后,重新评估了反恐战争给美国带来的负面影响以及时下的国际安全格局,对小布什政府时期的转型战略进行了再造,在新出台的《国家安全战略》中摒弃了"同时打赢两场大规模局部战争"的战略方针,也不再提倡"先发制人"的军事战略,而是强调要加强盟友之间的国际合作,并提出了"转向亚洲"的新战略。比较奥巴马的新战略与小布什的转型战略,两者并没有本质上的区别,奥巴马只是在当前战略形势下对小布什的转型战略进行了适当调整。但它对美国军事装备工业的影响却是不可忽略的,核心内容就是要求军事装备工业进一步开拓海外市场,在激烈的市场竞争中求生存求发展。前文提到奥巴马政府提出了紧缩国防开支的计划,五角大楼也在 2010 年 4 月决定大幅度削减部分昂贵武器系统的购买和研发支出。美军军购支出 2008 年为 1 640 亿美元,而 2010 年这一数字预定为 1 310 亿美元。波音、洛克希德·马丁等制造商的军火红利受到了严重影响。美国政府向来是国内军火商的最大主顾。为满足伊拉克战争和阿富汗战争需要,国防开支增长超过了 40%。以波音为例,其军火销售 80% 来自五角大楼的军购合同。可是,奥巴马当政前期的国防部长罗伯特·盖茨提出,美军现役最先进的 F - 22 战斗机制造 187 架后就该停产。这种由洛克希德·马丁生产的战斗机具备世界顶尖水准的隐身性能和超强机动性,每架售价 1.4 亿美元。洛克希德·马丁将为此遭受不少损失,将不得不关闭位于佐治亚州的一条生产线。波音也面临类似局面。五角大楼决定减少购买波音生产的 C - 17"全球霸王 3"战略运输机。用蒂尔集团分析师理查德·阿布拉菲亚的话说:"现阶段的情况是,国内(军购)市场疲软。"为弥补国内削减军购带来的损失,美国军火商积极向国外推销昂贵的武器系统。现阶段,波音和洛克希德·马丁正在激烈争夺国外战斗机市场,积极竞标巴西、印度等国战斗机采购项目。洛克希德·马丁公司不遗余力地推销自己参与研发的 F-35 战斗机,而波音公司则努力劝说一些外国空军选择自己生产的 F-18 战斗机。波音同时加大推销 C-17"全球霸王 3"运输机的力度,2010 年与阿拉伯联合酋长国达成协议,向后者出口 4 架 C-17 运输机。据美国军备与裁军控制协会提供的数据显示,以色列是美国军火商最大的海外买家。伊拉克希望重整军队,也计划购买美制战斗机、直升机、主战坦克等,美国各大军火商都在暗中展开争夺。此外,日本、澳大利亚、欧洲一些国家也在准备更新武器装备,美国军火商正积极游说,希望能从中分得一杯羹。

但美国军火商海外兜售武器也面临不少难题,包括政治和法律障碍。以 F-22 战斗机为例,当前日本航空自卫队和澳大利亚空军部队对于这种高性能战机颇为"眼热",希望购买。但美国为了防止敏感技术外流,早有法律,禁止这种战斗机外销。同时,出口武器装备还遭遇政治难题。波音和洛克希德·马丁公司争相向印度推销战斗机,潜在合同金额大约 110 亿美元。但军备与裁军控制协会分析师达利·金博尔认为,如果美国向印度出售大量先进战斗机,将引发巴基斯坦不满。美国将巴基斯坦看作反恐战争的重要盟友。美国军火商同时也面临着来自其他国家,特别是俄罗斯和其他一些欧洲国家军火商的竞争。另外,受金融危机的拖累,广大发展中国家也可能无钱购买这些昂贵的美制武器系统。

第二章　全球视野下的美国军事装备工业与贸易

美国作为当今世界上唯一的超级大国,其军事实力毋庸置疑,军事装备工业与贸易在全球也是处于领先的地位。第二次世界大战以来,美国的军事装备工业与贸易就一直保持着世界超强的位置,无论是与苏联/俄罗斯,还是跟欧盟国家进行比较,谁也无法撼动其霸主地位,即使在今后可预见的相当长时期内,这种格局也难以打破。

一、美国在全球军事装备工业与贸易中所处的位置

(一)二战时期,美国的军事装备工业与贸易达到鼎盛阶段

在第二次世界大战之前,美国的国家安全战略基本上是以本土安全为主的内向型战略,其军事战略方针也是坚持专守国土防御。这种内向型战略构想是建立在当时的美国优越性思潮基础上的。到20世纪初,尤其是第一次世界大战之后,美国已经取代大英帝国成为世界最强大的国家,自此,美国人的自豪感与优越性由然而生。为此,在美国国内也开始滋生一种国家孤立主义思想,到20世纪30年代,国内孤立主义盛行,孤立主义在国会也很有势力,促使1935年国会专门制定颁发了美国中立法。而中立法不仅是美国外交方针的重要体现,而且是美国军事装备工业贸易政策的重要反映,对当时美国的军事装备工业贸易发展影响重大。1935年的美国中立法规定:①美国对所有交战国实施武器弹药和军需品禁运;②禁止美国船只向交战国运送军火;③建立军火管理委员会负责监督,确保对武器出口的控制;④法案规定有效期限为6个月。该中立法在很大程度束缚了军事装备工业的手脚,限制了军事装备工业贸易的发展。到第二次世界大战爆发,尤其是日本偷袭珍珠港后,美国加入战争,美国不仅修改了中立法,而且还制定了租借法,开始大量向同盟国输出武器装备,其军事装备工业贸易行业也进入了一个快速发展的"黄金时代"。

1. 修改中立法,向西方盟友提供武器装备援助

美国在二战初期虽然还是对外声称保持中立,在表面上继续保持"不偏不倚"的中立政策,但实际上却偏向英法等欧洲盟友。为此,美国国会于1939年再次对中立法进行了适当修改,修改的内容主要有两条:一是废除武器禁运条款,解除对交战国的军火禁运;二是保留在"现购自运"原则下对交战国双方进行的武器贸易。这就为向英法等盟友提供武器装备和作战物资扫清了法律障碍,从而促进美国军事装备工业贸易的发展。

2. 制定颁发租借法,大量向同盟国输出军火及作战物资

1941年12月日本偷袭美国位于太平洋的珍珠港海军基地后,美国正式宣布加入同盟国的反法西斯战争。此时,美国不仅不受中立法的限制,还于1941年由国会制定通过了租借法,主要条款有:①向"对与美国防务至关重要"并且"能给美国带来好处"的国家,

出售、交换、租给、借予或转让任何军需物品；②废除"现购自运"原则。尽管美国的参战使美国军火商不能再向德、意、日等协约国及其仆从国销售军火了，但由租借法而产生的军事装备工业贸易上的经济效益却是显而易见的，它的适用范围扩大到了40余国，美国通过租借法援助别国资金达500多亿美元，主要用于购买美国的武器装备和战略物资。从租借法生效后的一周内，就有7亿美元的战争物资源源不断地运往英国。美国不仅对西方盟友进行军火输出，也对战时的社会主义国家苏联进行了军事援助，对苏联的援助从初期的少量到战争结束时达到110亿美元。太平洋地区的澳大利亚和新西兰也接受了美国的租借物资。另外，大量的作战飞机、军火和其他物资被运往中国和印度。从表2-1提供的历史资料中，可以看出美国向反法西斯国家的援助情况。1945年年底，美国全部的租借援助金额为490.9612亿美元，其中，54%是军火和石油产品，21%是工业产品，12%是食物，11%是劳务。在实施租借援助的军火、物资的份额中，英国占了最大的比例，仅第一批拨款的70亿美元，英国就占了绝大部分。

表2-1　二战时期美国实施租借法对同盟国的军用和
其他物资援助情况　　　　　　　　单位：百万美元

国别	英国(加、澳、南非、印度)	苏联	法国	中国	巴西	荷兰	比利时	希腊
金额	30 753	11 141	2 377	1 335	319	178	82	76

资料来源：陈秋菊. 美国租借法案在二战中的作用[J].1997.12(5)

3. 通过战后的"马歇尔计划"，大肆武装欧洲盟友和日本

战后不久，出于其新的国家战略考虑并与苏联争夺世界霸权的需要，美国抛出了总额400亿美元的援助欧洲的"马歇尔计划"，援助的项目除了提供工业资本品外，还包括提供大量的武器装备与军事技术，帮助西欧盟友建立和恢复军事装备工业基础与军事实力，目的是为了重新"武装欧洲"。此后，美国又向昔日的敌人、战败国日本和联邦德国提供了大量的军事装备与技术，目的也是为了重新武装这两个国家，以便巩固西方阵营，服务于美国与苏联争霸的战略目标。

通过以上三个方面的举措，美国的军事装备工业贸易行业在二战中得到前所未有的发展。西部和南部军事装备工业迅速发展起来，以得克萨斯和加利福尼亚两州成就最大，通用汽车公司等一些军火公司一举发展成为全球主要的军火商。二战是美国军火商的"黄金盛宴"，为美国成为战后世界头号军火生产和军事装备工业贸易大国奠定了坚实的基础，不仅使美国的军事装备工业与贸易发展达到鼎盛阶段，还大大促进了国民经济的全面复苏。与同样参战的其他国家相比，美国在二战中不仅本土未遭直接破坏，而且在战争需求的巨大刺激下，经济实力得到了增强。到1945年，美国工业总产值已经占所有资本主义国家产值的60%、对外贸易额的1/3、黄金储备的3/4、小麦产量的30%，为确立资本主义世界的霸主地位奠定了雄厚的基础。

（二）冷战时期，美国的军事装备工业与贸易快速发展

冷战时期，美国的军事装备工业与贸易不仅没有受到打压与损失，而且又一次得到了快速发展的良机。二战刚刚结束，美国为了与苏联进行全球性的战略抗衡，争夺世界霸权并保持世界超级大国地位，与苏联进行长达近半个世纪的冷战和军备竞赛。结果是,不仅搞垮了苏联,还建立健全了一整套空前庞大、品种齐全的军事装备工业科研和武器装备生产体系,并不断研制生产新式武器,始终保持着武器装备生产与销售的世界领先水平。

1. 美国军事装备工业的生产能力得到有效提升

二战后,美国的综合国力得到进一步增强,不仅国民经济快速发展,国民教育和科研实力也得以加强。由于具有比较健全的法律体系和相对宽松的社会环境,也吸引着越来越多的外国移民,从而充实了美国的人才队伍,促进了市场经济的发展。加之美国推进全球霸权战略和与苏联开展全方位的军备竞赛,使其本已高度发达的军事装备工业与贸易再次得到迅猛发展的机遇。到 20 世纪 50—60 年代,美国军事装备工业贸易基础不仅非常雄厚,而且资源丰富,当时几乎所有的先进武器装备都能够批量生产,而且所需的重要原料和材料都能自己生产。拿先进导弹生产举例,毫不夸张地说,美国可以像生产香肠一样生产导弹。其先进武器装备研制生产效能也比苏联高出一筹。20 世纪 60 年代初,美国被苏联的所谓"导弹优势"刺激后的军备建设规模突飞猛进。到 1963 年,美国的潜射和陆射 ICBM 达到了 497 枚,而苏联只有 122 枚,且全部是无掩体的地面发射。1964 年,苏联导弹增加了 67 枚达到了 189 枚,而美国光是"民兵"导弹就从 160 枚增加到 600 枚,全国可以攻击到苏联本土的 ICBM 达到 1045 枚,更别提空军还有 1160 架核武轰炸机,而苏联只有 189 架战略轰炸机而且在质量上也较逊色。在战略核潜艇上,美国在 1964 年建成弹道导弹核潜艇 11 艘,1965 年、1966 年、1968 年分别再造 8 艘、7 艘和 5 艘,5 年时间就建造了 31 艘弹道导弹核潜艇。同时期,核动力攻击潜艇的建造,1964 年 12 艘,1966 年 6 艘,1967 年 10 艘,1968 年 10 艘。也就是说,在 5 年里建成 38 艘。此时,与苏联相比,美国的先进武器系统生产能力开始占据着数量和质量上的双重优势;到 20 世纪 70 年代中期的时候,美国在军事科技和生产能力上的优势距离已经拉得较大。美国不仅在飞机制造、舰船建造、军事航天等高精尖领域具有世界领先水平,而且在地面作战武器和轻武器研制与生产等方面也拥有世界超一流水平。

2. 美国军事装备出口的渠道得到逐步的拓展

为配合美国的国家战略构想,冷战时期美国武器装备出口的国家主要是西方盟友,然后再逐步拓展到北约、日本以及非北约的欧洲一些国家。美国确定的军事装备出口基本方针是:优先满足关系密切及战后基本稳定的军事同盟和工业化的盟国。如:北大西洋公约组织中的大部分西欧国家、冰岛及加拿大;通过 1951 年的澳、新、美(ANZUS)条约,美国保证向澳大利亚及新西兰提供军事援助;美国以同日本签订的两项安全条约为依据,两者也进行了广泛的军事合作。1986 年,美国向日本出口价值为 4.29 亿美元的装备;向澳大利亚及新西兰出口价值 6.15 亿美元的装备;这一年美国向这些发达国家输出的军火占全年总出口的 39%。在 20 世纪 50 年代,美国对西欧盟友军火输出的主要方式是执行援助欧洲重整军备计划(即"马歇尔计划"),而到了 20 世纪 70—80 年代,则主要转为对外军事销售和政府间的贸易方式进行。例如,在 1986 年美国对欧洲的军火输出总值中,76% 是通过 FMS(对外军事销售)项目进行的,有 23% 是通过政府间的贸易渠道进行的,而不足 1% 是通过军事援助计划(MAP)进行的。这些比例表明了美国自 20 世纪 50 年代执行以军事援助计划(MAP),无偿转让的形式向欧洲交付军备的政策以来的一个转变。美国向欧洲国家的武器输出主要是北约同盟国,但也向非北约的欧洲国家,以及日本等输出军火(见表2-2和图2-1)。

表2-2　1955—1986年美国对主要盟友武器出口情况　　单位:百万美元

财年	北约国家	非北约欧洲国家	日本	澳大利亚和新西兰	合计
1955	9 133	765	266	10	10 174
1960	4 822	125	545	32	5 524
1965	4 340	176	218	136	4 869
1970	3 015	105	59	187	3 366
1975	3 078	58	120	59	3 314
1980	4 729	151	481	296	5 658
1981	4 788	289	806	671	6 555
1982	4 402	164	733	211	5 514
1983	5 150	439	922	446	6 956
1984	4 407	328	960	643	6 338
1985	3 183	139	755	700	4 777
1986	2 647	140	429	615	3 831
总计	166 390	8 142	12 589	7 993	195 114

资料来源:美国投资责任研究中心(IRRC),根据美国防部安全援助局财政年度报告整理

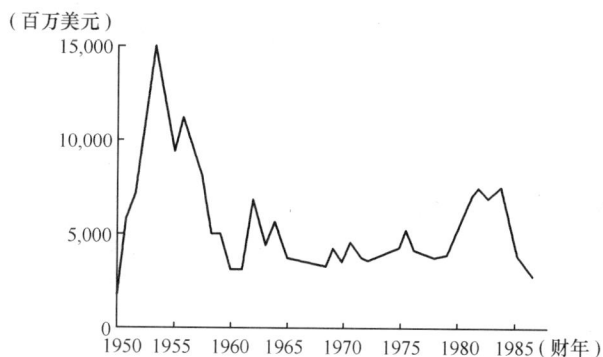

(百万美元)

图2-1　1950—1985财年美国对北约国家军事装备工业出口额变化趋势

资料来源:根据美国防务安全援助局(DSSA)财政年度报告整理。

3. 美国军事装备工业贸易的结构得到明显的改善

冷战时期,由于美苏两个超级大国的军备竞赛,再加上美国还参与了两场较大规模的朝鲜战争、越南战争,以及经历了4次中东战争等,大大刺激了美国的军事装备工业与贸易发展,使其军事装备工业贸易的结构发生了重要变化。在20世纪50—60年代,美国的军事装备工业贸易基本上都是一般的常规武器装备,其中许多还属于清仓性的旧武器。但自20世纪70年代以来,高技术武器装备输出所占比重日趋增大,列入贸易项目的新式常规武器日趋增多。根据斯德哥尔摩国际和平研究所(SIPRI)公布的材料,从1973年开始,美国的主要军火公司越来越强调军事装备工业出口对美国所具有的长远的政治、军事和经济意义。因此,美国的军事装备工业出口不仅数量大增,而且质量越来越先进,以致出现了"第一线军事装备"出口的现象。所谓"第一线军事装备",是指第一次从武器生产

流水线下线的军事装备,即最新式的装备。在 20 世纪 70 年代中期,甚至出现了美国出口的军火中有些先进武器比美国军队的装备还要好的事件。1976 年 2 月 12 日美国《华盛顿邮报》曾报道,美国出口给石油输出国家的某些军事装备,其性能往往比美国军队使用的更优良。比如,出售给沙特阿拉伯的新型雷达飞机,其技术性能就超过美国空军使用的雷达飞机。正是由于美国首先带头出售现代化高技术常规武器,使美国军火迅速受到进口国的青睐,到 20 世纪 70 年代后期,美国接受的外国军火订单,始终保持在 90 亿~130 亿美元之间。1965—1975 年期间,美国输出的新武器系统包括:866 架 F-4 战斗机,2 375 架新型直升机,185 艘新型驱逐舰及护卫舰,15 000 枚"鹰"式(HAWK)防空导弹,2 500 枚空对空导弹,28 000 枚反坦克导弹,16 000 辆装甲运兵车,25 000 门新型火炮,28 000 辆新型坦克。进入 20 世纪 80 年代以后,随着科学技术飞跃发展,许多国家已能生产性能先进的武器,而且武器出口国日益增多,市场竞争日趋激烈。为了占领市场,无论是老牌的还是新型的武器出口国,都不惜把一些性能先进的武器投入市场。据相关统计,1981 年全世界约有 1 100 项武器贸易协议,其中 94% 是买卖新式武器,只有 2% 是二流武器,4% 是经过整修的旧武器,而其中又以美国居多(见表 2-3)。

4. 美国军事装备工业贸易的政治经济效益得到显著增加

冷战时期,美国和苏联在军事装备工业与贸易方面的竞赛可谓势均力敌、各有千秋。但最终来看,还是美国略胜一筹,美国军事装备工业贸易的实力不仅得到增强,而且也获得了可观的政治经济效益。军事装备工业贸易作为国家战略构想的重要组成部分,美国一直将军火输出作为获取经济利益和推行政治、军事、外交政策的有效手段。除 20 世纪 80 年代的短暂时期,美国在国际军事装备工业贸易市场上都位居第一。美国武器不仅装备本国和北约部队,而且还大量出口友邻国家以及其他国家及地区,尤其是中东地区。1950—1979 年,美国向国外提供的武器装备及有关的军事服务,总额超过 1 000 亿美元,占世界总量的一半以上。从 20 世纪 80 年代起,销售数量和总值大幅上涨。据联合国第一委员会统计,1980—1984 年的 5 年中,美国武器出口总额为 276.6 亿美元,居世界第一,占世界武器出口总额的 39.7%。据瑞典国际和平研究所(SIPRI)统计,1986 年,世界常规武器销售额为 314.6 亿美元,其中美国的销售额为 104 亿美元;1987 年,世界军事装备工业出口销售总额为 352 亿美元,美国销售额为 115.47 亿美元,居世界第二,占世界武器出口总额的 32.8%。到 1988 年,美国向第三世界的军火销售陡增 66%,达到 92 亿美元,居世界第二。1989 年,全球武器销售额减少,美国亦下降到 78 亿美元,居世界第二。到 1990 年,美国武器出口总额从 1989 年的 78 亿美元增至 419 亿美元,占世界武器总销售额的 40%,超过苏联,再次成为世界第一军事装备工业出口国。

表 2-3　1984—1988 年美国等主要武器出口方先进武器出口情况

武器项目名称	美国	苏联	欧共体
主战坦克	M1"艾姆布拉斯" M1A1 M60	T-80 T-72	"豹"2(德国) "挑战者"(英国) "豹"1(德国) "酋长"(英国) AMX-30B2(法国) "维克尔斯"MK3(英国) OTO Melara OF-40(意大利)

（续）

武器项目名称	美国	苏联	欧共体
战斗机/ 攻击机	F-16 F-15"鹰" F/A-18"大黄蜂"	米格-29"支点" 苏-27"侧卫" 苏-24"击倒手"	"幻影"F-1（法国） "幻影"-2000（法国） "狂风"（英、德、意）
空对空导弹	AIM-9M"响尾蛇" AIM-7F"麻雀"	AA-8"蚜虫" AA-2"环礁" AA-7"顶点"	R550"魔术"（法国） R530（法国） "阿斯派德"（意大利） "天空闪光"（英国）
空对舰导弹	RGM-84"捕鲸叉"	SS-N-2"冥河"	EXOCET（法国） "海鹰"（英国） "大海鸥"（英国） "企鹅"（挪威）
反坦克导弹	BGM-71D"陶"-2	A7-4"塞子" AT-5"拱肩"	"米兰"（法国、德国） "艾尔里克"（法国） "霍特"（法国、德国） "眼镜蛇"（德国） "族火"（英国）

资料来源：［美］GLOBAL ARMS TRADE,Congress of the United Staes Office of Technology Assessment,1991

（三）冷战后，美国军事装备工业与贸易处于调整阶段

冷战结束后，随着苏联的解体，美苏之间的军备竞赛也随之终结，虽然经过短暂的第一次海湾战争，而世界较大的地区性战争相对减少，美军及国外对武器装备的需求也相对减少。这对于世界和平来说是件好事，但对于美国的军事装备工业贸易行业却是个坏消息。军事装备工业贸易本来就是个"嗜血"的行业，一旦没有了战火硝烟，也就失去了生存的土壤。但是，当今世界武装冲突不断，局部战争频发，因此，冷战结束并没有对美国的军事装备工业贸易行业造成"伤筋动骨"的损害，只是进入了一个调整阶段。由于来自国内外的军备需求减少，美国的军事装备工业与贸易行业前景开始暗淡，并面临着诸多的挑战。其中，最主要的就是因美国政府防务预算大幅缩减，军事装备工业出口份额大量下降，而使许多军火公司面临着裁员、精减，或者被迫与其他公司合并，甚至淡出这个拥有巨额垄断利润的行业的局面。据合众国际社 1994 年 1 月 1 日发自洛杉矶的报道，随着冷战的结束，美国军事装备工业 1993 年继续萎缩，特别是在南加利福尼亚洲仍在以惊人的速度解雇工人。报道引用加利福尼亚大学洛杉矶分校商业预测计划主任拉里·金贝儿的话说，冷战结束以来，加利福尼亚洲航天航空工业已裁减 15 万人，在今后 6 年里，还会有 8 万人失去他们在航天航空等军事装备工业的高薪职位；加利福尼亚州的军火业务在 1988 年达到顶点，约为 630 亿美元，即在该州的每一美元中大约有 20 美分是用在军事装备工业上，而在今后 6 年，可能降到 300 亿美元。另一方面，由于国际安全形势趋于缓和，大多数国家都把注意力放在了发展经济上。世界各主要国家对军火的需求大幅减少，国防采购拨款也渐趋减少，世界军事装备工业贸易市场急剧萎缩，世界各国军事装备工业生产能

力大量过剩。这些都迫使美国的军事装备工业贸易行业不得不进行战略调整和结构的优化,以应对变化的局势。

　　冷战后世界武装冲突时有发生,尤其是以美国为首的西方国家发动的第一次海湾战争的示范作用,给处于调整阶段的美国军事装备工业贸易行业打了一剂“强心针”。第一次海湾战争虽然只历时 65 天,但美国高科技武器装备的杀伤力、精准度和高性能却表现得淋漓尽致。这不仅给世人以震撼,从此产生了“高科技局部战争”概念,也使得美国的武器装备大受“欢迎”,收到很好的广告宣传效应。加之,苏联解体、重新独立的俄罗斯元气大伤,西欧等国也还不是美国的对手,在这样的情况下,美国军事装备工业贸易额虽然在总额上有较大幅度的下降,但在俄罗斯军事装备工业贸易大幅萎缩的前提下,美国的军事装备工业贸易额在相对水平上,稳步站到了世界第一的位置,从 1985 年占世界军事装备工业贸易总额 26.1% ,提高到 1995 年的 45.7%(见表 2-4)。

表 2-4　1985—1995 年国际军事装备工业贸易市场的主要变化
（1995 年美元固定价格）　　　　　　　　　　　单位:百万美元

	1985—1990 年	占总额/%	1991—1995 年	占总额/%	增长率/%
总出口	69 618	100	32 302	100	-53.6
美国	18 196	26.1	14 770	45.7	-18.8
西欧国家	13 958	20	9 555	29.6	-31.5
苏联/俄罗斯	25 192	36.2	3 526	10.1	-86

资料来源:[美]武器控制与裁军署,世界军费与军贸

　　自第一次海湾战争结束以来,美国已经向第三世界国家和地区出售价值 460 亿美元的武器装备,其中,260 亿美元的武器装备销往中东地区。据斯德哥尔摩国际和平研究所发表的一份研究报告指出,1992 年世界常规武器交易额为 180.4 亿美元,美国在其中居首位,占 46% 。另外,据美国国会图书馆公布的一份报告称,1992 年各国向第三世界销售的武器达 239 亿美元,其中美国为 136 亿美元,占向第三世界出售军火总额的 56.8% ,亦居世界各国的首位。这两份报告虽然出自不同的研究机构,但有一点是一样的,即美国是冷战后世界上对外销售武器最多的国家,有一半左右的国际军火市场已被美国垄断。

（四）新世纪,美国的军事装备工业与贸易再达颠峰

　　进入 21 世纪,尤其是“9.11”事件之后,小布什政府对美国国家安全和军事战略进行了重大调整,确定了以“本土安全为主、确保世界领导地位”的国家安全和“先发制人”的进攻性军事战略,随后又发动了阿富汗战争、伊拉克战争等世界反恐战争,美国的军事装备工业与贸易行业再次迎来快速发展的良机,并达到世界颠峰状态。

　　美国拥有迄今世界上最大规模的军事装备工业基础和生产能力。2001 年,在世界100 家最大的军事装备工业企业中,美国占了 46 家,美国军事装备工业企业的武器总销售额占全球总销售额的 60% 以上,占全球武器出口额的 30% 以上。每年与国防部签订主承包合同的军事装备工业厂商大约 3.15 万家,分承包商约 15 万家,从业人员约 300 万人。美国军事装备工业供养了全美国 25% 的工程师,支撑着美制造业的 20% ,资助了全美计算机研究的 50% 。小布什政府执政伊始,美国政府就制定了《国防工业基础转型路

线图》,提出了构建"基于能力的国防工业基础"的战略思想。其核心是改变按照产品属性划分国防工业行业(例如造船业、航空制造业等)的传统做法,将工业基础按照作战需求重新划分为 5 个领域,2004 年进一步调整为作战空间感知、指挥与控制、兵力运用、兵力和本土保护、聚焦后勤、网络中心战等 6 个领域。不仅有利于减少军事装备工业系统之间的重叠,而且有助于实现军事装备工业与作战部队的无缝连接和一体化建设。为适应"基于作战能力"和形成行业优势的需要,2004 年 9 月,美国成立了由 28 家专业化大公司组成的国际工业财团——网络中心战工业联盟,专门负责召集工业界成员,加强相关领域方面的协调。调整中进一步完善以军内科研单位、大学和工业企业为核心的军事装备工业科学技术体系,把军事装备工业科技细分成基础研究、探索性发展和技术开发三大领域。在此基础上,进一步明确了基础研究计划的 12 个领域、探索性发展和技术开发计划(简称技术计划)的 19 个技术领域。美国公开声称,要在军事装备工业高技术领域对盟国保持一代优势,对竞争对手至少保持两代优势,同时强调,要发展以信息技术为核心的"跨越一代的技术"和"能够将美国军事技术向前推进一代"的武器系统。为了推动军事装备工业能力转型,支持新兴供应商的参与和发展,美国国防部近几年采取下列政策措施:一是改进采办政策,减少强制性规定,给计划管理人员更多的自由和权力,以建立一个促进效率、灵活性、创造性的采办环境;二是各军种制定相应的风险资本计划方案,为具有创新性的民用公司进入军品生产提供资金和渠道;三是废止承包商全系统性能责任制和捆绑小型合同的举措,以有利于加强新兴供应商与国防部的直接沟通,使它们更便于参与竞争并赢得国防合同。

美国仍然保持着世界头号武器装备生产和军事装备工业出口国地位。仅 2001 年就向世界市场出口了价值 121 亿美元的军火,占全球军火销售总额的将近 46%。据 2004 年 8 月 30 日美国国会研究服务局公布的一份调查报告显示,全球军火销售量在 2003 年继续呈下降趋势,销售额已从 2000 年的 410 亿美元跌至 2003 年的 256 亿美元。但美国仍然是全球最大的常规武器出口国,2003 年与其他国家签署的武器转让合同总额达到 145 亿美元,俄罗斯名列第二。2005 年全球价值约 442 亿美元的军火市场中,美国的出口额为 128 亿美元,保持世界第一。瑞典斯德哥尔摩国际和平研究所发表的一份研究报告显示,2007 年美国的武器出口交付额达到 74.54 亿美元,居全球首位;俄罗斯和德国分别以 45.88 亿美元和 33.95 亿美元位列美国之后。据斯德哥尔摩国际和平研究所 2012 年和 2013 年发表的报告显示,2008 年的国际金融危机和近期的世界经济衰退并未影响全球军售增长,其中美国军事装备工业出口仍是一支独秀。经过合并和收购,尤其是世界反恐战争的刺激,美国的军事装备工业贸易巨头迅速膨胀,洛克希德·马丁公司的经营收入从 2001 年的 240 亿美元提高到 2010 年的 458 亿美元,利润从 10 亿美元增长至 40 亿美元;其主要竞争对于诺斯罗普·格鲁曼公司的同期收入和利润也分别从 136 亿美元和 4.25 亿美元提高到 348 亿美元和 30 亿美元。2010 年全球前 100 家最大武器生产商的总销售额达到了 4 111 亿美元,其中,美国的洛克希德·马丁公司排名第一,该公司的武器和军事服务销售额达到 357 亿美元;排名第二的是英国航空航天系统公司,销售额为 328 亿美元;排名第三位的是美国波音公司,销售为 313 亿美元;第四名是美国的诺斯罗普·格鲁曼公司,销售额为 285 亿美元。2008—2012 年期间,美国的军售仍占全球武器出口量的 30%,居首席,向 80 多个国家(地区)出口军火,其中,韩国、澳大利亚和阿联酋是美国武器装备的

3 个主要进口国。在此期间,飞机仍然是美国军事装备工业出口量的主力,占 62% 。

二、美国军事装备工业与贸易同俄罗斯的比较分析

(一) 两者在国家战略构想中的地位作用基本相同

军事装备工业与贸易作为一国国家战略构想的重要组成部分,既要服从和服务于国家战略,同时又是实现国家战略目标的重要手段或工具。因此,军事装备工业贸易在美俄国家战略构想中都具有非常重要的地位与作用,都是把它作为实现国家战略目标的重要手段而给予高度重视并优先发展。所不同的是,两个国家由于其国家战略利益、军事战略方针和地缘政治诉求略有差别,因而对军事装备工业贸易手段的运用与要求也有所不同。

美国一直是将军事装备工业贸易作为其对外扩张与推行价值观念的重要手段之一,尤其是在冷战后,更是倚仗着实力超群与技术领先的军事装备工业贸易作为维持其世界唯一超级大国地位和推行其价值观念与生活方式的重要工具。军事装备工业贸易在美国的战略构想中占有十分重要的位置,美国政府也给予高度关注与照顾,无论在任何时期,即使在后冷战时期国内外军事装备工业贸易发展形势十分严峻的情况下,美国政府对其进行了重大调整,但仍然制定了“基于能力的军事装备工业基础”的转型战略,并采取各种有效措施重组军事装备工业企业,实行“军转民”与“引民入军”等军民融合举措,尽可能将军事装备工业融入“一体化的国民经济基础”,保留住军事装备工业科研的精英团队和高端武器系统生产线,甚至在近期奥巴马政府对国防预算进行了较大幅度裁减时,其军事装备工业科研预算却仍然是增加的。另外,美国政府在保证军事装备工业装备核心技术不外流的前提下,继续加强了与西方盟国及其盟友在军事装备工业领域的合作与交流,主要是英、法、德、澳大利亚、日本和以色列等国,以便分担高端武器系统的研制成本,借鉴外国先进技术和扩大武器装备的销售份额。美国一贯采取“差别化”的军售政策,对其盟国和盟友,以及所谓友好国家大肆销售军火;有时为推翻不利于美国的外国合法政府,不顾世界道义输出军火武装反对派,支持这些国家打内战;而对于社会主义国家或俄罗斯这样的真正对手,则实行严格的武器与两用技术禁运,从而谋取最大的地缘政治利益,达到美国的政治经济和军事外交目的。

新生的俄罗斯也是将军事装备工业贸易作为推行国家战略、达成战略目标的重要手段之一,同样给予高度关注与优化发展。苏联解体之后,俄罗斯的军事装备工业企业在困境中苦苦挣扎,最终生存了下来,并逐渐走向复兴。俄罗斯的军事装备工业出现复兴的征兆是从 1998 年开始的。1997 年 3 月 17 日,叶利钦签发了《关于完善俄联邦权力机关的机构》的总统令,将军事装备工业综合体的管辖权归属于俄罗斯联邦经济部。这标志着军事装备工业企业开始走向市场化、私有化。到 1998 年,已有 45% 的军事装备工业综合体归私人所有。与此相应,私有化带来的决策权的分散化使俄罗斯的出口数额大大提高。但是,军品不是普通的商品,有着丰富的政治内涵。俄罗斯政府仍然在军事装备工业生产和出口方面实行相当程度的控制。普京当选俄罗斯总统以来,把俄军事装备工业综合体的振兴当作重振大国雄风的一张“王牌”。这为军事装备工业综合体的复兴带来了根本性的转机。他多次视察军事装备工业企业,并发表了有关军事装备工业改革的一系列讲

话。2001年10月30日，普京在俄安全委员会会议上说："俄罗斯的军事装备工业综合体太陈旧了，不能适应现代军事、政治任务的要求。"为了扶植军事装备工业综合体，俄政府进一步放慢了私有化改革和军转民的步伐，不断增加军费开支。此外，俄罗斯军事装备工业综合体的改革方向得到调整，所有军事装备工业企业都朝着国有控股公司的方向迈进。虽然俄罗斯的许多工业企业都不景气，但赢利的军事装备工业企业却占总数的2/3。不仅如此，随着经济效益的提高，各种金融机构对军事装备工业综合体的投入呈现出上升的趋势。军事装备工业生产已经走上了良性循环的轨道。俄罗斯军事装备工业企业是近年来俄对外经济发展中呈迅速上升的产业，并正显现出巨大的潜力。普京认为，今天的国际军火市场已经成为全球经济的一个重要组成部分，其竞争的激烈程度丝毫不亚于能源和农产品市场。俄政府的扶持政策主要包括增加国家订货和政府为军事装备工业产品出口提供担保两项措施。俄罗斯计划于2015年将军事装备工业产品的国家订货总额增加到130亿美元，这比2003年整整增长了一倍。此外，俄罗斯政府为大型军事装备工业企业的贷款提供担保，以进一步加大军事装备工业出口的扶持力度。

（二）两者运行的管理体制有所区别

1. 美国军事装备工业贸易的运行管理体制

美国的军事装备工业贸易体系是由上万家军事装备工业企业（核心是几十家大型垄断企业）和几十家军内研究机构为主体组成的。从所有者的角度来分，美国军事装备工业贸体系由3部分构成：国营军事装备工业企业、国有私营军事装备工业企业、私营军事装备工业企业。国营军事装备工业企业和国有私营军事装备工业企业所占比例很小。国营军事装备工业企业1983年有72家，1986年只剩13家；国有私营军事装备工业企业1969年有112家，1986年只剩下62家。国营军事装备工业企业是非自主决策的，主要是一些弹药厂和装备修理厂，由国防部和军种部经营管理。国有私营军事装备工业企业由承包商负责人事管理和生产线管理，生产计划则受政府控制。美国武器装备、科研的70%和生产的90%以上，都是由私营军事装备工业企业来进行的，且占工业企业总数1/3以上的企业在从事经营活动中涉及军事装备工业生产，而生产军品的核心企业有80%以上既生产军品，又生产民品，且大都是上市公司。这些企业在军队有订货时就生产军品，军队无订货时就生产民品。

除国营军事装备工业企业、国有私营军事装备工业企业和军内研究所外，其余数量众多的军事装备工业企业和研究机构都是依据市场信号自主经营、自主决策的民营商业组织。美国政府对军事装备工业企业的管理、监督主要是通过军事订货和军火价格制度来实现的。美国军事装备工业贸管理体制大体上可分为3层，即国会、总统及国防部、军种部。国会是联邦最高立法机构，负责审批国防预算，包括军事装备工业贸综合体发展预算；总统为军政首脑，负责制定国家安全目标和下达防务与军备决策指示；国防部负责根据国会核准的预算和总统下达的指示，编制国防政策指南，领导全军科研与装备采办工作，并就核武器和航天兵器事宜分别同能源部和国家航空航天局进行会商、协调。各军种部则在国防部的统一领导下分别负责制定、实施和管理各自的武器研发和采办管理计划。

可见，政府和私人军火公司的关系是建立在合同基础上的，而政府并不直接干预企业的经营。美国政府对军事装备工业贸易进行管理的核心内容是军品采办和制度规定，即

在不同层次上通过制定政策法规,制定采办计划和措施,实现对军品科研生产和军事装备
工业贸易的规范和控制。尽管私有企业和研究所呈明显的多元化、分散化和自由化的特
点,但在与军方交往时,都必须遵守国会有关国防采办的法令和政府有关条例,自主决策,
自主争取采办合同,并在军方的参与下组织实施。总的来说,美国军事装备工业贸易运行
管理体制的突出特点是:私有企业占主导地位,国有企业、科研机构和军方共同参与;以市
场调节为主、政府政策调控为辅的调控手段;尽可能发挥市场竞争机制作用,但政府完全
掌控着武器装备的研制、生产、采办和进出口贸易;国家安全和政治外交利益居第一位,但
军事装备工业贸易企业经济效益和市场活力均较高。

2. 俄罗斯军事装备工业贸易的运行管理体制

　　对于俄罗斯而言,苏联时期,军事装备工业企业全部是国营企业,政府对军事装备工
业贸易实行高度集中、完全垄断的管理体制。国家在军事装备工业科研、生产与销售各个
环节,制定一整套强制性方针和政策。各军事装备工业部门的经济发展、重大技术的开发
乃至关键军品研制的决定,大都受到最高领导阶层的亲自过问。决策的高度集中、计划的
高度统一、资源的高度保证、管理的高度严格,是苏联军事装备工业贸易运行管理体制的
最大特点,这无疑最有利于政府对军事装备工业贸易运行中各个环节的控制,增强了政府
调控产业的能力,且能够更为直接地体现政府的意志,也有利于重大武器装备项目的研制
攻关和军事装备工业出口,同时保证了苏联军事装备工业部门以惊人的速度发展。但是,
这种国家完全控制和经营管理模式却造成了国民经济的巨大负担,更重要的是,由此形成
的国营军事装备工业企业自然会具有一般国营企业普遍存在的种种固有弊病,包括预算
约束软化,运行效率低下等。

　　冷战结束后,俄罗斯对军事装备工业贸易体系进行了"休克式"改造和大规模私有化
改革。如今,俄罗斯的军事装备工业企业主要有 3 种形态,即完全国有制、国有股份制和
私有民营制。到 2001 年,俄罗斯军事装备工业企业中纯粹的国有企业已不到半数,大多
数国有军事装备工业企业都开始进行股份制改造。截止 2003 年 10 月,俄罗斯共有军事
装备工业企业 1 516 家,其中,国有军事装备工业企业 575 家;股份制军事装备工业科研
生产单位 941 家,包括国家控股的股份公司、国家参股的股份公司以及私营企业。可以看
出,当前私营企业在俄罗斯军事装备工业企业当中占了很大部分。随着市场化改革的继
续,私营企业的比重会越来越大。但是,为了对军事装备工业企业加强控制,俄罗斯对一
些关键领域、关键军事装备工业企业不允许进行私有化,其中,航空禁止私有化的有 45
家,航天禁止私有化的有 54 家。

　　为了扭转武器出口下降之势,增强军事装备工业贸易综合体的竞争力,以使其更好地
服务于俄国家战略目标,政府加大了军事装备工业贸易运行管理的宏观指导和调控力度,
并重组俄军事装备工业与贸易管理体制,对该领域实行国家垄断。1994 年俄专门成立了
"俄罗斯国家武器与军事技术进出口总公司",加强对军事装备工业出口的国家垄断。
1996 年又设立了跨部门的"俄联邦对外军事技术合作政策委员会",负责制定统一的军事
装备工业出口政策和协调出口计划。尽管俄罗斯十分重视对外军售中的经济利益,在武
器出口对象的选择上似乎没有美国那么严格,在出口的武器方面也包括较为先进的战术
和战略武器。但是,俄对外军售并非没有原则性。正如《俄联邦对外军事技术合作法》和
其他有关政策法律规定,以及 2005 年 10 月,普京在俄对外军事技术合作委员会会议上的

讲话所指出的,"武器买卖不是一般的生意",因此,各部门都必须严格遵守对外军事技术合作领域的各项规定。但在实际操作中,俄能够巧妙地使原则性与灵活性相结合,以获得最大的国家利益和军事装备工业贸易综合体的经济效益。

(三) 两者的发展趋势和质量效益不尽相同

1. 美国军事装备工业与贸易的发展趋势向好,且质量效益不断提高

经过后冷战时期美国政府对军事装备工业贸易体系的政策调整和基础再造,加之美国发动世界反恐战争引发的军备持续需求,尤其是美国为维护世界霸权和领导地位必须保持军事装备科技世界绝对领先的欲望驱使,"9.11"事件以来,其军事装备工业贸易一直呈现出繁荣发展与质量效益逐步提高的趋势。

2. 俄罗斯军事装备工业与贸易的发展趋势也逐步向好,但质量效益不尽如人意

在冷战时期,苏联把军事装备工业放在突出的优先地位,建立并强化独立完整的军事装备工业管理体系,其军事装备工业和民用工业基本处于"两张皮"的状态。据西方国家估计,在冷战时期,苏联的国防投入占国内生产总值的比重长期高达 12% ~ 15%。一方面,巨大的国防投入和相对独立的军事装备工业,赋予苏联强大的军事实力,使其成为与美国相抗衡的军事大国;另一方面,由于军事装备工业处于完全封闭的状态,先进的军用技术不能有效地转为民用,军事装备工业对国民经济的带动作用没有充分发挥,从而使庞大的国防投入最终拖垮了苏联的国民经济。

苏联解体后,俄罗斯为了摆脱经济困境,强调在首先满足国防需求的前提下,推进军民结合和发展军民两用技术,促进建立军民结合的工业体系。1992 年 3 月,叶利钦颁布了《俄罗斯联邦军转民法》;随后,俄罗斯政府又颁布《1995—1997 年俄联邦国防工业转产专项计划》,并在 1997 年对国防工业"军转民"政策进行了调整,将"全面军转民"调整为"以武器出口促进军转民"。俄罗斯国家杜马 1998 年通过了《俄罗斯国防工业"军转民"法》,使国防工业"军转民"工作以法律形式确定下来。该法规定,"军转民"的资金由联邦和地方预算提供,也可以由国家担保来吸引贷款和国际货币组织、金融机构的资金以及其他预算外资金。与此同时,俄罗斯政府制定了《1998—2000 年国防工业"军转民"和改组专项规划》,其中要求对军事装备工业企业实行优化改组,选出生产军品和军用技术的基本骨干企业,使军事装备工业企业数量缩减 2/3。2001 年 7 月,普京政府批准了《2001—2006 年俄罗斯国防工业改革和发展规划》,在经济转型过程中,确保高技术武器装备的研制生产能力。

虽然经过十几年的"军转民",但是,由于俄罗斯整个国家的经济实力欠佳,军民融合发展高技术以及技术转移的许多政策法规难以落实,军民融合发展高技术项目成功案例不多。从总体上讲,俄罗斯尚未摆脱长期军民分离的格局,军事装备工业企业的经济效益普遍不尽如人意。

三、美国军事装备工业与贸易同欧盟的比较分析

(一) 两者在大战略中的地位作用不尽相同

冷战后,欧洲经济和政治一体化不断深入,军事一体化也在逐步推进。由于在科技和

经济方面的雄厚基础,欧盟(EU)国家的军事科技和武器装备水平水涨船高。虽然与美国在总体上还有较大差距,但在不少方面已不相上下。斯德哥尔摩国际和平研究所公布的数据显示,欧盟在国际军火交易中的作用日益增大。2003 年,欧盟 25 个成员国的武器出口总额首次接近美国,达 47 亿美元,在国际军火交易中的比重增长到 25% ,其中,80% 由法、德、英制造,占世界武器出口的 23.5% 。虽然欧盟各国也把军事装备工业贸易作为其国家战略的重要组成部分,并在实现国家战略目标或国家利益时经常运用该杠杆手段,但与美国相比较,欧盟军事装备工业与贸易在国家战略中的地位作用不如美国那么突出。因为欧盟国家并不想争夺世界霸权,也不愿意充当世界领导或世界警察,只是想"专守防御"或配合美国维护所谓世界民主、和平与人权。因此,欧盟国家对军事装备工业贸易领域的投入并不太多,国家的军事订货也只是维持在国防与军队建设需要的正常水平,军备出口仅单个国家而言,都不是美国的对手;就先进武器装备和军事技术研制、生产、输出而论,整体上虽然处于世界一流水平,但与美国相比,还存在较大差距。在运用军事装备工业贸易这个政策工具达成地缘政治军事目标、获取国家利益方面,也不如美国那么重视与频繁。

(二) 两者都形成了良好的运行管理体系

前面已经论述了美国多年来认真经营管理军事装备工业与贸易,并建立了运行良好的管理体制机制。与美国相比,欧盟各主要成员国也建立了比较完善的军事装备工业贸易管理体系,并正在良好地运转。但就整个欧盟而言,并没有形成统一的军事装备工业与贸易管理体制机制,虽然有朝这方面努力的一些表现。1992 年 2 月,欧盟国家签订了《马斯特里赫特条约》,建立了单一欧洲货币——欧元(英国例外,仍只发行和使用英镑),加强了欧洲经济一体化,并为欧洲政治一体化奠定了基础。应该说,欧洲各国对经济、政治一体化已经取得了共识,并取得许多实质性的进展,唯独在防务一体化上分歧较大,进展不佳。许多专家认为,这些不同的利益主体间的利益冲突和对"欧洲规划"的解释上的争论,没有什么地方比在国防事务上的争论更激烈了。这不是巧合,正如社会学家 Max Weber 提到,对有组织的暴力进行合理的控制是国家的主要特点。体现在军事装备工业贸易上,就是目前欧盟还没形成统一的军事装备工业贸易管理体制机制,以下分国别加以探讨。

欧盟目前有 28 个成员国,且绝大多数建立了自己的军事装备工业与贸易管理体系。其中,法国、德国、英国、意大利的综合实力都相当强;瑞典、荷兰、比利时、奥地利、芬兰、丹麦等国都有自己的特色;西班牙、希腊、波兰、捷克、斯洛伐克、匈牙利等国也有一定的基础;葡萄牙、斯洛文尼亚、爱尔兰等国有一些军事配套工业;卢森堡、塞浦路斯、爱沙尼亚、拉脱维亚、立陶宛、马耳他等则基本没有相关的军事装备工业及技术。以下重点介绍法、英、德三国军事装备工业贸易运行管理体系。

1. 法国

法国长期以来奉行独立自主的防务政策,逐步建立了一个行业齐全、技术先进的军事装备工业贸易体系与管理体制。法国具有独立研制核武器和常规武器的能力,以及出口交易管理系统。就国防科研和军事装备工业生产总的规模、能力和水平而言,法国虽远不能与美国相比,但在北约的欧洲国家中处于领先地位,也位居世界先进行列。法国拥有不少世界级的军事装备工业企业,近年来列入世界军事装备工业企业 100 强的法国企业(含欧洲跨国公司)有泰利斯公司、海军造船公司、达索航空公司、地面武器工业集团、斯奈克玛集团、萨吉姆公司以及欧洲航空防务航天公司等。同时,法国制定了独立自主的军备贸易政策,并将其作为国家的一项基本国策。由于本国的武器需求非常有限,为了维持完整和相当规模的军事装备工业的发展,法国又制定了相对灵活的军备出口制度,秉持以出口促生产、以出口养军事装备工业的基本原则。法国历届政府都非常重视军事装备工业出口。戴高乐把军事装备工业出口视为补偿昂贵的武器研究发展费用的主要途径。德斯坦、密特朗和希拉克则把军事装备工业出口作为弥补外贸逆差、支付石油账单、解决部分失业问题和部分地控制通货膨胀的重要手段。当然,法国还是把军事装备工业贸易作为国家战略的重要组成部分,把国家利益放在第一位,即在承认军事装备工业贸易受国家政治军事战略制约的前提下,着眼于经济利益的获取,把军事装备工业贸易作为国际贸易的重要组成部分和立国的支柱。比较典型的实例是在 2014 年爆发的乌克兰危机中,因俄罗斯同意接纳自行独立并加入俄联邦主体的克里米亚半岛后,遭到以美国为首的西方、欧盟等国的联合制裁。美国还警告法国停止向俄出售"西北风"级两栖攻击舰,但巴黎方面感到震惊和愤怒并予以拒绝。据法新社称,法外交部长法比尤斯表示"我们不应与俄罗斯开战"。法方重申法国将努力履行向俄出售两艘"西北风"级两栖攻击舰的合同,因为中止合同对法国的损害远大于是对俄罗斯的损害(法国还是迫于美国的压力,宣布推迟向俄交付军舰)。正是基于以上战略考量,使得法国的军备出口一直处于世界前列,在世界军事装备工业市场上位于美、俄之后,居第三、四把交椅。

2. 英国

英国也奉行独立自主的防务政策,但在处理国际事务,包括军事装备工业贸易管理方面与美国的关系比较近,有时追随美国或者说执行与美国相似的政策主张。英国曾经是世界最发达国家和"世界工厂",至今其军事装备工业仍具有相当强的实力,居世界先进行列。在欧盟国家中,英国军事装备工业总体规模是最大的,无论是企业还是从业人员的数量,都居西欧国家之首。英国现有 1 万多家公司涉及军品业务,直接和间接雇佣 30 多万人,国防工业平均每年营业额约 150 亿英镑,其中 1/4 ~ 1/3 为军事装备工业出口。当然,英国也是把军事装备工业贸易作为国家战略的重要组成部分,并加强统一管理,但基本奉行的是"国家利益优先"政策,突出军事装备工业出口在国际政治和贸易中的作用,把军事装备工业出口正式纳入国家政治与外交政策,并进行军贸管理体制改革。在政府的大力支持与鼓励下,英国的军事装备工业出口大幅上升,1972—1981 年间,军事装备工业出口总额增长了约 5 倍。为了获得最大的国家利益,英国政府坚持以军事装备工业出口带动军事装备工业生产的方针,把武器出口作为扩大本国政治影响、平衡贸易逆差、增加经济收入、减少财政赤字和解决就业问题的重要手段。自 20 世纪 80 年代以来,政府在军火外销中扮演了重要的角色,政府首脑甚至亲自出面招揽军火生意,为提高英国军品的国际竞争力起到一定作用。

3. 德国

德国作为当今最发达的国家之一,早已成为世界上先进的武器装备研制生产和出口大国,建立起了具有本国特色的军事装备工业贸易管理体系。两德统一后,德国对军事装备工业进行了大规模战略调整,总体规模发生了较大变化。从业人员保持在 10 万人左右,军事装备工业产值在国内生产总值中所占比例较低,低于美、法、英等西方国家。德国军事装备工业门类比较齐全,除了不研制核武器与战略导弹外,几乎遍及常规武器的各个领域和门类,并在绝大多数领域具有自行研制和生产的能力,主战坦克、常规潜艇等武器装备在世界上处于领先地位。在军备出口政策方面也是坚持以国家利益优先,并兼顾政治与经济效益的原则。其军备贸易法律规定,德国不得向北约以外的危机地区以及向人权受到践踏或处于类似内战状态的国家出口武器。德国目前军事装备工业出口涉及世界100多个国家,主要对象国是欧盟成员国。近年来,德国对南亚的武器出口大幅增长,欧洲和北美以外购买德国武器最多的国家是以色列、印度、新加坡和韩国。德国对外出口武器和军事装备总额为32亿欧元,其中1/4出口到发展中国家,因此,德国武器出口在欧洲仅次于法国,排名第二。

(三) 两者都具备相当好的比较竞争优势

美国作为当今唯一的超级大国,拥有世界超一流的军事装备工业与贸易体系,以及一般国家难以企及的比较竞争优势,在此就不再多议。以下主要探讨欧盟在军事装备工业贸易方面的比较优势。

欧盟汇集了包括英、法、德、意等大批老牌资本主义国家和军事装备工业巨头,它们能够研制生产当今所有高精尖的武器装备和军事技术,在军备研制生产和出口销售等方面,都能与美国一决高下。尤其是随着欧洲一体化进程的推进,"防务欧洲"正在崛起,军事装备工业贸易一体化进程也提升了欧盟的整体竞争能力,具备与美国比拼的实力与条件。据2013年的英国《泰晤士报》报道,欧洲防卫局已制定新的军事发展计划和新的军事战略,重点加强高科技武器的研发,缩小与美国在军事上的差距,将欧盟打造成"军事大国"。对此,路透社报道,前任欧盟军事委员会主席芬兰上将古斯塔夫·哈格兰德称,未来10年内欧盟将不再依赖美国保护。为了优化成员国的国防科技工业、规范军事装备工业交易市场,欧盟推出了如下军事装备工业贸易一体化主要措施是:一是进行国防工业的跨国家协调与合作,吸收以往西欧6国(法、德、英、意等)的经验和做法,引导国防工业向配套、标准、开放和高效的市场模式发展;二是在欧盟不断强化安全与国防政策的环境下,国防工业要按照欧盟理事会防务局制定的欧盟武器政策和防务政策的战略规划,积极调整与适应各种变化;三是制定一项发展国防工业的共同性措施,以便克服内部市场自由流动中存在的阻碍,在遇到危机的情况下,能够保证国防工业的正常运转与设备、装备的有效供给;四是通过协调、管理,保证武器出口准则的实施,进一步严格规定武器出口到危险地区的共同政策,规定军事装备工业企业转让标准和许可证制度。

"防务欧洲"已经成形,"装备欧洲"已经起步,军事装备工业贸易一体化也有了明显进展,欧盟的军事装备工业贸易比较竞争优势逐步显现。2006年6月13日的德国《法兰克福汇报在线》报道,根据斯德哥尔摩国际和平研究所发布的统计数据,2005年欧盟成员国常规武器出口总额为78.21亿美元,超过美国(71.01亿美元)和俄罗斯(57.71亿美元)。其中,法国出口23.99亿美元,德国出口18.55亿美元。该研究所的数据还表明,在2001—2005年的5年中,欧盟国家的军事装备工业出口居世界第三。欧盟18个成员国武器出口总计253.71亿美元,占全球武器出口总额的27%。其中,法国86亿美元,德国56亿美元,英国39亿美元。此外,荷兰、意大利、瑞典等国都属于全球十大军事装备工业出口国之一。

四、未来美国对全球军事装备工业与贸易的影响

（一）美国军事装备工业仍将起到"领头羊"的作用

美国认为保持国防科技优势已成为并将继续成为美国军事战略的基础,当前的优势是过去几十年乃至上百年来美国对国防科技领域投入与积累的结果,未来美国的军事实力和军队作战能力仍然取决于对国防科技领域的投入和积累。虽然近年来奥巴马领导的美国政府计划削减国防开支,以维持政府开支的平衡,但对军事装备工业的投入并未减少,陆海空多种先进尖端武器研制计划正在加紧推进。因此,可以预见,在今后若干年的时期内,美国的军事装备工业仍将在全球起到"领头羊"的作用,并引领世界军备竞赛的新潮流。

美国军事装备工业之所以能够、今后仍将能够处于世界领先位置,除了依靠持续的高投入和积累外,十分重视其顶层设计和规划计划也是重要原因之一。美国历来十分重视国防科技工业的顶层设计及其发展的战略规划工作。近年来,根据《2020 年联合设想》《四年一度防务评审》和《国家安全战略》,国防部、联合参谋部、各军种制定了新的《国防科技战略》及支撑该战略且满足美军当前和未来作战需求的《基础研究计划(BRP)》/《国防技术领域计划(DTAP)》和《联合作战科学技术计划(JWSTP)》,以及《国防技术领域计划的国防技术目标(DTO)》,这些文件都充分反映了美国国防科技工业的设想、战略、规划和目标。

尤其是美国《国防科学技术战略》,它是对具有开发优势的、经济上能承受的技术并将其应用于作战人员以支持目前的任务,并在不确定的未来的各种危机和挑战中提供决定性军事能力这一设想的制度设计。于 1992 年 7 月公布了冷战后的第一个《国防科学技术战略》。该战略的核心内容是:在技术发展中使武器用户尽早地、充分地、连续地参与;促进信息技术蓬勃发展并予以利用;进行广泛的、真实的技术验证。随后,美国国防部面对新的形势,陆续对《国防科学技术战略》进行了一系列调整,但一直都把保持技术优势、增强军事潜力作为国防科学技术工业发展的核心,仅在优先保证的军事需求和战略投资重点方面进行了调整。美国为了保持军事装备工业的绝对优势,不仅制定了许多规划计划,而且提出了"领先对手数步"的基本原则,并确保在国防部的规划、预算和评估活动中予以具体支持。比如,在国防基础科学研究方面,美国不仅制定《基础研究计划》,而且还不断加大基础研究投入和条件建设,培育和发掘新的技术制高点,以确保其在武器装备和国防科技工业中的优势地位。1995 年,美国国防部根据未来军事战略和国防科技创新发展的需求,制定了《基础研究计划》,指导国防部各相关业务局和各军种组织开展国防科技基础研究,该计划每两年更新一次。近几年,美国的国防预算有所缩减,但国防基础科学研究经费一直约占国防部研究和工程预算的 5%,大约 16 亿美元/年,2010 年高达 17.98亿美元。奥巴马政府还承诺,未来 10 年基础研究的经费将翻一番。美国通过该计划资助了许多高精尖武器装备与技术研制,并产生了可观的效果。2009 年,美国成功研制出能够执行简单计算任务的固态量子处理器,向生产量子计算机迈出了重要一步。

（二）美国将继续保持军火销售"冠军"的头衔

进入 21 世纪,和平与发展仍然是当今世界的主流,但美国借"9.11"恐怖袭击,发动了阿富汗战争、伊拉克战争等反恐战争,使新世纪的曙光中就充斥着战火硝烟和血腥味,这注定了未来的岁月人类仍将与战争和暴力如影随行,也再次给美国的先进武器装备做了很好的免费广告。不仅如此,美国政府正好借机利用其实力超群、规模庞大的军事装备工业体系向全球推销军火,以获得更大的地缘政治和经济利益。虽然 2008 年的全球金融危机引发一些国家的经济衰退,从而也影响到全球武器销售总量,但丝毫未影响世界最大武器供应商美国的军火销售生意。美国国会 2010 年发表的《对发展中国家常规武器转让》研究报告表明,2008 年美国签订武器出口合同价值 378 亿美元,较 2007 年的 254 亿美元增加了近 50%,相当于全世界武器市场成交总量的 68.4%,出口武器金额占全球总额的 2/3 还多。报告指出,美国对外武器销售呈上升趋势,主要原因之一是来自中东和亚洲地区的新订单大量增加,多项巨额武器项目的竞标正在进行当中,涉及的国家和地区主要有印度、巴西、日本和整个中东。此外,还有许多国家需要更新陈旧武器装备。

另据 2013 年 12 月 22 日美国《波士顿环球报》报道,奥巴马政府正大力推动美国武器制造商向国外出售更多武器,从中获取巨额利润。美国政府采取的措施包括:游说外国领导人购买美国的军舰、飞机和导弹等武器装备,把一些军用零部件销售审批权从国务院转到商务部,以放松对想要出口武器公司的管制等。尽管美国官员一再声称,美国是出于安全而非经济原因出售更多武器的,但许多专家认为,经济上的考虑是美国近年来军事装备工业贸易大幅增加的重要原因之一。由于美国同时发动的两场反恐战争和大量的公共开支,使得其财政长期入不敷出,而不得不面对的国防预算削减和五角大楼购买力萎缩的现实,加速大量出口军火的意图自然不言自明了。斯德哥尔摩国际和平研究所的统计数据显示,自 2009 年奥巴马上台以来,美国的军事装备工业贸易额激增,从 2009 年的 69 亿美元增至 2012 年的 87 亿美元,上涨了 26%,占全球军事装备工业贸易总额的 1/3,而且还在继续创新高。从现在看来,这样的趋势并不会减弱,美国仍将继续保持全球军火销售"冠军"的头衔。据俄罗斯军贸分析中心初步评估,2014 年全球常规武器贸易订单总额为806.26 亿美元。2011—2014 年,按合同额计算,美国都是最大的军事装备工业出口国。美国 2014 年签订的军事装备工业出口合同达 333.53 亿美元,占全球总额的 41.37%。

（三）美国军事装备工业与贸易发展趋势展望

由于美国继续奉行全球性国家安全与军事战略,谋求"一霸超强"的世界领导地位,仍然需要大力发展军事装备工业贸易作为其重要的战略支撑点,因此,在可预见的未来,美国的军事装备工业与贸易仍将继续发展,而且是美国发展最快、效益最好、最具竞争实力的支柱产业。尽管今后美国的军事装备工业贸易在发展过程中会遇到各种各样的问题,包括国防预算压缩、军队采办数额削减、一些军种武器研制项目下马和国际军火市场竞争更加激烈等,但美国政府丝毫不会放松对军事装备工业贸易的管理,并促进其继续优先发展。

1. 美国政府将继续确保国防科技体系的投入,维持其世界超一流的水平

美国的国防科技行业虽然是建立在私有制基础之上的,其大部分军事装备工业贸综合体属于私有民营企业,但作为关系国家安全与核心利益的特殊经济部门,政府主要是通过军品采购、国防拨款和军事装备工业出口予以资金投入的。仅就军品采购一项,国防部平均每年要向军事装备工业企业采购 1 000 多亿美元的武器装备。据位于华盛顿的非营利研究机构史汀生中心于 2011 年 10 月份发表的一份报告显示,在 21 世纪的头 10 年中,五角大楼花在军火采购项目上的资金达到 1 万多亿美元,既支撑了军事装备工业的发展,又设法将美国军队大部分武器装备进行了升级换代和现代化。该报告的主要作者拉赛尔·伦博还说,2010 财年军方在武器系统采购方面的开支比 2001 财年的 626 亿美元增加了一倍多,达到 1 358 亿美元。其中,空军和海军的武器采购开支又比陆军和海军陆战队的要多①。虽然美国从 1998 年起,经济遭遇金融危机、次贷危机的影响,以及反恐战争的拖累,财政赤字高企,但装备购置费却呈现高速增长的态势,2006 年首次突破 1 000 亿美元大关,达到 1 053.7 亿美元;2008 年达到了近年来峰值,为 1 646.84 亿美元,10 年增长超过 3 倍,占国防费的比重也从 1997 年的 16.9% 上升到 2008 年的 24.6%。只是近几年为了进一步优化装备采购费投向、适当控制装备采购成本,装备采购费才有所下降。2009 年美国启动新的《武器系统采购改革法案》,2009—2013 年装备采购费由 1 348.37 亿美元逐年下降到 1 151.04 亿美元。另外,由于经济复苏乏力,公共开支激增,美国政府被迫提出适当削减国防费的计划。根据 2011 年颁布的《预算控制法案》,美国计划在未来 10 年共削减国防开支 4 970 亿美元,装备采购支出预算将维持在 2013 年水平上下。但从 2015 财年开始,装备采购预算又呈缓慢增长的势头(见表 2 - 5)。如果再加上研究开发试验与鉴定费用,则每年投入国防科技行业的经费占国防费总额的 30% 左右。如,2013 财年的研究开发试验与鉴定费用为 696.50 亿美元,再加上装备采购费,武器装备系统预算为 1 847.54 亿美元,占国防总预算的 29.67%;2014 财年的研究开发试验与鉴定费确定为 693.94 亿美元,加上装备采购费,武器装备系统预算为 1 687.03 亿美元,占国防总预算的 31.98%。综合分析后发现,美国这两个财年的武器装备系统预算的绝对值虽有所下降,但相对比例却在上升。可见,美国政府的国防预算调整是有保有压,仍然希望通过资金的高投入来维持其国防科技行业的世界超一流地位。

表 2 - 5　美国国防装备采购费预算表　　　　　　　　单位:亿美元

年度 项目	2011	2012	2013	2014	2015	2016	2017	2018
国防费	6 890.92	6 522.88	6 225.94	5 275.98	5 408.08	5 513.38	5 599.35	5 685.38
采购费	1 348.37	1 198.40	1 151.04	993.09	1 062.01	1 119.42	1 174.96	1 231.56
比重	19.1%	18.4%	18.5%	18.8%	19.6%	20.3%	21.0%	21.7%

资料来源:Office Of The Under Secretary of Defense (Comptroller). National Defense Budget Estimates for FY 2014. pp. 89 - 95

2. 美国政府将继续向全球大力推销军火,获取超额地缘政治与经济利益

军事装备工业贸易行业不仅是实现国家安全与军事战略目标的重要手段,而且是获取超额垄断利润的营生,加上近年来美国财政状况捉襟见肘,也需要靠军事装备工业出口收入弥补。因此,可以预见,今后美国政府仍将会不遗余力地向世界推销其武器装备产

---

① 克里斯托弗·德鲁. 据称美军在现代化方面取得进展[J]. 纽约时报,2011 - 10 - 28。

品,大发带有血腥味的"横财"。美国在其发动的反恐战争中大打高科技武器装备牌,把各种新式武器装备放到战场进行实战检验,大肆宣扬其超群的威力与性能,激起其他国家争相抢购的欲望。反恐战争的余波未平,美国又适时推出"亚洲再平衡战略",将重军备转移至亚太地区,挑起东海、南海争端,诱发亚太地区的军备竞赛,既显示美国的军事存在,又坐收军事装备工业出口的渔翁之利。美国一方面制造和扩大安全威胁与地区热点,营造有利于其军火大量出口的外部需求环境;另一方面,也在改善其军火销售政策与军事装备工业综合体的结构,为大量接单和军事装备工业出口做好充分准备。在奥巴马政府颁布《预算控制法案》的同时,其国防部长帕内塔就召集军火巨头聚会,既为今后国防预算有所缩减而安抚军火巨头,又共同协商应对策略。帕内塔强调,军火行业对美国的军事优势"至关重要",国防费适度缩减不是要削弱它,而是要打造新的国防科技工业基础。他承诺,联邦政府将为修订和改进防务产品出口控制规定做出最大努力,"将会允许美国公司向其他国家出售更多军品、服务和材料"①。

3. 美国政府将继续灵活运用军事装备工业贸易杠杆,达到其国家安全与军事战略目的

正如美国前国防部长帕内塔所说,保持兴旺发达的军火行业对美国的军事优势"至关重要"。在可预见的将来,美国政府将会继续推动军事装备工业贸易行业的持续发展,并不失时机地掌握和利用这一战略"利器"去达到美国更多更长远的战略目的。今后美国政府将在继续推进军事变革、军队转型和国防预算适当缩减的基础上,对军事装备工业贸易行业进行调整改造,重点是结构优化和产能升级,尤其是壮大尖端武器系统的研发队伍,打造新型国防工业基地,提高军事装备工业贸易行业在国际上的整体竞争实力。帕内塔在其召集的军火巨头聚会上明确表示,"没有强大的国防工业基地,国防部就无法保护国家"。在美国发动的两次海湾战争中,其高科技尖端武器不仅扬名于战场,也为美国赚得了更多的政治经济利益。当然,其军事装备工业贸易等军事系统是个高消费行业,连美国高官也认为高价武器难以为继,国防部不断追求高新武器计划的高额费用甚至威胁到国家安全②。因此,今后美国政府肯定会利用军事装备工业出口来部分破解这个难题,而且会在国际军火市场上也大打"尖端武器牌"。因为当今国际军火市场已经高科技化了,尖端的陆海空武器交易成为军贸市场的热点。未来时期,高技术武器贸易仍将是各国在国际武器贸易市场上的主攻方向,美国也将继续增加高技术武器研制与生产投入,以争夺国际武器市场份额。另外,国际军火市场已经呈现多极化发展格局,全球军火市场被几个寡头垄断。其中,美国仍将占据老大地位,虽然其出口份额会有所变化,但出口额绝对老大的地位无人能动,即使是俄罗斯、欧盟集团也难以企及。

---

① 帕内塔寻求在预算削减问题上安抚军事装备工业企业[N]. 彭博新闻社网站,2011 - 09 - 14。
② 五角大楼研发部门负责人说,美国国防部武器计划的高费用威胁着国家安全[N]. 美国防务新闻周刊网站,2014 - 05 - 19。

第三章 鼎盛时期的美国军事装备工业与贸易

二战到冷战时期是美国军事装备工业与贸易发展最旺盛的阶段,无论是产业的规模、武器装备的研制能力与水平,还是军事装备工业出口的市场份额,都达到了登峰造极的境地,只有苏联能够与之相媲美。

一、美国军事装备工业与贸易的超常规模

(一)美苏军备竞赛推动美国军事装备工业与贸易的高速发展

美国的军事装备工业崛起于第二次世界大战期间。自从时任总统罗斯福提出要把美国发展成为世界上"民主国家的兵工厂"后,美国的军事装备工业及生产规模迅速扩大起来。无数民用工厂改装为生产军需物资的工厂。从巨大的企业集团到乡村的简易车间,一切可用的厂房和机器设备都转向军事装备工业生产。二战后,世界局势逐渐趋于平静,面对军火市场日益凸显的供大于求,美国军火厂商们为各自的存亡展开了激烈竞争。在这场你死我活的竞争中,许多大军火厂商被迫减产、转产,千千万万的中小军火商惨遭淘汰,只有少数军火巨头幸存下来,美国军事装备工业贸易产业呈现出了高度的集中和垄断。随着二战结束与世界新秩序的建立,美国和苏联都希望主导战后新秩序,并形成了以各自为首的资本主义国家和社会主义国家两大阵营,进行竞争与对抗,从而进入冷战时期。为确保超级大国地位和拥有主导世界的实力,美苏两国走上长期的军备竞赛道路,这给本陷入衰退的军事装备工业贸易行业带来了繁荣发展的大好时机。当时,全世界从事军事装备研究与发展的科学家和工程师约 50 万人,大多数集中在美苏两国。在苏联,约有 150 家大型国有军事装备工业企业生产上百种类型的军事装备,有上千家为其配套并生产辅助装备的国营工厂,时刻保持开工状态。在美国,有 25 000～30 000 家私营企业参加军事装备工业生产,这还不包括国防部等政府的军事装备工业研制与生产机构。在二战中,美国军事装备工业贸易规模已经全球最大。战后以及与苏联的军备竞赛之后,美国的军事装备工业贸易行业再次高速发展。据资料统计,参加美国军事装备工业贸易的主承包商以及分包商在整个 20 世纪 70 年代共有 13 万家以上,其中,在 100 家最大的军火承包商中,有 15 家是生产军火的纯军事装备工业公司,其余 85 家属于半军事装备工业公司和一般军事装备工业企业。战后 40 多年间,美国军事装备工业产值在全国工业总产值中所占比重为 25% 左右,远高于英国(占 10% 左右),以及法国和德国(前者约占 8%,后者只有 5%),也高于苏联。美国军事装备工业企业大量生产和销售高新武器装备,并与苏联分别在太空飞行器、洲际弹道导弹、战略核武器和常规武器等方面展开了激烈的竞争。竞争的结果,无论是在军备的数量还是质量方面,基本上是美国略胜一等,最终以苏联解体而告终。

在军事装备与技术迅猛发展和战后局部战争频发的拉动下,美国的军事装备工业贸易也是兴旺发达,生意非常红火。冷战时期,虽然没有再次爆发世界大战,但较大规模的局部战争却是接连不断,如朝鲜战争、越南战争、中东战争、两伊战争等,这都为美国的军火行业发展带来了无限商机,促使美国军事装备工业贸易再一次快速发展。军事装备与技术交易是一种特殊商品的贸易,它不能通过军事装备工业进入自由市场进行交易,主要是通过各国政府间的双边协议进行。战后初期,军火转让主要通过两个超级大国以提供军事援助的方式进行。比如,美国战后对西欧实施的包括军事援助在内的"马歇尔计划",以及为了对抗以苏联为首的社会主义阵营,而实施对战败国联邦德国和日本的军事援助,并着手重新武装联邦德国和日本。随着朝鲜战争、越南战争和中东战争的爆发,以及经济暴利的增加,各国军火转让逐步改为在贸易基础上进行,大量军火开始进入国际商品流通市场,这也包括美国。按照美国政府的说法,武器系统的交易既包括新的、旧的或整修过的杀伤性常规武器,也包括能同时装载常规和化学/原子弹药的武器,以及非杀伤性的军事支持设备,如雷达、军装和物资,还包括军事训练、军火生产或装配设施、军事基地或防御建筑等。据美国军备控制和裁军署称,美国军备出口中武器系统约占 60%;而苏联军备出口额中 85% 以上是武器系统。20 世纪 70 年代是世界军事装备工业贸易迅速扩张的时期,按美国军备控制和裁军署统计,1970 年世界军事装备工业出口总额为 58 亿美元,1979 年增长到 237 亿美元,即增加了近 4 倍,剔除价格上涨的因素,实际增长 3 倍多。

(二) 美国军事装备工业复合体形成和发展的历史沿革

美国军事装备工业复合体(简称军事装备工业复合体)的雏形,其实在 20 世纪 40 年代以前就已经存在,但具体形成是在二战初期。美国国会于 1939 年 11 月通过了新的《中立法》,其中包含取消武器禁运的条款,从而大大促进了以军事装备工业为主导的美国经济的发展,使军事与工业相关企业开始融合,朝军事装备工业复合体的方向发展。1940年仅英国就向美国购买了 21 亿美元的武器和军用物资。1941 年 12 月 7 日爆发的珍珠港事件,是促成军事装备工业复合体大规模发展的转折点。此后,美国彻底摆脱了中立主义的束缚正式参战,其国民经济也走上的战时统制经济的轨道。1940 年 12 月 29 日罗斯福总统发表了著名的"炉边谈话",并发出"我们必须成为民主国家的伟大兵工厂"的号召,从此美国成为二战交战国主要的武器供应商。为满足武器输出的巨额需求,不得不将大批的民用生产转向军事装备工业生产,为此美国联邦政府于 1942 年 1 月建立了战时生产委员会;为保证国内军事装备工业产业对所有原材料的优先供给,1942 年 10 月美国联邦政府又建立了经济稳定局,同时颁布了《紧急物价控制法》和《反通货膨胀法》,目的都在于为军事装备工业组织人力、物力和财力,保证战时经济的顺利发展。战时,联邦政府采取了同企业界密切合作的政策,通过免税和停止实施反托拉斯法、允许大承包商分配分包合同等方式,保证军事装备工业企业大资本家获取巨额利润。1940 年 6 月—1944 年 9 月,联邦政府下达的政府采购合同总计价值 1 750 亿美元,其中 2/3 发给实力雄厚的 100 家公司,仅通用汽车公司就获得合同总数的 8%。战时政府采购订单为军事装备工业复合体的兴起奠定了一个良好的基础,从而培育了大批称雄世界的军火巨头。比如,通用机械公司、克莱斯勒、麦道和波音公司等原先主要生产民品的企业都转为军事装备工业企业集团。战时,美国总计生产 27.5 万架军用飞机,75 000 辆坦克,65 万门火炮,1 200 艘大中型战舰,其中大部分出口国外。到20世纪50年代,全美500家大公司中的大部分成为美国政府的国防承包商。

美国的军事装备工业复合体在冷战时期得到进一步发展壮大,到冷战后,美国国内兴起了一个规模极为巨大的军事装备工业复合体,并成为能够左右美国政局的一支重要力量。20世纪50年代初的朝鲜战争进一步刺激了军事装备工业复合体的发展,这也标志着世界冷战的开始。朝鲜战争是美国在二战后参加的第一次大规模局部战争,也是美国在全球范围内"遏制共产主义"的大棋局中的重要一步。在3年多的朝鲜战争期间,美国投入了1/3的陆军、1/2的海军和1/5的空军,支出200多亿美元的直接战费。此后,美国国防开支除1954—1958年有所下降外,都是呈增长之势。国防费用大量用于军队装备采购和武器科研,美国争夺世界霸权和军事优势的目标成为军事装备工业复合体快速发展的主要原因。越南战争再一次刺激了军事装备工业复合体的发展。据统计,直接用于越战的开支,1966—1968财年分别为68亿美元、201亿美元和270亿美元。到战争结束,越战总费用高达3 500亿美元,比朝鲜战争还高一倍以上。由于越战的巨大开支,美国政府的收支状况恶化。1965—1968财年联邦政府公共支出平均每年1 475亿美元,4个财年皆为赤字,赤字总额393亿美元,超过以往19年的赤字总和。但肥了军火生产承包商,巨额军事采购无疑成为军事装备工业复合体发展的刺激因素。军事装备工业复合体在冷战时期的第三个迅速发展机遇期是里根执政时期,里根在竞选中攻击前总统卡特在军备竞赛中让苏联占了优势,承诺当选后将彻底扭转这种局势。据称,从20世纪70年代初到1982年的10年期间,苏联军费中用于装备采购、军事建设、武器研发的部分比美国多90%,达到3 550亿美元。为此,里根总统上任伊始就相继提出开支总额达15 000亿美元的5年防务计划,和一个耗资1 800亿美元的增强战略核力量的6年计划。里根执政的8年间,军队武器采购费用高达5 000亿美元,占军费总支出的26.5%;武器研制费用共达2 045亿美元,占军费总支出的约10.1%;两项加起来占军费总支出的36.6%。尤其是1983年里根提出"星球大战"计划后,美国开始大力研制导弹防御系统和太空武器,其国防预算占到GDP的6%多的水平。同时,里根把加强军援、军售作为推行对外政策的重要工具。他执政期间的对外军援总额达410.98亿美元,军售总额达894.83亿美元,大大超过苏联同时期的军事装备工业出口数额。

(三)鼎盛时期美国军事装备工业贸易发展的主要特点

第二次世界大战后,由于美苏军备竞赛以及局部战争的拉动效应,世界军事装备工业贸易发展很快,尤其是美国军事装备工业贸易延续了战时的辉煌,而且得到了进一步的扩张。到20世纪70年代,世界军事装备工业贸易急剧增长,美国和苏联一直是世界上最大的两个军事装备工业出口大国。两国出口的军火占世界军事装备工业贸易额的70%左右,同时,出口到世界上120多个国家和地区。在这时期的世界军事装备工业贸易发展进程中,美国一般都位居第一,苏联居第二。只有在1980年、1984年、1987年苏联曾经超过美国占据世界军事装备工业出口巨头第一的位置。1982—1986年,在世界军事装备工业贸易总额中,美国占34%,苏联占30.5%。1986年,美国军事装备工业贸易额为104.62亿美元,占世界军事装备工业贸易总额的33.3%;1987年,美国军事装备工业贸易额为115.47亿美元,占世界军事装备工业贸易总额的32.8%。

从二战结束到整个冷战时期,美国军事装备工业贸易的发展随着世界军事装备工业贸易形势的变化,呈现出以下主要特点:①虽然出口格局发生了变化,但美国还是稳坐世界军事装备工业出口龙头老大的位置。二战之后到20世纪60年代,基本上是美国和苏联这两个大国对外出口军火,而且在较长时期内美国的军事装备工业出口数额超过了苏联,虽然有个别年份后者的军事装备工业出口超过前者。随着战后各国经济的恢复,西欧各国军事装备工业迅速发展,除满足国内需求外,开始对外出口,打破了由美苏两家垄断的军事装备工业出口的格局。法国、英国、意大利和联邦德国等西欧国家成为主要武器出口国,它们生产的军火有1/3~1/2输往国外。据1977—1980年西欧国家军火输出数据,法国为178亿美元,英国为71亿美元,意大利为56亿美元,联邦德国为53亿美元,共计358亿美元。一些过去基本依靠进口军火的国家也发展了军火工业,开始转而对外出口,加入到国际军火供应者的行列,主要有以色列、南非、阿根廷和巴西,它们在1980年的军火输出值已达到15.8亿美元。但这并未能削弱美国作为军事装备工业出口大国的地位,也对美军事装备工业出口构不成威胁。随着苏联政局不稳,到20世纪80年代后期,美国的军事装备工业出口数额更是大超苏联,坐稳了军事装备工业出口世界老大的位置。②随着武器出口构成的变化,美国也开始输出新式武器装备。战后初期,美苏两国对外出口的军火大都是过时的、技术落后的武器,作为清理库存而向外推销。20世纪60年代的军事装备工业贸易中还有相当部分是二战中或战后初期生产的武器。由于军火市场的争夺日益激烈,一些新式武器装备也已列入国际军事装备工业贸易的商品单。20世纪70年代以来,现代化武器出口所占比重日益增加,特别是在飞机、坦克和导弹方面。此时,美国也改变策略,开始出口新式武器装备,并和其他主要军火供应国展开竞争来争夺军火市场。③国际军火市场也发生了变化,发展中国家成为美国军火销售的主要市场。直到20世纪60年代中期,美苏两个超级大国的军事装备工业出口主要分别输往北大西洋公约组织和华沙条约组织国家。此后,随着西欧国家军火工业快速发展以及发展中国家对军事装备技术需求增加,国际军火市场需求对象发生了很大变化,发展中国家开始成为主要军火需求者,美国的军火也开始逐步销往发展中国家。20世纪80年代,发展中国家军火进口额已占世界军火进口总额的3/4以上。1973年中东战争和石油涨价以后,中东和北非地区军火进口剧增,已成为美国军事装备工业出口的最大市场。

二、美国军事装备工业发展的坚实基础

(一)美国军事装备工业企业拥有雄厚的军火研制生产实力

同苏联的军备竞赛和参与朝鲜战争等大规模局部战争使美国政府认识到,为维护美国主导的战后国际秩序和世界领导地位,美国还需要保持一支相当规模的武装力量和处于绝对优势的军事装备工业。这就需要打牢美国国防科技工业基础,并推动军事装备工业企业健康发展,尤其是要提升军火研制生产实力。为此,美国政府主要出台如下政策措施:

一是颁发相关法规,促进军事装备工业科研和生产企业优先发展。1950年8月,美国国会通过了《国防生产法》,该法授权总统建立国防物资分配和优先供应制;允许用税

收刺激办法鼓励国防生产、建设国防工厂。政府从政策方面鼓励军事装备工业企业从事武器研发。1950年朝鲜战争爆发,使军事装备工业企业重新复兴,并扩大了原有的规模。到冷战结束,美国不仅巩固了其世界上最强大的国防工业基础,能够研制生产世界上所有最先进尖端的武器装备,而且其军事装备工业复合体也得到了超常发展。2001年,在世界100家最大的军火生产商中,美国占了46家,美国军火公司的武器总销售额占全球总销售额的60%以上,占全球武器出口额的30%以上。每年与国防部签订主承包合同的国防工业厂商大约315家,分承包商约15万家,从业人员300多万人。

二是增加国防预算中的装备采购与研发经费,通过国防承包合同提升军事装备工业企业军火研发生产能力。二战结束后,美国的国防预算曾经大幅压缩,从1944年的910亿美元,锐减到1948年的110亿美元。但随着朝鲜战争暴发,美国国防预算又开始猛增,1950年的国防预算就达到470亿美元,占年GDP的9%以上。虽然在1954—1958财年有所下降,但越南战争暴发后的20世纪60年代,国防开支从1965年的494亿美元迅速猛增到1968年的769亿美元,占GDP的比重从1965年的7.2%,猛增到1968年8.9%。这其中的武器装备采购与研发费用占国防经费的1/3以上,这些资金都投向了国防承包商,还不包括作战经费中大量用于国防承包商与供应商的装备维修保养和后勤保障方面。以上经费又基本上落入了大军火生产承包商的腰包,如表3-1所列。从表3-1中可以看出,全部军事供应的近60%掌握在50个军事装备工业垄断组织中。在越南战争时期,仅仅5个最大的垄断组织就占了国防部全部军事订货的18%~21%。正是因为军事订货大量集中在最大的垄断组织手中,所以,极大地促进了这些军事装备工业复合体的发展,也包括它们的武器装备研发能力。比如,洛克希德·马丁公司、通用动力公司、麦克唐纳·道格拉斯公司、波音公司、北美罗克韦尔等15家大的军事装备工业企业,它们的军品产量不仅占到总生产额的50%以上,而且能够研制生产除核武器以外的世界上所有先进武器装备。

表3-1　美国最大军火承包商在国防部订货总额中所占份额(%)

期间或预算年度	100家大军火承包商所占份额	其中50家大军火承包商所占份额
1940.06—1944.09	67.2	57.6
1950.06—1953.06	64.0	56.3
1966财年	63.8	55.1
1967财年	65.5	56.1
1968财年	67.4	57.1
1969财年	68.2	56.9

三是不仅给予军事装备工业复合体以巨大的财力支持,而且通过鼓励退役将军到企业服务,加强政府与国防承包商的联系。据资料显示,在朝鲜战争和越南战争期间,美国国防预算的1/3以上用于军备采购和研发,如果算上作战经费,其国防费的一半左右支付给了军事装备工业复合体。仅在1957—1958财年,美国100个比较大的军事装备工业企业,就有3/4得到了政府的财政资助。为加强政府与军事装备工业复合体的联系,并引导军事装备工业企业服从和服务于政府国防采办与武器研制政策方针,政府鼓励大量美军

各军种退役军官到军事装备工业企业服务,为美国国家安全与防务贡献"余热"。二战后到 20 世纪 50 年代,美国各军事装备工业企业就雇佣了 200 多位退役将军;至 1968 年已有超过 2 000 名退役军官到军事装备工业企业任职,他们不仅熟悉武器装备技术性能和政府的采办政策,而且还运用其原有的关系为军事装备工业复合体向政府争取巨额军购合约。这大大有利于政府武器研发与采办意图和军事装备工业复合体发展战略的双向互动,从而极大提高了军事装备工业企业武器装备研发和生产能力,但同时带来的另一个副产品是国会和一些有识之士始料未及的。此时的军事装备工业复合体已经不是单纯的国防承包商,而蜕变成了军事部门和军事装备工业企业相互钩连的怪胎,不仅左右着国家武器装备研制采办方向与数额,还对国家安全、政治、经济、外交等领域的重大决策都发挥着重要影响。有人惊叹国会对其的监督功能基本丧失,在对国防计划及国防预算的审查方面,国会沦为橡皮图章(Rubber – Stamping)。美国前总统艾森豪威尔在 1961 年的"告别演说"中公开警告美国人要小心军事装备工业复合体可能对国家造成的危害:我们已经被迫创建一个规模宏大的永久性的军事装备工业,350 万人直接服务于这个国防机构,我们每年在军事安全上的开支超过了美国所有公司的纯收入。"我们必须警惕军事装备工业复合体有意或无意所形成的不正当影响力,而且这种影响力可能会持续下去"。虽然艾森豪威尔的警言仍然在耳边回响,但是打着为了国家安全和维护世界和平的旗号,美国军事装备工业复合体还是在不断发展和壮大。

(二) 美国军事装备工业拥有大批拔尖的高科技人才

美国军事装备工业之所以能够达到世界超一流的水平,能够研制生产世界上几乎所有的先进武器装备,具有无以伦比的竞争实力,其中一个十分重要的原因,就是其拥有一大批顶尖的高素质科技人才。美国自从立国以来,就形成了遵师重教的传统,并制定了一系列尊重知识、吸引人才、发挥才干的法规制度,为有抱负、身怀绝技、想干事业的人实现个人价值(美国梦)营造公平竞争的环境。在壮大军事装备工业科技队伍方面,美国政府主要采购了以下措施:

一是加强政府干预,建立军事装备工业"产、学、研一体化"新模式。早在二战时期,为了响应罗斯福总统的"我们必须成为民主国家的伟大兵工厂"号召,联邦政府于 1940 年成立了国防研究委员会(National Defense Research Committee,NDRC),作为政府、军方与大学联系的纽带,由政府出面探索建立军事装备工业的产学研一体化模式。1941 年,联邦政府又成立了科学研究与发展局(OSRD),直接领导和协调国防科研中政府、国防部门与军事装备工业企业的关系,形成了政府协调,国防部门提出武器装备研制规划和需求,高等院校与科研院所共同攻关,军事装备工业企业参与研制生产的新关系,从而吸引了大批科技人员参与到了军事装备工业科学研究领域。1941—1945 年,受雇从事国防研究工作的科学家从 8.7 万人增加到 19.9 万人,科研经费从 9 亿美元增加到 15 亿美元,这其中大部分与军备有关。

二是增加国防科研投入,支持军事装备工业高新武器系统研发项目。美国一直是世界上科技研发投资最多的国家,今天仍然如此。据兰德公司研究报告显示,当今美国在科研方面的投入占全球的 40%,仍居领先地位,70% 的诺贝尔奖获得者受聘于美国,全世界排名前 40 的大学 3/4 分布在美国。报告还指出,尽管中国、印度和韩国等发展中国家的科技发展迅猛,但它们的创新和科技成果只占全世界的一小部分,美国的科技实力依然无人能比①。美国在国防科研方面更是舍得投入,而且许多最新科研成果首先运用于军事领域。比如,博弈论、统筹学等最先运用国防与军队建设方面,雷达技术、计算机互联网技术、GPS 卫星定位系统等最先运用军事领域和作战行动。不包括私人和企业投资,仅每年政府用于武器装备研发试验费用就占当年国防预算总额的 10% 以上。如里根执政的 8 年间,武器研制费用共达 2 045 亿美元,占国防费总支出的约 10.1%。20 世纪 80 年代,美国仅用于军事卫星研发的费用就达到 1 000 亿美元。里根政府计划用 1 200 亿美元实施"星球大战计划",即研制全球导弹防御系统。美国科研经费中 1/3 用于军事目的,与其他国家相比,美国的武器装备研发费用也是最高的,不仅超过苏联,而且比北约中的欧盟 15 国的总额还高两倍以上。据资料统计,1994 年美国的国防科研开发投资占整个北约国防研发总额的 74.11%,远高于法国的 12.46%,英国的 7.46%,德国的 3.33%,意大利的 1.20%,其余国家还不足 1%②。所以,美国的军事装备工业不仅能吸引大批科技人员为其服务,而且能够不断开发出世界上各种高新尖端武器装备,使之在国际市场上拥有绝对的竞争优势。

三是采取各种手段措施,聘用和引进海外尖端科技人员加入军事装备工业。美国政府及军事装备工业部门的负责人意识到,要达到世界超一流的军事装备工业科技水平,就必须拥有世界顶尖的科技人才。于是,采取各种正当与非正当手段,想方设法网罗全球的杰出科技人员,包括提供优厚待遇,全球高薪聘请;出台相关法规制度,吸引外国在美留学生、访问学者受聘于美国军事装备工业;威逼利诱,甚至利用强制手段挟持外国专家为美军事装备工业服务等。比如,在二战期间,美国就曾挟持和强迫大批德国等协约国科学家到美国为其军事装备工业服务。安妮·雅各布森根据美国解密档案资料于 2014 年 5 月正式出版《回形针行动》一书,该书明确记述美国在 1945 年春采取了一项命名为"回形针行动"的秘密计划,将纳粹德国的 1 600 多名科技人员秘密送到美国,其中,包括臭名昭著的 V-1 和 V-2 火箭发明者冯·布劳恩。此人后来成为美国航天局空间计划的主要负责人,正是这位前党卫军上校领导研制的"土星"号巨型火箭,将第一艘载人登月飞船送上了月球。有的专家甚至认为,正是冯·布劳恩以及另外 1 600 多名外国专家帮助美国赢得了冷战③。二战之后,美国更是利用其高度发达的教育与科学研究平台,比较完善的法律制度和宽松的社会环境,以及优厚的物质生活待遇,吸引了大量的科技人员为其军事装备工业科技产业服务。这个状态一直持续至今。据 2008 年 6 月 12 日美国兰德公司发表的一份研究报告指出,在获得美国大学博士学位的外国科学家和工程师中,约有 70% 的人选择留在美国。正是外国学生、科学家和工程师为美科技进步发挥了极为重要的作用。由于他们的到来,美国科学家和工程师队伍增长的速度超过了本土培养的速度,也为美国继续保持全球科技领先做出了突出贡献。这在美国的军事装备工业也是一样,而且更加明显。

① 威尔·邓纳姆. 美国在科技领域保持全球领先地位[N]. 路透社华盛顿,2008-06-12。
② 黄如安,罗革伪. 后冷战时代的世界军事装备工业与贸易[M]. 北京:国防工业出版社,2004:116。
③ 皮尔卡·莫兰. "回形针行动":美国与魔鬼签署的协约[N]. 法国费加罗报,2014-05-26。

（三）美国拥有世界上最多的军事装备工业贸易企业巨头

在整个西方世界,美国不仅拥有的军事装备工业生产规模最大,而且拥有的世界级军事装备工业复合体也最多。据统计,参加美国军事装备工业生产的主要承包商以及转包商在整个 20 世纪 70 年代共有 13 万家以上,其中,在 100 家最大的军火承包商中,有 15 家是生产军火的纯军事装备工业公司,其余 85 家属于半军事装备工业公司和一般军事装备工业企业。另据 1991 年的资料统计,在世界百家主要军火公司排名中,美国共占据 48 席,而前 20 名中,美国就占据 14 席,可见其军事装备工业复合体的规模与实力有多大。美国军火集团的武器总销售额占全球总销售额的 60% 以上,占全球武器出口额的 30% 以上。其构成有以下几种:一是从所有制方面看,美国军事装备工业复合体可分为国有和私有两大类。私有部门占国防部科研任务的 70% 以上,生产任务的 90% 以上。国有部门分为国有国营型和国有私营型两大类。从里根政府起,经过多年的私有化政策调整,到目前国有国营型军火商仅有 10 余家,国有私营型也只有 60 余家,其余大都是私有民营企业。二是从结构层次看,美国军事装备工业复合体分为三类:第一类是系统主承包商,这些均为世界知名骨干军事装备工业企业。如洛克希德·马丁公司、波音公司、通用电气公司、雷神公司等。这些公司直接从美国国防部采购部门得到合同,美国国防部科研生产经费的绝大部分落入这些大军火巨头之手。第二类为分系统—部件承包商。它们一般从系统主承包商那里得到军火研制转包合同,并接受国防采购部门监督。第三类为零部件供应商,负责向军火主承包商提供零部件或原材料。三是从行业部门看,美国军事装备工业复合体可分为航空航天、导弹工业、军用电子工业、船舶工业、核工业和兵器工业等。与国防工业基础相关的行业共有 200 余个。其中,军品销售占行业总销售额 10% 以上的有 61 种,占 25% 以上的有 21 种。另外,船舶工业 80% 以上的销售额是军品,飞机工业 55% 的销售额是军品,而无线电与电视通信设备 51% 销售额是军品。

三、美国军事装备工业贸易政策及出口市场变化的基本走向

（一）美国军事装备工业贸易政策变化的情况

美国军事装备工业贸易政策目标仍然是达成国家战略目的,获取最大政治利益、安全利益和经济利益。出售军火已成为美国争夺势力范围和捞取硬通货的一种手段,也是把军事装备工业贸易作为推行对外政策的一种特殊手段,作为获得地缘政治优势和推行美国价值观,以及维护国家安全利益的重要工具。面对冷战形势和国际安全新格局,美国的军事装备工业贸易政策进行了相应的调整。具体来说包括以下几个方面:

1. 加大对欧洲和西方盟友的军售力度

欧洲绝大部分国家都卷入了第二次世界大战,并在战争中均遭受了重创。战后欧洲形成了三股势力:一是以英、法为主的西欧老牌资本主义国家;二是以波兰、匈牙利为主的东欧社会主义国家;三是以瑞士、瑞典为主的主张中立但实行资本主义的国家。联邦德国和意大利虽然是协约国、战败国,但仍坚持资本主义;而日本也是战败的资本主义国家,并在美国的直接管制下。为了防止苏联和东欧社会主义国家的扩张,侵蚀

资本主义势力范围,美国一方面积极参与战后欧洲经济重建;另一方面也扩大了对西欧和西德、日本等西方盟友的军事合作与军事装备工业出口。其中包括推行"马歇尔计划",颁发实行《共同防御援助法》《对外援助法》《军品外销法》《国际军事装备工业贸易条例》和《安全援助手册》等。美国帮助西欧战后重建的"马歇尔计划"中,有近1/3的内容或金额属于军事技术援助或军事装备工业出口。而颁布的相关法规中,美国政府明确要求,在符合本国利益的前提下,对西欧等盟友积极开展武器和尖端技术的出口转让,大力加强同西欧及盟友的军事支援和防务出口,对西欧友好国家和盟国在军事装备工业贸易方面提供优惠服务。

2. 对苏联等社会主义国家实行武器禁运

美国在帮助西欧及盟友抓紧战后重建,增加军事销售与技术转让,扩充资本主义势力的同时,也不忘制定和采取了许多对苏联等社会主义国家的经济封锁和武器禁运的政策措施,企图铲除世界共产主义。美国在1954年的《共同安全法》、1961年的《对外援助法》修正案和1976年的《军事装备工业出口控制法》等法规中,都明确规定严禁向所有共产党执政的国家出口和转让武器装备及战略物资。其中,在《军事装备工业出口控制法》第38章"国际军事装备工业贸易条件"中,更是明文规定不得向苏联、东欧、中国、蒙古、越南等社会主义国家出口武器。除了美国自己对社会主义国家实行武器禁运外,为了防止这些国家通过欧洲及其他西方国家获得武器装备及军事技术,又发动和策划成立了巴黎统筹委员会(以下简称"巴统"),组成"巴统"国家军火输出管制机构,联合西方国家对社会主义国家实行武器禁运和军事封锁。参与"巴统"的国家除美国外,还有英国、法国、联邦德国、意大利、加拿大等主要西方国家。"巴统"成员国都遵循禁止向社会主义国家输出军火及军事技术的基本政策,并对其战略物资与军民两用技术出口实行管制。到了20世纪70—80年代,美国等"巴统"国家对中国等国的军备出口管制有所松动。冷战结束后,"巴统"组织机制基本解体,但对中国等国的武器禁运措施仍在继续。

3. 拓展亲美发展中国家军事装备工业贸易

战后许多亚非拉发展中国家纷纷独立,而且大部分实行资本主义制度,奉行西方式的价值观。对此,美国认为这些国家是可以很好利用和拉拢的第三势力。于是,美国政府除给予这些国家以政治支持和经济援助外,还大量提供军事援助和兜售武器装备。这样既可以通过经济、军事援助扶持亲美政权,将其纳入美国的势力范围,以抗衡以苏联为首的社会主义阵营;又可获得地缘政治优势,同时还可以赚取大量的硬通货和经济利益,可谓"一箭三雕"。为此,美国制定和修改了相关军事装备工业贸易法规,为向这些国家输出军火扫除了法律障碍。同时,还推动"巴统"组织实行类似的政策措施,为推动武器出口,"巴统"国家可采取灵活措施,如对其盟国及友好国家的军事装备工业出口审批手续一律从简,还可提供优惠贷款,如向一些发展国家出口军火可以低于市场利率提供"直接贷款"。美国等"巴统"国家就曾向埃及、苏丹、索马里等国提供过军事装备工业出口优惠贷款,不仅利率低,最长20年还款期,还有10年的宽限期。在中东发现石油,成为世界石油主产区后,美国为了掌控这部分经济"血液",赚得更多的"石油美元",当然也是为了培植亲美势力,大量向阿联酋、沙特阿拉伯、科威特、两伊等中东国家出口武器。

（二）美国军事装备工业出口市场变化的基本情况

　　冷战时期，美国与苏联展开军备竞赛，争夺世界霸权，不仅相互扩张势力范围，而且还相互抢占军事装备工业出口市场。在这场长达近 50 年的竞争中，美国不仅赢得了冷战，也赢得了更多的军事装备工业出口市场，从而维持了美国军事装备工业出口龙头老大的位置。到冷战结束，美国不仅保住了西方（工业化国家）的传统市场，而且新增和扩大了发展中国家（第三世界国家）尤其是亚太和中东的新兴市场，平均每年的军事装备工业出口额达到 100 亿美元以上。美国在冷战结束前后军事装备工业出口市场的变化具体情况见表 3-2。其基本特点有以下几方面：

表 3-2　　冷战结束前后美国军事装备工业出口市场变化情况　　单位：亿美元

年份	世界军火出口总额	美国军事装备工业出口		向工业化国家军事装备工业出口		向发展中国家军事装备工业出口	
		总额	占世界总额百分比/%	总额	占本国总额百分比/%	总额	占本国总额百分比/%
1988	400.34	122.04	30.48	77.10	63.18	44.94	36.82
1989	381.33	118.48	31.07	81.86	69.09	36.62	30.91
1990	299.72	108.22	36.11	62.00	57.29	46.22	42.71
1991	244.70	116.66	47.67	75.19	64.45	41.47	35.55
1992	184.05	84.29	45.80	53.55	63.53	30.75	36.47
1988—1992	1510.13	549.68	36.40	349.68	63.62	200.00	36.38

资料来源：SIRPI 年鉴 1993

　　一是从世界市场结构变化看，美国军事装备工业市场逐步由传统工业化国家向新兴的第三世界市场发展。战后到 20 世纪 80 年代初期，美国大部分军品销售市场在工业化国家。但从 20 世纪 80 年代中期开始，美国的军事装备工业出口市场不断拓展，但工业化国家仍然是主市场。据斯德哥尔摩国际和平研究所统计，1988—1992 年，美国向世界 70 多个国家和地区出口了 549.68 亿美元大型常规武器，其中，向工业化国家出口 349.68 亿美元大型常规武器，占出口总额的 63.62%；向第三世界国家出口 200 亿美元，占出口总额的 36.38%。这时期美国对发展中国家的军事装备工业出口虽然只占本国大型常规武器出口总额 40% 不到，但却意味着美国军事装备工业出口市场结构的重大转变。即开始重视和进军潜力巨大的发展中国家军事装备工业市场。

　　二是从地区市场分布变化看，欧洲仍是美国最大的市场，但中东、亚太和拉丁美洲也成为重要出口市场。据资料显示，1988—1992 年欧洲国家共进口了美国 219.71 亿美元的武器，占美国军事装备工业出口额的 39.98%；其次是中东，同期进口了 93.41 亿美元，占美国军事装备工业出口额的 16.99%；第三是日本，进口了 90.17 亿美元，占美国军事装备工业出口额的 16.4%；第四是东南亚和东亚地区，进口了 75.25 亿美元，占美国军事装备工业出口额的 13.69%。此外，大洋洲、拉丁美洲、北美洲和南亚地区也是美国重要的军事装备工业市场，分别占美国军事装备工业出口额的 4.37%、2.99%、2.6% 和 2.17%。

三是从进口市场国别变化看,北约及传统盟友是美国军事装备工业进口的主角,中东和亚太伙伴是主力。还是从 1988—1992 年的资料看,日本、联邦德国、土耳其、希腊和西班牙 5 国共进口了 232.8 亿美元,占美国向工业化国家军事装备工业出口额的 66.57%。韩国、沙特阿拉伯、埃及、以色列和中国台湾是第三世界中 5 个最大的美国军品接受国(地区),同时期进口了 129.44 亿美元,占美国向第三世界伙伴军事装备工业出口额的 64.72%。此外,美国军事装备工业主要购买国还有荷兰、澳大利亚、加拿大、新加坡、阿联酋、科威特、印尼、巴基斯坦等(见表 3 –3)。

表 3 – 3　1988—1992 年美国军事装备工业出口接受方情况

美国军火接受地区	分　类	成交金额/亿美元	占美国军事装备工业出口百分比/%
	总　额	549.68	—
欧洲	德国	42.79	7.78
	土耳其	36.35	6.61
	希腊	33.09	6.02
	西班牙	30.4	5.53
	英国	20.74	3.77
	荷兰	17.34	3.15
	法国	15.77	2.87
	比利时	7.09	1.29
	意大利	4.94	0.9
	挪威	4.67	0.85
	葡萄牙	4.49	0.82
	丹麦	2.04	0.37
	总计	219.71	39.98
中东地区	沙特阿拉伯	27.83	5.06
	埃及	27.74	5.05
	以色列	26.76	4.87
	巴林	5.27	0.96
	伊拉克	2.28	0.41
	科威特	2.2	0.4
	阿联酋	0.66	0.12
	阿曼	0.39	0.07
	约旦	0.28	0.05
	总计	93.41	16.99
东南亚和东亚	日本	90.17	16.4
	韩国	32.38	5.89
	台湾地区	14.73	2.68
	泰国	14.09	2.56
	新加坡	8.56	1.55

（续）

美国军火接受地区	分　类	成交金额/亿美元	占美国军事装备工业出口百分比/%
	总　　额	549.68	—
东南亚和东亚	印度尼西亚	3.9	0.71
	中国	0.84	0.15
	菲律宾	0.75	0.14
	总计	162.42	30.09
大洋洲	澳大利亚	23.8	4.33
	新西兰	0.23	0.04
	总计	24.03	4.37
拉丁美洲	巴西	5.05	0.92
	墨西哥	2.14	0.39
	哥伦比亚	1.86	0.34
	智利	1.42	0.26
	阿根廷	1.23	0.22
	委内瑞拉	1.23	0.22
	秘鲁	0.86	0.16
	洪都拉斯	0.69	0.13
	其他国家	1.96	0.36
	总计	16.44	2.99
北美洲	加拿大	14.28	2.6

资料来源：SIRPI 年鉴 1989—1993

（三）美国军事装备工业出口对象变化的基本情况

冷战时期,随着国际安全格局的变化以及美国国家战略的调整,其军事装备工业出口对象也在发生变化。

一是成立北大西洋公约组织(简称北约)等军事同盟对抗以苏联为首的华沙条约组织,加强同北约及传统盟友的军事合作。1949 年美国倡导成立北约,将美国同大部分西欧国家、冰岛及加拿大等西方国家联系在一起,组成了世界上最大的军事同盟;1951 年美国又主导签署了澳、新、美(ANZUS)安全条约,并保证向澳大利亚及新西兰提供武器装备等军事援助;随后,美国还同日本签订了两项安保条约,不仅为日本提供核安全保护伞,还与日本进行了广泛的军事合作。这些国家也就成为美国军事装备工业出口的主要对象。据五角大楼国防安全援助局(DSAA)提供的信息,1986 年,美国向欧洲及加拿大出口了价值 28 亿美元的武器装备,占美国全球出口装备价值的 28%。考虑了物价上涨因素后,美国每年对北约(NATO)的军备输出一直在 26～54 亿(以 1986 年美元计算)美元之间。在 1986 年的军事装备工业出口总值中,76% 是通过 FMS(对外军事销售)项目而进行的,有 23% 是直接通过公司与政府间的贸易渠道进行的,而不足 1% 是通过军事援助计划(MAP)进行的。据美国军备控制与裁军署(ACDA)统计,1981—1985 年间,北约盟国之间的军备进口值为197亿美元,其中81%(159亿美元)来自美国。美国对澳大利亚及新西兰的武器输出也是逐年稳定地增长,据军备控制与裁军署(ACDA)报告,在1981—1985年间,从美国输入的军备占澳大利亚输入军备的92%,占新西兰输入军备的71%。日本是工业化国家中美国军火的最大进口国。据斯德哥尔摩国际和平研究所统计,日本大型常规武器进口额已由1988年的25.44亿美元增至1989年的26.73亿美元,在世界军品进口国中的名次也由1987年的第5位上升到1988—1990年的第2位。日本进口额的武器装备绝大部分来自美国,占其总进口额的90%以上,约占美国军事装备工业出口总额的20%。

二是加大向中东阿拉伯国家军事装备工业出口的力度,把中东打造成美国与苏联争夺世界霸权的主要战场。由于中东是世界上最大的石油输出地区,战略位置十分重要,民族矛盾、宗教纠纷和安全形势错综复杂,也成为美国与苏联都想争取的一股重要势力。本地区原本民族、宗教纠纷不断,再加上美国与苏联等外部势力的干预,使得该地区热点频发,武装冲突不断,也就成为世界上最大的武器进口地区,它的军事装备工业进口量占到整个发展中国家进口总量的一半。美国正好利用中东大部分国家实行资本主义制度,以及本身善于制造热点和武力干预的特长,逐步使中东国家成为其增长潜力最大的军事装备工业输出对象。1981—1985年间,美国对该地区的武器出口仅次于苏联(见表3-4)。当然,对于美国军事装备工业出口而言,中东国家是最具增长潜力的对象,但遇到来自苏联和其他西欧国家的激烈竞争(见图3-1)。从图3-1中可见,美国和苏联垄断了几

表3-4　1981—1985年美国等主要军事装备工业出口
方输入中东武器系统情况　　　　　　　　　　　单位:亿美元

武器系统	美国	其他北约国家	苏联	其他华约国家
陆军装备				
坦克	1 228	375	1 790	890
防空武器	74	10	340	405
压制武器	1 317	4 825	825	460
步战车	3 270	1 175	3 210	510
海军舰只				
主战水面舰	0	12	4	0
其他水面舰	17	43	17	0
潜艇	0	0	2	0
导弹快艇	0	19	9	0
飞机				
超声速飞机	208	165	625	25
亚声速飞机	0	40	85	0
其他类型飞机	8	40	35	80
直升机	16	120	340	10
导弹				
地对空导弹	1 407	695	5 385	5 000
资料来源:美国军备控制与裁军署				

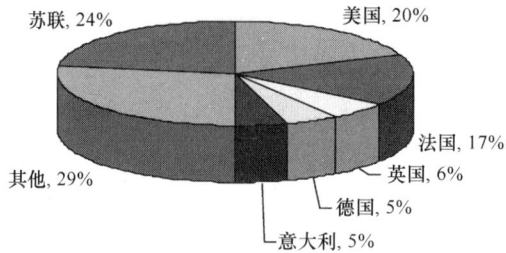

图 3 - 1　1981—1985 年美国等中东军火供应方市场份额图
资料来源:美国军备控制与裁军署. 世界军费与军贸[M]. 1986。

乎一半的中东军事装备工业市场。由于美国在这一地区有其特殊的利益需求,与对其他发展中国家相比,它更愿意出售那些技术成熟、性能先进的武器给中东地区。美国政府以阿拉伯国家与以色列的和平进程缓慢为借口,迫使国会同意出口武器给阿拉伯国家,其真实意图在于挽救正在萎缩的中东军火市场。尽管美国对中东地区的军事销售方针时常变化,但它对这一地区的干预一直给予高度重视。美国的目标是:保护以色列;保护油田和石油运输通道的安全;与苏联在这一地区的势力相抗衡。因此,美国一直在把向以色列和中立阿拉伯国家出口武器作为实现上述目标的一项措施。美国还利用阿以、两伊,以及其他武装冲突,成为这一地区的主要军火供给者,不仅对冲突起到了推波助澜的作用,也想坐收鱼翁之利(见表3 –5)。

表 3 –5　中东主要冲突与美国等军火输入情况

冲突参与者	冲突爆发时间	主要军火提供方	冲突类型
以色列对 埃及、叙利亚、约旦	1967 年(1969 年和 1970 年边境冲突)	美国、法国、苏联、英国、伊拉克	国家间战争
以色列对 埃及、叙利亚	1973 年	美国、苏联	国家间战争
伊朗对 伊拉克	1980 年	朝鲜、叙利亚、黎巴嫩、以色列、苏联、法国	国家间战争
伊朗政府对 游击队、什叶派分裂分子	1979 年	朝鲜、叙利亚、黎巴嫩、以色列、伊拉克	国内冲突
伊朗政府对 伊斯兰原教旨主义者、 什叶派力量	1978—1979 年	美国、英国、德国、伊拉克、叙利亚、苏联	国内冲突
伊拉克政府对 分裂派、长老派	1958—1970 1974—1975 1979 年	苏联、伊朗、叙利亚	国内冲突
阿曼政府(伊拉克)对 什叶派叛乱(南也门)	1962—1985 年	沙特、英国、伊朗、南也门、苏联	国内冲突
约旦政府对 巴解组织(叙利亚)	1970 年	美国、英国、苏联、阿拉伯国家	内战

（续）

冲突参与者	冲突爆发时间	主要军火提供方	冲突类型
北也门君王势力对北也门解放力量和埃及	1962—1970 年	英国、沙特、埃及、苏联	内战
北也门对南也门	1970 年	沙特、美国、苏联、东欧	边境争端
叙利亚政府对山地穆斯林叛乱	1976 年	苏联、约旦	国内冲突
以色列对巴勒斯坦游击队	1948 年至今	美国、法国、英国、苏联、阿拉伯国家	游击队与占领者
以色列对巴勒斯坦解放组织、穆斯林势力	1982 年至今	美国、阿拉伯国家、伊朗	游击队与占领者
叙利亚对黎巴嫩势力和巴解组织	1975 年	苏联、法国	游击队与占领者
黎巴嫩长老派与宗教派冲突（巴解组织、以色列、叙利亚）	1975 年至今	巴解组织、以色列、伊朗、美国、法国、阿拉伯国家、英国	内战
资料来源:美国国防情报中心和军备控制与裁军署			

　　三是抢占东亚和东南亚地区军事装备工业出口市场,把这些国家(地区)当作美国军事装备工业出口新的增长对象。二战后,美国参与的朝鲜战争和越南战争,以及其他局部武装冲突,极大地刺激了东亚和东南亚国家(地区)的武器装备的需求,该地区也成为美国军火新的、增长迅速的出口对象。20 世纪 60 年代末至 70 年代初,由于越南战争等因素的影响,东南亚和东亚地区军贸进口额大量增加,其进口额 1966—1970 年占第三世界进口总额的 29.1% ,1971—1975 年占 21.3% ,在第三世界军火进口对象中仅次于中东地区国家。其中,1972 年东南亚与东亚地区进口了 70.5 亿美元的大型常规武器,占第三世界军贸进口额的 41.7% ,高踞榜首。20 世纪 70 年代中期至 80 年代初期,由于越南战争结束和地区冲突减弱,东南亚和东亚地区军贸进口额有所下降。20 世纪 80 年代以后,由于越南入侵柬埔寨,导致东南亚局势进一步紧张,本地区国家加紧采购军火,军贸进口额再度回升。1989 年,东南亚和东亚各国进口了 39.3 亿美元的大型常规武器,占第三世界大型常规武器进口额的 21.5% 。其中,越南、韩国、泰国、朝鲜和中国台湾是本地区最大的 5 个军品进口国和地区;而美国则是最大的军火供应国(见表 3 - 6)。韩国是该地区最大的军火进口国,美国几乎是其唯一的武器供应国。1950—1990 财年,韩国订购了 58 亿美元的美国军火。据美国军备控制与裁军署统计,1985—1989 年间,韩国进口了 26.5 亿美元武器,其中,美国占 98.1%(表 3 - 7)。我国台湾地区是美国在该地区发展的另一个重要军事装备工业出口对象,进口规模仅次于韩国、泰国和朝鲜。据斯德哥尔摩国际和平研究所统计,1988—1992 年,我国台湾地区进口了 22.34 亿美元大型常规武器,占东南亚和东亚地区大型常规武器进口额的 12.99% ,居同期第三世界军品进口对象的第 13 位。美国是我国台湾的主要武器供应国。20 世纪 50—60 年代初,美国向我国台湾提供大量军事援助,台湾的武器装备、弹药以及零部件的供应几乎完全依赖美国军援。这期间向台

湾提供的武器大多数是飞机、作战装备和导弹。1949—1965 年间,美国对台湾的直接军事援助为 25 亿美元,约占台湾军事开支的一半。1964 年以后,美国对台湾的军援逐年减少,台湾开始向美国和其他国家购买武器装备,武器进口额由 1964 年的 110 万美元提高到 1973 年的 1 亿美元。1973 年 7 月,美国宣布"停止"对台军事援助,"限制"出售先进的武器装备。此后,台湾除美国外也向其他国家购买武器(见表 3 - 8)。1979—1983 年,台湾进口了 25 亿美元武器,其中,美国占 17 亿美元。20 世纪 80 年代后期,台湾军费开支迅速增长,由 1988 年的 67 亿美元上升到 1992 年的 109 亿美元(见表 3 - 9)。这期间,台湾军品进口额保持在每年 3 亿~10 亿美元之间,其中,最高年份 1987 年达 13 亿美元(见表 3 - 10)。

表 3 - 6　1988—1992 年东南亚与东亚军贸市场情况　　　　　　　单位:亿美元

供应方 进口方	美国	苏联	中国	德国	荷兰	法国	英国	意大利	瑞典	其他国家	总计	%
韩国	32.38	0	0	0.95	0	0.53	1.06	0.03	0	0.28	35.24	20.49
泰国	14.09	0	14.82	0.36	0.19	0.8	1.67	0.33	0	0.45	32.71	19.02
朝鲜	0	28.16	3.07	0	0	0	0	0	0	0	31.23	18.18
台湾(地区)	14.73	0	0	2.17	3.33	0	0	0	0	2.11	22.34	12.99
中国	0.84	12.86	0	0	0	1.3	0	0	0	0.19	15.19	8.83
新加坡	8.56	0	0	3.76	0	0.55	0	0	0.29	0	13.16	7.65
印度尼西亚	3.9	0	0	1.56	3.41	0.43	2.01	0	0	0.43	11.74	6.83
缅甸	0	0	4.07	0	0	0	0	0	0	1.02	5.09	2.96
柬埔寨	0	1.7	0.2	0	0	0	0	0	0	0.81	2.71	1.58
马来西亚	0	0	0	0	0.05	0.11	0.78	0.28	0	0.09	1.31	0.76
菲律宾	0.75	0	0	0.05	0	0	0.03	0.36	0	0.07	1.26	0.73
总额	75.25	42.72	17.89	7.3	6.89	3.72	2.45	1	0.29	5.45	171.98	—
%	43.76	24.84	10.10	4.24	4.06	2.16	1.42	0.58	0.17	3.17	—	—

资料来源:SIRPI 年鉴 1993

表 3 - 7　1985—1989 年韩国军火供应方情况　　　　　　　单位:亿美元

供应方	成交额	所占份额/%
美国	26	98.1
英国	0.3	1.1
法国	0.1	0.4
前华约国家	0.05	0.2
其他国家	0.05	0.2
总额	26.5	—

资料来源:美国军备控制与裁军署

表 3 - 8　1985—1989 年台湾地区主要军火供应方情况表　　单位:亿美元

供应方	成交额	所占份额/%
美　国	30	77
西欧国家	8.75	22.5
东亚国家	0.1	0.3
其他国家	0.1	0.3
总　额	38.95	—

资料来源:美国军备控制与裁军署

表 3 - 9　1988—1992 年台湾地区军事预算情况

年　份	亿美元	亿新台币
1988	67	1 909
1989	81.8	2 274
1990	85.5	2 291
1991	93.8	2 492
1992	109	2 768

资料来源:美国军备控制与裁军署

表 3 - 10　1985—1989 年台湾地区军火进出口额情况　　单位:亿美元

年份	1985	1986	1987	1988	1989
进口额	5.75	3.9	13	12	4.3
出口额	0.05	0.05	0.1	0.2	0.1

资料来源:美国军备控制与裁军署

四、美国军事装备工业贸易与国民经济的紧密关系

(一) 美国军事装备工业贸易对国民经济的依赖性非常强

美国是个坚持私有产权制度的高度发达的资本主义国家。在所有资本主义国家中,美国最强调私有制、市场经济和民主自由,以及"大社会、小政府"的传统资本主义理念。因此,当今美国没有纯公有制的军事装备工业复合体。即使是美国的中央银行——美联储也是由国有与私有银行组成的复合体。从这个意义上说,美国的军事装备工业贸易行业对国民经济的依赖性更强,因为它广泛分散在国民经济的各行各业,本身已与国民经济融为一体。具体反映在以下三个方面。

1. 军事装备工业复合体投资来源分散,基本上属于民营企业

美国的军事装备工业企业绝大部分属于一般商业民营企业,因此,其资本来源以私人投资、上市融资和银行借贷为主,政府不直接注资或投资控股。所以说,大部分军事装备工业企业能否做大做强,主要依靠自身的新产品研发、市场营销和经营业绩,以及筹资和融资能力。当然,军事装备工业企业也能从政府那里得到资金或金融便利。这就是通过招投标,获得国防采购和武器系统研发合同。有了这些合同,就意味着企业能够得到政府

资金或政府的贴息及优惠贷款。此时,军事装备工业企业也需要投入大量配套资金用于落实政府国防合同,比如武器系统的研发。仅以 1988 年为例,美国政府投入武器研究发展、试验与鉴定的资金为 380 亿美元,其中大部分进入相关企业账户,而拿到合同的承包商每年也需投入科研经费约 10 亿~20 亿美元。也就是说,厂商必须从营业收入中拿出相当一笔资金用于开展国防科研活动。由于一些军事装备工业企业生产和专业化程度差异较大,它们对政府国防投资的依赖程度也各不相同。一般来说,一些主承包商尤其是专门生产大型或少量武器系统的企业对政府的依赖更大。例如,美国生产航空母舰的仅有一两家公司,生产潜艇的公司也仅有几家,而生产喷气发动机的公司也不多,它们主要靠国防合同生存。麦克唐纳·道格拉斯公司的销售 70% 以上来自国防订货,通用动力公司的销售几乎都与国防有关。雷西昂公司 1989 年的 87 亿美元销售额中,60 亿美元以上是防务产品销售,马丁·玛丽埃塔公司的相应数字分别为 58 亿美元和 56 亿美元。联合技术公司是业务多样化程度最高的国防主承包商之一,其 1989 年的 190 亿美元销售额中,属于国防合同的也有 55 亿美元。其他军事装备工业企业主要依靠生产和销售民品获得价值补偿,因此,它们对国民经济的依赖是非常大的。

2. 军事装备工业复合体以民品生产为主,军民融合的程度高

由于美国军事装备工业企业绝大部分属于民营商业企业,而且分布在国民经济的各个行业中,这就决定了它们与美国其他企业没有多大区别。美国政府一贯倡导军民结合,寓军于民,因此,其国防科技行业也是世界上军民融合程度最高的国家。美国前总统艾森豪威尔曾经说过:"国家未来的安全需要所有民用资源的转换或者重新构建,成为我们军队在和平时期出现危急时刻活动的主要支持力量。"冷战时期也是美国历史上第一次和平时期进行的大规模军民一体化军事建设,结果就是巩固了由经济动员产生的政府控制、国防部门主导、民间企业广泛参与的国防工业体系。军事装备工业企业的运作方式,就是平时主要生产民品,战时主要生产军品;有国防研制合同就生产军品,没有国防合同就生产民品,而且基本上是依靠民品生产销售而生存发展的。比如,军火巨头波音、麦道和休斯飞机公司,就是世界知名的商用飞机生产企业;通用动力和通用电气公司,则是世界知名的航空发动机生产企业;福特汽车、通用汽车公司,一看名称就知道是著名的汽车生产企业。而数以万计的国防转承包商,更是属于最普通的民营商业企业,只有承接主承包商分配的国防产品零配件生产任务时才生产军品,作为配套的军事装备工业企业;平时只生产销售民品,参与一般国民经济的循环。这说明了两个问题:一是美国军事装备工业企业军民融合程度高,比单纯的军事装备工业企业或商业企业竞争优势更加明显,因为它们既可以充分利用军民两用技术和效益相互溢出效应发展壮大,又能有效应对国防合同任务不足,顺利实现军转民的转轨;二是反映出它们对国民经济的依赖性很大,受市场供求关系或经济周期性波动的影响也大,一旦国民经济严重衰退,或者整个行业不景气,再加上国防采购合同减少等多重影响因素叠加,这些企业很可能破产倒闭,从而影响到相关武器装备的研制生产计划。

3. 军事装备工业复合体自主经营性强,是市场的主体之一

美国政府秉持自由市场经济理念,其军事装备工业企业绝大部分属于私有民营公司,它们实行自主经营、自负盈亏和自由竞争,是市场经济的真正主体。当然,政府尤其是国防部门与这些企业有千丝万缕的联系,有的关系还非常密切,主要是通过国防采办合同和其他法律和政策引导,而非直接干预。美国政府、国防部门根据《国家安全战略》《国防战略评估报告》以及武器装备研制规划计划和国防规划、计划与预算系统(现称为PPBE),每年下达武器系统研制和采办招标合同,由国内国防承包商进行投标,主承包商中标后还可以根据合同要求与分承包商进行合作,共同完成国防合同任务。美国国防部门通过国防采办合同与合同承包商进行直接联系,包括下达武器系统研制任务、国防拨款和其他政策支持,以及对装备研制、采办的进度、质量和成本进行监督控制等。而且,在武器系统的整个采购、交付使用、维护保养和退出处置的生命周期内,相关企业都要随时听从国防部门的调遣,为国防和军队建设服务。相关企业要想成为国防承包商,或美国政府、国防部门与军事装备工业企业的联系主要是通过法律法规进行规范,包括《国防生产法》《武装部队采购法》《国防工业储备法》《国防合同法》《合同竞争法》《购买美国货法》《联邦采办条例》《国防部补充条例》,以及军兵种的装备管理制度等。在相关法规和合同的基础上,美国政府、国防部门与军事装备工业企业的关系基本上是建立在市场经济法则之上的。比如,双方进行的国防采办谈判、招投标、合同签订与履行、合同违约处理等,基本上是按照公平竞争、效率优先和等价交换的原则进行的。

(二)美国军事装备工业贸易对国民经济的拉动效应大

冷战时期,美国的军事装备工业贸易行业再次达到鼎盛阶段,而且经历了长达近半个世纪的快速发展"黄金时代"。美国的军事装备工业贸易行业又是高度军民结合的,本身与国民经济融为一体,因此,其对国民经济的正面拉动效应也十分明显。

1. 行业规模庞大,在国民经济中占有举足轻重的地位

二战后的40多年间,美国一方面与苏联展开全面的军备竞赛;另一方面,通过参与朝鲜战争、越南战争,以及其他局部战争的刺激,其军事装备工业贸易行业得到持续快速发展,军事装备工业生产在全国工业总产值中所占比重为25%左右,而利润占到近1/3,远高于英、法等西方国家,甚至高于苏联。美国的军火销售也是十分红火,其武器总销售额占全球总销售额的60%以上,占全球武器出口额的30%以上,而且几乎一直处于军事装备工业出口世界第一的位置。美国国防部每年与100多家主承包商和1.5万多家分承包商签订国防采办合同,国防工业的从业人员300多万人。军事装备工业贸易成为美国最赚钱的行业,军火进出口的顺差巨大,为国家积累了大量财富,增加了联邦的财政收入,也促进了国民经济的增长,扩大了就业,引导社会资源向军事装备工业集聚,又助推军事装备工业的进一步发展。

2. 国防及战争开支巨大,推动了军事装备工业相关产业的蓬勃发展

二战之后美国经历了短暂的国防预算下降阶段,从20世纪50年代开始的朝鲜战争、60—70年代的越南战争,以及与苏联的军备竞赛,其国防费开支又持续增长。1951—1960年的10年间,美军费开支累计达到3 895.31亿美元;1961—1970的10年间,美军费开支累计达到5 936.85亿美元;1971—1980的10年间,美军费开支累计达到9 229.07亿美元;到冷战结束前的20世纪80年代,美国的军费开支更是超过25 000亿美元。这些巨额的军费开支中的大部分投入到了军事装备工业复合体,给军事装备工业企业带来了巨额利润。据1984年的资料,在美参议院挂号的96个军火巨头里,有51个公司从生产武器中获得的利润超过100%,有22个公司超过200%,有3个公司超过500%,有一个公司竟达 2 000%。高额的军备生产利润,既促使军事装备工业的繁荣昌盛,其国防科技产业的溢出效应也推动了整个国民经济的快速发展。据统计资料,20 世纪 50—70 年代正是美国经济经历了迅速发展的黄金时代。1951—1977 年,美国的工业增长率年平均为4.3%,GDP 的年平均增长率为 3.5%。20 世纪 80 年代初,美国经济虽经历了战后第七次经济危机,但从 1982 年底开始,国民经济保持了 25 个月的持续增长;到 1984 财年,GDP增长率竟高达 6.8%。美国 GNP 在世界总额中所占的比重从 20 世纪 70 年代末的近 1/4上升到 80 年代末的近 1/3。

3. 巨额国防采购合同和科研投资,形成了高度发达的"产学研一体化"运行机制

二战结束后,美国政府将战时统制经济回归到平时市场经济体制,国防科技工业的发展主要依靠广泛的私有民营公司、普通高校和民间科研机构。如何引导这些私有民营公司、普通高校和民间科研机构参与到国防与军队建设任务中来,使它们既围绕着政府的指挥棒转,又不至于破坏市场经济基础,美国政府的设想是构建寓军于民,"产、学、研一体化"的国防科技工业运行机制,而采取的主要手段是法规和政府采购合同。由于能够参与国防合同投标的企业太多,政府与国防部门主要是与一些主承包商打交道,武器采购与科研经费也主要投向了它们。据统计,在冷战中,美国 15 000 家军事装备工业企业中最大的 100 家军火巨头占用了全部国防科研费用的 75% 左右,其中的前 20 家大公司又占了全部国防科研费用的一半以上。此外,国防部门也将大量武器系统研制经费投入了美国高校和一些重点实验室,也是通过国防采购合同密切了与高校及科学家的关系。由于工作需要,许多军事装备工业企业、高等院校和实验室又通过国防科研任务自发地进行联系,于是国防科技工业中的"产、学、研一体化"运行机制开始建立起来。这样,在美国政府的指导下,武器装备的研究、国防军事教学、武器系统的生产、战场指挥相互结合一起,使军人、科学家与工业界人士之间有了紧密联系。

(三) 美国军事装备工业贸易对国民经济的制约作用也很明显

军事装备工业与国民经济之间毕竟存在"鱼与熊掌"或"黄油与大炮"的关系,这两者的关系如果处理不当,或者说发展不协调,尤其是军事装备工业(国防经济)的发展超过国民经济的承受能力,必然会制约国民经济和社会发展,并影响人民生活的改善,美国也不例外。美国在整个冷战时期,由于疯狂的军备竞赛和军事装备工业的超常发展,对国民经济和人民生活造成的影响也是很明显的。

1. 挤占了其他行业的投资,造成美国国民经济结构不尽合理

20 世纪 50 年代以来,美国的国防预算及国防采办支出急剧增长,从 1950 年的最低点 119.51 亿美元,到 1966 年超过了 500 亿美元,1978 年超过 1 000 亿美元,1982 年超过了 2 000 亿美元,而到了 1990 年就接近 3 000 亿美元。在整个冷战时期,美国年国防开支占 GDP 的比重都在 5% ~6% 之间,里根政府时期更是超过 6%。过快的国防费增长和过多的国防工业投资,加速了国防经济的发展,使军事装备工业贸易行业成为美国最赚钱的产业,也就吸引了更多的社会资源涌入该行业,军事装备工业出现异常繁荣和爆发性增长。但整个资源尤其是公共资源总是有限的,当过多的资源尤其是公共投资流入国防工业领域,必然会减少诸如居民消费、文教卫生和社会保障事业的投资,使得国民经济结构呈现畸形发展,航空航天、重型机械与装备制造业过重过快发展,而轻纺化工、食品加工与日用消费行业过轻过慢增长,使得这些一般消费品和食品需要大量进口,既给美国带来巨额的贸易逆差,也让许多美国民众失去了就业机会。军备竞赛和武器生产,使许多美国民众脱离了和平的生产活动,脱离了有利于发展社会生产力、为社会创造有益的物质财富的生产活动,而去从事"暴力工具、杀人利器"的生产。

2. 引起巨额的财政赤字,导致美国经济陷入滞胀的泥潭

由于美国与苏联开展了近半个世纪的大规模军备竞赛,又参与了几场大的局部战争,防务及军费开支连年快速增长,从而对美国的财政状况产生了深刻的影响,加剧了财政紧张程度,破坏了财政和各项经济指标之间的传统比例关系,使美国财政产生巨额赤字,既导致国债增加,又引起经济的滞胀现象,即随着流动性投放量的增加,引至了较高的通货膨胀,而经济增长却停滞不前,甚至下滑。此时,由于美国的大部分公共开支投入到国防采办与战争经费方面,军事装备工业产品数量快速增长,而民用消费品产出却不断下降,需要大量进口弥补,导致国内供需结构失衡,国民收入和财政分配方面都发生了重大变化。在财政方面的表现,就是严重地影响了国家掌握资金的分配和再分配过程,政府的军事开支增加了,经济生产和社会保障的开支减少了,一般消费品进口持续增长,既引起价格全面上涨,又导致国际贸易逆差扩大和财政赤字的增加。仅 1980 年美国直接军费开支2 359 亿美元,占联邦财政支出的 23.6%。战后初期,美国人均军费负担为 75 美元,到1982 年人均达高 855 美元,增加了 10 多倍。战后美国联邦预算赤字的数额一年比一年增长,仅 1971—1980 年联邦预算赤字总额就高达 3 040 亿美元。为了弥补巨额的财政赤字,美国政府除了加税外,只好依靠发行国债,又导致政府债务全面上升。其中,1970—1978 年联邦财政债务增加到 4 030 亿美元,1980 年高达 8 812 亿美元。里根上台后为赢取民心,曾采取了削减税收的政策,这更加快了国债增长的速度,不得不靠以新债抵旧债维持经济的正常运转,给美国经济带来很大的隐患。每年仅支付这些债务的巨额利息就将近 700 亿美元,这又极大地加剧了国家财政的紧张程度。

3. 增加了居民的税务负担,加剧了美国社会经济的矛盾

为了弥补由于防务与战争经费的高额增长,美国政府采取的主要手段是发行国债和向外举债,这又导致国家的债务上限不断突破,引起了国会的强烈不满,甚至引起联邦预算无法顺利通过。美国政府又将目光转向企业与居民,企图通过增税来弥补财政亏空。当时美国政府采取了两个方面措施:一是提高税率,尤其是所得税和财产税;二是改革税制,减少对企业和居民的各种税收优惠。实施之后果然有效,仅在 1970—1979 年间,联邦的税收增长 1 倍多,1980 年约达 55 000 亿美元,其中增长最快的是居民所得税和社会保险税,这两种税分别增长了 1.5 倍和 2.5 倍。同时,也引发地方税赋的增长。由于联邦的公共开支主要用于防务及战争经费开支,其他方面的公共开支就顾及不上,于是竭力将大部分诸如教育、卫生、社会保险等开支转嫁给洲、市等地方政府,由地方财政支付。地方政府的支出增加,财政预算也非常吃紧,只好通过增加税收弥补,"羊毛出在羊身上"。一方面是军事装备工业贸易行业占用了大量的人力、物力和财力,造就了许多财阀和富翁;另一方面是民用消费业萧条,工人失业,税赋增加,穷困人口和无家可归都比比皆是,贫富差距拉大。导致美国各地区、各部门间经济比例失调和产业结构的畸型发展,从而加剧了社会经济的矛盾。

此外,美苏的大规模的军备竞赛活动,以及美国领导和参与的许多大规模局部战争,不仅消耗了大量的社会资源,造成巨大的人员伤亡和财产损失,障碍了国民经济的发展,也对美国尤其是他国的生态环境产生了严重的影响,造成许多国家(地区)的江、河、湖、海、陆地表面、空间环境的污染,破坏了自然环境和生态平衡,引起全球变暖和气候异常,诱发了更多的自然灾害。

第四章　冷战后美国军事装备工业与贸易的整体转型

苏联解体、冷战结束,美国对安全战略进行了重大调整,也给其军事装备工业与贸易带来了前所未有的挑战,在政府主导下进行了整体转型与战略调整。

一、后冷战时代对美国军事装备工业与贸易的挑战

随着冷战的结束,美苏军备竞赛自然也随之告终,大多数国家求和平求发展的愿望逐步成为主流,美国军事装备工业贸易行业也就失去了持续扩张发展的内外部条件,而且面临着诸多挑战。

(一)和平与发展成为后冷战时代的主流

20世纪上半叶全人类经历了两次世界大战,几千万人口遭到生灵涂炭,几万亿美元财富灰飞烟灭,整个人类社会陷入血雨腥风的苦海之中。下半叶又遭遇美苏争霸及长达近半个世纪的冷战,虽说是冷战,但专家认为它比热战还可怕,因为随时可能爆发核战争,美苏所拥有的核武器足以让地球毁灭好几回。现在好不容易迎来了冷战结束,苏联解体了,东欧巨变了,美国失去了军备竞赛的对手和打核战争的对象,大家终于可以坐下来"喝茶",谈谈和平与发展大事了。美国自身也被第二次大战和长期的军备竞赛搞得焦头烂额,国民经济长期围绕战争机器运转,军事装备工业贸易行业急剧膨胀,民生改善不大,财政赤字猛增,联邦政府来自国会的批评和民众的压力不断,现在也想"暂歇会儿"。

冷战结束与军备竞赛的终结,对于美国军事装备工业贸易行业来说并不是什么好消息,因为它是个"嗜血而肥"的产业。对于已经走上了高速发展快车道的美国军事装备工业贸易行业而言,这意味着要"踩急刹车",要调整发展思路与发展方向,甚至要自谋生存出路,要大规模地军转民,不能再主要依赖政府的国防采购订单和大量军事装备工业出口过活了,必须做好在激烈的国内外市场上抢投资、抢订单、抢市场的准备了。

(二)美国国家安全与军事战略面临重大调整

冷战时期,美国的国家安全战略可概括为一种与苏联争夺世界霸权,力图削弱苏联的势力范围,尽力扩大美国的势力范围和价值观,并主宰世界事务,以谋取美国在世界各地的最大安全利益。在军事战略方面,则是实行"遏制"与"威慑"战略,为实现其国家安全战略或世界战略服务。其主要手段是在欧亚大陆的两翼经营政治军事同盟,与苏联展开大规模军备竞赛,从经济上把苏联拖垮。1989年,美国又以"超越遏制"战略取代"遏制"战略,亲自参与和大力推动苏东集团的和平演变,采取重点出击和各个击破的策略,分化和西化苏东集团,并以军事战略相配合,积极参与地区军事干预、武装冲突和大力推销其

高技术武器装备,加紧在世界推销美国的意识形态和社会制度。

冷战结束后,美国失去了苏联这个最大的对手和显性威胁,而面临的将是更多非国家主体、不确定的、隐性威胁,比如国际恐怖主义、极端宗教势力、核武器及大规模杀伤性武器扩散等非传统安全威胁。因此,美国的国家安全战略和军事战略也要做相应的调整。其战略核心由与苏联争霸的两极对抗的"遏制"为主战略,转变为单独称霸与维持美国"领导"世界的单极目标的"参与和扩展"战略。1994 年 5 月,克林顿总统正式向国会提交了《国家参与和扩展安全战略》报告,明确提出以安全、经济和民主为三大支柱,以军事力量为后盾,用积极手段参与国际事务,并在世界扩展其价值观和市场经济模式,最终实现确立美国世界霸主地位的目标。美国国家安全与军事战略的调整,必然对其军事装备工业贸易行业产生重大影响。其军事装备工业贸易行业仍然是美实现战略目标的重要手段,但其新的战略可能更多地采取和平方式、经济手段和民主旗号去实施,而非直接武装干预或军备竞赛。因此,其庞大的军事装备工业贸易就显得有点累赘,或不是急于出手的"王牌"。

(三)美国军事装备工业贸易行业陷入生存与发展的困局

冷战后,美国的国家安全和军事战略进行了相应的调整,把发展国民经济放在国家战略的重要位置,相应地,国防费开支从 20 世纪 90 年代初以来逐年缩减,虽然递减的幅度不是很大(见表 4 - 1),而用于采购装备和军需品的国防开支下降幅度更大。世界其他国家也做出了战略调整,和平与发展成为许多国家和人民的最大愿望,自然用于进口和采购武器装备也减少了许多。这对于本身规模已十分庞大、高速运转的美国军事装备工业贸易行业无疑是重大的冲击,许多军事装备工业综合体甚至面临生死存亡的考验。从国内来看,由于国防开支缩减,导致依靠军品订货维持生存的军事装备工业企业步履维艰,部分军事装备工业企业被迫倒闭。政府国防采购开支减少,对一些老牌军事装备工业企业打击更为沉重。例如,洛克希德和马丁公司,在过去的冷战时代,它们已先后卖掉了一些民品生产线和生产民品的工厂,而专攻军事装备工业生产,国防部订单可以说是它们的生命线,而订货的锐减对它们来说无疑是致命打击。由于五角大楼预算的减少,也造成了美国内外大批军事基地被迫关闭。根据美国国会关闭军事基地委员会提出的军事基地裁减计划,1991—1993 年,军方先后关闭放弃了 250 个国内军事基地,并缩减了许多海外军事基地。这些依赖军事基地维护运转的军事装备工业企业也面临倒闭,造成失业者人数剧增。仅 20 世纪 90 年代初,由于军事装备工业企业破产及被兼并,造成原来就业于军事装备工业企业系统中的 130 多万人失业。

表 4 - 1　美国 1990—2001 财年国防费　　　　　　单位:亿美元

年度 项目	1990	1991	1992	1993	1994	1995
国防费	2 960.00	2 890.00	3 545.07	3 359.40	3 167.76	2 983.76
年度 项目	1996	1997	1998	1999	2000	2001
国防费	2 822.31	2 807.85	2 742.78	2 809.70	3 017.00	3 127.38

资料来源:①王羊. 美苏军备竞赛与控制研究[M]. 北京:军事科学出版社,1993:148 - 149;②斯德哥尔摩国际和平研究所(SIPRI)数据库

从国际上看,一方面,许多国家尤其是发展中国家忙于发展经济,改善民生,国家的主要财力用于社会经济进步方面,军火进口及国防开支下降,同样减少了对美国军火的进口数额;另一方面,欧共体和日本等发达国家在一些防务技术上已经赶上美国,能够用自己的武器替代美国武器,逐步摆脱对美国武器装备的依赖。例如,欧共体决定不向五角大楼购买"大黄蜂"战斗机而自己制造欧洲战斗机,日本政府拒绝购买更多的 F-16 战斗机而与通用动力公司联合生产更先进的、基本是日本设计的 FSX 战斗机。另外,西欧、日本等盟友想要的高端武器系统美国不卖,美国想卖的它们又不想买,使得美国对工业化国家的军品销售市场也在迅速萎缩。这对于美国许多依赖军事装备工业出口的军事装备工业综合体来说,更是雪上加霜,由此也带来了其他一些问题。美国一些工业专家认为,军事装备工业贸易企业的萎缩、破产,除了造成百万人以上的大失业以外,还导致了军品价格和质量方面产生严重问题。价格方面,一些军事装备工业企业为了以有限的订货维持生存,而采取合伙欺骗等手段,抬高报价。质量方面产生的问题,导致对资源的巨大浪费,不利于国防开支的节省和有限国防开支的高效实用。同时,武器厂家少了,政府可以进行选择的余地也相对减少,不利于通过扩大产品竞争压缩国防开支。国防开支的减少,使先进常规武器的采办数量锐减,武器的更新速度变慢。

二、美国军事装备工业的发展转型

(一) 冷战后美国军事装备工业发展转型的动因

经过长达近半个世纪的冷战和军备竞赛,美国耗费了巨大的人力、物力和财力,打造了世界上最为强大的军事装备工业体系。冷战结束后,美国再也没有理由或实力支持军事装备工业复合体的无序扩张,从各方面来说都强烈希望其调整转型。

1. 联邦政府和国防部门有调整转型的要求

在冷战行将结束之际,1990 年 3 月老布什总统就向国会提交了《国家安全战略报告》,报告中首次提出"超越遏制战略",被认为是对冷战时期的"遏制战略"的一次重大调整。冷战结束后,克林顿政府正式提出了"接触与扩展战略",从而对冷战时期美国国家安全战略进行了重大调整。为了配合新的国家安全战略,美国国防部 1993 年提交的"防务全面审查报告"基本摒弃了打核大战的战略思维,把美国的防务理念定位于"打赢地区局部冲突战,并且几乎是同时打赢两场这种战争"。报告认为,当前美国面临的安全威胁主要有四种:威胁到美国利益的地区性危机、大规模杀伤性武器扩散带来的正在增长的危机、民主改革尤其是苏联各国民主改革的失败带来的危机、美国国内持续的经济表现不佳带来的危机。克林顿特别强调,美国面临的最大威胁就是不能成功地复兴经济。"如果美国国内经济不够强盛,那么就不能成功保卫我们在国外的利益"。对此,美国没有必要,也难以继续维护庞大的军事装备工业体系,必须要求其进行调整转型。于是,克林顿政府提出了"重新设计国防"的口号和"军民一体化"的改革思想,制定了《国防转轨战略》,提出将分离的"国防科技工业基础"与更大的"民用科技工业基础"紧密结合,形成统一的"国家科技工业基础"转型思路,并将建立"经济可承受性"的国防科技和武器装备研制体系作为军事装备工业调整转型的主要目标。美国国防部在向国会提交的报告中指出,要"继续鼓励在军事装备工业界的大量需要的合理化调整"。对于国防部和纳税人来说,合理化调整会带来一个明显的国防成本节约。为此,1995 年美国国防部增设两用技术办公室及其他两个联合计划办公室,专门负责军事装备工业科技行业调整转型事项。

2. 国际军火市场快速萎缩带来的压力

几十年来,美国军火巨头利用美苏冷战所制造的国际安全紧张局势和军备竞赛,赢得武器技术性能优势,在世界军事装备工业贸易中赚足了利润,尝到了甜头。冷战结束,美国军事装备工业复合体的这种好日子就不多了。随着冷战的结束,世界范围内爆发毁灭性战争的威胁大大减小,因而各国对军火的需求正逐渐减弱,导致世界军事装备工业贸易额从 20 世纪 80 年代中期的峰值上大幅下降,截止 1995 年,国际武器的贸易额以每年11. 2% 的速度下降。1991—1995 年间,平均每年的武器贸易额估计为 323 亿美元,只是1985 年的 45% ,这是自 1972 年以来的历史最低值。尽管武器贸易额在 20 世纪 90 年代中期有所回升,但仍远远低于 10 年前的水平。根据美国军控与裁军署提供的数据,1987—1994 年,世界武器交货额下降了 72% ,从 788 亿美元下降至 221 亿美元。斯德哥尔摩国际和平研究所提供的数据也表明,20 世纪 80 年代末到 90 年代初,国际武器出口正在急剧下降。在武器采购方面,1987—1996 年,北约最大的 4 个武器生产国中,法国的武器采购额下降了 23% ,美国下降了 33% ,英国下降了 34% ,德国更是下降了 45% 。明显形成了国际武器生产能力远远大于需求购买力的局面,对于美国这个全球最大的军火输出国的军事装备工业复合体无疑冲击巨大,迫使其必须寻求新的出路。

3. 美国军事装备工业贸易行业求生存的内在需求

冷战结束后,来自政府方面的要求和国际市场快速萎缩的双重压力,再加上美国军事装备工业贸易行业出于自身生存发展的需求也希望进行调整转型,尤其面临着 20 世纪90 年代以来的持续国防开支下降,美国军事装备工业复合体不得不认真考虑整体调整转型问题了。老布什政府上台就开始削减国防预算,到 1993 年,国防开支与里根时期峰值相比已降低了 30% ,或者说减少了 1 000 亿美元,而同期武器采购预算则削减了 50% 以上。克林顿政府重新设计了 1995—1999 年防务规划,制定了各财政年度的国防预算,总的趋势是减少预算。1994 财年国会授权的国防部预算是 2 507 亿美元,比 1993 财年下降5% ,比 1990 财年下降 24% ,比 1985 财年前总统里根的"实力获取和平"战略时期的顶峰国防费下降 34% 。仅 1994—1997 财年的国防预算就缩减了 880 亿美元,而其中武器采购费用减少了 2/3。对美国军事装备工业贸易行业造成的直接后果是,所有与国防相关的雇员与 1987 年的最高点相比,减少了 220 万人,军事装备工业企业的武器装备供给能力严重过剩,厂房和生产设备闲置,熟练的劳力缺乏用武之地。

(二) 美国军事装备工业贸易行业转型的特点

美国军事装备工业贸易行业转型的最终目标就是继续保持其绝对技术和市场的优势,并与整个国民经济融为一体。为此,该行业转型的重点是保留部分具有特殊战略意义的企业,鼓励军事装备工业复合体进行兼并重组,实现军民兼容与完全市场化。归纳美国军事装备工业贸易行业转型的特点,主要包括以下几个方面:

1. 政府主导

军事装备工业贸易是一国国民经济中非常特殊的产业或行业,因为它主要研制生产军品或武器装备,是国家军事力量的重要体现。美国始终将军事装备工业贸易行业当作其实现国家安全战略和军事战略目标的重要手段,也从美国国家利益和全局高度来对待其整体转型课题。在军事装备工业贸易转型过程中,美国实行的是政府主导、市场牵引、产学研商齐动员的办法。美国政府一直扮演着主导和指导者的角色,通过制定颁发相关转型战略方针、法律法规和投资指南,引导国防承包商和商业企业参与军事装备工业贸易一体化改革。尤其是国防部,通过改革武器装备采办制度、精简军用标准和采购程序以及两用合同,吸引大量的国防承包商、企业、高校和科研机构加入转型大军之中,使转型向纵深发展。当然,这场转型游戏必须符合公开竞争和优胜劣汰的市场法则。站在国家战略高度搞好统筹规划和顶层设计,这是美国军事装备工业贸易转型发展一个突出特点。美国国会、政府和国防部一直从战略层面搞好统筹,并做好转型的具体规划计划。到 20 世纪 90 年代中期,就制定颁发了一系列军事装备工业转型的战略性指导文件和相关规划计划,如《国防科技战略 2000》《基础研究计划》《国防技术领域计划》《联合作战科学计划》,以及参谋长联席会议颁发的《2010 联合构想》等,都提出了明确的转型计划与具体的实施办法。当时的克林顿政府通过两个总战略来促进军事装备工业贸易一体化。1993 年,克林顿总统责成政府在 1994—1997 年的经费预算中为"国防转轨"计划拨款 203 亿美元(仅 1997 年就高达 53 亿美元),其中的 100 亿美元用于推动军事装备工业企业摆脱对国家防务资金依赖的新兴民用技术的发展。

2. 军民一体

美国军事装备工业贸易行业转型的另一重要特点就是军民融合,将美国军事装备工业贸易纳入国民经济基础之中。美国原先推行的是"先军后民、以军带民"的国防科技工业发展策略和国防采办制度,形成了军用与民用两个相对独立的市场。为此,美国从建立和完善相关法规制度入手,规范国防科技工业军民融合转型发展。美国国会从 1990 年开始,通过每年度的《国防授权法》和制定《联邦采办改革法》等一系列法规制度,引导和鼓励军事装备工业企业军转民,以及国防部门与军方采购商业企业技术和民品,明确要求国防科技工业的"军民一体化"。1994 年美国会通过了《联邦采购精简法》,对过去 650 多项限制性政府采购法律条文进行了清理,废除了 55 条,并对另外 175 条进行了修改,清除了阻碍军民融合的法规障碍;1993 年国防部对 3.5 万项军用品规格和标准进行了审查,有 1.4 万多项军用品的规格标准被取消、取代或修改,以便更多地使用统一的商业产品规格标准。20 世纪 90 年代初发端于美国的新技术革命,使美国率先尝到了民用技术促进军事技术发展和发展军民两用技术的甜头,更坚定了其国防科技工业走军民融合式发展路子的决心。美国军事装备工业的转型开始于 20 世纪 80 年代末、90 年代初,至今已经历了 30 多年的发展。如果要对军民融合发展效果进行粗略评估的话,应该说,在当前世界主要国家中居于领先水平。主要表现在转型活动规范有序、全面深入,基本达到预期的效果,原本军民分离的两个工业基础融合为一体,"军民一体化"格局已经形成,国防科技产业运行成本在国家经济承受能力范围之内。而且,实行"军民一体化"战略之后,每年节约的开支相当于国防部采办费总额的 20% 以上,国防承包商和相关企业的竞争力不仅没有削弱,还成为国家的主要创新主体,美军装备的技术质量和供给能力也在不断提高,美国国防科技工业水平仍然处于世界超一流的位置。

3. 优胜劣汰

美国军事装备工业贸易行业通过市场竞争与资本重组,形成少量重点骨干的军事装备工业贸易集团,而淘汰其他规模过少、缺乏核心技术和实力的中小型军事装备工业企业,起到"抱团取暖"和优胜劣汰的效果。20 世纪 90 年代初,正值市场经济国家第五次企业兼并浪潮兴起,这对美国军事装备工业既是挑战又是机遇,面对世界军火市场日趋激烈的竞争和军备规模日益削减的局面,出于生存和增强竞争力的需要,美国军事装备工业贸易行业也需要对其结构进行调整,实行资产重组与优化组合。当时,美国政府及国防部门奉行的是"越大即越好"的美国军事装备工业贸易行业重组信条。对于军事装备工业的转型,美国政府刚开始采取的是间接调控,即动员、鼓励、引导,以及大量的幕后活动,后来干脆直接出面,甚至有时带有强拉硬拽的味道。前国防部长佩里在任期内的一次晚宴上,就当面对在座的军事装备工业界领袖发出了明确的信息:国防部希望能看到几家飞机制造公司通过兼并而消失,现有的 5 家卫星制造公司希望通过兼并变成 2 家,3 家火箭制造公司也希望变成 2 家。在这次被戏称为"最后的晚餐"上,五角大楼最终在"七八家半开工的企业"和"两三家全开工的企业"之间做出了选择,那就是政府全力支持军事装备工业企业的兼并,通过加速结构调整、优化资源配置来增加军事装备工业贸易行业的整体力量。在政府极力撮合下,洛克希德·马丁公司匆匆以百亿美元巨资囫囵吞下整个诺思罗普·格鲁曼。接着,五角大楼将目标盯在了麦道身上。麦道作为全球最大的军用飞机生产商,曾经有过极其辉煌的时期,但由于经营策略失误,加之军民品市场开拓不力,负债累累。五角大楼不得不"舍车保帅",拒绝了麦道参与下世纪美军联合打击战斗机(JSF)的投标,把这份价值逾两千亿美元的合同交给了战斗机研制经验甚少的波音公司,公开表达了麦道必须被波音兼并的坚决意愿。波音与麦道的合并在欧美之间也引起轩然大波,由于明显不利于欧洲空中客车公司未来的发展,欧盟坚决反对两家公司的合并计划,甚至不惜以贸易制裁相威胁。但是,美国政府态度异常坚决,对波—麦合并不容置疑,时任总统克林顿甚至扬言,即使"发动一场贸易战"也在所不惜。从 1992 年起,美国开始鼓励军事装备工业企业进行兼并重组。据 1998 年《国防采办报告》资料显示,国防部确定对国家安全有重要影响的 12 个国防行业中,10 个行业的总承包商数量明显减少,已由 1966 年的 66 家减少到 1998 年的 28 家。

4. 走向市场

军事装备工业复合体在内外压力下,主动调整经营策略,减少对政府投资与国防合同的依赖,改进生产经营思路,苦练内功,积极参与国内外市场竞争,并逐步做大做强。美国军事装备工业贸易行业转型成败,最根本的还是取决于企业经营管理者。美国毕竟是最发达的市场经济国家,军事装备工业复合体也是美国千千万万个企业中的一分子,虽然它们受到一定的特别优待,但还是市场的主体,必须自主经营、自负盈亏。因此,美国军事装备工业贸易行业转型的重担最终落在这些企业及企业家身上。历史的经验教训也证明,军事装备工业企业经营战略调整越早,顺应政府和历史潮流的决心下得越早越主动,机会也越多,成功的概率越大。在军品订货减少、政府开支紧缩的背景下,许多军事装备工业企业为了摆脱困境,开始逐步地走向市场。政府为保持关键技术和核心生产力,对部分国有军事装备工业企业实行了"股份制"或私有化,以扩大企业的自主权,增强竞争力。此外,美国国防预算投资也明显地倾向于私人企业,以此引导国防科技工业的市场化。同时,军事装备工业复合体也在政府引导下积极开拓国际市场,尤其是20世纪90年代初爆发的第一次海湾战争,更是为美国军火打入国际市场做了最好的广告。一些军火巨头开展西方国家间的武器联合研制开发。随着新技术革命的推进,武器装备的技术含量越来越高,国防科研生产越来越复杂,耗资越来越巨大,单个国家很难独立进行高技术的国防科研生产。国际间合作不仅可以实现资源共享,而且在技术上也能实现优势互补,从而有利于国防科技工业的发展。另外,军事装备工业复合体在政府资助下扩大军品贸易的出口。传统上,武器出售是一种对外政策的工具,但现在美国政府频繁地批准新武器的出口却主要是由于经济利益的原因。从1989年以来,由于国际市场萎缩,美国武器出口下降了10%,但在世界总出口的份额却是上升的。美国国会研究服务局2004年8月30日提交的《对发展中国家的常规武器转让》显示,全球军火交易市场2003年常规武器交易额为256亿美元,已是第三年持续下滑。美国独占145亿美元,占全球军售总量的56.7%,比冷战及其刚结束时的30%上升了二十几个百分点。为支持这场规模空前的军事装备工业贸易行业大调整,增强军事装备工业企业的市场竞争力,美国政府还大大宽松了它的武器贸易政策,试图通过扩大军火销售额,为其工业重组获取启动和运作资金,并为未来企业的进一步扩张打下基础。为维持美国在国际市场上的优势,美国国务院就曾要求各驻外使馆"就像推销农产品或医药用品那样推动军事装备工业贸易。"前商务部长罗恩·布郎在1993年对军火商说:"我们将同你们一道努力,帮助你们在世界市场上找到产品买主。然后,我们尽力帮助你们达成交易"。1994年,美国国会在政府的推动下,取消了出口用于装备美军的武器与军事器材的禁令。1995年2月17日,克林顿签署了《第34号总统令》,要求驻外使馆和政府高级官员大力支持军事装备工业出口,为美国武器贸易创造更为有利的条件。这一法令被美国军事装备工业界称为"迄今宣布有关军事装备工业出口的最积极的政府政策"。

(三)美国军事装备工业贸易行业转型的具体措施

1. 优化军事装备工业结构

美国军事装备工业贸易行业转型的目的不是要削弱其实力,而是正好相反。美国政府是想通过军事装备工业贸易行业转型而获得规模适中、技术领先、效率高超、市场竞争力强的新型军事装备工业贸易行业。因此,对军事装备工业贸易行业转型的主要措施就是促进其结构优化,夫掉多余的生产能力和冗员,保持世界绝对领先的技术水准和超强市场竞争能力,为美国军队研制出更多更好的尖端武器装备。虽然后冷战时代,裁军已成为一种世界范围的潮流,各国都在根据本国国情和现实防务,适当地裁减军备,美国也有所行动。但它为了达到独霸世界、维持美国世界领导权的目的,不可能真正削弱其国防力量,包括国防科技产业。正如前国防部长埃斯平所说,在全面审查国防需求后,决定为计划中的这支军事力量提供必需的资源支持,国防力量发展和资源供求必须相称。克林顿在其《国情咨文》中也谈到,现在有很大的压力要求裁减国防预算。如果不能在国防力量和资源供给之间保持平衡,我们的国防将陷入"空心化"的危险之中。为避免出现这种后果,我们把提高战备水平作为头等大事来抓,必须坚决反对进一步裁减国防预算。他还认为,国防工业基础是保证国家安全的重要物质财富之一。在缩减军备的总体规模时必须加以保护。但是,这并非说要保留每一条生产线或每个实验室,而是要确保在冷战后,能够保证新军事战略的实现有足够的生产能力。政府也确实采取了一些措施。为了防止军事装备工业企业因战略调整而出现大范围的生产下滑、技术落后和员工失业状态,美国1994财年国防预算授权法案专门安排了"防务技术转变、再投资和军事装备工业转型帮助"资金,其中,安排了每年拨款35亿美元的覆盖范围很广的项目,即:资金用于国防技术转变和再投资,帮助军事装备工业企业转型过程中人员就业,帮助对军事装备工业依赖程度很高的社区调整经济结构,增加教育机会,处于停产状态的军事装备工业厂的恢复问题,以及国家军舰建造项目。1995财年,在国防费总体规模呈微弱降势的情况下,其发展军事高科技的研制费用,与前几年相比却在急剧增加。表明这是美国为达到国防整体力量的强大,而不断地进行军事力量投入结构的调整。它优先确保了军事科研的投资,以保证其基础研究的领先地位,保证能够超前持续地拥有生产最佳武器装备所需的先进科技。

2. 制定新的军备采购计划

由美国为首的西方国家发动的第一次海湾战争,开了世界高科技局部战争的先河,虽然战争持续的时间不太长,但规模宏大的"沙漠风暴"和"沙漠盾牌"行动还是消耗掉美国库存的几乎全部的常规导弹和武器弹药,这为冷战后美国政府制定新军备采购计划提供了有力的依据,也为调整时期的本国军事装备工业贸易行业注入了一支"强心剂"。美国政府认为,结合战争需求和军事装备工业贸易行业转型实际,制定一个新的科学合理的军备采购计划意义极大。它可以把有限的国防预算,更好地用于采购那些有助于提高部队的机动能力、灵活反应能力、增强武器技术性能优势的项目和有竞争实力的武器承包商身上,真正使国防部的采购成为"精明的买主";同时,也帮助国防承包商尽快转型,尽可能根据采购计划来组织科研力量的投入,调整和安排新的生产计划,并不断适应国防部的新需求,超前地研究未来战场的发展变化,使厂商的生产和研究发展计划与之适应,成为"精明的卖主",为美国军事战略服务。新的军备采购计划也得到美国政界各主要力量的支持,美国朝野在支持军事装备工业企业转型和维持美国强大军事力量方面,有着共同的目标。1995年2月,共和党控制的国会为了达到7年内平衡预算收支的目的,对医疗和福利补助及其他政府部门的开支大加裁减,但对克林顿政府提出的,在20世纪末的5年内,军费开支总额达到1.3万亿美元,即年平均2 600亿美元的开支计划,却表现出了破例的宽厚,使其顺利通过,这对于处于困境中的军事装备工业复合体来说,无疑是个利好好消息。

3. 鼓励军事装备工业复合体的优化重组

军事装备工业贸易既是个"嗜血而肥"的产业,又是个在战争与和平之间起伏不定的行业。因此,周期性波动是它的常态。换言之,调整改革是军事装备工业贸易行业的"家常便饭"。美国政府也历来非常重视军事装备工业贸易行业的结构调整和规模效益问题。在帮助军事装备工业复合体渡过后冷战时期的难关方面,美国政府极力鼓励军事装备工业产业内的力量优化重组,积极支持为达到规模效益而进行的结构调整,通过加速结构调整、优化资源配置来增强军事装备工业贸易产业的整体实力。美国政府一方面出台相关法规,鼓励许多军火制造商合并重组,增强军事装备工业的国际竞争力;另一方面,出台政策积极鼓励军火制造商向国外寻求武器装备销售市场,同时大力促成"军转民"工程的实施。美国军事装备工业企业为了改变企业生产效益下滑局面,各家军火巨头纷纷主动求变,调整企业生产和经营策略。有的通过"军转民",退出军火行业。大型军事装备工业企业往往选择合并重组的道路,通过扩大规模、减少成本、增加国防竞争力的方式,成为保留下来的具有强大竞争力的少数几个军火行业巨头。经过几年的调整改革,美国军事装备工业复合体在国际军火市场获取了相当大的份额,说明美国军事装备工业贸易产业的调整改革是成功的。在20世纪80年代的某个年份,美国在国际军火市场上的份额低于苏联,进入20世纪90年代后,美国的军火巨头们扭转了过去的逆势。自1990年军事装备工业出口首次超过苏联后,随后连年独霸世界军火市场。1993年美国的军事装备工业出口额高达332亿美元,占世界军火交易总额的73%,而俄罗斯当年则不足20亿美元。1994年,美国军事装备工业出口额占世界军火交易总额的55%。1996年,美国军事装备工业出口的总金额是英国的2倍,法国的3倍,俄罗斯的3～4倍。1997—1999年,美国军事装备工业出口逐年增长,年增长率达到14%。用美国人自己的话来讲,军火产品已成为美国“最富竞争力的产品”。

4. 调整军事装备工业产品的结构和价格

在军事装备工业贸易转型时期,除了要调整企业结构和资产优化组合外,也需要调整军事装备工业产品结构和价格,以适应市场需要并降低成本。美国军事装备工业复合本在调整军事装备工业产品结构和价格的同时,非常重视军事装备工业生产向民用品市场和国际市场的扩展。许多军事装备工业企业通过调整经营方针、扩大经营方式和种类来增强企业活力。这一措施对于美国军事装备工业贸易行业扩大生存空间、增加就业、抢占更多的市场份额起到很好效果。例如,擅长于战斗机和军用运输飞机制造的麦道公司,为了适应形势变化,在旧DC-9商用飞机的基础上,又推出了改进的麦道-80和麦道-90民航机,1990年10月为了适应小航空公司的产品需要,又新推出了100个座位的麦道-95民航机,加强了市场竞争力。在价格上,麦道公司为了竞争美国空军80架军事运输机的订货,把原来平均每架3.23亿美元的C-17大型运输机降价40%。以每架1.9亿美元的价格推销,以提高产品的竞争力。其他军事装备工业企业还积极向海外拓展生存和发展空间。洛克希德·马丁公司是美国国防部最大的主承包合同公司之一,也是美国最大的航空公司之一。20世纪90年代初开始积极在亚洲国家开展推销活动,以争夺亚洲通信卫星市场。该公司的一位发言人称,这是洛克希德·马丁公司的“首次开门项目”,将为该公司在亚洲这个庞大的市场开创许多有关联的商业机会。美国研究军事装备工业企业的经济专家认为,今后即使军费不再大幅度缩减,也不能完全保证军事装备工业企业的生存发展就没有任何风险,所以,这个自救措施在未来仍然很有成效。

5. 继续大力支持军事装备工业出口

“以武养武”是所有军火行业的生存法则之一,更是顺利渡过调整期的有效利器。美国政要及国防部门一再表示,政府继续承诺以官方的力量,支持美国武器制造商向海外出售武器,以保证军事装备工业生存,促进军事装备工业发展,维持在国际市场上的竞争优势。1995年2月17日美国政府公布了《总统决策指示第34号》,这是由克林顿总统签署的一项关于常规武器出口的文件。这份机密文件要求美国驻外使馆人员和政府高级官员,继续帮助在国外推销美国武器,特别是在那些对美国外交政策特别重要的地区。文件还支持美国国防部门及国防承包商参加国际武器贸易展览和国际航空展。此后几年,美国政府每年为参加国际航空展览及演示花费38.5万～57.5万美元,用于推销美国各类飞机。此外,美国国会还通过立法,免去生产出口军事装备工业产品的武器厂商的税收,以增加美国军火在国际市场上的竞争力。据估计,仅这一免税措施就可以使军事装备工业企业在 5 年内少向税务部门上缴 9.2 亿美元的税收。作为国防承包商,也在积极地游说国会和政府部门,以解除军事装备工业出口管制,开拓市场,放宽《出口管理法》和《军备出口管制法》的限制。美国国会和军方既要考虑军事装备工业企业的生存发展,获取更多的利润和外汇,从而提高其国家的"经济安全",又要使军火的出口服从于其外交政策和军事安全的需要,在二者之间进行平衡和选择。冷战后,西方发达国家间军火交易市场竞争非常激烈,而广大发展中国家既是美国军事装备工业出口的巨大潜在市场,又是强国地缘政治争夺的重心。1993 年美国军事装备工业出口的销售地 72.6% 是发展中国家,它对发展中国家的军事装备工业出口量由 1989 年的 25%,提高到 1995 年的 42.5%。美国政府帮助军事装备工业企业争夺发展中国家军火市场的另一条主要措施是实行"补偿贸易"方式,即许多发展中国家既想进口美国武器,但又付不起现汇。为解决这个难题,1993 年以后政府允许军火公司与进口方签署"贸易补偿协议",即军事装备工业出口方购买军火进口方的其他军事装备工业产品,或者是军事装备工业出口方购买进口方的民用产品,以平衡军火交易国双方的国际收支。美国借助军事装备工业贸易补偿协议方式,有力促进了其军事装备工业出口。美国商务部通过对 1995 年美国公司报告的武器出口协议跟踪发现,补偿协议额占整个军事装备工业出口总额的 47%。该研究还发现,1995 年美国公司签署的协议中,补偿额占整个出口合同总额的 81%。

三、美国武器贸易战略调整与出口市场再划分

(一)冷战后国际军火市场的基本特征

进入 20 世纪 90 年代以来,世界军事装备工业贸易与冷战时期军事装备工业贸易相比较,可以概括为下述几个特点:

1. 国际军火交易总体呈下降趋势

冷战结束,对美国及其他主要国家的军火生产及销售都产生了重大影响,主要标志是国际军火生产相对于冷战时期大幅减少,国际军事装备工业贸易总体呈现下降趋势。对于俄罗斯和欧洲国家而言,更是如此。据俄国家统计委员会统计,由于受到国家经济危机和国防预算锐减双重影响,与 1991 年相比,1996 年军事装备工业产量下降了 80%,1995 年与 1994 年相比,武器产量下降了 24.9%。1992—1996 年,俄罗斯军事装备工业企业接到的国防订单越来越少。1992 年,军事装备工业企业没有增加一份新订单,1993—1995 年则每年递减 30%~45%,1996 年继续恶化。西欧主要国家在 20 世纪 90 年代的军事装备采购费用平均下降了 35%,军事装备工业出口额是前半期急剧下降、后半期缓慢下降。其中,英国的军事装备工业出口额总体减少了 27%,法国减少了 61%,德国减少了 29%,意大利减少了 63%。另据伦敦国际战略研究所年度军事报告披露,20 世纪 90 年代前半期,全球军事装备工业贸易总额下降较快,而后半期下降缓慢,甚至出现增长的情况,从表 4-2 中也可看出这一变化,但对美国军事装备工业贸易来说冲击还不算太大。从表 4-2 中可以看到,在整个 20 世纪 90 年代,虽然个别年份的出口交货额有所降低,但总的趋势还是缓慢增长的。据美国国务院发表的全球军事装备工业贸易研究报告,在整个

表 4-2　1990—2001 年世界主要常规武器出口总额及

美国军事装备工业出口交货额　　　　　单位:亿美元

项目＼年度	1990	1991	1992	1993	1994	1995
全球常武出口总额	452.40	306.40	257.16	224.79	190.45	192.72
美国出口交货总额	80.12	92.37	104.45	117.99	107.65	127.68
项目＼年度	1996	1997	1998	1999	2000	2001
全球常武出口总额	202.91	248.32	233.25	211.79	151.65	162.31
美国出口交货总额	120.98	158.14	140.13	166.67	108.67	124.27

资料来源:①[俄]外国军事评论,1995(1);②SIPRI 年鉴 2002[M].北京:世界知识出版社,2003;③美国国家安全合作署财年丛书(2009-09-30)

20 世纪 90 年代,美国的军事装备工业出口呈增长态势,美国仍是世界第一大军事装备工业出口国。美国之所以出现这种情况,主要有内外两方面的原因。从内部来看,美国政府一直采取鼓励和放松军事装备工业出口管制的政策措施,军事装备工业企业生产的武器装备质量和技术性能过硬,军火销售市场巩固并有新的拓展;从外部来看,新独立的俄罗斯处于内外交困状态,还无力夺回苏联失去的军火市场,并留下大量的市场空间让美国军火填充。第一次海湾战争不仅激发了中东国家对安全防务的担忧,更刺激了各国对高新武器装备的渴求,而美国军事装备工业复合体正好从中获利。

2. 世界军火市场竞争更加激烈

冷战结束后,虽然美国的军事装备工业出口仍占据优势地位,但是,世界军火市场竞争仍然非常激烈。一是 20 世纪 90 年代初期,许多国家忙于欢庆冷战结束和盘存和平红利,将和平与发展作为基本国策,因此,对军备需求与预算开支大为缩减。二是西欧和俄罗斯意识到"以武养武"重要意义,以及通过扩大军事装备工业出口不仅能够获取可观的经济效益,更是实现国家战略和谋求地缘政治利益不可或缺的重要手段,所以,它们都想极力扩大军事装备工业出口,在世界军火市场上分得更大的"蛋糕"。尤其是俄罗斯,它不仅把振兴军事装备工业贸易作为重振大国雄风的重要举措之一,而且还希望夺回苏联在国际军火市场上的显赫地位。因此,历届政府都十分重视军事装备工业生产和出口,并取得了可观的成绩。从 1995 年开始,俄军事装备工业出口额持续上升,1994 年为 28 亿美元,1995 年为 30 亿美元,1996 年接近 40 亿美元,已经稳居世界军事装备工业出口第二大国的位置,但仅相当于美国的 40%。三是从 1998 年开始,东南业遭遇金融风暴,许多国家忙于摆脱金融危机的影响,无暇顾及或没有能力扩大武器进口份额,从而对全球军火市场造成重大冲击。面对国际军火市场的不景气和复杂局面,美国、俄罗斯、西欧,甚至一些发展中国家如以色列、巴西、韩国等国,还是知难而进,想方设法扩大自己的军事装备工业出口份额,这更加剧了世界军火市场的竞争程度。美国凭借其在军售领域中拥有的传统地盘和技术优势,依然把其他国家远远抛在后面。到 21 世纪初,排名第二的军售大国俄罗斯出口额虽比前几年猛增,达到48亿美元,但仍比美国的军售额差一大截,西欧各国军售的总和还比美国少几十亿美元。许多发展中国家参与军火市场竞争更注重的是经济利益,这方面突出的例子要数以色列和巴西。据以色列银行前行长摩西·曼德尔鲍姆的说法,在外债和通货膨胀严重的情况下,只有一个因素使以色列免遭破产,那就是输出军火赚取美元。以色列的做法和所取得的效果已引起巴西等国的效仿。

3. 发展中国家尤其是中东地区成为军火销售新的增长点

20世纪90年代初爆发的第一次海湾战争和后来曝发的科索沃战等局部战争,以及复杂的国际安全局势,是引起20世纪90年代后期发展中国家尤其是中东地区军火进口需求上升的一个重要因素,而其中美国是最大的受益者,同期美国军事装备工业出口到发展中国家的数额既占其总出口额的一半以上,也占向发展中国家军事装备工业出口总额的一半以上。

(1)第一次海湾战争既拉动了发展中国家尤其是中东地区的军火需求,也扩大了美国的军事装备工业出口。四次中东战争和石油危机(涨价),使得中东、阿拉伯地区成为世界"军火库"。但该地区军火市场以往是苏联、美国和西欧的"三分天下",各自有比较稳固的传统客户和市场份额。埃及、两伊、叙利亚等是苏联军火的传统客户;以色列、沙特阿拉伯、阿联酋等既是美国军火的传统客户,但同时也大量进口西欧的军火。在海湾战争前夕,英国曾与沙特阿拉伯签订了价值380亿美元的长期军火销售合同。1974—1989年间,法国也从沙特阿拉伯得到了高达1 350亿法郎的军火订货,相当于同时期法国军事装备工业出口总额的20%。第一次海湾战争后,美国几乎垄断了中东尤其是沙特阿拉伯、阿联酋、科威特等的军火市场,使英、法等国的军火销售受到重大打击。苏联失去的地盘更是大部被美国占据,新独立的俄罗斯只能艰难地重新开拓。据资料统计,海湾战争后两年,美国向中东共出口了240亿美元军火,其中大部分卖给了沙特阿拉伯、阿联酋、以色列、科威特等。另据美国国会图书馆的一份报告显示,1992年各国向发展中国家共出口军火239亿美元,其中,美国出口了136亿美元,占56.8%,当之无愧地居世界首位。

(2)广大发展中国家(地区)虽然经济有所发展,但军事装备工业既不发达,也不能完全自给,必须依靠持续进口,尤其是对高科技武器装备的进口来维护其国家安全防务需要。冷战结束,对于许多发展中国家而言,"飞机、大炮"好像成了"多余物品",但第一次海湾战争,以及随后不断出现的国际恐怖主义、极端宗教主义、民族矛盾等地区冲突,打消了它们的幻想,增强了它们的安全防务意识,并着手如何应付下一场战争,这就需要大量的武器装备,而这些国家(地区)大都没有发达或完整的军事装备工业体系,只有向美国等军火大国进口。冷战结束以来,亚太发展中国家(地区)武器进口不断增加,开始超过北约国家和非北约的西欧国家而成为最大的武器买主,世界上最大的10个武器进口国(地区)主要集中在亚洲。据统计,20世纪90年代的10年间,亚太发展中国家(地区)共进口了1 500多亿美元的武器装备,占同期世界军事装备工业贸易总额的约65%。其中,战事不断的中东地区,长期是亚洲也是世界最大的军火市场,1991—2000年,其武器交易额达到了700多亿美元,占同期世界军贸总额的30%左右。整个20世纪90年代,中东地区吸纳了全球武器进口额的40%。1995年,美国向发展中国家出口的武器为81亿美元,占其出口总额的2/3以上。1996年以来,美国已与发展中国家达成了价值257亿美元的军火合同,占全球总额的1/3以上,比排名第二的俄罗斯几乎多一倍。

（3）美国等军火大国在向发展中国家（地区）出口军火的同时,也给予一定的技术转让服务,从而在一定程度上增强了进口国的军事装备行业实力,也增加了对高科技装备和技术进口的依赖。美国在国际军售问题上总是实行双重标准,一方面,以反对武器扩散的"和平卫士"自居,对别国的军售、军购状况动辄指手划脚,妄加评议,甚至施加重压,迫使别国中止某些不合其心意的军售合同;另一方面,又竭力向外(包括世界热点地区和冲突双方)推销各类美制武器装备特别是高新技术武器装备,向一些所谓的盟友不仅出口尖端武器,而且转让相关军事技术,从而增强了这些国家的军备研制能力和军事实力。美国曾通过补偿贸易、许可证生产或技术转让等形式,与日本、以色列、韩国等盟友开展军事技术合作,既出口武器装备,又转让军事技术。日本在高科技武器装备研制方面已经与美国不相上下,在某些方面军事技术甚至比美国还先进。以色列更是发展中国家中的佼佼者,能够独立研制生产包括先进预警机、无人机、弹道导弹等许多武器系统。美国的一些军火公司也与韩国进行了许多合作,波音公司就利用补偿贸易方式向韩国转让 F – 15K 飞机技术,使韩方到 2015 年能够掌握自主研制先进战机的技术。但美国也严格禁止这些国家再将这些装备技术或衍生品出口转让给它不满意的国家(接受方)。有的西欧国家在出口武器装备的同时,也向一些发展中国家转让军事技术。法国的军火公司在向韩国出口"阵风"战斗机时,同意包括转让建立空对空和空对地导弹的技术。意大利军火公司在向南非出口 30 架 A – 109 直升机时,同时转让其直升机的生产线①。

（二）冷战后美国军事装备工业贸易战略的调整

随着冷战结束,美国对国家安全和军事战略进行了相应的调整,对于作为该战略的重要组成部分——军事装备工业贸易战略,也进行了必要的调整。

1. 由赢得美苏军备竞赛向赢得"两场局部战争"转变

苏联解体、东欧巨变,冷战结束意味着美国赢得了美苏军备竞赛,苏联这个明显的、最大的威胁解除了,爆发世界大战或核战争的可能性很小,而美国面临的主要威胁是隐性的、分散的和多维的,尤其是国际恐怖主义、无赖(失败)国家和地区冲突等。作为唯一的超级大国,美国要继续发挥世界领导作用,要随时应对任何威胁或冲突,确保美国自身及其盟友的安全。于是,1993 年的"防务全面审查报告"把美国的防务理念定位于"美国军队必须能够打赢两场主要的地区局部冲突战,并且几乎是同时打赢两场这种战争"。随着信息时代的到来,美国又及时提出了"基于能力""概念驱动""模块化部队""联合训练""全谱作战训练"等新国防建设思想,要求以作战能力需求牵引军队的建设和发展;要求把国防与军队建设战略规划纳入国家决策范畴,增强联邦政府及国防部门的决策权威。因此,美国的军事装备工业贸易行业必须服从和服务于国家战略的转变,并做相应的调整,即在军事装备科技发展和武器系统研发上,要求聚焦战场感知、指挥控制和精确打击三个职能领域,实现无缝隙链接,共享情报信息,最终为美军形成信息优势、决策优势和作战行动优势提供坚实的保障。继续扩大美国的军事装备工业出口,既服务于国家战略需要,又要配合美国的政治、军事、外交政策,争取更多的地缘政治优势和国家利益。尤其是要扩大对西方传统盟友和一些发展中国家盟友(或价值观相同、美国的追随者)的军事技

---

① SIPRI 年鉴 2002［M］. 北京:世界知识出版社,2003:491。

术合作和军备销售,以支持美国的"同时打赢两场局部战争"的军事战略。这既是对第一次海湾战争的经验教训的总结,也是美国战略调整的需要。这样既可以增强盟友应对冲突和配合美军军事行动的能力,又可以大大减少美国战时的军力动员与部署,变"军力部署"为"势力部署",或"利益存在"。典型的案例之一,就是美国的联合攻击战斗机(又称为 F - 35 多功能隐身战斗机)项目,这是冷战后美国与西方及其他盟友进行的最大合作项目。专家认为,F - 35 计划的目的是为了满足美军对未来新一代战斗机的需求及出口给其可靠的盟友,而美国把它作为跨大西洋合作研制的主要军事平台是非常罕见的,因为它非常先进高端[①]。美国在该项目上的主要意图有:一是进一步密切与盟友的关系,拉拢盟友配合美国的军事战略实施。二是要求外国伙伴分担研发风险,支付财政费用。该计划从一开始就吸引了盟友政府及军事装备工业企业的参与,而且将其未来的采办计划也包括在内。美国将外国伙伴按照参与程度和出资的高低分为 4 个级别:全面伙伴(出资占费用的 10% 以上),目前只有英国符合该条件;准伙伴(出资占费比为 2% ~ 5%),主要有丹麦、荷兰和挪威等国;被告之伙伴(出资占费比为 1% ~ 2%),主要有加拿大、意大利等国;"主要参与者",主要有以色列、新加坡、土耳其、日本、韩国等,这些国家可以作为未来的采购对象考虑。三是作为未来出口该战机的重要对象,既拉近与盟友的关系,又通过军备出口收回研发成本。按照美国政府的考虑,只有美国的可靠盟友并符合以上 4 个级别的合作伙伴,才可以成为该先进战机的优先及可能的客户。

2. 由突出国家安全利益向兼顾经济效益方面转变

冷战结束后,美国的一些政要认为,收获和平红利不能只是简单地压缩国防开支和装备采购费用,减少军事装备工业综合体,以及关停武器系统生产线;在军事装备工业出口方面也不能一味地只讲政治、讲国家安全利益,而不讲经济效益。军事装备工业贸易行业的调整要在保障国防科技优势和实力的基础上,既要节支,更要开源,争取国家安全与经济利益"双赢"。一是通过调整保证军事装备工业贸易行业的绝对优势和国家的军事安全,使军队的武器装备能够自给自足,并始终处于世界领先位置。美国作为世界上最强大的国家,应该履行自己的全球职责,包括军事方面,所以,美国必须维持本国强大的国防工业,自主研制生产几乎所有的武器装备,而不依赖国外,更不能利用宝贵的储备资源去进口国外武器。为此,联邦政府应该保持适度的军费开支和采购费用,用于向军火商采购大量军火,既满足军队的需要,也支持国防工业的生存和发展。二是通过调整再造军事装备工业贸易行业基础,使其与整个国民经济融为一体,为国民经济发展做出更大贡献。经过二战以及冷战的长期积累,美国已经建立起了世界上规模最大、实力最强的军事装备工业贸易行业,军备生产占到世界的 60% 以上,军事装备工业出口占到世界出口总额的 30%以上,产值占到 GDP 的 23% 左右。对于冷战后的国际形势,这个规模有些过大,生产能力出现过剩,必须进行调整。但由于整个国民经济对军事装备工业贸易的依存度过高,出口军事装备工业贸易已经成为美国国民生产总值的一个重要的增长极。美国一些地区的经济发展对军事装备工业贸易的依存度也很高,比如,加利福尼亚、弗吉尼亚、得克萨斯、佛罗里达、左治亚、马里兰、纽约、宾夕法尼亚、华盛顿、北卡来罗纳、俄亥俄、新泽西等。这些州的经济结构与军事装备工业贸易的关联度相当的高,当地的军事装备工业企业比较多,

① SIPRI 年鉴 2002[M]. 北京:世界知识出版社,2003:494 - 495。

劳动力在军事装备工业企业的就业率高,军事装备工业贸易的产值大。这就更要求军事装备工业贸易行业的调整应与整个国民经济基础包括与地区经济结构优化相协调,达到相互促进、共同发展的目的。三是通过调整优化军事装备工业贸易行业结构,增强其自身的"造血"功能和国际竞争力,以军事装备工业出口赚得更多的硬通货并增加就业机会。军事装备工业贸易行业调整的重点是转方向、调结构和保优势,即转变过去过分依赖国防预算和军队采购的发展方向,向军地并举和开拓国际市场方面发力;转变过去专门或大部分生产销售军品的经营思路,向军民融合和一体化方面发展;转变过去军地分割和技术标准单一的研发路径,向军民两用和保持技术优势途径努力。通过调整优化整个行业结构,使企业自身实力增强和竞争能力提高。军事装备工业出口不仅可以赚取大量的硬通货,还可以增加许多就业机会。据研究资料称,每10亿美元的军事装备工业出口,能为美国提供2.4万小时的就业机会。另据军火公司的报告称,单是向沙特阿拉伯出售72架、90亿美元的F-15战斗机一项,就给美国创造了1.1万个就业机会,并能保证其在武器生产线工作3年。

3. 由过分依赖战争拉动向帮助军事装备工业企业调整转变

二战以来,直到冷战时期,美国的军事装备工业贸易总是因为战争的兴起而不断膨胀,因此,有随着战争的起伏而随之调整的规律性。从美国的军事装备工业联合体的利益角度看,二战后,美国的全球战略催生了庞大的军事装备工业联合体。这些联合体把包括文职的国防官僚与联邦政府、立法机关、军火制造商及其科研人员紧密结合在一起。有学者称它是美国的军事装备工业"铁三角":①以国防部为代表的联邦政府部门(包括军队);②以参众两院军事委员会和拨款委员会为代表的国会机构;③国防工业实体,包括与武器装备生产有关的军事装备工业企业、实验室、研究部门、工会、商会等。这个军事、经济和政治"三位一体"的体系,不仅成了推动美国军事装备工业贸易战略调整的主要内部动力,而且还在很大程度上左右着美国的内外政策走向。冷战结束后,美国政府及国会某些人试图对这个"铁三角"做出某些改变,即打破军事装备工业贸易战略随战争变化而调整的"惯性"。而调整的着眼点放在军事装备工业贸易行业与国民经济融为一体,改变其对政府部门尤其是对国家财政的过分依赖状态。有三个主要原因:一是美国官方判断,新的世界大战及核战争暂时打不起来,小规模局部战争对军事装备工业贸易行业的影响有限;二是冷战及军备竞赛形成的国民经济高度军事化,以及过度膨胀的军火行业,政府已经承受不了,军事装备工业贸易企业本身的竞争力在削减;三是关系过分紧密的军事装备工业"铁三角",不仅控制国家大部分自然资源、流动资产、主要的经济部门,还在很大程度上左右国家的政治生活,这引起了很多选民的不满,也并不符合美国的国家利益。美国政府确实在这方面做出了努力,采取了相关政策措施,取得了一些成效,但难以从根本上改变过去的状态。

(三) 冷战后美国军事装备工业出口市场的再划分

冷战后,美苏两个超级大国控制世界的"两极"格局不复存在,美国作为唯一的超级大国企图建立"一超独霸"的美国世纪。因此,冷战后美国新的国家战略就是要极力维持世界领导的地位,破坏世界多极化格局,消除一切现有及潜在安全威胁。为实现这个战略,美国采取的主要策略是:遏制在西欧和东亚出现能挑战美国霸主地位的任何全球性竞争对手,以美国为本体,拓展两翼,东翼是东扩中的北约,西翼是新的美日同盟体制,巩固澳新亚太同盟,拉拢越菲等东盟国家,以创造对美国有利的 21 世纪国际安全环境。要实现这个新战略,自然离不开军事力量及军事装备工业贸易这个"传统利器"。军事装备工业贸易作为一种特殊行业,有着政治、经济、军事和外交等多重内涵,美国更是把军事装备工业出口看作支撑起全球战略的重要基础,甚至牟取暴利,树立全球霸主地位的最有力手段。根据冷战后的世界格局变化及国家战略调整,美国也调整了军事装备工业贸易策略,并对军火市场进行了重新划分。主要包括以下几个方面:

(1)巩固、深化和拓展西欧及北约盟国是美国军事装备工业出口的传统市场。包括向其出口先进武器,以及深度的军事技术合作,如 20 世纪 90 年代初美国倡议的 F - 35 联合研制项目,以加强其同盟关系。美国前务卿奥尔布赖特宣布,将大幅放宽对北约盟国的武器出口控制,这一计划被舆论视为美国冷战后对武器出口控制的"第一次重大调整",其实质就是要维护美国在这一领域内的垄断地位。

(2)利用北约东扩的契机,加紧向从苏联独立出来的,尤其是东欧国家中已经加入北约或想要加入北约的国家出口军备,美国军火商已把生意做到了波兰、捷克、匈牙利等东欧国家,并说服其摒弃原苏联武器系统模式,使用北约装备标准,纳入以美国为首的北约武装力量体系,从而成为美国军事装备工业出口市场新的增长点。

(3)继续扩大对日本、韩国、以色列等非北约传统盟友的军事装备工业出口,并强化与其的军事技术合作关系,以巩固和扩大美国的军事装备工业出口市场。在亚太地区,美国除进一步放宽对日本和澳大利亚的武器出口控制外,还加紧向其他东亚国家出售武器。

(4)抓住苏联解体、俄罗斯仍处于弱势的有利时机,开拓和抢占中东、亚太和拉美的军事装备工业出口市场,尤其是中东和亚洲,已经成为美国军事装备工业出口增长最快的市场。1995 年美国向发展中国家出口的武器装备总额为 81 亿美元,占其出口总额的 2/3 以上。1996 年以来,美国已与发展中国家达成了价值 257 亿美元的军火合同,占全球总额的 1/3 以上,比排名第二的俄罗斯几乎多一倍。美国的军事装备工业出口战略调整和市场划分策略已经取得了明显成效。据美国国务院发表一份全球军事装备工业贸易研究报告,1999 年美国军事装备工业出口额达到 118 亿美元,占全球军事装备工业出口的 1/3,仍是世界第一大军事装备工业出口国。从统计资料可以看出,冷战结束到 21 世纪初,美国的军事装备工业出口额明显呈逐年上升趋势,保持了稳步增长势头。

第五章 美国军事装备工业基础再造与企业重组

军事装备工业是国家的战略性产业。冷战结束后,在新军事变革和"9.11"事件的冲击下,美国对军事装备工业基础进行了两次较大规模的改造与企业重组,总体呈现出集中化、智能化和国际化的特点,国防综合实力得到了显著提高。分析其动因和经验做法,探索美国军事装备工业基础改造与企业重组的客观规律,有着重要的借鉴意义。

一、美国军事装备工业基础再造的动因

(一) 适应战略形势的变化,主动开展军事装备工业基础调整改造

冷战结束后,世界格局发生了很大变化,另一个超级大国苏联不存在了,其他任何国家或组织都不足以对美国构成实质威胁。因此,美国的国家安全环境发生了根本性变化,其战略形势不再是像冷战时期那样战争一触即发,要准备打世界大战、打核战争。冷战后美国的战略目标主要是如何维持作为唯一超级大国和世界领导地位,防止或消除对美国及其盟友的任何安全威胁。而作为冷战和军备竞赛的产物——军事装备工业基础,显然已经不适应新的战略形势变化的需要。但军事装备工业作为国家的战略性产业,是由政府主导建立形成的,而美国政府作为军事装备工业综合体"铁三角"的重要一方,当然要主动作为,主导和推动其调整改造工作。为此,美国制定了《国防转轨战略》,提出了建立一个统一的"国家技术与工业基础"的战略目标,并从政府、部门和企业等多个层面入手,完善军事装备工业组织体系,优化军事装备工业基础结构,搞好武器装备的供需协调。1993 年,联邦政府对国防部长办公厅进行重大改组,负责采办的副部长职责扩大,具体负责军事装备的生产事宜,促使军事装备工业生产与国防采办体制紧密相连。除此之外,政府还不断适应军事装备工业基础的改造需要,适时增设机构,以具体落实军事装备工业调整战略。如,为适应军民两用技术战略的需要,1995 年美国国防部增设两用技术办公室及其他两个联合计划办公室。政府出面牵头或引导军事装备工业企业兼并重组,帮助军事装备工业企业做大做强,参与国际联合与市场竞争,从而完善企业经营机制,建立武器装备供需双方的新型协作关系,提高军事装备工业综合体的竞争实力。

(二) 运用军事变革的成果,妥善处理冷战积累的"遗产"

冷战时期,美国与苏联进行了一场长达 40 多年、耗资超过 13 万亿美元的"战争"(军备竞赛)。在这场"战争"中,美国建造了庞大的军事装备工业体系,并积累了沉重的军事装备工业"遗产"。这个军事装备工业体系几乎完全脱离商业民用市场,处于政府的保护之下,既缺乏市场竞争力,又严重依赖国家财政预算,成为美国的一个重大"包袱"和负担。冷战时期,美国依靠庞大的军事装备工业,赢得了军备竞赛,维持了美国的世界霸权

和领导地位。1989—1991 年,随着华沙条约组织的解散和随之而来的苏联的解体,美国的安全政策、国防部署和军事装备工业结构赖以维系的基础不复存在。冷战后,美国的国防开支和武器采购急剧下降(海湾战争及"9.11"后又开始上升),随之而来的是国防生产能力明显过剩,军事装备工业大量裁减人员。根据美国劳工统计局统计,与防务相关的就业人数从 1987 年 354.4 万人,下降到 1996 年 212.3 万人,2002 年进一步下降到 154.3 万人。在此背景下,美国军事装备工业基础不得不进行改造和重建。但军事装备工业是个关系国家安全和军事实力的战略性产业,军事装备工业基础不能严重削弱,这笔"遗产"也不能随意处置,除了要服从和服务于国家战略调整需要外,还要讲究调整改造的策略和技巧。从 20 世纪 80 年代中期到 90 年代初,美国率先兴起了以信息技术为牵引的世界新技术革命和军事变革,于是美国政府决心利用新技术和军事变革的成果,对其军事装备工业基础进行调整与改造。基本方向就是对军事装备工业植入信息技术、新材料、新工艺,鼓励军转民与引民入军,走军民一体化的新路子,使军事装备工业融入国家技术与工业基础。实行寓军于民、发展军民两用技术,走军民一体化的道路,能够更好地兼顾军用和民用发展的需要,便于从各领域吸收高新技术,发展现代化的装备,有利于减轻国家在维持军事装备工业方面的负担和促进经济的发展,缓解和平时期军事装备工业生产供需矛盾,提高战时军事装备工业生产动员和生存能力。现代高技术已经分不出是民用还是军用,具有明显地军民通用性特征。为此,克林顿政府发起了军事装备工业的"技术再投资计划"和"军民两用计划",其目的就是帮助军事装备工业企业调整、军民结合、参与竞争。最终目的就是优化军事装备工业基础,扩大军事装备工业企业就业机会,提高军事装备工业企业的国际竞争力。在 20 世纪 90 年代初,以美国为首的西方盟国发动的第一海湾战争中,美国高科技武器的运用,以及大量高技术公司为军队服务,为美国及盟友赢得战争,就充分证明了新技术革命和军民一体化的优势。美国从中尝到了甜头,因此,国防部大力改革国防采购体系,继续投资开发军民两用技术,而且军民两用政策已经成为军事装备工业调整的基本策略。

(三) 为保持军事装备工业技术的优势,使其融入国家技术工业基础

保持军事装备工业的绝对领先,是美国维持世界霸权和领导地位的战略支柱之一。为此,美国政府明确表示,其军事装备工业技术的先进程度要优于盟国 0.5～1 代,超出发展中国家 1～2 代,从而保证美军装备在世界范围内处于绝对领先位置。冷战后,失去了苏联这个强大对手和军备竞赛的牵引,如何维持美国军事装备工业技术领域的绝对优势?美国政府认为,军事装备工业必须随着国防转轨而转型,基本目标就是使其融入国家技术与工业基础,实现军民融合。20 世纪 90 年代初,美国制定的《国防转轨战略》正式提出了建立一个统一的"国家技术与工业基础"的战略目标。克林顿政府为了实现这个目标,从而保持美国的军事技术优势,更好地维护国家安全,专门设立了国家科学技术委员会(National Science And Technology Council),其主要职责就是指导军事装备工业基础改造时,如何将新技术革命的成果植入军事装备工业,在规模压缩、结构调整和企业重组的基础上,使整个军事装备工业的装备研发保持创新活力和技术进步的动力,研制生产出更多更好的武器装备,以满足军队现实需要。小布什上台后,延续了将军事装备工业纳入国家技术与工业基础,以保持军事优势的策略,并强调了其重要性。小布什认为,美国要有

足够的海空运输力量快速地把军队运输到世界的任何地方,依靠先进的侦察设备,不管是在黑夜还是白天,都能侦知到敌人在何处,用先进的弹药消灭敌人。为保持军事装备工业科技的优势位置,美国政府还鼓励、支持军事装备工业重组,组建大型、超大型军事装备工业复合体(企业集团),以便它们把巨额资金和大量人力投入于武器装备的研发,为此政府放松了对垄断的限制,为军事装备工业企业兼并重组提供保护伞。同时,美国政府推行寓军于民、军民一体的政策,形成强大的国防工业技术基础,为美国的军事力量提供技术支持,加快科技成果向武器系统的转化,使科技优势转变为绝对的军力优势,谋求全球霸权。

(四) 应对安全威胁的变化,建立基于能力的军事装备工业基础

如果说冷战后美国对军事装备工业基础进行改造,主要动因之一是为了"减负"或丢包袱,那么,"9.11"之后的主要动因则是希望通过改造建立更强大的军事装备工业基础,以应对新的安全威胁。在冷战结束后的第一个10年的大部分时间内,美国军事装备工业调整改造的主要特征是压缩规模、削减过剩产能和企业兼并重组,以及军转民使其融入国家技术与工业基础。"9.11"之后,情况发生了很大变化。美国政府清楚地意识到,在全球化和信息化时代,敌人存在着很大的不确定性,美国本土也不是绝对安全,单靠威慑与遏制战略是远远不够的,必须采取先发制人的战略,将安全威胁消灭在萌芽状态或美国境外。这就需要进一步提高美军的应对能力,包括军事装备工业应对未来战争与威胁的能力。军队要从过去"基于威慑"(threat - based)战略转变到"基于能力"(capability - based)的战略。军队转型除了军事理论、作战方式、武器配置、编制编成要发生变化外,还需要军事装备工业的强有力支撑。2002年,美国国防部负责工业政策的部门进行了一项研究,旨在为军事转型建立一个国防工业基础(DIB),其目标之一就是"确保2020年的作战装备是由一个能提供转型的、网络中心的武器系统的工业基础"。2003年2月,在国防部《改造国防工业基础:一个路标》的报告中正式提到,新的军事装备工业基础改造必须为军队转型后所具备的5个功能提供技术与物质保障,这5个"功能概念"分别是战场空间感知、指挥与控制、力量应用、保护和集中后勤。为了推进军事装备工业调整朝这方面努力,从2003年开始,国防部还对军事装备工业科技行业改造后的能力进行评估,评估的主要依据或标准就是5项"功能概念"。2004年1月,美国国防部就其中5项功能之一的"战场感知"提交了军事装备工业的第一份评估报告,并要求在2005年再对其余4项功能概念进行类似的评估。这些评估的目的,是为了"重新定义和评估改造后的新体系中,哪些工业基础能力对战斗人员真正具有决定性作用……并帮助我们将制造基础集中在应对21世纪战争的挑战上",并希望进入军事装备工业的新企业将产生更强的竞争力[①]。

在信息技术条件下,单一军种/兵种的作战样式日益消失,传统的军种分工趋于模糊,作战形式出现联合化。这种联合作战,依靠一支高度合成、灵活机动、高效精干的武装部队进行。网络化、信息化使各单元武器系统、各军兵种武器系统之间实现了实时的网络联系,因而各武器系统构成了一个庞大的一体化的武器系统,它奠定了联合作战的物质基

---

① SIPRI 年鉴 2004[M]. 北京:世界知识出版社,2005:513。

础,也为现实真正意义上的联合作战提供了保障。由于数字化信息技术运用,武器装备各系统具有了高度的信息连通能力,作战空间由陆战场、海战场扩大到陆、海、空、天、电等多维空间,作战方式由陆海空协同作战发展到陆海空天电一体化联合作战。一体化联合作战基于"系统对系统的对抗"(C^4ISR)。它将战争力量作为一个整体,充分发挥整体作战的效能。多军兵种、多领域、多种作战武器系统高度一体化的联合作战,对武器装备系统之间的信息系统一致性/兼容性提出了更高的要求,越是先进的武器装备,越需要信息之间的协调沟通。相互不兼容的信息、系统,往往给联合作战带来相当负面的影响,甚至误伤自己。在伊拉克战争中,几乎每天美英联军都有误伤事件发生。为减少信息不对称和武器系统不兼容,以及缓解后勤供应的压力,更需要信息连通和武器装备的通用性,这些都需要一个新的、国际合作的军事装备工业基础做支撑。

二、美国军事装备工业基础改造的做法

(一) 政府主导,根据战略形势变化适时调整基础改造的目标方向

美国军事装备工业基础改造一直是在政府的主导下进行的。一是根据国际局势和国家安全战略形势的变化,美国政府制定了军事装备工业基础转型战略及目标方向。冷战刚结束,美国政府判断能够直接挑战其霸权和安全威胁的国家或组织已经不复存在,而冷战时期形成的军民分离和规模庞大的军事装备工业必须调整。1993 年,美国政府制定了《国防转轨战略》,明确指出,在冷战积累起来的庞大军事装备工业基础,应该进行压缩和调整,促进军事装备工业由军民分离的非正常状态向军民一体化即"一个工业基础"转轨,于是提出了建立一个统一的"国家技术与工业基础"的战略目标,目的是将军事装备工业与民用工业融为一体,建立起一个统一的国家工业基础,最终形成"一套资源,两种能力"的新的国家技术与工业基础。"9.11"事件爆发后,根据新的战略形势变化,以及在军事、经济和科技等诸多因素的推动下,美国政府又于 2003 年出台了《国防工业基础转型路线》,适时调整了军事装备工业基础改造的目标方向,提出了构建"基于能力的国防工业基础"的战略方针,要求军事装备工业基础改造必须按照作战需求重新划分为作战空间感知、指挥与控制、兵力运用、兵力和本土保护、聚焦后勤、网络中心战等 6 个领域。新的军事装备工业必须具备和发展与上述领域相适应的装备与技术。二是根据军事装备工业的转型改造战略明确的战略方针,提出实施的步骤策略。根据《国防转轨战略》和《国防工业基础转型路线》,美国政府提出了"调整、改革和重组"三步走的实施步骤和策略。三是根据军事装备工业的转型战略步骤,明确具体的改造任务。在"调整"阶段的主要任务是,修改国防采办法规制度和军用标准,调整采办机构和组织程序,优化政府、国防采办部门和承包商的关系,鼓励专业承包商发展民品和其他民用企业进入国防承包领域,促进统一国家技术与工业基础的形成;在"改革"阶段的主要任务是,改革现有的国防采办系统,改革原有的军民分离的军事装备工业管理与企业组织结构,改变许多军事装备工业承包商过分依赖国防预算生存的状况,鼓励更多民间资本投入国防和武器系统的研发、制造、维持与服务,形成军民融合的军事装备工业体系;"重组"阶段的主要任务是,重组政府、军队(武器采购方)和企业的关系,重组主承包商及其他承包商的

合作体系,推动主承包商与主承包商、主承包商与其他承包商之间的兼并重组与优化组合,鼓励军事装备工业复合体进行国际合作与开拓国际军火市场,增强军事装备工业的技术优势和核心竞争力。

(二) 完善体系,重组政府、国防采办和军事装备工业企业之间的协作关系

1. 完善军事装备工业组织体系,优化政府、国防采办和军事装备工业企业之间的协作关系

实际上这也是美国军事装备工业基础改造的目的之一,即通过调整再造,搞好军队武器装备的供需协调,既节约国防开支,又使军队能够及时得到价廉物美的武器装备。为适应军事装备工业调整的需要,具体落实军事装备工业转型战略方针,重组了政府与国防采办组织结构,在国防部门设置了一些专门机构。1995 年,为配合建立"国家技术与工业基础"和推进军民两用技术发展战略,在国防部增设了两用技术办公室及其他两个联合计划办公室。

2. 健全军事装备工业复合体的运行机制,形成军队武器装备供需双方的新型协作关系

美国政府及国防部门对原国防采办流程和项目管理制度进行了改革,并组建了相关协调机构,以便解决在军队武器供求关系中出现的实际问题。比如,在实施"未来作战系统"项目中,采用"工业部门管理、军方监督"的做法,波音公司和科学应用国际公司被选为"系统集成牵头单位",代替军方管理上百家项目承包公司。2004 年 9 月,为加强武器装备制造领域内部合作,美国成立了由 28 家专业化大公司组成的国际工业财团——网络中心战工业联盟,专门负责召集政府机构、国防部门和工业界成员,负责相关武器系统研制采办项目的协调工作。

3. 从改造军事装备工业基础入手,确保武器装备供应商形成合作与竞争良性互动的关系

美国军事装备工业基础主要由 3 类实体组成:第一类是主系统承包商,又称为武器平台制造商,它们都是世界知名军事装备工业企业集团,如洛克希德·马丁公司、波音公司、通用电器公司、雷神公司等,这些公司直接从美国国防部采购部门得到合同,国防科研生产经费的绝大部分也落入这些军火巨头之手;第二类是分系统—部件承包商,它们一般从主系统承包商那里得到转包合同,并接受国防采购部门监督;第三类是零部件供应商,负责向主承包商提供零部件或原材料。这种武器供求协作关系很容易造成主系统承包商之间的垄断和恶性竞争,许多有实力的分系统承包商或零部件供应商不能直接与国防采办部门联系,这使得国防部门或军队只能得到价格过高又不实惠的武器装备,而失去了其他更好的选择。美国政府试图通过这次调整,重组军事装备工业基础,打破旧的关系格局,从而构建军事装备工业企业之间的业务与协作模式。主要措施就是改革国防合同承包流程,降低国防项目承包的准入门槛,让一些有实力的分系统承包商或零部件供应商能够直接参与国防合同的招投标进程,形成公平竞争的武器系统采办供求环境。随着信息技术的发展,美军对联合作战、网络战的武器装备需求增加,从而出现了一些大型系统集成商(LSI),它们的出现能够充当非系统供应商、其他公司与政府(国防采办部门)之间的媒介。经过军事装备工业基础改造与军事装备工业企业之间的兼并重组,军事装备工业企

业形成了 LSI、主系统承包商、分系统承包商和零部件供应商的多种协作组合体。目前，美国的武器供应商的结构，从纵向看是由从主系统承包商到零部件供应商的组合，从横向看则是由多个 LSI（主承包商）与其他企业的组合，从而使得美国的军事装备工业基础更具有竞争性和良好的协作环境。

（三）军民结合，推动军事装备工业融入一个新的国家技术与工业基础

1. 改革旧的国防采购系统，促进新的国家技术与工业基础形成

1993 年，克林顿政府通过的《国防转轨战略》，明确指提出了军民一体化即建立一个统一的"国家技术与工业基础"的转轨目标。如何实现这个目标？美国政府认为，首先就是要改革难以控制的国防采购系统，主要通过减少军用标准，使它更容易让国防部在武器系统里使用商业元件和其他产品。由于经费短缺，美国国防部认为，再不能像过去那样单靠增加军事装备工业拨款获取武器装备，而要更加依靠民用产品和服务来满足国防需求。因此，美国进行了军事采购制度的改革，其目的是以更快的速度、更省钱的方式建设一支更加强大和高效的军队。军事采购制度改革意味着购买装备时须更加精明，无论采办什么，任何毫无价值的多余步骤或费用都应予以免除，这也正是国防采购制度改革的目的所在。美国国会在这方面给予了很大的支持，1994 年通过的《联邦采购精简法》排除了许多阻碍大部分美国基础工业参与国防市场的障碍。在 650 多项限制政府采购的法律条文中，《联邦采购精简法》就废除了 55 项，并对另外 175 项也进行了修改。该法通过扩大民用产品使用范围，大大提高了国防市场的潜力，并免除了诸多国防销售限制要求。另外，政府还改革了军用标准制度，确定了国防采购商用标准的优先权制度。国防采购部门认为，军事装备的特殊生产规格和标准，限制了产品生产规模，使其他公司无法采用最佳的管理和生产流程。据美国 1993 财年国防报告透露，国防部已对 3.5 万项军用品标准进行了审查，有 1.4 万多项军用品的标准被取消、取代或修改，以便更多地使用统一的商业产品标准。这种做法不仅能减少军队专用物资的研制费用，防止因专用物资订货批量少而造成成本增加，而且还可以吸引更多的厂商参与军事装备工业生产。军用标准尽可能向商业标准靠扰，也有利于减少军用物资储备。1995 财年国防报告进一步指出："限制购买商业产品，或命令承包商如何生产某种产品或提供某种服务的国防部特需产品规格书将不再使用，除非这类产品的生产规格或标准书是满足用户要求的唯一可行办法。"1996财年国防报告则更加明确指出："国防部要使商业程序制度化，以便于用花得起的钱采购到作战部队所需要的最有价值的产品和服务。"过去美军采办工作如果要采用商业标准，要报上级批准，现在则恰恰相反，只有采用军用标准才需报批。美国国防部认为，"在冷战期间，国防部发展了处于领先地位的技术和工业能力以满足其独特需求，今天，国防部发现自己正处于一个全新的环境中。"军事装备工业基础调整的目的就是要适应这一新环境，"国防部要把对工业能力的系统分析作为国防部日常决策的关键性数据"，"要把涉及工业能力的组织与程序体现到预算、采办和后勤程序中"。而且，鉴于"国防部已无法依靠一个依赖国防部为生的工业基础"，为了继续向部队提供世界上最先进的技术装备，国防采办不仅不能依靠专一的军事装备工业，还要"推动生产军事装备工业产品公司的转产，扩大国家工业基础的生产能力，使其能在满足部分国防需求的同时，也能在世界商业市场上具有竞争能力"。

2. 出台许多改革的计划项目,使军事装备工业与民用工业融为一体

自 1993 年起,美国政府制定两用技术发展的核心计划后,相继制定了小企业革新研究计划、技术再投资计划、两用技术应用计划等。这些技术计划的运行,广泛依靠各类研究机构的密切合作,许多计划项目都具有军用价值和民用潜力。此外,美国政府还提出了两用技术再投资项目(简称 TRP)。这个项目的具体目标就是推动国家军用和民用技术研究及生产一体化,充分利用现有民用技术,大力发展军事新技术。既研究最先进的军事系统,也开发最有竞争优势的民用产品技术。项目由美国国防部高级研究计划局、商务部国家标准与技术研究院、国家科学基金会、国家航空航天局、能源部和运输部各派一名代表来共同管理。这项计划的经费由高级研究计划局统一调拨,并按法定计划分配。TRP 包括 3 个活动领域,即技术开发、技术利用以及制造技术培训。技术开发主要是指军民两用新技术、新产品和新工艺的开发;技术利用是通过建立制造技术推广中心,在军品科研单位和民品企业之间建立联系,使军民两用新技术得到广泛的应用和推广;制造技术培训则着眼于提高未来美国的生产能力和竞争能力,为将来提供高质量的工作人员。

3. 增加两用技术研究的投入,推动军事装备工业的军民融合

冷战后,美国的国防采购费用虽有压缩,但却逐步增加了对两用技术研发的投入。据资料显示,1994 财年用于开发两用技术的经费为 10 亿美元,1995 财年为 21 亿美元。其中,"技术再投资计划"在 1994 财年和 1995 财年分别获得拨款 4.74 亿美元和 6.25 亿美元,1996 财年和 1997 财年,技术再投资申请拨款分别是 6.5 亿美元和 6.75 亿美元。到 1998 财年,两用技术研究费在国防研究费中所占的比例从 1993 财年的 41% 提高到 50%。美国国防高级研究计划局多年来已经为两用技术计划,如 Sematech 半导体制造协议,提供资金。进入 21 世纪,美国国防部高级研究计划局)又通过新的两用技术投资计划,把为双重使用的研究开发提供资金的做法作为一个更大的实现军事装备工业转轨与军民两用转换努力的一部分。两用技术投资计划被商务部和其他国家机构采纳,并为运作类似的研究开发计划提供进一步资助。与此同时,美国还通过技术中心、技术推广中心或技术转让中心,加速军民两用技术推广和成果转化。

(四) 增加投入,保持军事装备工业具有世界绝对领先的科技优势

1. 尽可能维持或增加军事装备的研发投入

冷战结束后,美国的国防开支开始压缩(但 20 世纪 90 年代中期下降趋缓,尤其是"9.11"事件之后又开始增长),相应地,其军备采购和装备研发费用也随之下降,但仍然大大高于其他工业化国家。以 1995 年的数据为例,世界工业化国家的装备研发开支大约为 600 亿美元,而美国占到 380 亿美元。可见,美国的装备研发年均开支占到全球装备研发总开支的一半以上,比其他主要国家装备研发费用的总和还要多(见表 5 - 1)。同时,美国装备研发开支下降的幅度也远远低于其同期军备采购开支下降幅度(见表 5 - 2)。据资料显示,1987—1997 财年度内,美国军备采购的经费下降了 58%,而同期的装备研发经费则下降约 22%,约是军备采购经费下降幅度的 1/3。直到美国政府决定从 1999 财年开始增加装备研发的投资,其下降的趋势也终止。

表5-1 1986—1997年世界主要国家政府的装备

研究与开发的支出 单位:百万美元

年份\国家	1986	1989	1992	1993	1994	1995	1996	1997	1992—1996
美国	51 000	51 000	44 000	43 000	39 000	37 000	37 000	38 000	200 000
法国	6 200	7 100	6 800	6 200	6 000	5 200	5 000	4 600	29 200
英国	5 400	4 100	3 500	3 800	3 300	3 300	3 400	3 300	17 300
德国	2 300	3 100	2 400	1 900	1 900	2 000	2 200	2 100	10 400
日本	820	1 100	1 400	1 500	1 500	1 600	1 800	1 800	7 800
意大利	540	750	600	620	590	560	680		3 500
瑞典	660	680	690	650	500	570	570		2 980
印度	340	410	380	470	510	540	490	630	2 390
韩国	120	170	340	390	400	440	460	510	2 030
西班牙	75	460	410	340	280	300	310	600	1640

注:①资料来源:SIPRI 年鉴 1999[M]. 北京:世界知识出版社,2000:430;②其中,德国 1986 年和 1989 年的数据仅为联邦德国;③表中数据以 1995 年的美元不变价折算

表 5-2 1985—2003 财年美国国防预算支配权和开支额 单位:10 亿美元

年份\项目	1998 实际	1999 申请	2000 计划	2001	2002	2003	1985—1998 增减/%	1998—2003 增减/%
预算支配权								
人员	71.7	70.8	68.8	67.7	67.1	66.7	−30	−7.0
运行与维持	96.1	94.8	93.8	93.6	93.2	93.1	−17	−3.1
军备采购	45.5	48.7	53.2	59.3	57.6	59.3	−67	+30.3
研发、试验和鉴定	37.2	36.1	33.3	31.8	31.7	31.9	−18	−28.8
建筑	5.2	4.3	4.8	4.2	3.5	3.7	−36	−28.8
家庭住房	3.9	3.5	3.8	3.8	3.7	3.9	−6	±0
国防部总金额	260.1	257.3	257.2	259.5	256.7	259.6	−38	−0.2
国防费用	273.0	270.6	270.0	271.6	268.7	271.6	−36	−0.5
年度增减/%	−3.2	−0.9	−0.2	+0.6	−1.1	+1.1		
开支								
总国防费	269.4	265.5	263.0	258.3	254.9	264.6	−0.3	−1.8
年度增减/%	−4.4	−1.4	−0.9	−1.8	−1.3	+3.8		
占总预算的比重/%	15.8	15.3	15.1	14.7	14.6	14.8		
占 GDP 的比重/%	3.2	3.1	3.0	2.9	2.8	2.8		

注:①资料来源:SIPRI 年鉴 1999[M]. 北京:世界知识出版社,2000:346;②其中的数据由于四舍五入,数字相加同总额可能不一致;③表中数据以 1999 年的美元不变价折算

2. 尽可能将有限的资金投入主要武器系统的研发项目

从表5－1和表5－2中可以看出,在冷战即将结束和随后的10年内,美国装备研发预算在持续下降,但为有效维持和提高武器装备生产能力,美国政府还是采取一系列措施保存和提高军事装备工业的生产能力,其中就包括将有限的研发经费尽可能多地投入主要武器系统的研制项目之中,以保持美国军队主要武器装备的科技优势。仅从美国政府1999财年的军事装备研发预算安排,就可看出其中的奥妙(见表5－3)。

从表5－3中可以看出,1999财年美国政府投入到主要武器系统研发项目的经费高达

表5－3　1999财年美国政府主要军备研究与开发的拨款　　单位:百万美元

计 划 项 目	研究与发展预算	军种或部门
飞机及相关武器系统		
F－22"猛禽"战斗机	1 575	空军
联合攻击战斗机(F－35)	471	海军
RAH－66"科曼奇"攻击直升机	368	陆军
"战斧"海上发射巡航导弹	265	海军
直升机开发	262	海军
耐久无人驾驶飞行器	189	空军
联合空对地远距攻击导弹(JASSM)	178	空军
C－17运输机	119	空军
陆地攻击技术	106	海军
E－8AJSTARS预警飞机	102	空军
分类合计	3 635	
导弹防御		
国家导弹防御	950	BMDO
红外线侦察卫星	542	空军
陆军高空区域防御系统(THAAD)	445	BMDO
海军大战区(高层)防御系统	338	BMDO
机载激光器(ABL)	267	空军
联合战区导弹防御系统	208	BMDO
分类合计	2 750	
其他或未知		
演进的可消耗空间发射工具(EEAT)	260	空军
新型核动力攻击潜艇	236	海军
光辉高级反装甲技术地雷(BAT)	129	陆军
海军陆战队攻击车	105	海军
分类合计	730	
总计	7 115	

注:①资料来源:SIPRI年鉴1999[M].北京:世界知识出版社,2000:432;②其中的BMDO,即弹道导弹防御组织;③表中数据不包括能源部的核计划(核武器和海军核反应堆)

71.15 亿美元,占到当年装备研发总预算 373 亿美元的近 20% ,这还不包括其核武器研发的投入。

3. 通过其他渠道不断加大国防科研投入,以保持军事装备工业的绝对技术优势

虽然冷战结束了,和平与发展成为世界的主流,但要保持美国的霸权和领导地位,美国仍然必须具有超强的军事实力和威慑力量。美国认为"和平时期技术优势是威慑力量的关键要素",为此,除了在国防预算中尽可能增加装备研发经费外,还采取了其他一些措施增加投入。包括给予军事装备工业企业科研的财政与货币优惠政策,鼓励企业自身增加科研投资;通过政府科研拨款,重点加强和完善以军内科研单位、大学和工业企业为核心的国防科学技术体系;采取财政补贴和税收优惠等政策,鼓励军事装备工业企业和科研单位加强基础研究与应用研究;政府成立小企业管理局(SBA),授权其向美国中小企业提供贷款和其他金融支持,重点扶持从事军品科研生产的中小企业发展,确保国防承包合同中中小企业占有相当的比例;积极引导风险投资基金进入军事装备工业企业,对装备行业的基础性技术和装备研发给予资本支持,尤其是引导风险投资进入高科技装备研发项目,支持企业对关键技术的关注,以适应武器装备从数量规模型向高精尖武器的转变。

三、美国军事装备工业企业的重组

后冷战时期,美国军事装备工业企业的兼并重组是整个军事装备工业基础再造的重要内容之一,也是实现统一的"国家技术与工业基础"或构建"基于能力的国防工业基础"战略目标的基本措施。军事装备工业企业的重组从冷战结束开始,一直持续到 21 世纪,现在仍然在继续,对美国军事装备工业产生了重要影响,也取得了一些明显的效果。

(一) 美国军事装备工业企业重组的重要意义

冷战后之所以要对军事装备工业企业进行合并重组,这既是国际国内的现实情况所迫,也是美国国家安全战略调整的需要,对于建立新的军事装备工业基础具有十分重要的意义和作用。正如美国国防部在向国会提交的报告中指出的那样,当下军事装备工业企业过大和过剩的生产能力频繁地转化为更高的武器成本,对于国防部和纳税人来说,合理化调整会带来一个明显的国防成本节约。政府支持企业重组的理论依据非常简单:当前的国防开支水平不能维持一个冷战时代的工业基础。国防部"继续鼓励在军事装备工业界的大量需要的合理化调整"。国防部希望通过鼓励军事装备工业企业合并重组,减少对国防预算过分依赖,缓和国内有关美国在冷战后仍然维持较高的国防开支水平的政治批评。因此,美国军事装备工业合并重组是在政府的大力支持下开展的,尤其是国防部在其中起到举足轻重的作用。美国的军事装备工业兼并重组实际上始于 20 世纪 80 年代末,老布什政府时期就已经开始了,但当时政府的作用还不是很明显,主要是进行政策指导,采取一种不干涉的方法进行军事装备工业的改组。当时切尼领导下的国防部认为,市场力量应单独地决定国防部门的最后结构。而克林顿政府上台后,则主张政府尤其是国防部门要直接干预军事装备工业企业的兼并重组活动,包括国防部长威廉·佩里和他的前任,都在积极地推动和支持主要军火公司的并购行为。

（二）美国军事装备工业企业重组的历史进程

1. 20 世纪 80 年代末企业兼并重组的酝酿准备阶段

随着 1989 年柏林墙的倒塌，以及苏联出现的重大变化，美国认为它既赢得了冷战，也赢得了军备竞赛，于是开始调整国家战略和军备发展政策。首先是国防支出在 1987 年开始下降，20 世纪 80 年代末 90 年代初加快了下降速度；其次是军事装备工业发展政策也开始大幅调整，主要是压缩、合并和重组。因此，当时美国政府出台相关政策，鼓励美军火制造商合并重组，增加军事装备工业的国际竞争力。在推动立法的同时，1988 年在华盛顿成立了全国经济转轨和裁军委员会，委员会的宗旨是宣传军转民思想和促进全国性转产立法的通过。加州硅谷也成立了经济转轨中心，为发动和部署全国性和地方性转产与企业合并提供咨询。另外，出台政策积极鼓励军火制造商向国外寻求武器装备销售市场，为军事装备工业企业兼并重组分摊成本和争取研发资金。20 世纪 80 年代末，美国的工会在企业重组及调整问题上也表现得十分活跃，成立的"工作与和平共促会"广泛参与军事装备工业企业改组运动。总之，美国社会各界表现出极大热情，为军事装备工业转轨和军事装备工业企业重组营造了良好的氛围。美国军事装备工业企业也积极响应，为了改变企业国防订单减少和生产效益下滑局面，各家军火巨头纷纷主动求变，改变生产和经营策略。有的通过"军转民"，退出军火行业。大型军事装备工业企业往往选择合并重组的道路，通过加大规模，减少成本，增加国防竞争力，并筹划以后的军事装备工业企业合并与重组的方针步骤。

2. 20 世纪 90 年代企业兼并重组全面展开阶段

军事装备工业企业真正大规模兼并重组是从 20 世纪 90 年代初开始的。作为冷战后首任美国总统，面对调整防务、削减赤字的巨大压力，克林顿延续并加快了自 20 世纪 80 年代后期开始的削减军费进程。国防开支占 GDP 的比例从 1986 年的 6.2% 降至 1998 年的 3.1% 和 1999 年的 3.0%。政府的军事采购也随着国防开支的削减而大幅下降。在这期间，美国先后关闭了数十个军事基地，重组的（包括部分关闭或合并的）就更多。与此同时，美国政府也开始着手军事装备工业企业的调整改革事项。1993 年美国国防部长阿斯平邀请 20 家最重要的军火公司的老板共进晚餐，这就是曾在美国军事装备工业历史闻名的"最后的晚餐"。席间这位五角大楼主管宣称，尽管军费支出下降，政府仍期望得到更好的武器。为了能够更有效、更大量地进行生产，公司必须合并。于是一场史无前例的军事装备工业企业合并重组浪潮席卷全美。这一浪潮首先是从美国最大的军火公司开始的，并呈现出专业化、集中化和规模化的特点。自从 1990 年以来，美国军事装备工业企业经过一系列的兼并重组过后，在 1998 年最终形成了军火 4 巨头并列的基本格局。而在这一过程中，至少有 22 家大公司被 4 巨头兼并（见图 5 - 1）。20 世纪 90 年代，洛克希德与生产电子装置的马丁·玛丽埃塔公司合并，洛克希德·马丁公司稳稳地占据了军用飞机头号制造商的地位。目前，全球最大的军事装备工业企业是美国的洛克希德·马丁公司，这家公司已掌握美国国防部军事采购额的 1/3 左右，控制了全球 40% 的战斗机市场。当时，美国军事装备工业最引人注目的重组是波音公司与麦道公司的合并，两大公司合并后成为了全球第二大军火公司。其后，以生产导弹为主的雷神公司又兼并了两家技术实力雄厚的电子公司，得以在导弹技术领域遥遥领先，并成为美国第三大军火公司。这时期

1990　1991　1992　1993　1994　1995　1996　1997　1998

尤尼塞斯联邦系统公司

IBM联邦系统公司

LTV导弹公司

福特航天公司

洛拉尔公司

GD空间发射系统公司

G.E.航天公司

马丁·马丽埃塔公司

GD战术军用飞机公司

洛克希德公司　　　　　　　　　　　　　　洛克希德·马丁公司

美国国际研究所(INRI)

逻辑控制装置公司

西屋电子系统公司

沃特飞机公司

格鲁曼公司

诺斯罗普公司　　　　　　　　　　　　诺斯罗普·格鲁曼公司

飞利浦·马格纳维克斯电子系统公司

GD导弹系统公司

GM休斯防务公司

德克萨斯仪器公司防务与电子集团

克莱斯勒技术公司

E-系统公司

雷声公司

麦克唐纳·道格拉斯公司　　　　　　　雷声公司

罗克威尔航天与国际公司

波音公司

　　　　　　　　　　　　　　　　波音公司

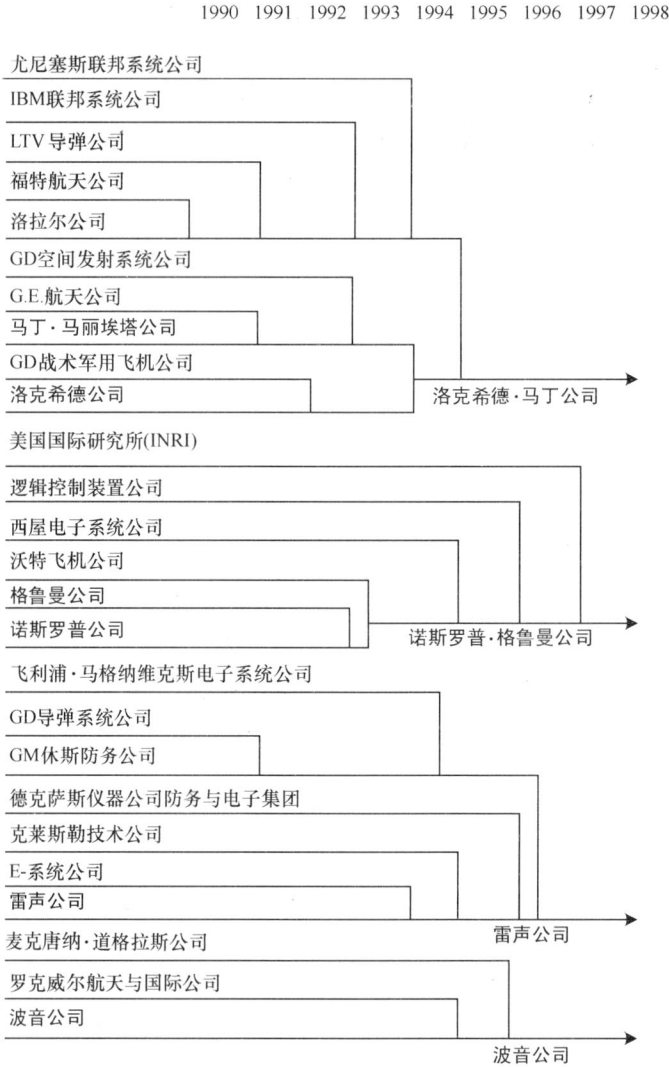

注:①资料来源:SIPRI 年鉴 1999[M]. 北京:世界知识出版社,2000:480。
　　②图中黑体标出的为参与合并重组的美国军火母公司。
图 5 - 1　美国主要军事装备工业企业合并重组情况示意图

的军事装备工业企业兼并重组进展比较顺利,也获得了成功,同时,提升了美国军火公司的国际竞争力。据资料显示,20 世纪 90 年代末,美国军事装备工业在国际市场上的份额从大约 30% 上升到了近 50% 。

在美国政府的全力支持下,20 世纪 90 年代军事装备工业企业展开规模空前的购并整合,通过加速资本和生产结构的调整,优化了军事装备工业资源配置,同时,增加军事装备工业产业的整体力量。在鼓励和指导军事装备工业企业兼并重组,优化产业结构、扩大企业规模和降低研制成本的同时,美国政府还通过放宽军事装备工业贸易政策,扩大军火销售额,为其军事装备工业重组获取启动和运作资金。经过 20 世纪 90 年代大规模的购并整合,2000 年与 1999 年相比,美国主系统承包商的数量已经大大减少,已经从 1990 年的 64 家减少到 2000 年的 32 家,正好减少了 1/2(见表 5 - 4)。但美国军事装备工业企业

表 5－4　2000 年与 1990 年相比美国主系统承包商的数量变化情况

部门（承包商数量）　　　　　　　年份	1990	2000
固定翼飞机	8	3
旋翼飞机（直升机）	4	3
战略导弹	3	2
战术导弹	13	3
卫星	8	6
卫星发射器	6	3
履带战车	3	2
战术轮式车辆	6	3
水面舰艇	8	3
潜艇	2	2
鱼雷	3	2
合计	64	32

注：资料来源：SIPRI 年鉴 2003［M］. 北京：世界知识出版社，2004：487

的整体实力增强了，也为克林顿政府处理上任时高达 2 700 多亿美元的财政赤字问题创造了良好环境。到了 20 世纪 90 年代末，美国政府出于鼓励竞争，保护中小军事装备工业企业利益的考虑，制止了军火巨头的进一步合并。1998 年 7 月，美国国防部和司法部通过评估过去军事装备工业企业兼并重组经验得失后认为，军火巨头没有必要再进行合并，于是它们反对洛克希德·马丁公司与诺思罗普·格鲁曼公司的合并方案，该合并计划也就此放弃。但同时，美国中小军事装备工业企业的兼并重组活动仍然在进行。其中，包括一些军火巨头如雷神公司、洛克希德·马丁公司等，为了回避反垄断法以及加强与竞争企业的争夺，允许旗下公司进行第二级或第三级的收购兼并活动。

3. 21 世纪头 10 年企业兼并重组延续深化阶段

进入 21 世纪，虽然美国先是遭遇"9.11"恐怖袭击，随后又发动了阿富汗战争和伊拉克战争等反恐战争，但和平与发展的世界主流没有改变，美国的军事装备工业企业兼并重组活动也在继续进行，只不过没有 20 世纪 90 年代那样迅猛和频繁，交易的对象也不主要发生在主承包商之间，而更多地发生在子系统承包商或供应（服务）商之间。此外，美国政府对军事装备工业调整和企业重组的政策导向也在发生微妙的变化。值得注意的是，在 20 世纪 90 年代，军事装备工业企业大规模兼并的过程中，美国国防部作为操纵全局的"看得见的手"，自始至终主宰着这一重组过程。早在 1993 年，当时主管军事装备工业的国防部副部长威廉·佩里就对军事装备工业企业经理游说，在军事采购经费不断下降、军事装备工业厂开工不足的情况下，军事装备工业企业应该联合组成少数规模更大的公司。克林顿政府为了推动军事装备工业企业大合并，曾经不惜运用政府力量去游说国会修改反托拉斯法。他们的理论观点是，军事装备工业企业的服务对象或客户只有一个，那就是政府国防部门，因此，军事装备工业企业的大型化和集中化不会影响到国家的安全利益，只会增加规模效益和降低政府国防采购成本（虽然这后一项并没有得到实际验证）。而到了 21 世纪后,美国政府这一政策有所调整。此时,美国国防工业政策的基本观点是,市场的竞争压力是塑造一个能够支撑未来军事装备工业最好的机制。国防部认识到,公司有必要重组以产生未来战争必不可少的工业能力,但只有当必须维持适当的竞争和发展,或保持国防部必不可少的工业及技术能力时,才对市场实施干预。此时,美国国防部对军事装备工业企业合并和收购不制定一揽子政策,而是针对每项拟议的交易单独进行审查与评估,基本依据主要是收购不能威胁到军事创新价值,也不能导致未来对国防部有害的合并,而不单纯是反托拉斯法。比如,2006 年国防部审查了 5 项被联邦贸易委员会认为容易导致垄断的合并案例。其中就包括波音和洛克希德计划整合波音的"德尔它"4 与洛克希德·马丁的 Atlas5 发射业务,建立名为 United Launch Alliance(ULA)的合资公司,该公司将拥有年收入达到 10 亿美元的订单。尽管这项交易将导致火箭发射领域垄断的发生,但国防部仍然支持该重组交易,原因是它确保了两种发射军用卫星的方式,超过了其负面效应。21 世纪头 10 年,美国军事装备工业企业重组归纳起来有以下 3 个重要特点。

一是重组的原因不再是限于需求不足或为了降低成本,而主要是为适应美国作战方式和军事技术的变化而做的调整。比较典型的案例是发生在 2002 年诺思罗普·格鲁曼公司收购航空航天和信息技术(TRW)公司,它们的并购被认为是联合航天和信息技术两个领域的能力,将对实现美国国防部门提出的"网络中心战"新作战理念起到很好的促进作用。

二是军事装备工业企业重组更多的与其公司战略调整相结合。由于军事技术应用的最新发展及对这些领域未来趋势的探索所推动,企业收购与重组不仅限主承包商之间,更多地是发生在主承包商的第二层次、第三层次或与子承包商及供应商之间(见表 5 – 5)。这一时期的企业重组主要在子承包商的层次上发生,特别是在 IT 行业和军事服务部门(公司)之间。

三是美国军事装备工业企业兼并重组的国际化趋势有所增加,以跨大西洋的欧美军火公司相互收购重组为主。虽然在 20 世纪 90 年代就有美国军事装备工业企业被外国公司收购的先例,比如,1998 年美国军用电子特拉科(Tracor)公司被英国 GEC 公司收购;2000 年,洛克希德·马丁公司的两家军用电子公司被英国 BAE 系统公司收购。这些外国公司成功收购美国公司的案例表明,英国和美国有着特殊的政治军事同盟关系,其他西欧或西方国家军火公司就没有这样的好运(见表 5 – 6)。在美国发生的更多跨大西洋军事装备工业企业重组,要归功于 2002 年 10 月小布什政府提出的一项"促进跨大西洋军事装备贸易合作倡议"。这项倡议的起因是国家安全委员会开始审议美国军事装备工业出口政策,目的是通过加强美国与盟国的军事装备工业联系,以促进盟友间军事技术转让,由此提高美国联盟的军事效力。当然,隐含的目的还在于通过与盟友的军事装备工业联系来引进国外投资,分享盟友的先进技术,分摊美国装备研制风险与成本,以及扩大美国的军事装备工业出口。2002 年美国军火公司对外国公司收购最重要的案例有两起:一个是美国投资集团万恩证券的合伙公司(OEP)接管欧洲 HDW 公司。收购的目的据称是为了实现美国政府许诺向中国台湾提供 8 艘常规潜艇的需要,因为美国军事装备工业企业在 20 世纪 50 年代以后就不再制造非核潜艇了,而 HDW 公司及其瑞典的 Kockums 子公司却具有这方面的生产能力。另一个是美国卡莱尔(Carlyle)集团收购了英国 QinetiQ 公司 33.8% 的股份。英国同意美国公共机构投资者卡莱尔集团收购,主要是为相关军事装备工业企业私有化做准备。同时,也发生了一些外国军事装备工业企业(主要是欧洲公司)收购重组美国军火公司的案例。欧洲军火公司试图通过收购获得美国的军备防务合同,但它们只取得了有限的成功。因为美国的国防安全与军事装备工业政策有两个重要规定:第一,美国军队只能购买使用美国生产的武器装备,当然不限于进口原材料、零配件或辅助系统;第二,严格控制美国先进军事技术的转让交易,包括盟友在内。

表 5－5 2009 年经合组织国家军火公司之间

最大的收购重组案例   单位:百万美元

买方公司	被收购公司	卖方公司	交易额
精密卡斯特帕特公司	卡尔顿铸造厂	雇员所有	850
通用动力	阿克西斯技术公司	公开上市	643
BAE 系统公司(英国)	BVT 水面舰只(英国)	VT 集团(英国)	558
古德瑞驰公司	大西洋惯性系统	J·F·莱曼＆公司	375
伍德沃德公司	HR 德克斯壮	德克斯壮	365
曼泰克国际公司	感应器技术公司	雇员所有	242
加克伯工程集团	AWE 管理有限公司(英国)	核燃料有限公司(英国)	195
切姆灵集团(英国)	海西尔技术公司	公开上市	132

注:①资料来源:SIPRI 年鉴 2010[M]. 北京:世界知识出版社,2011:346;②表中的公司除注明所属国家外,其余都是属美国的

表 5－6 21 世纪头 10 年在美国最大的英国军火公司   单位:百万美元

公司名称	美国收购价值 2003—2008	在美国销售份额 2007/%	在美国的资产份额 2007/%	在美国的雇员份额 2007 年底/%
BAE 系统	9 683	41	67	45
劳斯莱斯	0	30	13	14
魁奈蒂克	1 114	41	43	41
VT 集团	138.5	24	19	33
思科	638	11	14	14
柯巴姆	1 703	47	39	41
GKN	366	65	—	—
美捷特	2 248	49	68	53
超级电子	245	37	48	—

注:①资料来源:SIPRI 年鉴 2009[M]. 北京:世界知识出版社,2010:360;②其中的一些销售、资产和雇员份额包括了在加拿大的数据

(三) 美国军事装备工业科技企业重组的主要做法

冷战结束以来,美国历届政府为保持绝对的军事优势和推进"军事转型",不仅主导了军事装备工业企业的兼并重组,而且还采取了许多具体措施帮助军事装备工业企业重组及军事装备工业基础转型。

1. 放松反托拉斯法的审查力度,为军事装备工业企业的合并重组"网开一面"

美国政府在冷战后要求军事装备工业基础转型的重要措施之一,就是推动为数众多

的军事装备工业企业合并重组,形成少量规模庞大、实力雄厚、成本较低的军事装备工业复合体(企业集团)。但这与古典经济学理论相悖,美国也是西方最提倡自由市场经济的国家,如何处理好军事装备工业企业重组后的垄断与竞争的关系,这是一个理论与实务的两难问题。而此时美国政府选择了现实主义和灵活处理的方式。克林顿上台后,曾经在国民经济领域采取对企业垄断行为坚决反对的态度,以维持国家经济公平竞争环境。但是,政府对于军事装备工业企业之间的合并重组的态度却是个例外。克林顿政府对军事装备工业企业重组放松反托拉斯审查的态度改变,缘于老布什政府时的一个重要的争论。这个争论是1992年9月联邦贸易委员会(FTC)关于阻止联合技术系统公司收购俄林公司的决定所引发的。联邦贸易委员会的审查意见认为,两大军火公司合并的行为将产生一个超大的军火公司,新的公司将成为一个垄断军火供应商,这不利于其他军事装备工业企业的公平竞争。联邦贸易委员会的审查决定受到交易双方企业的强烈抗议,也引起了老布什政府的高度重视,结果导致了一个特别的国防科学局(DSB)的产生。当时,联邦贸易委员会在审查军事装备工业企业收购重组项目中起到关键作用,而国防部的作用比较小。联邦贸易委员会主席 Robert Prtofsky 曾经宣称,自己的重要职责之一就是创造一个规定军事装备工业并购的新规则。但这不符合国防部门的意图,于是老布什政府成立国防科学局,试图由它牵头联合联邦贸易委员会和国防部共同参与审查,来弥合双方的分歧。在认真评估了这个案例合,并在军事装备工业企业的推动下,克林顿政府在评审并购交易项目时,扩大了国防部的权力。而且克林顿政府还出面游说国会对反托拉斯法进行修订,以放宽军事装备工业企业收购兼并的审查条件,好让政府的军事装备工业调整、改革、重建战略能够顺利实施。克林顿政府改变态度,主要是基于这样一种理论观点,在政府国防采购方面虽然面对着广泛的承包商与供应商(企业),但它们(企业)只面对一个客户,即国防部,传统的对竞争和消费者的忧虑被证明在国防部门里是不值得特别关心的。而且,军火公司重组后,具有雄厚竞争实力和规模经济效益,与政府打交道的承包商少了,可以减少交易环节和降低国防采购成本。此后,政府在审查军事装备工业并购案时,采取了一种不太反对的态度,对反托拉斯法审查也比较宽松。在克林顿执政时期,很少有军事装备工业企业兼并案被阻止的情况发生,也是冷战后美国军事装备工业企业合并重组最活跃、交易金额最多的时期(见表5-7)。并从此形成了以洛克西德·马丁公司、波音、雷神、通用动力和诺思罗普·格鲁曼5个高度集中的军事装备工业集团为主的军事装备工业分布格局,这有利于政府适时调控军事装备工业市场,但仍然存在军事装备工业市场上的垄断与竞争问题。

表 5-7　1992—2000 年美国军火公司并购情况　　　　　　　　单位:亿美元

	1992	1993	1994	1995	1996	1997	1998	1999	2000	2001
价值	2	6	3	9	21	32	7	17	19	9

注:①资料来源:SIPRI 年鉴 2003[M]. 北京:世界知识出版社,2004:471;②其中 2001 年是前 10 个月的数据

2. 提供政府财政补助资金,为军事装备工业企业合并重组的部分成本"埋单"

美国政府为推动军事装备工业企业的兼并重组出台的另一项措施是给予资金与财政政策的扶植,即对重组后的军事装备工业复合体进行直接或间接的补贴。原来在冷战体制下,军品采购"预算蛋糕"做得非常大,许多大大小小的防务承包商们都能从比较固定的军事订货合同中获取丰厚的利润。冷战结束后,美国的国防预算连年削减,国防部开

始有选择地将军品采购合同交给自己青睐的企业,通过资金的流向鼓励军事装备工业企业相互兼并。与此同时,五角大楼还为购并后的企业提供各种直接和间接补贴,并且这种补贴名义上来源于美国政府的财政预算,实际上却是政府对出口军品限制的放松和白宫领导人"武器贸易外交"推动军事装备工业出口后所赚得的利润。1993 年 7 月,美国国防部发布了一项新政策,对军火公司重建成本提供补偿。换言之,对合并的公司提供一定数目的直接和间接补贴。这个政策允许国防部分享一个军火公司通过组织重建和缩编而产生的成本节约。这个补助政策在美国国内外引起了很大的争论,被反对者们嘲笑为"为关闭而清偿"。而美国的军事装备工业企业非常赞成这些为鼓励合并而制定的政策。一些军火公司认为,如果没有这些补助,合理化调整就不会发生。正如一个主要军火公司Tracor 公司的董事长 James Skagges 指出,取消这些补助的努力会挫伤一些军火公司参与合作进程的积极性。然而,对于这项政策的政治上的反对意见仍然非常强。但国防部在20 世纪 90 年代已经支付了 3.02 亿美元用于 4 个主要军火公司并购的重建成本。根据美国国防部的数据,由于这些合并,军队采购已经节约了超过 14 亿美元的费用。然而,这一数据并没有得到国会及有关专家的认可,一些专家对军事装备工业的迅速集中而节约成本并给予财政补贴的理论表示怀疑。这一政策的基本理论是,随着冷战结束,政府国防采购支出减少,采购预算不足以维持现有军火生产者的数量;过剩能力的增加导致间接成本的提高,提高的成本转嫁给了武器装备的消费者——美国政府身上。然而,专家给予了反驳:军事装备工业企业并购就能解决生产能力过剩与成本上升问题吗? 找不到直接证明。如果要解决军备生产能力过剩问题,那么政策的首选应该是直接付钱给并闭的军火公司,可能比进行并购更好。如果是解决间接成本上升的问题,那么不给某些军火公司国防合同,让它们退出,可能比合并后再给它们补贴更加便宜。因此,这种政策主要依据只能解释为,美国政府为了让地理上分散、政治上精明的国防承包商网络中任何一个有分量的部分退出军火业务,在政治上都是不可行的①。因为一些军火公司间接成本的上升主要是由于军事高科技武器系统研发成本飙升造成的,它也是美国政府难以避免的。

3. 制定军事装备工业基础转型战略方针,为军事装备工业企业的合并重组"鸣锣开道"

　　为了推动军事装备工业基础转型,美国政府不仅制定了许多法规制度,修订反托拉斯法,还出台了国防转轨战略及路线图,为军事装备工业企业兼并重组"鸣锣开道"。1993年,美国政府制定的《国防转轨战略》中提出要"建立既满足军事需求,又满足商业需求的国家技术与工业基础"的转型政策,希望国防承包商进行兼并重组。从此,掀起了美国军事装备工业大规模并购的第一个浪潮。这波收购重组浪潮主要发生在主承包商之间,如马丁·玛丽埃塔公司先后收购 GE 宇航公司和洛克希德公司,并共同组成洛克希德·马丁公司;之后洛克希德·马丁公司又收购了通用动力的军用飞机分部和劳拉国防公司,而此前劳拉公司已经收购了 LTV 的导弹分部、IBM 的系统公司和尤尼西斯国防公司。波音公司先后收购了罗克韦尔国防公司和麦道公司。雷神公司先后收购了 E 系统公司、休斯飞机公司和德州仪器军事装备工业分部。诺思罗普先后收购了格鲁曼公司、西屋国防电子公司,组成了诺斯罗普·格鲁曼公司。在这一系列兼并重组过程中,部分军事装备工业

---

　　①　参见 SIPRI 年鉴 2003[M]. 北京:世界知识出版社,20040:485。

企业退出或者出售其军事装备工业业务,大型专业化军事装备工业企业则在国防部主导下实现重组,美国军事装备工业的市场集中度快速提升。军事装备工业的集中度快速提升,打造了武器装备生产的巨无霸,有利于集中研发力量和技术资源,避免项目的重复建设,在节约生产成本的同时,能够大幅提升美国军事装备工业产品的国际竞争力,这也直接推动美国军事装备工业产品的大规模出口。与这一历史背景相对应,即使在美国国防费开支大幅收缩的背景下,美国前5大军事装备工业集团仍然依靠兼并收购,在这段时期实现了收入的快速增长。随着美国军事装备工业市场集中度提升,大型军事装备工业集团的优势项目更加突出,如飞机整机研制业务基本集中在洛克希德·马丁和波音公司,雷神公司吞并休斯以后,基本垄断了制导武器的生产,联合技术公司则在航空电子领域占据优势。

　　"9.11"事件爆发后,根据新的战略形势变化,美国政府又于2003年出台了《国防工业基础转型路线》,提出了构建"基于能力的国防工业基础"的战略方针,要求军事装备工业基础改造与企业重组必须按照作战需求重新整合。小布什上台后,军事装备工业的合并力度加大,掀起了第二波军事装备工业企业重组的浪潮。最主要的发生在子承包商或供应商之间,或主承包商的二、三级单位之间。如海军船舶载台制造商收购大型船舶公司,形成了两家最大船舶制造商,即诺斯罗普·格鲁曼和通用动力公司。建造过美国第一艘核动力航空母舰"企业"号和第一艘"北极星"级核导弹潜艇"罗伯特·李"号的新港纽斯(Newport News),在2001年11月并入诺斯罗普·格鲁曼公司。原属于李顿集团(litton)、建造美国全部"斯普鲁恩斯"级驱逐舰、半数"宙斯盾"巡洋舰和半数"宙斯盾"驱逐舰的英格尔(Tngalls)公司,也在2001年并入诺斯罗普·格鲁曼公司。主要建造海军后勤船只的雅芳戴尔(Avondale)也成为诺斯罗普·格鲁曼旗下一员。主要建造"佩里"级护卫舰、半数"宙斯盾"巡洋舰和半数"宙斯盾"驱逐舰、实力与英格尔旗鼓相当的巴斯钢铁厂(Bath ironworks),合并到了通用动力公司。通用动力公司也收购了位于西部的主要建造海军后勤船只的国家钢铁和造船公司(NASSCO),该公司还收购了电船公司(Electric Boat)。海军武器系统则主要由波音、雷神、洛克希德·马丁公司等提供。2002年诺斯罗普·格鲁曼公司收购了作为导弹防御主要承包商的汤普森·拉莫·伍尔德里奇公司(TRW),合并后的诺斯罗普·格鲁曼公司年销售额为260亿~270亿美元,其中,140亿~150亿美元自于其军火销售。美国防部也支持小型防务供应商的并购,零部件供应商随后也进行了合并,以扩大其资本与生产规模。同时,主承包商的(巨)大型化也迫使不少供应商随之发生相应变化。1999年12月,联信与霍尼韦尔完成合并,组建新霍尼韦尔公司,这是继巨型国防主承包商合并后的纯粹的供应商之间的合并。

4. 及时调整国防采办政策措施,倡导主承包商成长为"系统集成商"

　　冷战后,随着信息技术的发展,利用高新技术能够使传统武器旧貌换新颜,也促成美军对联合作战、网络战的武器装备需求增加。于是,美国政府在主导军事装备工业企业重组的另一项措施就是通过调整国防采购政策,促使一些大型系统承包商转变为系统集成商(LSI)。过去的国防采购流程往往是国防采购部门直接与主承包商打交道,而许多有创新能力或拥有高新技术的企业被排除在采购系统之外。现在国防部门调整了采购流程,允许有实力、能创新的军事装备工业企业直接与国防采购部门联系,或是由新出现的系统集成商充当非系统供应商、其他公司与政府(国防采办部门)之间的媒介。系统集成商的出现,使作战样式和武器的概念发生了很大变化,过去作战样式是交战双方军队作战单元与作战单元的对抗,现在是交战双方军队体系与体系的对抗。武器的概念也是一样,以前,飞机是一件武器,舰船也是一件武器。而现在这两种武器仅仅是网络武器系统上的不同节点。武器系统或武器网络化已成为一种新的武器概念。过去,在军事装备工业企业并购重组时,大的军火商不会去关注规模和收入较少的小公司。现在不同了,无论公司多么小,只要它拥有高新技术,就会成为追逐对象。通用动力公司信息系统部副总裁达尔伯格说:"通用动力公司于 20 世纪 90 年代末开始重视信息技术,开始用最新技术装备其生产的坦克、潜艇和战舰。目前美国陆军已停止订购新坦克,而是花费几百万美元改进其现有武器,使其具有更多的数字能力。美国国防部的新重点是使战场空间数字化。"

美国国防采办政策的调整,导致美国军事装备工业并购重组发生了根本变化,即这些大型军火公司在武器制造商基础上变成了系统集成商,生产高技术武器装备系统网络。因为现代战争依靠高度联合的军队执行战斗任务,这种方式改变了军事技术研发上的单一、纵向的思路,技术创新不再是全面使用崭新技术,而是将成熟技术系统化和集成化,并以此改造现有武器装备或集成为一种武器系统。这就是技术的"横向一体化",或称为"横向技术一体化"。"横向技术一体化"主要利用信息技术等高新技术,从横向上对现有武器系统进行现代化改造或改进,使其具备通用性、联动性,从而更便于从传感器到射手之间、各武器系统之间、各作战单位之间的信息流动,大幅度地提高所有武器装备和作战系统的整体作战效能。横向技术一体化被称为装备建设史上的一次革命。资料显示,用信息技术改造现有武器,比研制具有同等效能的全新武器,可节省 1/3 ~ 1/2 的经费,并可以省一半的研制时间。21 世纪初的美国军事装备工业的合并重组,正是利用高技术尤其是信息技术对不同军火生产厂家生产的武器进行高技术改造和整合,使武器成为系统中的一个节点,最大限度地发挥现有武器的潜能,最大限度地提高武器装备的整体效能。据 2004 年《华盛顿邮报》报道,过去 3 年间,美国巨型防务承包商已吞并了大约 180 家高新技术公司。例如,主要制造坦克的通用动力公司,收购了设计传输保密信息计算机网络的"创新公司";制造"爱国者"导弹的雷神公司,计划将所有信息技术合并成为一个年收入达 6.5 亿美元,其软件可使五角大楼能在保密网络上同其他机构分享的"集成数据公司"。

5. 支持军火公司跨大西洋并购成为"国际企业",提升美国公司的国际竞争力

冷战后,随着经济全球化与一体化的发展,美国政府在推行军事装备工业转型过程中采取了一项积极政策,这项政策包括从外国公司购买和与外国公司合作以便获得新技术及投资。换言之,就是积极鼓励军事装备工业企业的跨界并购与国际合作,使之成为"国际公司"。这项政策也吸引了许多外国公司,它们垂涎于美国巨大的军备市场,希望通过并购美国公司或是与之合作从而进入美国市场。美国政府为加强军事装备工业的国际交流与合作,促进军事装备工业企业并购的双向互动,国防部成立了"军事合作指导委员会",统一领导和协调国防科技合作事宜,加强合作计划组织领导,确立合作领域。根据需要,美国确定了 5 个国际合作领域,即地面侦察技术、军民两用技术、飞机与地面武器作战识别技术、战区导弹防御技术、计算机辅助采办技术等。因此,美国国防部不仅支持军事装备工业企业兼并盟国的相关企业,而且也支持盟国兼并美国的类似企业。如 2000 年 9 月,英国宇航公司(BAE)以 5.1 亿美元收购了洛克希德·马丁公司的控制业务。五角大楼成为该公司比英国国防部还重要的主顾,该公司是五角大楼的 5 大主承包商之一,其北美分公司的销售额超过 40 亿美元,在美国拥有 2.2 万名雇员。伴随着 20 世纪 90 年代以来的军事装备工业企业并购和全球化的浪潮,美国军事装备工业企业愈加清晰地展现出国际企业的特点,国际合作业务广泛,尤其是与欧盟、北约的合作。据统计,1999 年美国军事装备工业企业共投资 1 540 亿美元用于收购外国军火公司,而 1990 年的收购金额仅为 220 亿美元。波音、通用动力、洛克希德·马丁、雷神和诺斯罗普·格鲁曼公司都在英国拥有子公司;通用动力在意大利和奥地利也拥有子公司,而 TRW 公司则因收购了英国的卢卡斯公司而进入了欧洲许多国家的军火市场。欧洲军事装备工业企业也在收购兼并美国军火公司,欧洲的收购资金从 1990 年的 540 亿美元上升到 1999 年的 2 930 亿美元,从而获得进入美国部分军火市场的筹码①。美国为维持全球霸权地位,历来有结盟的策略,总是形成以美国为首的国际联盟来对抗或打击敌对国家(势力),以维护美国的利益。冷战后,美国政府鼓励军事装备工业企业并购重组的双向互动,也是基于这一基本国策。主要目的有两个:一是通过开展国际军事技术合作与军品贸易,推动外向型军事装备工业的发展。美国通过积极与盟国加强军事技术合作,密切彼此关系,而且支持扩大美国的军品贸易,建立了零部件供应商的全球化保障体系,为美军的全球部署和全球行动预置资源。二是通过军事装备工业企业兼并重组的国际双向互动,既可以引进外国先进技术和资金等资源,又可以提高美国联盟的军事效力,提高盟友的装备研发技术水平和标准化程度,从而为以美国为首的联合军事行动打下良好基础。但是,美国政府为此制定了严格的制度规定:在军事装备工业企业兼并重组过程中,美国努力利用外国技术资源的同时,也在努力保证美国不会变得过分依赖外国军事技术和装备资源;无论是美国公司收购外国公司或外国公司收购美国公司,都不允许转让美国的关键或核心军事技术;外国军火公司通过收购美国公司或国际合作而进入美国军备市场,只能成为美国国防部的合作者,而且外资或外资控股公司在美国销售军备,必须由美国公民担任公司主管。

(四) 美国军事装备工业企业重组的影响效果

冷战后,美国军事装备工业企业的重组,对美国军事装备工业基础转型产生了重大作用,也对美国国防实力与国家安全战略产生了不容忽视的影响。

1. 正面的影响效果

(1) 向"国家统一的技术与工业基础"转型目标基本实现,军事装备工业的军民融合程度高。军事装备工业企业的重组大大推动了美国军事装备工业的整体军转民或民转军,并促进了国家工业军民互补进程。许多国防工业既从事军事装备生产,又从事民用生产,越来越多的技术创新几乎同时出现在军用和民用领域,并在军品和民品中得到广泛应用。同时,寓军于民、走军民一体化的军事装备工业转轨方式,还培育了许多高新技术产业群和高技术产业带。如加州的"硅谷"是由国防部→大学(研究机构)→工业联盟催生出来军民两用信息技术孵化基地,到 2000 年,它已经拥有 3 000 多家 IT 企业,26.4 万名制造业工人,年销售额高达 400 亿美元。而今,从国防工业分流出来的高技术人才纷纷走进硅谷,为硅谷信息产业提供了大量的高级人才,高新技术产品源源不断地从这里流出。

---

① 李白昭昭,马杰. 美国国防工业的竞争优势及形成原因[J]. 环球,2008(8):67。

军火公司纷纷从这里采购它们所需要的技术或中间产品,并生产高新技术装备以供应美军。21世纪初的伊拉克战争中,国防部直接与硅谷的IT企业签订了250亿美元的合同订单,说明美国军事装备工业重组的成功。美国通过军事装备工业转型和企业重组,通过政府、军方(国防部门)、产业界和学界的通力合作,不仅将军事装备工业纳入了国民经济体系,提升了军事装备工业的整体实力,而且重建的统一工业基础实现了军民互补、通用,使美国在信息技术、新材料、生物技术等领域遥遥领先,为称霸全球提供了坚实的物质和技术基础。

(2)通过兼并重组,进一步增强了美国军事装备工业复合体的实力和国际竞争力。经过20世纪90年代和21世纪头10年的两波军事装备工业企业兼并重组,美国军事装备工业基础发生了巨大变化,部分军事装备工业企业退出或者出售其军事装备工业业务,大型专业化军火公司则在国防部主导下实现重组,整个美国军事装备工业的集中化、市场化和信息化程度快速提升。军事装备工业的资本、技术与专业的快速集中,有利于集中美国乃至盟友的军事装备研发力量和技术资源,避免项目的重复建设,在节约生产成本的同时,能够大幅提升美国军事装备工业产品的国际竞争力,同时,直接推动了美国军事装备工业产品的大规模出口。

(3)在一定程度上分担了美国国防预算削减的风险,维持了美国军事装备技术绝对优势地位。随着冷战的结束,美国与多数国家都在大幅度调整国防政策,降低军费开支。据资料统计,1987—1997财年度美国用于军备采购的经费下降了58%,同期用于装备研发的经费下降了22%,这给美国政府维持军事装备与技术世界绝对优势带来很大风险。因为削减国防预算的直接后果是降低了武器装备的研发和国防采购支出,从而难以保障美国军队能够得到优质的装备与技术。好在冷战后的军事装备工业兼并重组形成的军火巨头,承担了美国国防部和联邦科学技术研究的相当份额。美国军事装备工业企业为了得到国防部的合同,为研制更先进的武器,竞相投入巨资用于技术研发和招募顶尖科学家、工程师,以从事先进武器系统及其相关的基础研究和应用研究。为了竞标国防部的大宗武器合同,尤其是大型军事装备工业企业使出浑身解数,包括主动投资和承担一定的研发风险,用自己的投资和技术提高武器系统的性能。波音公司和洛克希德·马丁公司为争夺五角大楼的联合战斗攻击机(JSF)的案例最能说明这一点。重组后的军火公司不仅直接参与武器系统的研究,而且还主动承担部分研发经费,这无疑将促进美国军事科学技术的发展,使美国在许多军事装备关键、核心技术领域能够继续保持绝对或相对优势。

2. 负面的影响效果

(1)军事装备工业企业的过度集中,增加了军火巨头对美国政府重大决策的影响。经过冷战后军事装备工业企业一系列的兼并重组,军事装备工业复合体的影响力更大了。现在的军事装备工业复合体主要以大型军火承包商为主,形成了与国防部、国会和大学、研究机构紧密联系的庞大网络。通过军事装备工业重组形成的超大型军火承包商如洛克希德·马丁、波音等公司的实力大增,它们游说政府和国会的力量也就水涨船高。军事装备工业雇佣了大量的员工,对美国的就业形势产生重大影响,承包商利用这些人发动"草根游说运动",向政府和国会施加压力,保证政府和国会制定的政策有利于军火承包商。防务承包商不停地积极游说国会,它们与政府打交道的技术实际上就是它们核心竞争力之一。此外,重组的巨型承包商在国防预算和军费开支方面,在对外军售方面,发挥着越来越大的作用,如军火承包商在推动建立国家导弹防御系统和军控政策方面有着巨大的影响力。1999年3月,美国国会通过了建立国家导弹防御体系方案,使开发这一系统有了法律保障。"9.11"事件爆发后,军事装备工业复合体利用民众对恐怖主义的恐惧,大肆宣扬导弹威胁,加紧开发和部署反导系统。代表军事装备工业复合体利益的美国政府及部分国会议员,大肆炒作伊朗核威胁、朝鲜核武器和导弹威胁、中国威胁论,以及世界热点问题,无非是要求增拨国防资金,扶持国内军事装备工业,开发和部署先进武器系统。美国这一做法的后果,必将背逆世界和平与发展的历史潮流,引发新一轮军备竞赛。

(2)军事装备工业企业的过度集中所造成的垄断危害,远胜其所谓的成本节约优势。军事装备工业企业的大规模和快速合并,无疑增加军备市场的垄断风险,而且不一定能确保美国国防部采购军火商品获得竞争性价格。美国国防部希望军事装备工业企业合并,通过提高效率来节约成本,但是,军事采购官员认为,市场竞争的减少可能使他们的工作更加困难。没有多个竞争者的压力,合作不太可能满足尽可能地降低成本和达到预定目标的要求。传统上,美国国防部已经在军品采购合同中同时采用了规则和竞争作为理想的方法来维持它所采购的商品和服务的公平和竞争性价格。国防部作为军火商品的垄断采购商,这些工具可能会十分有效。然而,事实上,竞争和采购规则的运行并不太有效。在实行采购过程中,作为唯一客户的国防部对军火商品的影响比所期望的要小。在很多情况下,公司成功地利用较多的信息优势来获得超竞争性的价格,或者在协商合同中得到更有利的条件。因此,采购规则被证实是一个不完美的工具。随着军事装备工业企业的高度集中化,情况变得更加复杂,军事装备工业合并同时将减少承包商竞争的积极成本效应。由于在每一个市场里只有一个或两个主要的供应商,缩减成本的市场压力就会相应减轻。美国国防部1996年在它向国会提交的报告里承认了这个问题,它指出:"合并将使国防部不再能够从可以鼓励供应商缩减成本、改善质量以及刺激创新的竞争中获利,还将面临由于军事装备工业企业竞争减少的带来的财务风险。"但是,仍然有一些专家相信,将来美国的军事装备工业应该维持足够的竞争性。然而,假如竞争继续减少,并且没有一些有效的规则的话,美国国防部将不能从军事装备工业合并的过程中获得国防成本节约的好处。2002年,美国空军部长在国会做证时就表达了对军事装备工业企业过于集中化的担忧,"我非常担心这一行业内的公司合并到这种程度,使得空军不能购买到那些某些人想生产的东西,而无法实现那些对工业界构成挑战,但可能在战场能力方面导致重大突破的想法……我甚至认为政府不可能管理一个垄断的,或者一个非对称的由两家卖主垄断的市场,并从中得到创新或优惠。我们简直没有权力设立激励约束机制"①。

(3)美国在军事装备工业企业合并重组中的双重标准,减少了美国与其他盟友的防务合作。美国政府名义上鼓励军事装备工业企业实现国内外双向互动的收购重组,但又为此设立了双重标准。即鼓励美国军事装备工业企业吸收外国资本和技术,但却严格限制转让美国军事技术;鼓励美国军事装备工业企业收购外国公司开拓外国军火市场,却严格规定美军只能购买美国产品;鼓励军事装备工业企业双向收购,却严格规定外国公司要进入美国军备市场,必须成为美国防部的"有益合作者",并由美国公民主持美国市场业务。军事装备工业企业合并的一个更反常的影响是它减少了在美国与欧盟,以及美国与

---

① 参见 SIPRI 年鉴 2003[M]. 北京:世界知识出版社,2004:486。

亚洲盟友三者间的军事装备工业合作。原美国国防部长佩里已经把国际防务合作作为他的一个最优先考虑的事情,然而,由于政治和经济的压力,使他几乎不可能朝着这个目标有太大的进展。事实上,一个国际军火"贸易战争"看起来比广泛的国际合作更有可能。在大西洋的两岸,都希望建立自己的统一的军事装备工业体系,鼓励进一步的防务保护主义。随着冷战后国防预算压缩,各国军火公司争取新合同机会减少,购买本国军火的压力非常大。同时,更低的国防预算增加了通过出口来缩减新武器系统的单位成本的需求。激烈的出口竞争进一步影响了美国公司和欧洲公司进行合作的愿望。1996 年 7 月,英国政府决定从英国军火公司购买新的导弹、海上巡逻机以及反装甲武器,这预示着一个在同盟国之中的军事装备工业竞争增加的时期已经来临。这些合同总价值 62 亿美元,曾引起了英国、美国和欧洲的许多军火公司的激烈争夺。英国传统上已经从美国军火公司那里采购了许多武器系统,反过来,美国却很少从包括英国在内的盟友那里采购大量的军备。美国限制采购外国军备的政策也被法国等国效仿,反对购买外国军火商品的政策频繁地被法国采用。这种行为对美国公司来说是一个清楚的信号。欧洲军事装备工业合并虽然相对于美国来说速度要慢,步伐也不是很大,但是,许多专家相信,欧洲军事装备工业合并的步伐将会有所加快,这种合并将进一步减少美国军火公司的机会。

第六章　美国军事装备工业转换与军民一体化

冷战后,美国军事装备工业开始由军民分离型向军民融合型转换。要实现这个转换,必须先改革国家军事装备工业管理体制,尤其是军备采办管理体制,走军民融合式军事装备工业发展道路,并大力发展军民两用技术,从而建立起军民一体化的军事装备工业基础,既满足国家未来的安全需求,又促进国家的经济发展。

一、美国军事装备工业管理体制的转换

(一)调整组织机构,实行军事装备工业管理体制改革

美国现代军事装备工业管理体制建立在私有制和市场经济基础之上,形成于20世纪50年代,并由决策层、咨询服务层和执行层3个层次组成。美国国会和总统是军事装备工业管理的最高决策层,负责制定军事装备工业总体发展战略,军事装备工业预算和相关政策;国防部是军事装备工业管理的具体决策主体,并统一领导国家武器装备采办工作,以及协调政府部门、各军种部队、军事装备工业企业等的武器研制、生产、测试、采购、部署和维护工作。咨询服务层由众多的独立于政府与军事装备工业企业之外,并与它们关系密切的官方及民间组织组成,如各种研究机构、审计评估机构、信息与情报机构、法律服务机构等。其中,与军事装备工业关联最为紧密的是美国国防工业协会(NDIA),它是1997年由美国国家安全工业协会(NSIA)与防御预备协会(ADPA)合并而成的。其主要职责是为美国军事装备工业发展提供情报信息和法律服务,解决政府与军事装备工业企业沟通与合作问题,推动军事装备工业与贸易的发展。执行层是由美国众多军事装备工业企业、院校和科研机构等军事装备工业组成,负责执行政府、国防部门的武器装备研制、生产、采购等计划决策,并与政府国防部门签订军备研制生产合同,获得经济利益。冷战时,美国的军事装备工业管理体制基本上是军民分离的,军事装备工业与民用生产管理"两张皮",相互之间协调较少。冷战后,为了实现《国防转轨战略》提出的建立军民一体的"国家技术与工业基础"目标,美国对其军事装备工业管理体制进行了改革。改革的目标就是要建立起军民融合的军事装备工业管理体制,旨在将军事装备工业与国民经济融为一体,建立起一个统一的国家工业基础。改革的内容首先从管理组织机构改革入手,1993年克林顿入主白宫后,就对美国军事装备工业管理的组织机构进行了调整和重组,以适应军事装备工业军民融合式发展,以指导军事装备工业转型。比如,1993年组建由国会、商务部国家标准与技术研究院、国家科学基金会、国家航空航天局、能源部和运输部派员参加的军事装备工业转轨委员会;对国防高级研究计划局的职能进行调整,使其成为推动新的国防战略转型的首要执行机构;并成立国防技术转移委员会以及办公室、中心等机构,以此全面推进军事装备工业的军民结合。同时,克林顿政府还决定对具体决策层的国防

部和咨询层进行调整改革,改变过去军事装备工业发展和武器装备研制采购由国防部一家说了算的局面,要求国防部和国防科研机构在承担军事科研任务的同时也承担民用科研任务。为此,原国防部高级研究计划局去掉"国防"二字,改名为高级研究计划局,仍由国防部领导,主管军民两用技术的研究与开发。

(二) 制定两用战略,实行军事装备工业组织体系改革

冷战结束后到克林顿政府执政时期,美国注重通过制定军民两用发展战略,实行军事装备工业组织体系改革来实现转型目标。除了 1993 年出台《国防转轨战略》明确军事装备工业转型目标外,又于 1995 年 9 月制定了《国家安全科学技术战略》,强调美国应该逐渐构建一个平时能生产军品和民品,战时能转产军品的军民结合的新工业基础。1995 年国防部还发表了《两用技术,旨在获取经济可承受的前沿技术的国防战略》的报告,认为加强军民两用技术的研究和开发,是建设经济可承受的军事装备工业的关键,广泛依靠商业界开发军民两用技术、工艺和产品,是美国军事科技发展战略的重点。为此,美国政府加紧了军事装备工业组织体系的改革步伐。另外,美国积极组建军事装备工业组织协调机构,加强武器装备制造领域的内部合作。即通过完善武器装备供需协调机制,推动建立统一的国家工业基础。美国在承包商制度的基础上,发挥企业在项目管理方面的优势,建立完善新型协作体系。例如,在"未来作战系统"项目中,采用"工业部门管理、军方监督"的做法,波音公司和科学应用国际公司被选为系统集成牵头单位,代替军方管理上百家项目承包公司。

(三) 克服主要障碍,实行军品采办管理制度改革

美国政府经过评估后发现,原有的国防采办管理制度已经成为军事装备工业军民一体化转轨的主要障碍,因此,必须对其进行改革。原有的国防采购制度中有许多不适应转轨战略的内容,包括采购的对象只能是军火承包商,采购的市场只能是军品生产领域,采购的物品只能适用于军用规格和标准等。对过去 650 多项限制性政府采购法律条文进行了清理,废除了 55 项,并对另外 175 项进行了修改,清除了阻碍军民融合的法规障碍,同时提出了许多促进军民融合的条款。比如,允许国防采购部门直接进入商业市场采购军用商品或劳务;国防采购部门在选择采购对象或供应商时,可不局限于军火承包商,可直接与非军火承包商或供应商接洽并签订防务项目合同。通过这些改革,不仅为军事装备工业军民一体化转轨扫清了障碍,而且还简化了采购中间环节,统一了采购规格标准,节约了采购管理成本。据资料显示,过去国防采购的军用标准多达 31 000 件,不仅成为民用企业进入军品领域的"壁垒",而且还增加了许多采购管理成本。以往,军火承包商必须按照军用标准生产,其成本比相同或类似的民品生产增加了 30%~50%;军品生产管理成本占总成本的 20%~40%,而一般民品仅为 5%~15%。改革后,美国政府修改了相关国防采办法律,尽可能弱化军用标准限制,简化军备采购流程,制定军民通用标准,降低民用企业参与军事装备工业研制生产的"门槛",吸收更多的民间资本等资源进入国防项目承包领域,从而缩短了军备研制周期,降低了采购管理成本,国防部估计每年可节约 300 亿美元的国防开支。

二、美国军事装备工业军民融合式发展

(一) 美国军事装备工业军民融合式发展的历史背景

冷战时期,西方主要国家在军民两用技术上取得的进展还是比较缓慢的。在新军事变革背景下,西方大国感到要想维持一个庞大独立的军事装备工业越来越困难,国防建设的经济承受力日益受到重视,同时,由于现代高新技术尤其是信息技术在军事上广泛应用,军用技术和民用技术的互通性不断增强,军民两用技术相互转化更加容易,军民两种资源互用成为一大趋势。为适应这种需求,美国率先提出了"重新设计国防"的口号和"军民一体化(Civil – military Integration)"的改革思想。在美国看来,军民一体化就是将"国防科技工业基础"(DTIB)和"民用科技工业基础"合并成统一的"国家科技工业基础"。所以,冷战后美国军事装备工业之所以要走军民融合式调整发展之路,这是由当时国际国内军事经济形势所决定的。冷战结束后,美国政府全面调整了国家安全战略,将发展经济确定为新的国家安全战略的重要内容,并强调要充分发挥科学技术对经济发展的促进和带动作用。在新的战略思想的指导下,一方面,需要削减国防预算;另一方面,还需要继续保持必要的国防实力,保持军事高技术的绝对优势与超级大国的地位。而冷战时期形成的规模庞大又代价高昂的军民分离的军事装备工业体系,越来越不适应世界安全形势和国家战略调整要求。冷战后,和平与发展已经成为世界形势的主流,经济全球化、一体化加速发展。全球化使得各国之间的关系由于经济利益的原因,表面上显得十分融洽,但实质上为了维持既得利益和争取更多的利益,各国对国防安全的需求也逐渐提高。在以和平与发展为基调的世界局势面前,任何一个国家都不会贸然打破这一平衡,在缺少大规模战争实践的大前提下,很多国家都选择"利其器",通过发展高、精、尖武器和杀手锏武器来达到威慑的目的,那么,在这样的约束条件下,各国的军事装备工业便成为关注的重点。然而,正是由于经济全球化和一体化,以及信息技术革命带来的快速发展,军用与民用产业技术的融合越来越快,越来越多,而且有相互促进、效益双溢的作用,出现许多"你中有我、我中有你"的状况,现在已经很难清楚地划分军事装备工业与民用工业的界限。所以,推动军事装备工业转型的最好办法,就是军民融合。美国也不例外,而且美国的军事装备工业原本是建立在私有制和市场经济基础之上的,实行军转民、民转军早有先例,也有基础。美国从上到下为推动军事装备工业军民一体化转轨,更是做足了功课,进行了全面规划和顶层设计,见表6–1。

表6–1　冷战后美国军事装备工业军民一体化转轨的基本思路情况

转轨目标	转轨战略	步骤策略	核心内容	组织机构
建立军民一体化的统一国家技术与工业基础	1993年《国家国防转轨战略》 1995年《国家安全科学技术战略》 2000年《国防科学技术战略》 2003年《国防工业基础转型路线》	第一步政策调整 第一步管理改革 第三步企业重组	开发和利用军民两用技术及成果	跨部门的军事装备工业转轨委员会;国防部高级研究计划局,国防技术转移委员会以及办公室、中心等机构

（二）美国军事装备工业军民融合式发展的计划步骤

军事装备工业的军民融合是指将国防工业与民用工业融为一体,建立起一个统一的国家工业基础,最终做到"一套资源,两种能力"。为了有计划、有步骤地推进军事装备工业向军民融合方向发展,美国国会技术评价局在《军民一体化的潜力评估》中拟订了调整、改革和重组的三步计划策略。

第一步:政策调整。该步骤计划对军事装备工业发展及国防采办等一系列方针政策进行逐渐调整,即通过打破军用与民用工业的割据和封锁,修改限制一般商业企业进入国防领域的法律制度,制定新的国防采办政策和军转民、民入军的政策措施,扩大对民用产品、劳务和标准的使用,加紧制定军事装备工业产业调整与重新布局的政策,从而促进军事装备工业产业部门向军民融合的一体化过渡。这一调整策略包括3个组成部分:促进民品采购;发展和推广两用技术;提高国防投资效益和共享资源。实现这一计划步骤的配套措施有:改革军事装备工业管理体制和国防采办管理制度,推进军事装备工业企业资本与结构重组,大力开发和运用军民两用技术及其成果。

第二步:管理改革。首先是对美国军事装备工业管理体制进行改革,包括改革国会、政府、国防部门(军队)、军事装备工业企业、科研机构和大学之间的联系管理制度,实现国家资源的"战转平"的平稳过渡,谋求军事装备工业转轨之中军事效益和经济效益的最大化。其次是对传统的国防采办管理制度进行改革,改革军民过度分离和过分依赖少数国防承包商的采办制度,改革过分依赖军用规格、标准的军品采购制度,修订国防采办的法规制度,制定和修改军用规格标准制度,制定军用标准与商业标准融合,以及在国防采购中尽可能采用商业标准和民品的采购制度,简化采购流程,降低采购成本,提高国防采购效率。这一改革步骤主要有3个内容:改革军事装备工业管理体制,重构国会、政府、国防(军队)与军事装备工业企业、科研机构、大学的关系;改革国防采办管理制度,实现武器装备研究与发展、制造、采购、维修和服务的一体化;修改军用规格标准及其国防采办制度,鼓励引民入军,进一步扩大民品采购,促成武器系统研究与发展、制造、维修和服务的军民融合。主要配套措施是:建立和完善军民融合、寓军于民的武器装备科研生产体系,提升军事装备工业复合体的竞争力。把军民一体化改革尽可能用于军民分离的那部分军事装备工业体系,助推那些从事研发、生产和维修高度专用、复杂和保密的军品和劳务的企业走向军民一体化。帮助既从事民品又从事军品生产的公司,通过共用工人、管理部门、研究中心和其他资源,促进企业内部资源的转移。对于只从事国防业务的企业和政府组织,可通过各种联合科研项目、标准组织、共用试验设施等进行产业一级的技术转移,向军民融合转化。完善国防采办制度;培养一支训练有素的采办队伍;修改现有的军用采购标准和激励体制,完善有关国防采购项目评估和奖励采办官员业绩的新措施;改变国防部完全按军用规格和标准设计及采购军品的原则,采用军民一体化新系统规格和标准,尽可能采用民用部件和工艺进行设计,并使军品的设计和制造能够采用更多的两用或多用技术标准。

第三步:企业重组。重点是对传统国防承包商及其供应商的资本和结构进行重组,目的是优化军事装备工业复合体的资本、经营和技术结构,压缩过剩产能和过多的军事装备工业承包商,降低武器装备的研制生产和采购成本,提高其竞争能力。美国国防部认为,购并是合理调整军事装备工业产业结构及迅速削减军事装备工业过剩能力的最佳良方。从1992年起，美国开始大力鼓励军事装备工业企业兼并重组，原来的20余家大型军事装备工业企业被兼并成了少数几家，如波音、洛克希德·马丁、雷神等超大型军火集团公司。重组的主要内容是，引导军事装备工业企业之间进行收购、合并，以及资本与技术重组，鼓励军事装备工业企业与民用企业之间，国内军事装备工业企业与国外企业之间的收购、合并，鼓励引进和利用国外资本与技术改造美国的军事装备工业企业，以及促进美国军火进入国际市场的行为。军事装备工业重组的效果是，达到军事装备工业的私有化、商业化和国际化。企业重组的具体步骤是：对已有的性质和功能相近的技术项目、行业部门和企业单位进行重组和合并；对新建的工业基础和新开发工业领域实行军民统筹规划；对于军事装备工业的采办和劳务则更多地依托民用工业领域，或者说鼓励国防承包商收购或兼并一般商业企业。重组步骤的配套措施包括：重构政府与军事装备工业复合体的关系，允许美国军事装备工业基础广泛地私有化与商业化，从而促进其更加合理化。在此基础上，国防部可以通过私营企业而不是政府企业促进军事装备工业的合并。改革国防采购制度和流程，允许国防采购部门直接在商业市场上采购军用商品或劳务，从而引导军事装备工业企业的军民融合。在此情况下，国防部可以同一家私营公司签订合同，经办国防采购。正如单个武器系统可以利用民用的或一体化的组件、部件、工艺或劳务一样，武器装备本身也可以充分利用民用企业进行研制生产。

（三）美国军事装备工业军民融合式发展的具体做法

1. 颁发和修订相关法规制度，构建军民融合的国家工业新体系

法规制度是美国军事装备工业实行军民融合式转型发展的基本依据与行为规范。美国非常重视军事装备工业转轨与军民融合式发展的法规制度建设，为此出台了一系列的法规和政策，积极促进军事装备工业的军民结合。比如，1992年美国国会就通过了《国防转产法案》和《1992年国防拨款法案》。此后，又审查通过了《国防转产、再投资、过渡援助法案》，以及《1993年国防拨款法案》。在这些法律文件中明确提出军事装备工业转轨与军民一体化发展的目标，并要求建立一个跨部门的国防工业转轨委员会，主要职责是组织指导军事装备工业转产与军民转换计划的实施。1993年2月，克林顿总统提出了提高美国经济竞争力的新科技战略，要求军事科技发展转向兼顾经济和国防需求的轨道。同年3月，克林顿政府正式颁布了《国防转轨战略》，明确了1993—1997财年包括军事装备工业在内的国防转轨计划。这个战略的要点是：支持政府各研究机构同工业界合作，大力发展军民两用技术，推动军用技术商业化，促进美国经济增长，同时保护美国的国防工业基础，在武器采购中大量采用民用技术，以降低采购费，加速武器发展。美国国防部高级研究计划局局长加里·登曼指出，美国国防转轨战略的核心是发展军民两用技术。为此，美国国会技术评估局于1994年完成了《军民一体化的潜力评估》报告，为国会和政府层面制定军事装备工业军民一体化长远发展规划和制度建设进行总体设计。1994年国会通过的《联邦采办精简法案》，提出了许多促进军事装备工业军民融合的条款；1995年9月发布的《国家安全科学技术战略》，强调美国应该逐渐构建一个平时能生产军品和民品，战时能转产军品的军民融合的新工业基础。1998年颁布的《国防授权法》，对两用技术的研发政策做了进一步细化。冷战后，美国推出的这一系列法律法规和战略方针，为将军事装备工业转变为寓军于民、军民一体的新模式指明了方向,也提供了坚实的制度保障。

2. 组建和完善相关组织机构,负责指导协调军事装备工业军民一体化转轨事项

美国在促进军事装备工业军民融合式转型发展方面采取的第二项重要措施,就是对相关组织管理机构进行建立和完善。先是从顶层设计开始,自上而下构建了国会、联邦政府、州(地方)政府及各部门与企业相关的军事装备工业军转民项目的管理体系,如图6-1所示。从图6-1中可以看出,美国军事装备工业军民转轨组织管理体系由3个层次组成:第一层次,国会和总统是军事装备工业转轨的最高决策层,负责制定军事装备工业转轨总体发展战略、军事装备工业预算和相关政策;联邦政府及各职能部门,如国家航空航天局(NASA)、能源部、运输部等部门,负责所属企业军民转换项目的组织管理,尤其是国防部,负责提出军事装备工业军民转轨的具体计划措施,并组织实施。第二层次,州政府则配合联邦政府各部门及州政府各部门,负责所属企业军民转换项目的组织实施工作。第三层次与第二层次相似,是指州以下各市、县地方政府配合州政府,负责地方各部门及所属企业军民转换项目的组织管理工作。在这个组织管理体系下,1991年,美国组建了国防技术转移办公室,负责拟定技术转移和军民两用技术政策,并全面指导和监督两用技术计划的实施。1993年,美国又成立了跨部门的"国防技术转轨委员会",以及办公室、中心等机构,成为推进军事装备工业军民一体化转轨的专门指导、协调机构。

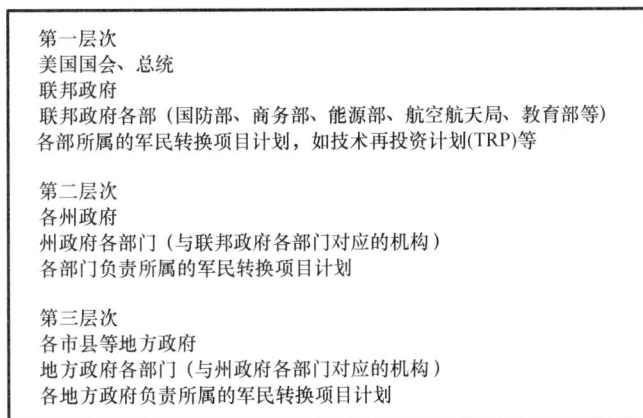

```
第一层次
美国国会、总统
联邦政府
联邦政府各部 (国防部、商务部、能源部、航空航天局、教育部等)
各部所属的军民转换项目计划,如技术再投资计划(TRP)等

第二层次
各州政府
州政府各部门 (与联邦政府各部门对应的机构)
各部门负责所属的军民转换项目计划

第三层次
各市县等地方政府
地方政府各部门 (与州政府各部门对应的机构)
各地方政府负责所属的军民转换项目计划
```

图6-1　美国军事装备工业军民转换组织管理体系结构

此外,国防部于1993年设立了国防部技术转让办公室(OTT),专门负责国防部的国内技术转移计划(DTTP),制定技术转移和两用技术政策,协调技术转移相关的科技信息收集与传播工作。在国防部指导下,各军种负责自身的技术转移政策的制定与执行。国防部所属国家实验室是最主要的基层技术转移工作执行者。根据联邦法律和国防部的制度规定,该国家实验室负责军民转换和技术转移的任务说明、职业发展、绩效评价等具体工作,下面也设立了技术转移办公室。特别值得强调的是,美国政府对国防高级研究计划局(DARPA)的职能调整与重建措施。重建后,它成为美国推动新的国防战略转轨计划的首要执行机构,以及军事装备工业军民转换与两用技术开发利用的领导部门。1993年2月,克林顿命令在DARPA这个名字中略去"国防"两字,使这个机构的名字成为高级研究计划局(ARPA),把它提升为国家一级的军事装备工业转轨与军民两用技术研发利用的

领导机构,仍隶属于国防部,并给该局下达52亿美元的总预算,主要用于军民两用技术的研究开发项目。虽然ARPA的规模不算太大,但是,它是国防部中负责军民两用基础研究和应用技术研究的主管部门。这些研究工作几乎都是两用技术。例如,有一项基础研究计划是研究半导体器件中的量子效应,而相应的还有一项应用技术研究是利用量子效应制造新的半导体器件和量子计算机。ARPA下设10个办公室,其中有5个办公室主管的是微电子技术、电子系统、计算机系统、软件和智能系统以及防御科学;另外5个办公室分别是海上系统技术、着陆系统、先进系统、核监控和特殊机密研发任务,它们既可以为军事装备研制服务,如制造消音的潜水艇、先进的战术战斗机和灵巧武器系统等,又可以为研制一般商业商品服务,如开发一些民品技术等。

3. 制定出台军民转轨计划措施,鼓励开发利用军民两用技术与产品

为推动军事装备工业转轨与军民融合式发展,美国采取的第三项主要措施,就是颁布一系列实施计划,包括技术再投资计划(TRP)、两用技术应用计划(DUSTP)、高技术独立研究开发计划(IR&D)和小企业革新研究计划(SBIR),以及技术成果转化倡议(TTI)、启蒙计划等。其中最重要的计划是"技术再投资计划",它是为落实克林顿政府1993年提出的国防转轨战略,而专门制定的军事装备工业转轨与发展军民两用技术的具体计划。技术再投资计划由国防部高级研究计划局(ARPA)、商务部国家标准与技术研究院、国家科学基金会、国家航空航天局(NASA)、能源部和运输部各派一名代表组成的国防技术转轨委员会来管理。这项计划的主要内容包括:军民两用新技术的开发,一般选择能在3年内使国防部受益的技术项目予以扶持;两用技术推广,通过现有的技术转移委员会、办公室或中心,与接受技术的企业单位联系,帮助它们获得两用技术,并应用于军品或民品生产;两用技术开发与转移教育培训活动,由国防部协助教育部、劳工部等机构组织实施,以提高企业员工运用两用技术的能力素质。该计划的目的是通过政企合作、军民融合来开发利用两用技术,既促进军事装备工业转轨,又推动国民经济发展。该计划的保障经费由国家财政预算拨款,高级研究计划局统一调拨,并按法定计划分配。该计划实施后取得了比较明显的效果,一方面,激发许多军事装备工业企业、科研机构和大学开发军民两用技术;另一方面,通过两用技术转移利用,推动了军事装备工业军民转换,提高了军事装备工业企业的国际竞争能力。

另一个重要的计划是"两用技术应用计划(DUSTP)",是1997财年由美国国防部颁布实施的多军种联合军民两用技术转移应用的具体安排。该计划又包含两项子计划:利用民用技术节约作战与保障费用计划(COSS I)、两用科学技术转移计划(DUS&T)。1997—1998财年,国防部共批准了163项军民两用技术开发利用研究项目,总投资达5亿多美元。其中,国防部项目投资和各军种自行投资各占25%,企业单位投资占50%。作为技术再投资计划的后继或配套计划,它相比于前者有自己的许多特色。比如,针对性强,由国防部直接颁布并主管,主要用于研发高新武器装备技术,其副产品还可民用;突出两用技术转移既服务于国防目的,促进军事高科技研发利用,又服务于社会,促进经济发展;充分调动军种与军事装备工业企业单位的积极性。该计划实施以军种为中心,技术研发利用主要服务于军种武器研发项目,军事装备工业企业单位负责项目落实,并获得相应的经济效益,但共同分担一定的研发经费和风险。

还有一项重要计划是"高技术独立研究开发计划(IR&D)",简称"高技术计划",也是技术再投资计划的配套计划之一。该计划的内容是,联合政府部门、企业和研究机构共同开发利用高新技术,尤其是军事高新技术,实行成果共享和经费、风险共担;目的是帮助企业(包括军事装备工业企业)、研究机构研发具有竞争力的尚未注册的高新技术,这些技术既具体军事技术优势,又具有广阔的商业化前景,能够为促进国民经济发展起到重要作用,还能带来可观的经济效益。与技术再投资计划类似,其经费与风险由政府、企业和研究机构共担,其中,企业单位应承担计划项目成本的50%。1997年7月,美国商务部长宣布了修改高技术计划的许多措施,其中包括,立项项目和资金拨款重点支持由企业、研究机构与高等院校共同合作实施的项目,意在鼓励联合创新与攻关。

美国出台这些计划措施,目的就是为了推动军事装备工业转轨与开发利用军民两用技术成果,提高国防实力。历史经验和战争实践都表明,国防建设与军队作战越来越多地利用民用技术及其商业成果。在伊拉克战争中,美国军方大量使用现有的民用信息技术和手段,包括计算机智能终端、便捷式电脑、数据库软件和网络等。如美军利用通往海湾的各类战略运输船上智能终端,就能随时掌握运输和补给情况。战争中,美军95%的通信在商用网上进行,与商用网联网的计算机占相当大比例;美军还征用和租用大量商业卫星、民用信息网络等民用技术、产品和设施。因此,美国颁布军民转换计划,支持军民两用技术开发利用计划的作用效果主要有:一是推动军技民用。许多新技术的出现往往率先服务与运用于军事领域,但这些技术也具有很好的民用价值。而且国防部门、军队和军事装备工业企业掌握有大量能够民用的军事科技。因此,实施这些计划,可以促进国防部门已有技术更广泛地应用于非国防用途,以促进国民经济发展。二是激励两用技术研发转移。美国民间部门已经具备了很强的研究能力,很多领域的民用技术水平已经不低于甚至高于军事技术,同时,许多军用技术也可直接服务于社会和经济,而调动军地力量共同研发利用两用技术成果,更可以产生军事效益和经济效益相互溢出与促进的效果。三是鼓励民技军用。过去由于强调军用规格标准,把许多先进商业技术产品排除在国防采购之外,既增加国防开支,又不利于军事装备工业军民融合。通过实施这些计划,可以调动地方政府、产业界和高等教育机构的积极性,与国防部门合作研发,以支持民技军用和两用科技活动,带动民用部门对国防科研的投入,以及改革国防采购制度来扩大供应商基础,从而更快地将新技术整合到军事系统中,实现降低国防采购成本的目的。

4. 拨款资助军事装备工业转型,重点扶持军民两用技术开发与转让

美国采取的第四项主要措施是拨款资助军事装备工业转轨,重点扶持军民两用技术开发与利用项目。1993年,克林顿总统责成政府在1994—1997年的联邦预算中为"国防转轨"计划拨款203亿美元,仅1997年就高达53亿美元。这些资金大多通过劳工部、商务部和国防部拨出,重点资助军事装备工业企业转产和军民转换计划。为协调该计划,用好政府扶持资金,美国政府设立了一个跨部门组织机构,该机构由国防部和新的国家经济委员会联合主持,并将该项计划的配套经费200亿美元进行精心分配,其中,40亿美元用于下岗的军职人员和文职职员的再培训;10亿美元资助受防务削减影响的团体;50亿美元用于推动两用技术的开发;另103亿美元用于推动新兴企业摆脱对防务资金依赖而运用和发展两用技术。这些资金按照分配计划分别在1994—1997年的4个财政年度加以落实。这203美元资金中还有专门用于1993年出台的技术再投资计划(TRP)的配套经费,1993年为4.72亿美元,1994年为5亿美元左右,1995年超过6亿美元。资助的TRP

包括 3 个活动领域：军民两用技术开发、技术利用以及制造技术教育和培训等。

　　1998 年，克林顿总统又公布了军事装备工业"军转民"的 5 年计划，并确定在 1998—2002 财年拨款 200 多亿美元，专门用于该"军转民"计划的落实。其中，1998 年为 17 亿美元，1999 年为 33 亿美元，2000 年为 53 亿美元，2001 年为 49 亿美元，2002 年为 53 亿美元，如图 6 - 2 所示①。这些经费主要用于支持美国军事装备工业企业军转民后被裁减下岗人员的补助、再就业培训，以及这些企业单位开发军民两用技术，重点扶持开发诸如信息高速公路等新技术的开发和转移活动。

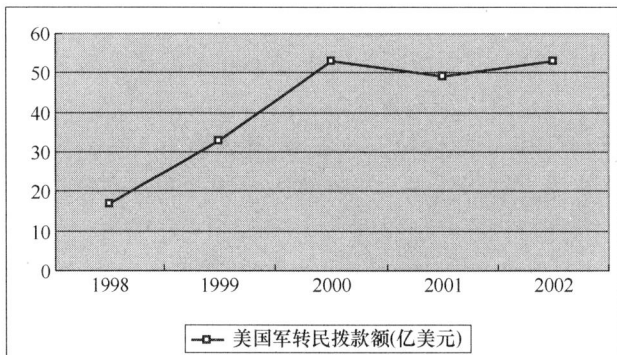

图 6 - 2　　美国 1998—2002 财年军事装备工业军转民计划拨款额示意图

（四）美国军事装备工业军民融合发展的模式选择与评价

　　冷战后，美国军事装备工业转轨与军民融合式发展过程中，主要采用了 3 种模式，这 3 种模式的选择都有成功的经验与失败的教训。

1. "多种经营"模式

　　军事装备工业的多种经营是实现军民融合式发展的一种模式选择，该模式是军事装备工业企业根据政府指导和企业实际情况自主做出的选择。该模式主要内容有：军事装备工业企业通过收购或合并而进入另一个产品领域或市场；军事装备工业企业转变业务特点（如由政府的直接供应商转变为某生产企业的转包商）；在公司内部建立独立的机构以开展新业务（如建立一个脱离主要军品业务而从事民品的开发和生产的独立实体）；利用现有人力和设备，在现有业务部门中引进新产品。在历史上，美国多次的军事装备工业转折时期，都有许多军事装备工业企业选择开展多种经营模式以适应调整形势，尽管失败率很高，但仍然有不少军事装备工业企业多种经营取得成功的例子。例如，通过提供新投资促进内部增长；拓宽新的业务领域；通过重新部署现有资源促进内部增长。通过对开展多种经营的成功企业和失败企业进行比较发现，成功的企业实现商业化的新产品和新工艺的数量是对手的 2 ～ 3 倍，并且以两倍于对手的创新资源和优势产品与对手展开竞争。

2. "卢卡斯"模式

　　军事装备工业的军转民选择比较多的有"卢卡斯"模式。卢卡斯模式最早是由英国卢卡斯航空航天公司采用的一种模式，是指先由职工小组确定公司理想的转型发展方向

---

　　①　贾晨阳. 国防工业企业军转民战略研究［D］. 天津大学,2006:19。

（通常向"社会需要的"产品和市场发展），然后由政府制定整个企业的转产计划。从美国军事装备工业的军转民情况来看，采用卢卡斯模式的成功例证也不太多。主要原因是在这种模式选择中，军事装备工业企业的自我调整战略与政府的产业调整战略不够吻合。军事装备工业企业主要是从自身的资源优势、资产专用性和局限性等因素考虑，企业如何转产或转换更有利，更便于企业生存与发展。比如，有的企业设备和技术都是为生产武器装备准备的，资产的专用性非常强，这些企业就很难转产生产民品。而政府尤其是国防部门主要出于国家安全的考虑，重点关心的是产品的最佳性能（可靠性、稳定性等）是否符合国防建设与军队作战需要，对于军事装备工业企业能否顺利转产民品并不太关心。由于产品性能与产品成本之间存在正相关关系，因而军事装备工业企业的产品通常投资大，设备专用性强，产品种类太有限，市场开拓不够，并且缺乏售后服务。要求这些企业迅速转产民品，开拓商业销售市场，这显然没有任何优势或多大的成功机会。

3．"市场牵引"模式

这种军事装备工业军民转换模式也是在政府引导下，由军事装备工业企业根据自身特点和市场需要的自主选择之一。在"市场牵引"模式下，当某些民用市场有利可图时，企业会主动地转向这些市场，并在这些市场谋求发展，从而最大限度地克服军转民的盲目性。但是，军事装备工业企业要选择这种模式进行军民转换，并取得成功必须考虑自身特点和市场需求状况，进行军品生产与民品生产的综合比较评估后再做决策。因为企业确定的多个民品目标，就不能简单地和某一单项军品相联系，而必须从具体的军品和民品方面进行思考。由于军品生产人员和生产设备具有一定的专用性，通过向军品补充某些新的民用能力并不能实现两用途径，因此，常常需要企业在继续进行军品生产的同时，通过增加人员和设备来拓展民用领域。军事装备工业企业选择走军民融合发展之路，开拓民用商业市场，就要尽可能地发挥军品和民品设计与制造上通用或类似的劳动技能和设备功能。军事装备工业的生产能力，有专用性的，也有通用性的。企业的通用性技能和设备通常被看成是走向民用市场的"核心能力"，当企业使用现有核心能力时，开拓民用市场就最可能获得成功。如卡曼公司成功地将其直升机防震技术的核心能力运用于吉他生产，使其高质量的吉他在市场上享有很高的声誉。尽管美国军事装备工业军民转换多数采取了"市场牵引"模式，但从转型的实际效果来看，由于军事装备工业领域与民用领域存在着巨大差异，以军品为主的企业在军转民方面的成功率往往较低。通常成功率约为20％，近年来上升到35％。对那些原本从事多种经营的军事装备工业企业，也能达到60％～70％。

三、美国大力发展军民两用技术

军民两用技术是指不但可用于研制新的军用产品满足军事需要，也可用来研制民用产品投入市场，或直接用来研制军民通用产品的技术。比如航空、微电子、通信、计算机、材料技术等，这类既可以用于民用领域又可以用于军事用途的技术，统称为军民两用技术。军事技术与民用技术之间本没有不可逾越的鸿沟，且两者在一定程度上是相通的，可以共同促进军事装备与国民经济的发展。因此，大力发展军民两技术，也就成为冷战后美国军事装备工业转轨与军民融合式发展战略的首选。

（一）冷战后美国军民两用技术发展的规划计划

美国为了落实《国防转轨战略》，提出了以开发利用军民两用技术为突破口的军事装备工业军民一体化目标，并进行了认真细致的规划计划，见表6-2。美国颁布了一系列军民两用技术开发利用计划，主要有技术再投资计划（TRP）、两用技术应用计划（DUSTP）、高技术独立研究开发计划（IR&D）、小企业革新研究计划（SBIR），以及技术成果转化倡议（TTI）、启蒙计划等。其中，最重要的计划是"技术再投资计划"，它又包括8项具体计划：①国防两用关键技术合作计划——支持私营企业与国有研究所合作，研究和开发既能满足国防需求又有商业前景的关键技术和工艺；②军民一体化合作计划——支持国防部同高科技公司合作，发展具有市场竞争力和潜在军用前景的两用技术，并使其商业化；③国防先进制造技术合作计划——支持有关公司和国有研究所合作，研究和开发具有广阔前景的两用先进制造技术；④制造工程教育补助金计划——资助大学及其他教育机构发展制造技术教育；⑤制造技术专家授课计划——支持大学中有经验的制造技术专家参与教学和有关培训活动；⑥制造技术推广计划——帮助小型制造企业提高制造技术水平，以满足商业和国防需要；⑦国防两用技术援助推广计划——帮助在经济上依赖国防部资助的企业取得两用技术开发利用能力；⑧地区技术联盟援助计划——支持特定地区的州政府和有关企业合作，开发和应用两用关键技术，并使其商业化。

表6-2　冷战后美国军民两用技术开发利用规划计划情况表

基本概念	目标任务	主要计划	主管部门	关键技术
既能满足军事需要，也可用来研制民用产品投入市场，或直接用来研制军民通用产品的技术手段	通过开发利用军民两用技术促进军事装备工业军民融合与经济增长	技术再投资计划（TRP）、两用技术应用计划（DUSTP）、高技术独立研究开发计划（IR&D）等	国防部所属高级研究计划局（ARPA）和技术转让办公室（OTT）	① 信息基础设施技术；② 电子设备设计与制造技术；③ 机械设计与制造技术；④ 材料和结构制造技术；⑤ 保健技术；⑥ 航空技术；⑦ 车辆技术；⑧ 造船工业基础设施技术；⑨ 先进电池技术

（二）冷战后美国大力开发的关键军民两用技术

克林顿政府于1993年3月宣布了它的《国防转轨战略》和《1993—1997财年国防转轨计划》，其国防转型战略的要点是：支持政府各研究机构同工业界合作，大力发展军民两用技术，推动军用技术商业化，促进美国经济增长，同时，保护美国的国防工业基础，在武器采购中大量采用民用技术，以降低采购费，加速武器发展。军民两用技术很多，转轨阶段美国要优先发展的关键军民两用技术是哪些呢？1993年美国公布的《技术再投资计划》，列出了优先发展的关键两用技术：①信息基础设施技术——包括建立使光纤、电缆、卫星及无线电等通信手段相结合的通信网络、射频和红外无线通信、软件开发及多用数据库，供用户使用；②电子设备设计与制造技术——包括电子设备生产工艺控制、多芯片集成、光电组件技术与制造，以开发顾客买得起的先进电子设备；③机械设计与制造技术——开发一体化设计系统、精密机床与机器人、光学部件制造、激光精密加工，以提高电力机械系统的设计与制造水平;④材料和结构制造技术——开发先进的复合材料和新的成型工艺;⑤保健技术——包括保健信息系统、创伤治疗、生命信息感测和人体化学,把先进的信息技术和电子技术应用于医疗保健,以降低军、民保健费用;⑥航空技术——包括两用推进技术和发动机技术、光传操纵系统、干涉式光纤陀螺、行波管等技术,以及先进材料以及创新飞行器结构设计;⑦车辆技术——开发对环境无害的清洁动力源和车辆系统使用的先进传感器和电子设备及车辆总装技术;⑧造船工业基础设施技术——开发创新的船舶设计、造船工艺和船舶系统技术(如推进系统和辅助系统),以增强美国造船工业在国际市场上的竞争力;⑨先进电池技术——开发便于个人携带的高能电池。美国国防部对这些两用技术开发利用给予了厚望,认为两用技术领域既能满足关键的国防需要,又能大大促进商业产品开发,它将使美国能在今后 10 年,为其军品和民品开辟一个 3 650 亿美元的国内市场和 1 万亿美元的国际市场。

(三) 冷战后美国军民两用技术发展的政策规定

美国在推动军事装备工业转轨与军民融合式发展时,十分注重对兼容性高的军民两用技术的开发利用,除了制定一系列规划计划,给予财政拨款支持和建立健全相关组织机构外,还制定了许多管理政策规定。

1. 鼓励军民两用技术开发转移利用的政策手段

包括给予政府专项资金和各类国防采办合同,以及解决军民合作中的一些特有问题的协议措施。主要有专利许可协议(PLAs)、合作研究开发协议(CRADAs)、使用设施(USE OF FACILITIES)、设备贷款(LOANED EQUIPMENT),提供国防部实验室成果的互联网检索服务(TechMatch)、人员交流、合作中介协议(PIA)、联盟(ALLIANCES)、其他交易授权(OTA)等。其中,鼓励军用技术向民用转移的政策手段有专利许可协议(PLAs)、合作研究开发协议(CRADAs)、使用设施、设备贷款,提供国防部实验室成果的互联网检索服务(TechMatch)等。鼓励民用技术向军用转移的政策手段有军地人员交流、合作中介协议(PIA)、联盟(ALLIANCES)、其他交易授权(OTA)等。从美国军民两用技术开发利用的实际情况来看,通常用得比较多的政策手段是合作研究开发协议,它便于民营企业单位通过与国防实验室签订这种协议来利用国防科技资源,并进入国防项目领域,而使用专利许可协议的并不多。

2. 对军民两用技术成果进行保护保密的政策手段

由于许多两用技术的转移涉及国家及国防机密,美国认为,必须给予严格的保护保密管理。于是,1993 年美国专门颁发了《国家工业安全方案》,对两用技术转移及委托合同的保密管理做出了具体规定。涉及的主要条款有:①承包商的保密资格等级审查。涉密合同承包商必须接受相应安全等级的设施安全审查和人员安全审查,合同招标时会优先考虑高安全等级的承包商,至少应不低于秘密信息的安全等级。拟参与涉密合同的承包商人员还要经过相应等级的人员安全审查(PCL),包括参与涉密合同谈判、投标、报价的员工。非美国人不允许参与涉密合同。②交易行为限制。为防止外国获得敏感技术和秘密信息,秘密信息的国际间转移必须通过政府途径,由国家间对等披露和保护涉密信息。未经联邦政府批准,承包商不得擅自出口。如果承包商欲与外国企业谈判合并、接管等事宜,或准备吸收外国人,需事前向安全审查机构提交报告,由安全审查机构进行反间谍评估和技术转移风险评估。③独立研发中涉密信息的处理。若承包商在独立研发中使用秘密信息,未经书面认可,不得将秘密信息泄漏给其他承包商。如果承包商的独立研发成果整合了秘密信息,应进行派生定密保护。

3. 有关军民两用技术知识产权管理的政策手段

美国还没有颁发专门的国防知识产权法律,有关涉及国防与军事秘密及知识产权保护的案例适用于联邦知识产权管理法律制度。比如,两用技术转移中涉及的国防知识产权问题,都适用于"联邦版权法""联邦采购法案""国防采购法""统一商业秘密法"等法律关于知识产权管理的条款。具体来说,两用技术转移中涉及的国防知识产权管理应遵循以下原则:①高技术采购战略要通盘考虑知识产权问题,保证国防部的核心利益;②尊重和保护私人开发的知识产权,鼓励使用美国专利执行政府合同和转包合同,政府原则上只获得最小必需的权利;③区分并合理利用"可交付的知识产权"(IP deliverables)和许可授权(license rights),允许承包商享有在国防合同中开发的知识产权,政府则得到非排他性的许可授权,包括拥有使用、复制、修改、转让、执行、展示或披露的权利,在有些情况下,政府也可以只获得某种产品,但不拥有该产品的知识产权,包括许可授权,这被称为"可交付的知识产权";④寻求灵活有效的知识产权解决方案。

4. 关于军民两用技术交易中防武器扩散的政策手段

美国认为,有助于军民两用技术开发与贸易的政策虽然成功地打破了军用和民用技术间的界限,却冒着武器扩散的危险。美国希望,一方面能控制那些高新军民两用技术的扩散;另一方面,又想做到既不阻碍商务贸易的发展,也不致于使美国军队的装备技术水平降低。为此,美国政府采取的政策措施是:首先,借鉴控制武器技术扩散的传统做法,即制定商品出口控制清单和对出口对象国进行控制,如瓦琴纳尔(Wassenaar)协议。但该协议的主要问题在于,不能明确分辨谁是美国的真正敌人,也存在着敏感技术交易监控的难题。在军民两用技术交易方面存在着同样的难题,比如,应把哪些国家作为限制出口的对象国,以及哪些技术应被包括在敏感技术清单里的意见并不一致。最明显的例子就是信息技术。信息技术是最普遍的军民两用技术,对大多数国家的军民两用技术政策而言,信息技术是一个基础性的焦点问题。对美国而言,把信息技术排除在出口控制清单之外简直是不可能的,因为信息技术发展变化快、传播迅速而自由,因此,信息技术成为最难以控制的难题,完全不可能列出一个近期的控制清单。其次,实行敏感技术交易清单和报告制度。事实上,敏感技术交易清单和报告制度最大的作用在于,提供了一种机制来跟踪武器技术的提供方及进口国。这种政策的好处在于它能够提供一种报告机制,该报告机制与随后获取的情报结合起来,能够帮助鉴别潜在的威胁和评估进口敏感技术的动机。再次,创新防武器扩散制度和政策来监控军民两用技术交易。在世界经济全球化的背景下,要完全控制技术转让几乎是不可能的。即使美国依赖在武器系统集成方面的相对优势控制技术转让还是不够的,因为美国潜在敌对国也能够在克服困难后获得武器系统集成的能力。因此,必须创新管理制度,认清军民两用技术的开发与贸易同向国外转让军民两用技术与转让纯民用技术之间的区别,使得以国家安全理由对出口进行控制变得有操作性。包括加强对涉及武器生产的厂家的状况和转让军事技术渠道的跟踪评估,控制军民两用技术的国际接触。同时,美国在开发和利用军民两用技术时,也要注重保护美国的军事核心技术。

（四）美国军民两用技术发展的未来展望

冷战后，美国在军事装备工业转换中大力发展军民两用技术，虽然也遭遇了很多的制约因素，包括担心其外泄而导致武器技术扩散的风险，但是，它确实是推动军事装备工业转轨及军事装备工业军民融合式发展的"助推器"，而且也取得了明显进展。因此，可能预料美国军民两用技术发展仍然有着广阔的前景。

1. 美国中小企业在军民两用技术发展中将起到举足轻重的作用

目前在美国，中小企业数量众多，是市场经济的主体。据资料统计，美国100人以下的中小企业占企业总数的97.9%，所有中小企业提供了超过半数的就业岗位，创造了超过45%的GDP，而中小企业的专利发明是大企业的3～5倍，人均技术创新项目是大企业的2.5倍，以单位投入的产出来衡量，是大企业的24倍。而且，中小企业经营机制灵活，创新潜力巨大，抗投资与创新风险的能力可观。比如，美国的IT行业及在纽约纳斯达克板上市的绝大多数企业属于中小科技创新类企业。因此，可能肯定的是，在将来美国的军民两用技术发展进程中，它们的地位仍然非常重要。这在以往的发展军民两用技术的实践中，已经得到了充分的证明。冷战后，美国依靠"技术再投资计划（TRP）"和"小企业革新研究计划（SBIR）"等，在军民两用技术开发利用方面取得了很大成功。由此可见，充分利用市场机制调动中小企业在军用两用技术开发的积极性是很有效的，美国在未来的技术发展过程中依旧会选择这个经济而实惠的办法。

2. 军民两用技术的开发利用将不仅局限于军转民

后冷战时期的前10年，美国把精力集中在了军事装备工业的军转民，试图通过利用军用技术开发民品打入商业市场，以压缩过剩的军事装备产能，引导军事装备工业企业转产，减轻对国防承包合同和国防预算的依赖及国家的财政压力。换言之，在与苏联的军备竞赛中花费大力气研制出来的军事高科技，似乎在冷战后没有太大的用武之地，又不能将它们束之高阁，只能引导军事装备工业企业和研究机构将其运用于民用，转化为民用技术和一般商品。实现这一目标，也需要政府和企业单位的资金、人力和时间的投入。经过10年的努力后，美国政府在2001年宣布军事装备工业军转民的工作已经基本完成。接下来要做的工作不仅是军转民，也包括民转军，即"引民入军"，也就是将军事装备工业融入国家工业体系，建立统一的国家技术与工业基础。因此，在冷战结束的后10年乃至更长时期，美国军事装备工业转轨仍然要走军民融合之路。也就是说，要继续发展军民两用技术。所以，美国的一些有识之士把军民两用技术的核心称之为Beyond Spin - off，即"超越军转民"。显然，这种由军转民转变成军民融合，真正的军民两用技术，不是量的改变，而是质的飞跃。美国的技术发展摆脱了以前单纯为军服务的限制，不仅开拓了原有的技术发展思路，而且更加兼容、军民通用，这也是未来美国军事装备工业军民一体化发展的基本方向。

3. 发展军民两用技术依旧会把"国防实力"放在重要位置

J·D·贝尔纳在其《科学的社会功能》一书中明确提出："实际上，除了19世纪的某一段期间，我们可以公正地说：大部分重要的技术和科学进展都是由海陆军等军事需要所直接促成的。"换言之，许多新的科学技术的发现或发明，都是首先应用于军事领域。或者说，它的发展离不开军事。虽然当今和平与发展已经成为世界的主流，有的时候、有的国家会在技术发展的过程中把商业用途和经济效益放在第一位,而忽视军事效益,但是,美国却不会。因为,冷战后美国的大战略仍然是维持其世界领导地位和世界霸权,这样它就必然要继续维持超强的国防实力,包括维持世界超群的军事技术能力。冷战后,美国发展军民两用技术的根本目的不是为了削弱国防实力,恰恰相反,是为了促进军事装备工业军民一体化而增强国防实力。美国早在提出"两用技术应用计划"时就已经强调,凡是新立项的两用技术项目,重点审查军事应用价值,坚持把军事应用价值放在第一位。凡民用领域中的技术,能够用于军事领域的,应首先加以应用,不需要在"两用技术应用计划"中再立项。2011年2月8日,美军参谋长联席会议发表的《国家军事战略》中,就明确提出要在"打造未来武装力量"层面上强调"网络战威胁",积极发展"网络中心战"及其尖端信息网络与智能技术。因此,其今后在发展军民两用技术方面,仍将会把增强战力和国防实力放在重要甚至是首要的地位。

4. 发展军民两用技术将作为提升军事技术水平的"利器"继续存在

前面已经提到,美国发展军民两用技术的首要目的是为了增强军事与国防实力,其次才是为缓解军事装备工业企业的困境。因为在民间、在商业领域存在着许多可用于军事装备研制的高科技,许多民用企业、研究机构具备研发提升武器效能与军队作战水平的技术力量。退一步说,它们也可以作为很好的军事技术储备力量。未来战争无疑是应用高技术的战争,尤其是信息化战争,武器的先进程度,武器和人的结合水平依然成为今后战争胜败的重要影响因素。而仅靠国防部门或军队,不仅代价高昂,力量有限,而且高科技的研制和生产周期比较长,不可能一蹴而就。美国战后研制的第一代坦克M60型只用了4年的时间,而第二代坦克M1型却用了16年时间。如果没有技术储备,一旦需要新式的高科技武器,在短时间内是不能研制出来的。这就必须要有技术储备。美国前国防部长施莱辛格曾经说过:"我们的保险柜里应该存有10年以后才启用的武器技术,这就是军事优势,为保住这个优势就要进行技术储备。"后冷战时代,在军事思维和技术考虑方面与40年前并没有多大的变化,技术储备的思想并不会过时,否则,美国历届政府就不会始终把"打造未来武装力量"作为国家军事战略的一部分。而发展军民两用技术,就是一个很好的军事技术储备方式。它们有的可以在新式武器系统研制方面立即产生效果,有的即使一时用不上,也可民用,或可作为军事技术储备。因此,未来美国在发展军民两用技术方面,仍然会将其作为提升军事技术水平的"利器"继续存在。

第七章　美国军事装备工业实力与核心竞争力

长久以来,军事装备工业一直是绝大多数国家经济领域中的保护对象。传统观念上,绝大多数国家无论何时,只要有可能,总是更倾向于军事装备工业"经济独立"或者说自给自足,军事装备工业的本土化被普遍地看作是一国国防力量的关键,是全民族的财富,而不是简单地当作产业的一部分。美国对军事装备工业的关注一直是其国防战略中最重要的内容之一,其中,美国 2010 年的《四年防务报告》中,用了整整一节的内容阐述如何增强军事装备工业实力与竞争力的问题。

一、美国军事装备工业的基础与实力

(一)美国军事装备工业的基础

1. 美国军事装备工业发展的历史阶段

美国军事装备工业从诞生到现在已经有 200 多年的历史,历经诞生后的成长阶段、两次世界大战期间的快速发展阶段、冷战时期的扩张阶段和冷战后的转型阶段等四个重要发展阶段,见表 7 - 1。而目前,美国军事装备工业仍处于转型阶段。冷战结束后,全球范围内进入普遍大幅度消减国防预算的阶段,各国的军事装备工业受到了巨大的挑战。美国也不例外,一方面,在信息技术革命和第三次产业转型的推动下,高技术武器装备的研制和生产持续增长;另一方面,国防费缩减,要求军事装备工业改变产业结构单一和过度

表 7 - 1　美国军事装备工业形成发展的历史阶段

四个发展阶段	形成阶段 (领土扩张时期)	快速发展阶段 (两次世界大战时期)	持续扩张阶段 (冷战时期)	转型阶段 (后冷战时期)
基本特征	独立战争、南北战争和领土扩张战争中建立的国有军事装备工业厂与众多私人作坊合作,军事装备工业厂制造成品,私人作坊提供原材料与半成品	私人财团开始参与军火生产销售,并逐步发展壮大成为军事装备工业企业的主体;政府主导,少数国有军事装备工业厂、研究机构和众多私有企业、高等教育机构紧密结合,形成实力雄厚的军事装备工业复合体	政府长期大规模国防投入与巨额军火采购合同,给军事装备工业注入持续扩张动力;大财团把持,政府、国防部门(军方)与国防承包商形成利益共同体,是影响美国决策重要力量	众多国防承包商向少数军火巨头聚集,军事装备工业融入国家工业体系,大力开发利用军民两用技术,走军民一体化发展道路,统一的国家技术与工业基础开始形成
企业规模	国有军事装备工业厂与私人手工作坊并存	从中小型私有企业为主到大型私有企业出现	以大型承包商为骨干的三级企业结构	形成 5 大军火巨头寡头垄断企业集群

依赖国防预算生存的状态,摆脱规模过于庞大而效益低下的困境,并建立军民兼容、反应灵活的军民一体化科技工业基础,既满足国家未来的安全需求,又促进国民经济的发展。因此,美国当前正在通过调整军事装备工业发展战略、政策,制定新的发展规划,改革管理,重组结构与能力,加强国际合作,以形成充满生机、富于创新和竞争力的新型军事装备工业,抓住国民经济和国防基础新的发展机遇。

美国军事装备工业经过冷战时期的扩张及其以后的调整,现在仍保持着相当大的规模,不仅综合实力远远强于世界各个国家和地区,而且覆盖了航空、航天、兵器、舰船、电子、核、信息网络等多个行业,产品范围极其广泛,技术创新能力处于世界超一流水平。

2. 美国军事装备工业发展的基本状况

美国军事装备工业自从独立战争诞生以来,经历了从小到大,从弱到强的辉煌发展史。纵观美国军事装备工业发展史,它既是一部美国成长、抗争与壮大史,也是一部美国争夺世界霸权与维护世界领导地位史,还是一部美国侵略扩张的战争史。经过战争的刺激、冷战的扩张和后冷战的调整,至今美国仍然拥有全世界最大的军事装备工业体系,它是由国防投入约占全球国防总投入的一半支撑起来的,也是美国为保持世界霸权所必需的。从完备性、规模化、技术水平来看,美国军事装备工业依然处于世界领先地位。冷战结束后,美国军事装备工业基础经历了两个阶段的调整:第一个阶段从 20 世纪 90 年代开始,由于以苏联为首的华沙军事集团分崩离析,以美国为首的西方军事集团长期建立的军事能力变得相对过剩,这一阶段的调整改革重在缩减规模,以军转民为主;第二个阶段大致开始于 21 世纪初,由于新军事变革的到来,构建新型作战能力体系的需要,以及美国军事装备工业军民转换的基本完成,促使美国军事装备工业转向军民一体化发展道路。经过这一系列的调整、改革与转型,美国军事装备工业基础不是削弱了,而是更加强大了。据资料统计,到 2001 年,世界 100 家最大的军火生产商中,美国占了 46 家,美国军火公司的武器总销售额占全球总销售额的 60% 以上,占全球武器出口额的 30% 以上,每年与国防部签订主承包合同的军事装备工业厂商大约 3.5 万家,分承包商约 15 万家,从业人员约 300 万人。美国军事装备工业主要涉及航空、航天、兵器、舰船、电子、核、信息网络等多个领域,并且在航空航天、通信卫星、武器系统平台、制导导弹与反导、动力制造、电子信息技术等众多领域拥有绝对优势。除此之外,美国还大力发展军民两用技术,推动建立一个统一的"国家技术与工业基础",通过发展军民两用技术,形成一套较为完备、高效的军民兼容的国家工业体系,使整个军事装备工业实力更强大、更有竞争力。

3. 美国军事装备工业基础的主要特点

(1)军事装备工业门类齐全、技术领先、能力突出。自从二战以来,美国的军事装备工业不仅基础雄厚、规模庞大,而且门类齐全、体系完善、技术领先,武器装备研制生产的能力也是世界一流。这个特点一直保持至今,没有一个国家的军事装备工业能够望其项背。美国军事装备工业能够研制生产当今几乎所有的先进武器装备,尤其是在航空航天、卫星通信、制导反导、舰船、兵器、核以及电子信息等几个重要领域,都处于世界领先地位。这些领域的军事装备技术和民用商业产品,不仅为美国的国防建设与国家安全做出了巨大贡献,也为美国经济尤其是贸易出口做出了巨大贡献。国防产品领域的大企业利用国防部合同研制出高性能武器装备的同时,也掌握了先进的技术,进而开发出商业用途。不仅为保障国家安全提供了物质基础,也为企业自身创造了巨额利润,为国家的经济竞争力做出了贡献。在美国《防务新闻》2000年全球防务产品市场排名中,美国有50家军事装备工业企业进入世界100强,军事装备工业产品销售总额占到这些企业总销售额的63%。据美国兰德公司的研究报告,1998年,世界军用飞机市场上,美国公司占据了55.2%的市场份额,其中,波音、洛克希德·马丁和诺斯罗普·格鲁曼3家公司占到52.4%;欧洲公司的市场份额占29.9%。在世界军用直升机市场上,美国公司更是占据了63%的市场份额,波音和联合技术两家公司就占到了45%。在全球导弹市场上,美国的雷神公司占据销售额的首位。

（2）军事装备工业产业集中度高,企业规模大,盈利颇丰。由于军事装备工业属于资本与技术密集、政府管制与高风险领域,国防产品只有政府一家买主,因此,其市场准入的门槛很高。建国初期,美国的军事装备工业相对分散,主要由众多私人小企业组成。经过两次世界大战,以及随后的不断调整、改革、重组后,其资本逐步由个别私有向机构投资者(财团)控制集聚,企业类型由中小型企业唱主角向大型企业集团的寡头垄断转型,见表7-2。目前,美国在诸多的重要武器系统领域只有几家甚至一家供货商。无论是美国国防部的合同,还是军品外销,都集中于有限的几家军火巨头手中,它们又转包或分包给众多的二级、三级承包商或原材料、零部件供应商,形成很高的产业集中度。这些军火巨头自身收购或兼并了许多中小型军事装备工业企业,作为其配套或武器系统的生产供应商。它们业务范围涉及广泛,跨军种经营,竞争格局减弱,经济效益显著,绝大多军事装备工业巨头主要或完全依赖国防订货盈利。尤其是20世纪90年代以来,美国大

表7-2　美国主要军火公司前三大股东名称及投资占比情况　　　　单位:%

公司名称	股东1	股东2	股东3	合计
洛克希德·马丁	State Street Global Advisors(US)	Capital World Investors	BlackRock Institutional Trust Company	
占比	18.0	11.4	5.0	34.4
波音	State Street Global Advisors(US)	Capital World Investors	Evercore Trust Company	
占比	11.4	9.1	6.9	27.4
通用动力	Capital Research Global Inverstors	Evercore Trust Company	The Vanguard Group. Inc.	
占比	10.4	7.8	5.8	24.0
雷神	Barrow. Hanley. Mewhinney & Strauss. LLC	The Vanguard Group. Inc.	State Street Global Advisors(US)	
占比	7.0	5.2	4.5	16.7
诺斯罗普·格鲁曼	State Street Global Advisors(US)	The Vanguard Group. Inc.	Barclays Global Investors UK Holdings LTD	
占比	11.2	5.2	3.4	19.8
联合技术	State Street Global Advisors(US)	The Vanguard Group. Inc.	Massachusetts Financial Services CO	
占比	11.5	5.4	3.6	20.5

资料来源:但斌.美国军事装备工业研究.新浪博客,2004-06-07

型军火公司通过纵向和横向集成,形成了跨行业、跨地区的国际性军火集团,这些军事装备工业巨头构成了美国的核心工业能力,掌握了美国军事装备工业的绝大部分核心技术。根据2007年度美国《防务新闻》世界国防工业百强企业排名,美国入榜的45家军事装备工业企业收入占到本国国防采办开支的76%。其中,年军备销售收入达到和超过100亿美元的6家巨型军火公司,即洛克希德·马丁公司、波音公司、诺斯罗普·格鲁曼公司、通用动力公司、雷神公司、L-3通信公司,其军品收入总计达到近1 477亿美元,占到45家入榜公司的66%。美国军备收入高度集中在前几位中,主要能力向为数不多的大集团高度集中,导致美国军备市场走向垄断,竞争态势严重削弱,如果以金额计算,美国国防部2/3的合同为非竞争合同。加之,许多武器系统研制成本高、价格相对较稳定,服役的周期较长,这些都为军火巨头带来了长期和可观的经济收益,见表7-3。

表7-3　美国主要武器装备生产与服役时间

产品型号	产品类型	主承包商	服役时间	预订停产时间
B-52	战略轰炸机	波音	1952	1962
C-130	运输机	洛克希德·马丁	1953	
Nimitz-Class	"尼米兹"级航母	纽波特纽斯造船厂	1968	2009
F-15	战斗机	麦道/波音	1969	
F-16	战斗机	洛克希德·马丁	1971	
M-1	坦克	通用动力	1977	
F-18	舰载战斗机	麦道/波音	1983	
C-17	大型运输机	麦道/波音	1991	
F-35	联合攻击战斗机	洛克希德·马丁	2001	
资料来源:美林证券、中信证券研究部等				

(3)中小企业是军事装备工业的基础,数量众多,创新活跃。虽然经过冷战后军事装备工业企业的多轮收购兼并浪潮,目前已经形成了由少数几家军火集团寡头垄断的市场格局,但美国军事装备工业基础仍然是建立在私有制和市场经济基础之上的。中小企业仍然是军事装备工业的主体,它们数量众多,科研创新异常活跃,是武器装备研制生产的主力军。据统计,中小企业发明的新技术占美国全部发明的55%以上,美国70%以上的科技研发项目是由中小企业完成的。随着军民两用技术开发利用计划的实施,中小企业技术产品主要集中在网络与通信、电子元器件、传感器、模拟与仿真、材料及工艺、计算机软件、无人系统、核应用技术、电推进配套技术等军事基础技术领域中,产品越来越多地向武器装备中渗透,成为美国国防采办的重要来源。美国军品生产具有高度的专业化分工,形成了国防合同项目国内外承包合作的格局,主承包商只负责武器系统的设计和总成,而许多半成品或零部件及原材料都外包给二级、三级承包商或供应商,这就形成了一个很长的产业链。这既有利于充分发挥资产专用性的作用,又有力地保证了军品的质量和生产的效率。例如,波音公司负责承包的"民兵"导弹,需要4万多家供应商的支持,有40%~70%的工作量转包给专业的中小承包商去完成。为打破垄断带来的不利影响,推进国防技术创新,美国政府也注重引入市场竞争机制,改革国防采办法规制度,把中小企业视作推动军事力量转型不可缺少的力量,将扶植中小企业作为改善军事装备工业现状的主要

突破口,并取得了较好成效。21 世纪以来,美国国防部着力加强对小企业的组织管理和投入,成立了专项技术创新管理机构。近年来,小企业投入经费更是大幅走高,仅小企业创新研究计划的投入经费,到 2007 年就已经达到 11.7 亿美元。在政府的大力支持下,美国中小企业参与国防研制项目的热情高涨,既是大承包商争夺的对象,也是国防部引进竞争机制、压缩采购经费、提高采办效率的重要"抓手"。

(4) 军事装备工业生产体系扎根于民,军民结合,市场竞争能力强。美国军事装备工业是从私有商业企业起家的,它有寓军于民的基础,虽然在二战和冷战时期曾经一度形成了军民相对分离的生产体系与管理制度,但经过冷战后的调整、改革和重组,尝试建立军民一体化的国家技术与工业基础。在冷战后的调整时期,政府通过国防采办制度改革,以及利用经济杠杆调节军事装备工业需求与供给,降低成本,提高效率,加快军用技术向民用转换,以及军事装备工业转产民品,推动军事装备工业企业充分地利用市场机制,促进军事装备工业内部竞争,提高资源配置效率;降低了采购成本,分散了采购风险;能够以较少的政府投资带动较大的社会资源,把军事装备工业植根于整个社会化大生产的基础之上,并取得了一定的效果。比如,波音公司在 C-135 军用运输机基础上发展出波音 707 飞机,在竞争 C-5 军用运输机项目失败后,波音公司直接将技术用于波音 747。雷神公司的主要产品"警惕之鹰"机场保护系统,既可用于战时机场的保护,也可用于平时机场的安检、反恐等方面。GE 在航空发动机、燃气轮机和大型发电机等领域均保持全球领先的位置。美国通过"军转民",将相对过剩的军事装备工业生产能力消化掉,同时,保留军事装备工业生产的核心能力。在改革阶段,美国则修改了军品采购规格和军用标准,出台国防采购中尽可能利用商业标准的制度,希望通过"民转军"引进先进的生产技术,降低军品的生产成本。在重组阶段,美国政府则大力鼓励企业开发和利用军民两用技术,最终实现《国防转轨战略》中提出的"建立既满足军事需求,又满足商业需求的国家技术与工业基础"的目标,即未来国防供应基础将由三种类型的公司组成:①全盘购买了小公司的或自身进行了创新的"传统国防承包商";②那些已经成长为主承包商的较小的军火公司;③原先不是国防承包商的民间公司。美国国防部认为,军事装备工业转型将促使许多民用企业加入军事装备工业基础,因为国防部门降低了军事合同的准入门槛和限制壁垒,从而使得整个军事装备工业复合体的市场竞争能力也得到了提升。

(5) 军事科技项目合作国际化程度高,风险共担,成果互享。美国在冷战后率先推动了军事装备工业企业相互之间的收购、兼并与重组活动,从而迎来世界军事装备工业并购和全球化的浪潮。美国不仅推动国内军事装备工业企业之间的合并重组,而且也鼓励与国外企业的并购或合作行为。此时,美国军事装备工业呈现出清晰的国际化发展的特点,尤其是与其欧洲盟国的合作。据统计,1999 年美国军火公司共投资 1 540 亿美元收购国外企业,而 1990 年的收购金额仅为 220 亿美元。与此同时,美国军事装备工业企业也大量同国外企业合作进行国防项目的研制生产。最典型的就是由美国在 20 世纪 90 年代初发起的联合攻击机(JSF 项目,现称为 F-35)合作项目,参加该项目的国家包括美国、英国等 10 多个国家。F-35 的主承包商为洛克希德·马丁公司,但项目涉及美国、英国、加拿大、意大利、挪威、丹麦、荷兰、土耳其、澳大利亚等 10 多个国家,洛克希德·马丁公司将 F-35 各个子系统分包给几百家国际供应商,协同研制生产。这种国际合作模式不仅能够整合全球顶尖技术和优势资源,分摊项目失败风险,降低产品成本,而且也为打开国际军火市场,扩大美国军火在国际上的销售提供了绝好的机会。

(二) 美国军事装备工业发展的问题与挑战

美国国防部每年都要组织对军事装备工业能力进行评估,以识别和评价满足当前和未来国防需求的工业与技术能力,评估结果为国防预算制定、技术投资、采办和后勤决策提供信息支撑。尤其是国防部于 2010 年发表的《四年防务评估》报告中明确提出,美国的安全与繁荣越来越多地与军事技术与工业基础的健康状况联系在一起,但美国整体特别是国防部还未对解决当前军事装备工业与国防部未来需求之间的挑战给予足够重视。而美国国防科学委员会根据国防部要求成立的一个负责研究军事装备工业结构转型的课题组,担任课题组长的正是美国国防部负责采办、技术与后勤事务的前国防部副部长甘斯勒,在其发表的一份研究报告中更是明确指出,竞争力和创新精神的钝化已经成为美国大型军事装备工业企业共同面临的潜在威胁,国防部必须及时采取应对措施。报告认为,对美国军事装备工业发展构成的最大挑战来自以下 3 个方面。

1. 来自外部环境方面的挑战

当前国内外安全环境的巨大变化无疑是美国军事装备工业必须面对的新挑战。美国的军事装备工业基础正处在一个关键时期,压缩规模、调整结构和重组企业是其主要任务。而"9.11"事件极大地改变了美国的安全环境,既有地缘、技术、商业上的变化,也有美军面临的威胁、任务和作战方式上的变化。这些问题都需要全面分析和认真对待,而美国的军事装备工业是否还需要压缩规模、减少投资,这些都需要重新评估。对美国而言,国际恐怖主义、亚洲国家军事经济实力的快速增长、俄罗斯的重新崛起、包括核武器在内的大规模杀伤武器扩散威胁增加、跨国犯罪、地区冲突等问题,都是当前的关注重点,这要求美国保持超强的军事实力,特别是军事装备工业实力。各种冲突和威胁形式多样且不可预测,而美国的敌人又往往有出其不意的举动,给美国造成了更多的威胁。美国军事装备工业必须客观认识并有效应对这些外部环境的变化,随时满足当前及未来国家安全与军队作战对装备及技术的需要。而军事装备工业如何适应未来国家安全与军队军事能力需求,尤其是在全球化环境中军事装备工业自身如何求得生存与发展? 在世界新军事变革的大背景下,要确保美国的绝对安全,必须建立符合信息时代对抗特征的网络中心化联合作战能力,这将成为美国新军事能力的核心。从客观上讲,新的军事能力体系要求军事装备工业基础的结构和能力不断做出适应性调整;从主观上讲,美国制定新的国家安全战略,其中一个重要目的是引导军事装备工业基础清晰地理解未来军事需求,主动做出适应性调整。如何增强全球化态势下军事装备工业基础在全球市场上的竞争力,以及如何处理好全球化给军事装备工业能力和安全带来的负面影响,这是美国军事装备工业要面对的两个重要问题。

2. 来自军事装备工业未来供需关系变化的挑战

换言之,它也是国防部与军事装备工业之间关系面临的挑战。美国军事装备工业的发展与美国国防部密切相关,作为买方,美国国防部的相关政策、计划和管理体制对军事装备工业有着最直接的影响。美国的现行政策和发展趋势并不利于美国军事装备工业的良性发展,当前,美国国防部与军事装备工业之间的关系,即装备用户与供应商之间的关系,还是冷战时期遗留下来的模式,下述事实势必使这种关系面临很多挑战:在军事装备工业基础的未来构想方面,美国提出要建设"适应军事转型的国防工业结构",这表明,如何使工业基础与未来军事能力需求相适应,成为美国面临并着力加以解决的一个核心问题。此外,由于国防预算的变化,用于装备研制采办的资源被转移到人员、作战和国土安全上,国防开支的前景和计划极不明朗。例如,20 世纪 90 年代的军品采购金额下降了50%,而在 21 世纪的头 10 年间,军品采购量又翻了一番,而随后美国政府又宣布将在未来 10 削减国防预算近 5 000 万美元。武器装备需求规模的降低,给美国军事装备工业带来了风险。面对这种情况,最为现实可行的选择是:一方面,在国际国防市场攫取更大的军事装备工业出口份额;另一方面,防止本国或本地区军备市场被外国供应商大量占据。在全球竞争的压力下,近年来,美国国防部开始意识到,诸如出口管制一类制度,对本国军事装备工业基础的生存和发展存在着不利影响,从而使其一贯立场出现松动的迹象。如何适应全球化市场的发展,成为美国军事装备工业基础面临的另一个主要问题,并成为促进军事装备工业基础转型和调整的中心议题之一。从美国政府及军队方面来看,21 世纪的美国军队需要设计上有创新、经济上可承受,且同时能够快速获取的武器、系统及服务,而美国政府相关的政策、做法和程序,对其研发、部署和保障无法起到促进作用。虽然国防部为常规的高强度战争做了充分准备,却没有在装备上为下个 10 年中可能发生的冲突做好军事准备。国防部在相关军事技术上已经不享有实质性的垄断了。而更让美国担心的是,很多关键技术来源于民品市场,而且往往来自国外。可以想象,未来的敌军可能会积极而迅速地利用各种渠道获得相关军事技术,以发展和部署不对称的、极具破坏性的战术和武器。也就是说,敌人花销数百万美元能做到的事,美国就要斥资数十亿美元来应对,这样的失衡是美国负担不起的。况且,美国国防部现有的采办周期过长,费用过大,缺乏灵活性,难以适应未来不断变化和不可预测的各种需求,而现有的管理体制也使得国防部作为买方过于依赖卖方。对于美国军事装备工业未来发展而言,无疑将面临更多的不确定性。

3. 来自军事装备工业体系与运行机制的挑战

自冷战结束以来,由于国家安全战略的重大调整,以及国防预算大幅削减,美国的军事装备工业政策发生很大变化,军事装备工业体系和运行机制也随之发生了重大变化。客观地说,经过冷战以来的调整改革,美国军事装备工业体系得到完善,运行机制也有所健全,成绩是主要的。但与美国政府的要求还存在着一定差距,从居安思危的角度看,确实还有许多不足,将要面临的挑战也不少。美国政府对其军事装备工业基础提出了很高的期望,但就其体系与运行机制而言,确实存在很多问题。主要体现在以下两个方面:自20 世纪 90 年代初,军事装备工业企业就开始大规模兼并重组。10 年后的今天,原有的50 多家主要国防承包商整合成了现在的波音、诺斯罗普·格鲁曼、雷神、通用动力和洛克希德·马丁 5 家超大型军事装备工业集团,它们对 40% 多的国防采办预算拥有实际的决定权。美国国内担当国防主承包商职责的大型工业公司出现了大幅度缩减,少数几家军火巨头占据了美国国防装备的半壁江山。在许多技术领域,二、三级供应商的数量也只保留了一两家,导致美国的军事装备工业市场的竞争不充分,军事装备工业基础缺乏创新活力,经营机制较僵化,运行机制也不够健全。少数通过合并而成的"超大供应商"拥有了更大的国防采办合同承包权力,使这些公司有更大的动力去追逐利润,而且盈利方式主要依靠现有项目,而非通过创新改善产品功能或开发替代型子系统。未来国防预算的下降将迫使国防承包商采取相应的应对策略,如:寻求市场出路,进一步地联合,限制投资规模。这些策略可能有益于股东,但很可能与作为买方的国防部的利益背道而驰。有迹象表明,与过去相比,大型军火公司的创新性活动将减少。而更让国防部门担心的是,经历了大规模兼并融合后的军事装备工业体系里是否存在足够的竞争。与此同时,在新军事变革的背景下,越来越多的新技术和新技术方案的采用,日益暴露出的一系列技术风险,引起美国武器装备研制采办过程中愈来愈严重的"拖、降、涨"现象。此外,美国军事装备工业还面临不能有效利用民用市场和全球市场的问题。例如,美国国防部项目的绝大部分主承包商分布在美国国内,在 2005 财年,美国国防部授予国外供应商所需物品零部件的合同总额约 19 亿美元,不到国防部合同总额的 1%。另外,美国武器装备出口管制在全球某些市场上影响很大,这会削弱原本处于领先地位的美国军事装备工业的整体竞争力。

(三) 美国军事装备工业的实力

1. 美国军事装备工业实力的总体概述

根据瑞典斯德哥尔摩和平研究所统计,2012 年世界各国军事支出总计 17 530 亿美元,占全球 GDP 总量的 2.5%。其中,美国军事开支为 6 820 亿美元,占其本国 GDP 的 4%。美国的军事开支占全球总额达到 38.9%,遥遥领先英国、法国、德国、日本、俄罗斯等其他军事强国。由于冷战的积累和小布什政府时期奉行的武力干预政策,使得美国国防预算连年增长,导致财政赤字巨增。2008 年,奥巴马政府上台以后,开始着手从伊拉克撤军,调整美国的国内外政策,包括国防与军事装备工业发展政策,要求把促进经济增长放在重要位置,开始压缩军事开支。2011 年末,美国财政控制法案获得美国政府和议会通过,依照该法案,未来 10 年美国将压减国防预算合计 4 870 亿美元,平均每年约压减 500 亿美元。这就意味着,未来美国的国防采购与研发预算也随之下降,其军事装备工业未来的增长空间将受到限制。2014 年 3 月 4 日,美国国防部公布了 4 960 亿美元的 2015 年国防预算,它比 2012 年的预算整整少了 1 860 亿美元。当然,2015 年的预算中不包括作战与反恐等活动经费。该预算法案计划削减军队人员和装备,发展更加全面的全球作战能力,以更加精简的军队实施美国的全球战略,包括"亚太再平衡"战略。从此次公布的国防预算来看,美国降低国防开支的意图比较明显。从长期来看,美国依靠军事实力支撑其世界霸权的战略意图不会改变,压缩军事开支法案能否坚持下去仍有待观察。与此同时,美国坚持发展和维持其超群军事装备工业实力的基本策略是不会改变的。

美国的军事装备工业实力仍然是世界第一,而且远远超过包括俄罗斯在内的所有国家。就其产业规模、体系门类、企业竞争力、资本实力、研发能力、技术水平和管理水准而言,都是世界一流,而且与其他国家的优势差距还在继续拉大。从所有制上看,美国军事装备工业包括国有和私有两大部门,但主要以私营企业占主导地位,并仍将进一步推进私有化。在美国军事装备工业体系中,核心力量是处于主承包商层次的大企业。这些企业多是跨专业领域的私营企业。美国军事装备工业属于典型的资金密集和技术密集型行业,科研投入所支撑的强大科技优势,奠定了军事装备工业的产品优势。现在,美国军事装备工业仍是世界上规模最大的军事装备工业体,其年军事装备工业产值高达 2 000 亿美元,约占美国 GDP 值的 2%,有超过 100 万的人口从事军事装备工业,而与军事装备工业相关产业占到美国国民经济部门的 2/3。2001 年,美国的军事装备工业产值约 2 000 亿美元,约占全球军事装备工业总产值的 60%,国防 R&D 经费高达 393.4 亿美元,远高于其他国家。世界军贸市场出口的占有份额主要分布在美国和英国、俄罗斯、法国等几个国,但美国远超他国。在全球 60 多个参与世界军事贸易的主要国家中,美国占了全球军贸出口总额接近一半的份额,除了欧洲的俄、英、法、德、意和亚洲的以色列等国占了一小部分外,其他 50 多个国家所占的份额则不到 12%。美国军事装备工业实力主要体现在基础,即强大的军事装备工业复合体身上。

2. 美军军事装备工业实力的主要体现

（1）让世人惊叹的航空航天实力。在美国军事装备工业所包括的几大产业部门中,航空航天业的产品、产值、雇员数量都占据着最大份额,其技术水平也稳居世界第一。美国《航天新闻》周刊 2010 年 8 月根据 2009 年世界航空航天企业的销售情况,发布了新一轮世界航空航天 50 强企业排行榜。其中,美国有 30 家企业上榜,比上年增加 3 家。欧洲有 13 家企业上榜,比上年减少 4 家。亚洲仍是 4 家企业上榜,日本和以色列各占 2 家。另外,加拿大有 3 家公司上榜。表 7 - 4 中列出了 2010 年世界航空航天前 10 强的企业,其中,美国的企业占了 8 家,在名次排行上,洛克希德·马丁公司连续 4 年名列榜首,波音公司则连续 4 年位居第二。

表 7 - 4　2010 年世界航空航天前 10 强企业　　　　　　单位:亿美元

排名	企　业	国家	2009 年防务销售额	2008 年防务销售额	2009 年总销售额	2008 年总销售额	2009 年排名
1	洛克希德·马丁 (Lockheed Martin Corp.)	美国	109.00	107.00	451.89	427.31	1
2	波音公司 (Boeing)	美国	73.1	71.30	682.81	609.09	2
3	EADS 公司 (EADS)	欧洲	68.78	61.47	613.73	620.08	3
4	诺斯罗普·格鲁曼公司 (Northrop Grumman Corp.)	美国	60.10	58.05	337.55	323.15	4
5	雷神公司 (Raytheon)	美国	46.09	44.05	248.81	231.74	5
6	高明公司 (Garmin)	美国	29.46	34.94	29.46	34.94	6
7	泰勒斯·阿莱尼亚航天公司 (Thales Alenia Space)	欧洲	29.02	28.90	29.02	28.90	7
8	计算机科学公司 (Computer Sciences Corp.)	美国	23.00	19.00	161.00	167.40	8
9	联合太空联盟 (United Space Alliance)	美国	18.17	17.77	18.17	17.77	9
10	L - 3 通信公司 (L - 3 Communications)	美国	17.00	15.00	156.00	149.01	11

（2）无人企及的信息网络技术。美国的军事装备工业企业有上万家,其中约65%的企业是从事军事电子并兼营民用电子业务的企业,这些企业所涉及的领域包括通信、舰艇、航空航天等多个领域。早在2004年伊拉克战争时期,美国前国防部长拉姆斯菲尔德就表示:"美军未来武库中最有威力的武器并非这些'钢铁巨兽',而是将士兵、情报、武器系统融为一体的战争网络。"而随着美国提出"网络中心战"的概念及规划计划以来,美国军事装备工业企业更是干劲十足,在信息技术和网络攻防领域都做出了当今世界无人能够企及的许多成就。这从美国政府现今公布的信息,以及还没有正式公布而被美国安全局前雇员斯诺登揭密的信息中也可见一斑。

（3）政府积极推动的军民融合进展。现今还没有哪个国家的军事装备工业具有美国这么高的军民融合程度,可以说,美国的军事装备工业已经深深植根于国民经济之中,成为国家技术与工业的基本组成部分,这也是其具有超群实力与竞争力的重要体现。美国会、政府,尤其是国防部门通过制定法律、修改军用技术标准和国防采购制度,出台军事装备工业转轨和军民一体化战略、规划计划,以及给予资金支持等一系列政策措施,形成了政府主导,军事装备工业企业、研究机构、高等院校积极配合,以及军事装备工业转产、多种经营、市场牵引等模式,包括军事装备工业军民转换和开发利用军民两用技术等,都取得了显著进展。美国发展军民融合及两用技术都采取了政府与企业共担风险、共享成果的方式,从而使资金、人员、技术、设备等资源得到优化配置,并带动了民用工业的广泛发展。美国发展军民融合及两用技术的重要举措就是支持政府、研究机构与工业界的合作,引导企业进行运行机制改革,包括生产方式的改革。从而促进企业的运行机制在适应信息化发展和市场经济的商业模式方面不断调整,也使美国整个军事装备工业基础得以完善,企业实力与市场竞争力都得到极大提升。

3. 美国军事装备工业实力比较

美国是全球最大的军事强国和军事高新技术与武器装备最重要的发源国,代表了军事装备工业的最高水平和最强的综合能力。2001年,美国的军事装备工业产值约2 000亿美元,约占全球军事装备工业总产值的60%,国防R&D经费高达393.4亿美元,从业人员超过100万人。苏联解体后,俄罗斯继承下来的军事装备工业经过长期的衰退、复兴与重振,也难以与美国的军事装备工业相抗衡,其他国家的军事装备工业实力与美国相比差距更大。加拿大的军事装备工业也比较发达,但还没有一家军火集团能够进入世界军事装备工业企业的10强行列。世界军事装备工业大型企业主要集中于北美洲和欧洲、俄罗斯等少数几个军事强国。北美洲的7家大企业全部在美国,其中的2家是全球规模最大军事装备工业企业,即波音公司和洛克希德·马丁公司。世界军火百强企业中有88%在北美和欧洲,其中半数以上共51家在美国。目前,全球有近60个武器装备出口国,每年武器装备的军贸总额在300亿~400亿美元。世界军贸市场出口的占有份额主要分布在美国和俄罗斯、英国、法国等几个国家。其中,全球军贸出口总额接近一半的份额在美国,40%以上的份额在俄罗斯及欧洲的英、法、德、意和亚洲的以色列等国,其他50多个国家的份额则不到12%。从表7-5可以看出美国1992—2009年军事装备工业出口的金额及所占世界总出口的份额,从中不难看出,近20年来美国的军事装备工业出口总额年均占世界出口总额的30%以上,个别年份甚至超过60%。

表7-5　美国军事装备工业出口在全球市场份额的变化情况表　　　单位:亿美元

年份	世界军事装备 工业出口总额	美国军事装备 工业出口总额	占世界军事装备工业 出口总额的百分比
1992	239	141.87	59.36
1993	319	142.70	44.73
1994	321	120.29	37.47
1995	369	109.72	29.73
1996	399	154.1	38.62
1997	248.32	165.37	66.60
1998	233.25	164.82	70.66
1999	303	175.58	57.95
2000	249	142	48.30
2001	264	121	45.83
2002	291.4	136	46.67
2003	256	145	56.64
2004	370	186	50.27
2005	205.57	111.53	54.25
2006	254.28	115.49	45.42
2007	254.43	125.29	49.20
2008	227.68	118.28	51.95
2009	226.40	125.21	55.30

资料来源:①SIPRI武器转让数据库;②美国国家安全合作署

二、美国军事装备工业的核心竞争力

(一)美国军事装备工业核心竞争力的形成

1. 企业(行业)核心竞争力的一般原理

早在20世纪80年代,随着全球第三次产业结构大调整,发达国家中的很多企业面临国际市场竞争加剧,竞争环境日益复杂,全球经济一体化进程加速的挑战,为了追求更低的成本或者开拓新的市场,这些国家的很多企业纷纷制定国际化战略。在这样的经济背景下,这些企业或行业无不例外地提出了核心竞争力的概念。但至今学术界对于什么是核心竞争力并没有一个统一的定义。一般而言,核心竞争力就是指能为企业(行业)带来相对于竞争对手的竞争优势的主要资源和能力。但是,有些学者也提出了一些自己观点:潘汉尔德和哈默(1990)认为,核心竞争力是指组织中的积累性知识,特别是关于如何协调不同的生产技能和有机结合多种技术流派的知识;D·福克纳和C·鲍曼指出,核心竞争力是公司专有的、优异的,扎根于组织中的和适应市场机会的,更有可能实现可持续的竞争优势,获得超过平均利润水平的一种复合型、整体性的能力。由此可见,核心竞争力是反映或评价企业(行业)实力或市场表现能力的重要指标,它包含3个关键性评价指标:①它对顾客是否有价值? ②它与企业的竞争对手相比是否有优势? ③它的关键技术或产品是否很难被模仿和复制?

经过研究和比较分析,一般认为,能够构成企业核心竞争力的资源主要有:企业拥有的竞争性优势资源,即能够帮助企业利用外部环境中的机会、降低潜在威胁并建立竞争优势的资源,如地理位置等;企业占有的稀缺资源,资源越是稀缺,越能满足消费者的独特需求,从而越有可能变成企业的核心竞争力;企业拥有的不可被模仿的资源,如果一种资源是竞争对手很难模仿的,那么它所创造的价值是无限的,包括关键技术、企业商誉等;企业拥有的不可替代的资源,如技术专利和资产专用性等,这种资源所创造的价值不是眼前就能得到的;企业拥有的持久的资源,如创新团队和持续的创新动力等。

综合起来,核心竞争力主要表现在3个方面:一是足够胜过对手的企业(行业)特有能力、资源、机制等,具体包括关键技术、专有的生产线、优秀的管理人才、能征善战的员工、独有的研发能力和科研能力、优秀的管理模式和企业文化等;二是能够把各种资源与要素整合起来的企业家,以一两个关键要素为主导,把若干要素有机地结合,集中有效能力、关键能力,消除多余、落后、无关职能,实现企业重组、业务流程再造的综合能力;三是精明强干又善于管理的主体,包括政府有效的宏观调控,企业家的高效管理与较强的企业凝聚力,尊重员工人格和创造精神。而综观美国军事装备工业及企业,可以说它们拥有这些条件或要素。

2. 美国军事装备工业核心竞争力的形成

美国军事装备工业核心竞争力是指美国独有的、与其他国家不同的,竞争对手在短时间难以模仿的资源和实际能力。美国军事装备工业核心竞争力的取得,是从南北战争开始逐渐积累,经过一战和二战的快速成长,到冷战时期军备竞赛的快速发展,尤其是在冷战后经过多轮调整、改革与重组之后巩固起来的。这些核心竞争力,是其他国家难以超越的巨额优势财富。先进的指导思想、雄厚的资本、成熟的产业链条、丰富的专业人才、完备高效的研发体系、潜力巨大的武器装备市场,这些都是美国军事装备工业的核心竞争力的重要体现。而形成美国军事装备工业核心竞争力的因素是多方面的,最突出的原因有以下几方面。

首先,美国政府明确而长期的战略规划和具体指导,以及完整配套的法规制度和成熟的管理措施是关键。美国自从独立建国以来,就制定了强国扩张的国家战略和军事战略,将军事装备工业作为国家安全与军事战略的重要组成部分,进行明确而长期的规划计划,并采取各种切实可行的措施加以推进,包括军事装备工业基础的建设,而且国防投入巨大,国防采购推动力很强。由于后来美国政府奉行世界霸权的全球性国家战略,其军事开支长期高居世界第一,其军事开支的主要部分是用于军事装备采购与武器研发,以支撑其国家战略和对外军事行动。

其次,美国建立在私有制和发达市场经济基础之上、且寓军于民的强大军事装备工业基础是其他国家难以比拟的。美国是发达的资本主义国家,而且自第一次世界大战后就取代英国成为世界工厂,又通过参与两次世界大战,大发战争之财,也从此建立了坚实而强大的军事装备工业和国家科技工业经济基础,聚集了世界上最丰富的高级人力资源,从而在物资和人力基础两方面绝对地居于世界之首;美国又是世界第三次产业革命和新技术革命的策源地,借助这难得的契机造就了其信息产业、飞机制造业、微电子产业、汽车产业等都具有超群的国际竞争优势。

再次,美国利用其成熟的市场经济机制和大量的民营企业优势,在政府的主导下建立了军民融合程度非常高的军事装备工业。尤其是冷战后,在美国政府主导下,国防部门、军事装备工业企业、科研机构和高等院校积极配合,主动参与,经过多轮调整、改革、重组工作,其军事装备工业已经植根于民,形成了国家统一的技术与工业基础,其大力开发利用两用技术、实行多种经营和市场牵引的军民转折模式,也是其他国家难以比拟的。美国政府积极鼓励和推动军事装备工业企业进行国际合作,开拓国际军火市场,利用外国资本和技术发展高精尖武器装备,又通过发动战争或军事行动,试用或推广其先进武器装备,所取得的世界声誉也是其核心竞争力的重要体现。美国军事装备工业的国际化程度高,而军备销售的国际市场竞争力非常强,这是有目共睹的。自二战以来,美国的军事装备工业出口长期居世界前列,非常重视以出口刺激军事装备工业发展。军品的研制生产几乎是在全世界范围配置资源,许多项目都有众多的发达国家,其至一些发展中国家和地区参与。当然,也是为了更好地将其推向国际市场,取得巨大的军事经济效益和地缘政治优势。

最后,美国政府对军事装备工业的管理制度完善、机构齐全、管理方法也相当娴熟,在世界上最具典型性,也是其核心竞争力不可或缺的要素之一。美国军事装备工业管理法规体系包括法典、法案、法律、地方法规、国防部条例和军种制度等,相当完善又配套;其管理体系更是包含了国会、总统、国防部、军事装备工业协会等。不仅有专门的军事装备工业管理机构,而且通过政府采办体制引导军事装备工业和武器装备的发展;而管理方法更多地是采取政府引导与市场调节相结合,取得了较好的效果。

3. 美国军事装备工业核心竞争力的特点

(1) 美国国会、政府与军事装备工业企业组成了严密的"铁三角"。美国的军事装备工业管理体制主要分为3个层次:国会与总统→联邦政府(主要是国防部)→军事装备工业科技行业协会(由众多军事装备工业企业组成)。国会是美国最高立法机构,负责审批军事装备工业建设发展法规和国防预算。总统为军政首脑,负责制定国家安全战略和下达国防建设决策指示。联邦政府部门特别是国防部,作为军事装备工业和采办主管部门,负责根据国会核准的预算和总统下达的指示,编制国防政策指南、军事装备工业调整与改革战略规划、领导全军科研与装备采办工作,并就核武器和航天兵器事宜分别同能源部和国家航空航天局等政府部门进行会商、协调。军事装备工业协会则代表军事装备工业企业与国防部和其他联邦部门合作,在国防部统一领导下分别负责协调国防部与军事装备工业企业的关系,实施和管理各自的武器研制采办计划。此外,从美国的所谓民主选举和政治献金制度分析,国会、政府和大型军事装备工业企业之间也存在着密切的依存关系。军事装备工业的选票和献金对于许多国会议员、政府官员,其至是总统都至关重要。一方面,国会通过的法案和政府国防采购政策决定着军事装备工业企业的未来;另一方面,强大的军事装备工业集团也能够主动影响国会立法和政府的决策,实现自身的利益。众所皆知,在历次的总统大选中,美国军事装备工业企业都会向候选人提供竞选资金,其中,波音公司和洛克希德·马丁公司等军火巨头都是捐款大户。大型军事装备工业企业甚至拥有可以左右总统命运的强大政治势力,它们对美国政治生活的影响主要是通过"政治献金"和不断游说国会、法院、行政当局、各行政机构或州和地方政府来实现。相比于一般商业行业或企业,军事装备工业集团在游说和影响美国重大决策和政治生活方面更加强势,也就比其他行业或企业更具有竞争力。

（2）美国军事装备工业复合体拥有最前沿的技术水平与持续的创新动力。美国的军事装备工业复合体由上万家军事装备工业企业（核心是几家大型垄断企业）和几十家科研机构为主体。科研单位、工业界和大学是美国武器研制生产体系的三大支柱。军内外科研单位主要从事应用研究和先期技术发展,大学主要承担基础研究,工业界主要承担武器型号的工程研制和生产。由于军事技术和武器装备均涉及国家安全,企业主要和美国国防部打交道,处于非完全竞争的市场,而政府又给予大量的国防投资和竞争性采购与科研项目合同,这就形成了军事装备工业集团得天独厚的技术开发与应用的优势。军事装备工业高度依赖技术,是技术与资金密集型行业,而美国又是世界第三次产业革命、新技术革命和新军事变革的发源地,并热衷于世界称霸和武力干预国际事务,许多先进技术都最先用于军事或作战,造就了美国军事装备工业复合体能够拥有世界最前沿的技术,研制生产世界最先进的武器装备,并激励其保持持续的创新动力。美国生产的所有武器平台,无论是飞行器还是武装车辆,都集成了世界最前沿的技术,这也意味着研发支出在军事装备工业企业支出中占很高比例。冷战结束后,世界主要军事大国,包括美国在内开始削减军事开支,国际军火市场出现萎缩。在这种情形下,美国为保持军事装备工业的技术领先地位和绝对优势,一方面,优先保证对于技术研究与开发的投资,使美国继续在电子技术、生物技术、制造和工艺技术、先进材料技术、软件技术等关键技术领域保持优势;另一方面,美国又通过"军民一体化"和两用技术投资计划,将相对过剩的军事装备工业生产能力消化掉,同时保留军事装备工业生产的核心能力。美国通过实施"民转军"计划,引进国内外投资和先进的生产技术,既降低了军品的生产成本,又保持了军事装备工业和军事装备工业企业的市场竞争力。

（3）美国特殊的采办制度促使军备生产既有垄断又有竞争。冷战结束后,美国面临着国防开支包括军备采购开支减少,军事装备工业生产规模萎缩,产能严重过剩,以及国际军火市场迅速萎缩的势,为此,美国调整了军事装备工业发展战略和国防采办管理制度,主要是通过压缩军事装备工业规模、军事装备工业企业合并和重组、军事装备工业转产和军民转换,以及修改采购制度和军用标准等措施,减少国防承包商数量,形成以洛克希德·马丁（LMT）、通用动力（GD）、雷神（RTN）、诺斯罗普·格鲁曼（NOC）和波音（Boeing）5家主承包商为骨干,众多分承包商和供应商为主体的,既是寡头垄断又有相互竞争的军事装备工业格局,以适应压缩的国防采购经费,还能保证在降低采购成本基础上获得技术质量可靠的武器装备和军事服务。经过20世纪90年代以来的并购与重组,美国军事装备工业企业史无前例地向高度集中的方向迈进,5大军事装备工业集团几乎垄断了五角大楼的订单,军事装备工业生产的集约化程度达到空前的高水平,寡头垄断的态势得到进一步强化。同时,美国国防部又采取市场化法则和竞争性合同,引导军事装备工业企业之间展开相对的竞争。美国军品采办计划大部分是由政府通过与企业订立采购合同的方式形成军品承包订货,少部分通过采购招标的方式来实现。一般说来,竞争可节省计划采购费用20%～50%。竞争的目的不完全在于降低费用,很大程度上还在于提高武器质量和生产效率。美国防部还通过改进军品采办流程来引入竞争:一是武器系统设计阶段的竞争,由两家以上的厂商拟定设计方案,选择其中一种或多种方案进行试制。竞争从方案拟订阶段开始,经过验证阶段直到工程研制阶段,其目的是通过竞争、验证样机性能,以选定生产合同商。二是重大系统设计阶段的竞争,一般到工程研制阶段为止。如 2001 年洛克希德·马丁公司与波音/麦道公司在美国新一代联合战斗机选型上展开竞争就是最典型的案例(洛克希德·马丁的设计为 F－35 方案,波音的为 X－32B)。三是武器系统生产阶段的竞争,由两家以上厂商投标,获取全部或部分生产合同。竞争的结果,或是由获胜者包揽一切,或是由两家企业联合生产。而在武器系统的其他各低级层次的分承包或外包,则由中标的主承包商自行决策,政府基本上只进行进度和质量的监管。

(4) 美国军事装备工业企业能够得到政府稳定的投资与高额利润。由于军事装备工业属于国家安全与军事战略的重要组成部分,其最终产品与技术性能关系国家安全与军队战斗力,因此,美国政府一直给予特殊关照和扶持,不仅长期给予巨额稳定的国防投资,而且每年花费将近 2 000 亿美元进行军备采购,还出面向国际市场推销美国军火,使得军事装备工业企业能够得到高额的利润。军事装备工业企业生产的是特殊的产品和技术,也是特殊的商品。武器装备很大程度上决定了战争成败以及伤亡人数,有时甚至能改变战局和政治走向,因此,美国政府必须给予特殊的照顾。美国国防部 1985 年的一项研究表明,在过去 10 年中,军事装备工业企业的投资利润比民品企业大一倍。海军对最大的20 家承包商的分析研究表明,军事装备工业承包商的平均利润为 24% ,而民品企业的平均利润只有 12% 。所以,美国许多企业,不管是传统的军事装备工业企业还是从未涉足军事装备工业的民用企业,都想挤入军事装备工业来分享这块巨大的军品利润“蛋糕”。

(二) 美国军事装备工业核心竞争力的表现形式

1. 超群的战略思想的指导

自从独立建国后,美国就确立了与众不同的国家战略,第一次世界大战后,美国制定了争夺全球霸权的“大战略”,特别是第二次世界大战后,美国制定了超级大国的全球战略。因此,美国对于作为国家战略和军事战略重要组成部分的军事装备工业,更是精心规划与倾力打造。冷战结束后,美国的决策者越来越认识到,没有哪个国家拥有结束美国“单极世界”的物质实力和政治意愿,但它仍然要防范于未然,并提出了要“同时打赢两场高技术条件下的局部战争”的战略思想。“9. 11”事件之后,美国更是提出了“内外并重,本土安全优先”的防务理念和“绝对安全”大战略思想,以及“先发制人”的军事战略。在这些超群战略思想的指导下,美国政府全力支持军事装备工业企业规模空前的购并整合,通过加速结构调整,优化资源配置,以增加军事装备工业产业的整体力量。美国政府还通过放宽军事装备工业贸易政策,扩大军火销售额,为其军事装备工业重组获取启动和运作资金。美国国防部每年向国会提交一份《年度工业能力报告》,其中集合了当年国防部对所有军事装备工业能力评估的意见和建议,以及国防部为促进军事装备工业能力提升所采取的措施。美国政府的目的是通过有针对性地开展工业能力评估,掌握军事装备工业装备开发与制造能力状况及未来潜在技术的开发能力,及时发现问题并采取补救措施,促进军事装备工业基础的良性发展,为美国研制和制造世界一流的军事装备与技术提供充分的保证。

随着信息时代的到来,美国又提出了“基于能力”“概念驱动”“模块化部队”“联合训练”“全谱作战训练”等新军事战略思想,要求以作战能力需求牵引军队的建设和发展;要求把国防与军队建设战略规划纳入国家决策范畴,由联邦政府统一筹划;要求把军队建设的着眼点放在"看得见""连得通""传得快""打得准"上;要求在战场感知、指挥控制和精确打击3个职能领域实现无缝隙链接,共享情报信息,最终形成信息优势、决策优势和作战行动优势。鉴于信息技术被广泛用于军事领域,作战样式和战争形态发生根本性变化,美军提出了"联合作战""信息作战""太空作战""网络中心战""快速决定性作战""基于效果作战""感知和响应后勤"等20余种新作战思想。以新的作战思想为指导,美国军事装备工业也随着美国军事的需要,开发和研究适应这些新军事思想的装备技术,从全球到达的空袭能力,到无人能及的航空技术;从三军联合作战平台,到云计算的研究开发,都是由战略思想指导军事装备工业的发展的方向。

2. 雄厚的军事科技资本的投入

美国依靠无人能敌的经济、科技和军事实力称霸全球,霸主地位不允许任何其他国家的挑战,因此,美国继续依靠大量的军事投入,包括军事科研投入保持其绝对战略优势地位。同时,美国军事开支也不能无节制地扩张,还要受到财政资金的制约。因此,在有保有压的情况下,美国宁愿压缩某些开支,也要维持巨额的军事科研经费投入。2007年美国的军事开支(国防预算)为5 470亿美元,占全球军事开支的45%;2008年的军事开支为6 070亿美元,占全球开支的41.5%。表7-6反映的是美国2000—2009年的国防开支和装备研发开支的数据,从表7-6中可以看出,随着美国国防费开支的持续增长,其军事装备研发开支也在持续增加。冷战后,美国政府在实施军民两用技术计划时,还有相当一部分军事装备研发开支不是以政府经费体现的,如承包给军事装备工业企业进行研发的项目,有很大一部分是由承包商自己负担的,最终可能由政府以装备购买或者其他形式买单,或者说纯粹进入了企业成本。长期来看,美国军事开支将继续保持增长态势,并且和国际局势的变化高度相关。因为美国要继续"领导世界一百年",然而,在美国看来,天下并不太平,仍有许多对美国构成安全威胁的因素,以及企图挑战美国霸权的势力存在。美国的国防预算按用途分,可以分为人员开支、装备采购费、运营支持费和装备研发费(RD&TE)4大部分。其中,装备采购和RD&TE两大部分是军事装备工业企业订单的主要来源。美国的装备采购与研发投入长期位居世界第一,不仅一般国家难以匹敌,就连西欧盟友也是望尘莫及,见表7-7。从表7-7中可以看出,在2006—2010财年的5年中,随着美国国防预算的增加,装备采购与研发的开支也在国防预算中的占比有所上升,而且是只比人员生活费稍少的第二大项开支。从横向比较来看,美国的装备采购和研发技术投入占比要显著高于欧盟,欧盟诸国在这5年中的军事装备采购与研发开支只占美国的30%左右。怪不得在第一次海湾战争结束后,美国军方人士就感叹,现在欧洲盟友的作战力量和武器装备与美国,根本就不在一个层次,离开了美国欧洲国家不可能打赢任何世界级的战争。

表7-6　2000—2009年美国国防总开支和装备研发开支情况　　单位:10亿美元

	2000	2001	2002	2003	2004	2005	2006	2007	2008	2009
国防总开支	294.4	304.7	348.5	404.8	455.8	495.3	521.8	571.9	607.3	675.1
研发开支	37.6	40.5	44.4	53.1	60.8	65.7	68.6	71.1	74.7	78.6

表 7 - 7　　2006—2010 年美国与欧盟军事开支分类比较情况表　　　单位:10 亿美元

开支项目	年度	2006	2007	2008	2009	2010
美国	人员开支	1 550	1 320	1 320	1 480	1 660
	作战与维持费	1 060	1 170	1 260	1 400	1 550
	采办与研发费	1 260	1 260	1 310	1 490	1 590
	其他	270	590	270	340	400
	合计	4 140	4 340	4 160	4 710	5 200
欧盟	人员开支	1 110	1 060	1 070	980	990
	作战与维持费	430	470	430	440	440
	采办与研发费	390	420	420	410	430
	其他	80	90	90	110	80
	合计	2 010	2 040	2 010	1 940	1 940

资料来源:①美国国防部;②SIPRI 数据库;③中信证券研究部

3. 完整的军事装备工业产业链条

美国有相当成熟的军事装备工业产业链条。"全民参与"使美国的军事装备工业科技、军品生产和军事装备工业贸易遥遥领先,而正是美国的"全民参与"的完整产业链条,将其军事科技水平和竞争实力推上了世界霸主的宝座。从尖端卫星到士兵早餐吃的麦片,五角大楼都会以军事项目招标的方式,向全国乃至西方盟国公司采购,只要这些公司能够满足五角大楼军品采购局制定的"军用规格"标准。在信息领域也如此,美国军方经常直接向美国的 IT 公司下订单。有的美国人说:"现在,硅谷与其说是个科研商业中心,倒不如说是个武器库。"这说明,美国军事装备工业产业链遍布美国及全球各地,形成了一个从原材料、半成品、零部件到平台设计与总成的完整产业链。美国仅为一些常规武器平台设计进行公平招标,甚至为核弹头的设计方案竞标,这件事听起来不可思议,但在美国就真实发生了。2006 年 6 月,《纽约时报》《洛杉矶时报》等美国媒体纷纷报道称,美国的两大国家实验室洛斯·阿拉莫斯和劳伦斯·利弗莫尔都在高速运转,争夺美国新一代核弹头的研制权。这令很多人大吃一惊,原因不是美国要造新核弹,而是美国居然把如此尖端的武器拿出来让大家公开竞争、人人参与。这就是美国军事装备工业产业无与伦比的竞争优势。在国家推动和"军民两用计划"的指导下,美国已经形成了军民共同开发的、成熟的、完整的军事装备工业产业链条。目前美国直接从事军事装备工业生产的员工达 210 万人,洛克希德·马丁、波音和雷神等公司都是腰缠万贯的"军火巨头",但这还不够,整个美国已形成了庞大的军事装备工业复合体,许多民间公司只要有条件、有实力,也能从这块军火"大蛋糕"里分到属于自己的一块。即使是"军火巨头"也不可能"大小通吃"。比如令全世界瞩目的 F - 35 联合攻击战斗机项目价值 2 889 亿美元,表面上归洛克希德·马丁和波音公司两家主承包,但实际上,这种包含 3 个型号、零部件 80% 相同,而且满足各军种特殊需要的战斗机家族却涉及美国 350 多家企业以及欧洲诸多企业,至少有 60 万电子工程、材料科学等方面的科研人员为其服务,军火巨头从五角大楼获得的利润至少有 1/3 要支付给其他分包商及供应商。

4. 卓越的军事科技产品市场开拓能力

科学技术是第一生产力,军事科学技术是一国军事装备工业企业发展的原动力。美国的军事装备工业水平世界一流,其产品市场竞争力也是超群,这是众所周知的。支撑美国卓越的军事科技产品市场开拓能力的基本要素有:一是优势的创新团队;二是持续的巨额科研投入;三是政府的全力支持。就军事科研投入而言,前面已经用数据说明,美国政府及企业每年投入的军备研制费比起整个欧盟15国的总额还高出2～3倍,这些巨额资金往往用于开发各种融合当代高新技术的尖端产品,以使之在国际市场上拥有绝对竞争力。对于其他军事大国向外出售的同类产品,美国又由于其国家政策和大规模生产的优势,无论在价格和质量上都占有优势。在一些军售问题上,美国完全处在“卖方市场”的位置,经常搭售一些本国已经淘汰的武器装备给他国。由于美国军费开支独步全球,凭借着美国政府的巨额订单和自身产品的优越性能,美国军事装备工业企业在全球军火销售额上占据绝对的领先地位。全世界十大军火商中,有7个总部位于美国。而在传统的军火重地欧洲,英国的BAE系统公司是唯一一个可以和美国的军事装备工业企业抗衡的企业,如今它在全世界军火市场上占8.3%的份额,跟洛克希德·马丁公司不相上下。美国政府一贯对军事装备工业开拓国际市场给予坚定和大力的支持。仅在冷战后,为支持军事装备工业的调整、改革和重组,美国政府就大大放宽了它的武器贸易管制政策,试图通过扩大军火销售额,为其军事装备工业重组获取启动和运作资金,并为未来企业的进一步扩张打下基础。1994年,美国国会在政府的推动下,取消了出口用于装备美军的武器与军事器材的禁令。此外,还有美国发动的第一次海湾战争和反恐战争等实战的检验以及广告效应,美国的军备已是世界军火市场的“宠儿”,用美国人的话来话,军火产品已成为美国“最富竞争力的产品”。

(三)美国军事装备工业竞争力的国际比较

据有关资料综合分析,目前世界上主要国家(地区)的军事装备工业竞争力比较可以分为5个层次(见表7-8),美国作为唯一的超级大国,竞争力最强,排在第一层次,如果美国的军事装备工业竞争力分值设为100,那么排在第二层次的是俄罗斯,得分为60;排在第三层次的是英国、法国、日本、德国、意大利等发达资本主义国家,得分约为30分;排在第四层次的是以色列、乌克兰、印度、伊朗、韩国、朝鲜等,得分在10～20分之间;其余排在第五层次,如澳大利亚、加拿大、埃及、伊拉克、哈萨克斯坦、印度尼西亚、匈牙利等,得分在10分以下。

表7-8　军事装备工业竞争力的国际比较

项目　排名	竞争力综合得分	竞争力的主要体现	竞争力的形成原因	代表性国家
第一层次	100	规模庞大,门类齐全,技术先进,企业实力超群,能够研制生产所有高端武器装备,军事装备工业出口市场份额最大	称霸世界的国家战略,政府的全力扶持,无人能敌的国防采购与科研投入	美国

（续）

项目 排名	竞争力 综合得分	竞争力的主要体现	竞争力的形成原因	代表性国家
第二层次	60	规模庞大,门类齐全,技术先进,企业实力很强,能够研制生产几乎所有高端武器装备,军事装备工业出口市场份额居前	继承苏联80%以上的军事装备工业遗产,作为重振大国雄风的重要支柱,又推陈出新	俄罗斯
第三层次	30	规模较大,门类较全,技术先进,企业实力很强,能够单独或合作研制生产高端武器装备,军事装备工业出口市场份额较大	既是经济发达国家,又是世界军事强国,但暂无称霸世界的野心	英国、法国、德国等
第四层次	10~20	有一定规模,门类不全,技术较先进,企业实力较强,能够单独或合作研制生产高端武器装备,军事装备工业出口有些市场	出于建立地区大国战略或自身安全需要,有的继承苏联部分军事装备工业遗产	以色列、伊朗、韩国、朝鲜、巴西、印度、巴基斯坦、乌克兰等
第五层次	10分以下	规模小,门类不全,技术较先进,企业有实力,有一定研制生产先进武器装备的能力	不需要建立或无实力建立完整先进的军事装备工业体系	澳大利亚、加拿大、埃及、伊拉克、哈萨克斯坦、印度尼西亚、匈牙利等

第一层次的美国,既属于超级大国,又是超级军事装备工业大国,能够研制生产所有武器装备,且水平一流。美国的装备采购和研发开支分别是欧洲的4倍和2.5倍,也大大超过俄罗斯,这也从另一方面反映了美国军事装备工业竞争力处于绝对优势地位。第二层次的为俄罗斯,也有观点认为还应该把英国、法国、德国等西欧发达国家加进来,但本书认为,俄罗斯理应放在第二层次,其他西方发达国家应该处于第三个层次。因为,俄罗斯既继承了苏联军事装备工业产业80%以上的遗产,又推陈出新,无论是从军事科技的规模、门类和军备性能,以及国际市场竞争力和占有份额看,俄罗斯都是仅次于美国的军事装备工业老二,其整体竞争力相当于美国的一半以上。俄罗斯能够独立研制生产几乎所有的武器装备,且水平也属一流。第三层次包括英国、法国、德国、日本等西方发达国家,这些国家本身属于发达的资本主义国家,经济、文化、科技都十分先进,又是世界军事大国,拥有较独立的军事装备工业体系,能够单独或联合研制生产各种武器装备,技术性能接近世界一流,但其军事科技产业的竞争力、军事装备工业规模、实力和技术,以及军备市场占有率均不能与美国和俄罗斯相比,其整体竞争力只相当于美国的1/3不到、俄罗斯的1/2。排在第四层次的都属于发展中国家,但属于有相当竞争力的国家群体。其中,靠以前的军事装备工业基础支撑的国家如乌克兰等,印度、巴西等国则是希望成为地区乃至世界强国而坚持发展自己的军事装备工业产业,以色列、伊朗、韩国、朝鲜、巴基斯坦等国则属于自身安全环境十分严峻而重视发展军事装备工业。这也说明,军事装备工业发展与国家安全环境密切相关。第四层次的为一般军事装备工业国家,它们能够自行或合作研

制生产一些武器装备,而且有的还具有相当先进的技术水平,如以色列、韩国、土耳其等国研制生产的武器装备,不仅技术先进,也在国际市场有一定的竞争力,其整体竞争力只相当于美国的1/5左右。第五层次的为有部分研制生产能力的军事装备工业国,它们中既有发达国家,也有发展中国家,比如澳大利亚、加拿大、埃及、伊拉克、哈萨克斯坦、印度尼西亚、匈牙利等,其军事装备工业产业的特点是规模小、门类不全、技术独立性较差,只能够自行或合作研制生产个别武器或分系统,有些军备也具有一定水平和国际竞争力。这是由多方面的原因形成的,有的虽然是发达国家,经济、技术和实力都能够支撑建立一个完整而强大的军事装备工业体系,但它们的国家战略或基本国策不在于此;其余属于发展中小国,自身经济科技不发达,无力也无心建立独立完整的军事装备工业体系,其军事装备工业竞争力自然就不强,其整体竞争力只相当于美国的零头。

三、美国拥有的高端武器装备与军事技术

(一) 让人惊叹的航空航天技术

美国拥有让世人惊叹的航空航天技术,这也美国军事装备工业的核心技术之一。美军战略司令部司令凯文·奇尔顿曾在《洛杉矶时报》上撰文称,"太空系统已成为美国国家安全、社会和经济不可或缺的组成部分"。近50年来,美国在探索与利用太空方面一直领先于其他国家。它拥有全球811颗在轨卫星中的413颗,建有较大规模的航天部队,拥有多种太空武器,而且是世界上唯一拥有可重复使用航天飞机的国家(虽然目前美国已经不再研制使用航天飞机了)。在现代战争尤其是其发动的第一次海湾战争、阿富汗战争和伊拉克战争中,太空力量的有效支援,是美军以较小代价取得胜利的重要因素之一。

1996年9月,美国公布了冷战后第一个国家航天政策,其中明确提出要发展控制外层空间的能力,确保美国在外层空间的活动自由,并剥夺对手的这种自由。1998年4月,美国空军航天司令部在美国参谋长联席会议《2010年联合设想》中提出的主宰机动、精确交战、集中后勤和全方位防护4个作战目标的基础上,制定了空军的《2020年设想》,认为到21世纪军事航天力量将成为美国实施国家安全与军事战略的主要依靠力量,提出要通过控制空间、全球交战、全面力量继承和建立全球伙伴关系来夺取空间优势。控制空间就是要确保美国及其盟国的航天力量不断地进入空间,在空间自由行动和必要时阻止敌人利用空间。全球交战就是要利用航天系统对全球进行侦察,建立全球性的导弹防御体系,从夺取制太空权来实现制空权、制海权和制陆权。全面力量集成就是把航天部队与陆海空军一体化,建立以航天部队为主体的高技术综合作战体系。其中,空军将改组成为10支航空航天远征部队,充分发挥航天优势,使空军更轻便、更精干、更具战斗力。美国空军预测,到2025年,空军的活动范围要从以空中为主、空间为辅转移到以空间为主、空中为辅,空军将在外层空间执行目前在大气层内进行的大多数军事任务。全球合作就要由美国航天司令部来统一全国民用、商用的航天系统,例如用航天飞机、民用遥感卫星等进行军事侦察,还要由美国来控制国际航天。

1996年,美国空军大学完成的《2024年空军》研究报告中设想,到2025年,世界上

大部分战争可能不再是攻占领土,甚至不发生在地球表面,而是发生在外层空间或信息空间;空军活动的介质将从以空中为主、外层空间为辅转变成为以外层空间为主、空中为辅,使外层空间从支援陆、海、空军作战的辅助战场,变成由陆、海、空军对其进行支援的主战场。1999 年初,美国航空航天教育基金会组织召开研讨会,形成了航空航天力量联合作战新理论。具体提出了 3 种作战样式:联合航天、航空力量独立实施空天一体战;地面部队协同联合航天、航空力量实施的空天一体战;联合航天、航空力量协同地面部队实施联合作战。其中,航天部队负责向太空发射航天器,夺取制太空权;天基情报侦察系统实施全球监测,夺取制信息权;空军部队负责快速兵力投送,实施纵深打击,夺取制空权。

为了实现控制太空的目标,美国空军 1999—2005 年间把 50% 的科研经费投入到与航天相关的技术研究上。进入 21 世纪以来,美国花费 2 000 多亿美元来研制新的航天器,花费 220 亿美元用于航天发射。美国空军司令部要求航天工业的产品要确保进入空间的自由。既要生产一次性使用的运载火箭,又要制造像 NASA 的 X33 技术演示机那样的运载器和用于空间作战的空天飞机;要求美国航天工业研制能够对重要空间目标的任务、尺寸、形状、轨道参数等进行精确探测和跟踪的产品,以确保对空间状况进行实时有效监视;要求美国航天工业研制能够近实地预警,加固航天器,并能在短时间内重建和修复航天系统的有源与无源的防御设施,以保护美国和盟国航天系统免遭自然或人为因素的威胁;要求美国航天工业的产品确保不让敌方使用,因此,要研制能够有效探测敌方未经许可使用美国及其盟国的航天系统、近实时地评估对美国及盟国航天任务的影响,及时剥夺敌方使用美国及盟国航天系统的能力和设施;要求美国航天工业研制具有可逆转的灵活效应、精确攻击能力、快速反应和及时反馈攻击效果等关键功能的太空武器,确保对敌方地面基础设施、地—空间联络和航天器实行扰乱、欺骗和摧毁。

进入 21 世纪以来,美国为推进太空军事化进行了一系列的努力,其中,首要的是制定新的国家太空政策,提出太空政策目标。2006 年 8 月,小布什总统签发新版《美国国家太空政策》,确定了培养太空专业人员、改善太空系统开发与采购、加强和保持与太空相关的科学技术及工业基础等指导思想,把"加强在太空的领导地位""在太空毫无阻碍地实施作战行动""持续实施人和机器人探索计划"等作为太空政策的基本目标。

与此同时,美国增大了太空项目的经费投入,加强太空力量建设。在美国 2008 财年国防预算中,用于太空项目的经费高达 60 亿美元,比 2007 年增加了 12 亿美元,增幅高达 25%。美国还在 2002 年将战略司令部和航天司令部合并成新的战略司令部,主要负责太空战、信息战、计算机网络战等,加强了对太空力量的领导。美空军先后组建了 14 个航天联队和"试验型太空攻防部队",已经具备了较强的太空作战能力。

在大力研发太空武器、部署国家导弹防御系统(NMD)方面,美国更是不遗余力。美国一直在开发和研制隐身卫星、纳米卫星、"微型杀手"卫星、"魔镜"激光、天基电波等天基武器,试图全面提升太空防御和进攻作战能力。2002 年,美国单方面宣布退出反导条约之后,从 2004 年开始,美国已在阿拉斯加部署拦截导弹 14 枚(还将部署 7 枚),在加利福尼亚部署 2 枚,先后进行 13 次导弹拦截试验。目前,美 NMD 系统已经具备初始作战能力。此外,美国还联络盟友开发部署地区导弹防御系统(TMD),计划把导弹防御系统部署到波兰、捷克、英国等欧洲国家,甚至想在日本、韩国等亚洲国家部署。

此外,美国按照军事空间力量的主攻方向,根据近期、中期与远期的三个阶段,采用维持、改进与转型的发展途径,对空间作战各任务领域发展的军事航天和导弹武器,制定了2006—2030年发展规划。其中包括,空间力量增强领域的卫星系统,空间力量运用领域的导弹武器和导弹防御系统、空间对抗领域的武器系统,空间支持领域的运载器系统及空间服务系统,以确保美军在太空攻防战中的绝对优势。

(二) 无人能敌的全球打击能力

进入信息化时代的高技术局部战争,讲究的是快速反应、快速投放和全球到达,这要求参战国必须拥有全球到达与打击能力,而目前美国是唯一拥有这种能力的国家。无论是第一次海湾战争、科索沃战争,还是美国发动的反恐战争,美国的这种能力都表现得淋漓尽致。在科索沃战争中,美国的远程战略轰炸机 B－2 和航空母舰战斗群在卫星的引导下,从美国本土出发,长途奔袭,快速反应,快速到达,对南斯拉夫实施远程、立体、多兵种的非对称和非直接打击,剥夺其还手能力。而在其中发挥重要作用的是体现全球到达与打击的战略作战飞机和航母战斗群等海空战略力量。所以,美国政界、军方和军事装备工业集团一再鼓吹加强其航天航空和舰船工业对美国 21 世纪称霸世界战略的重要意义。

美国作为全球唯一一个具有全球打击能力的国家,其中最让其引以为傲的就是美国海空军的全球到达能力。美军利用其在全球各地的基地进行力量部署与预置,形成了一个可以到达全球的海空军打击体系,确保了夺取和维护美国在全球各地的国家利益。美国环球战略网上曾有文章指出,美军只要出动 50 架次战斗机兵力,包括 F－16、F－15、F－18、F－35 或者 F－22,就可以在数小时之内摧毁敌方一个坦克师。而这种摧毁能力目前没有哪个国家可以与之抗衡。同时,由 11 艘航母和近 300 艘舰船组成的美国海军现役舰队目前仍是世界最强大的海军力量,这也是美国全球到达与打击能力的核心要素。构成强大的海军力量的因素除了航母和其他舰船的数量外,就是上面所搭载的装备,包括预警、反潜、运输、作战等各类舰载飞机,以及先进的舰炮系统、新概念武器和巡航导弹等。其中,舰炮系统和 Mk 38 Mod 2 型舰炮系统,用于舰船防御的电子激光器,为适应未来打击需要的高超声速对陆攻击巡航导弹等,都属于战略性攻击武器。"尼米兹"级航空母舰的末代帝王"乔治·布什"号才服役不久,全新的"福特"级核动力航空母舰的首舰——"杰拉德·福特"号(CVN－78)已于 2013 年 10 月 12 日正式下水,预计在 2015 年或 2016年加入美国海军。除了航母之外,美式装备家族里的核潜艇、各种舰载战机、激光武器、核武器,也堪称是"杀手锏"级的全球打击利器。

为更好地组织指挥其全球打击力量,美国于 2008 年 10 月在其空军成立了全球打击司令部,专门管理战略轰炸机和核导弹。为加强对俄罗斯与中国的威慑,美军还将发展快速全球打击能力,对抗反卫星武器。据新华网华盛顿 2008 年 10 月 24 日电讯稿,美国空军部长唐利说,执行战略核打击任务是美国空军的重要使命,而成立这个司令部是美国空军历史上的一个里程碑。根据计划,这个新的司令部将从空军太空司令部接管核导弹事务,并从空军作战司令部接管战略轰炸机事务。新司令部将由一名中将领导,并于 2009年 9 月开始正式运作。

（三）无处不在的信息网络战技术

美国是第一台电子计算机和国际互联网的发明国,又是以信息技术为核心的世界新技术革命的发源国,无论是信息网络技术的硬件还是软件,美国都处于世界领先位置,目前国际互联网的域名和网络程序管理都在美国。世界主要的网络信息资源都存储在美国境内的网络巨头服务器中。美国拥有全球 11 个互联网信息交换枢纽中的 9 个,13 台顶级域名服务器中的 10 台。众所周知,在互联网世界,谁控制了根服务器,就等于控制了互联网的"中枢神经",实际上就等于掌握了全球互联网的主导权。网络越开放,其所掌握和利用的资源将越多,越有利于美国实现全球监控。因此,美国势必会继续以人权、自由为幌子,联合西方国家施压,强迫他国开放网络,从而为美提供更多信息资源。因此,美国不仅抢占了计算机信息网络技术的所有"高地",而且还拥有无处不在的信息网络作战的技术及手段。信息网络空间的较量关系到全球信息化格局和信息社会的发展,关系到国家的综合实力和战略优势。正如《第三次浪潮》的作者阿尔文·托夫勒所断言:"谁掌握了信息,控制了网络,谁就将拥有整个世界。"正是受这种理念驱动,美国坚定不移地把信息优势看作决定综合国力的关键因素。美国发明和运用信息网络技术手段,方便了美国民众和整个人类的联系交往,改变了美国甚至整个人类社会的生活。无庸讳言,这个发明创造不仅造福了美国人民,也造福了全人类,它的积极意义和正面价值是不可低估的。但是,美国也正在或继续利用这个发明创造来增强其军事实力,谋求最大的国家安全利益和信息网络霸权。当前,美国实际上已经拥有了全球互联网的控制权,包括重要网络域名资源的分配权、网络空间行为规则的话语权、核心技术的垄断权以及全球数据的掌握权等。美国拥有这些优势的目的,不单单是为了造福美国人民和全人类,实际上还有其他不可告人的目的。

因此,美国历届政府都有这方面的战略安排。2009 年奥巴马刚履新,就宣布经济刺激资金将会投入到宽带网络等新兴技术中去。毫无疑问,这就是美国在 21 世纪保持和夺回竞争优势的方式。奥巴马政府甚至认为,这一切能否实现,有一个前提条件,即"美国 21 世纪的经济繁荣将取决于网络空间的安全"。为此,奥巴马政府在两个任期内相继推出了《网络政策评估报告》《网络空间国际战略》《确保未来网络安全的蓝图——美国国土安全相关实体网络安全战略报告》和《网络空间可信身份战略》等多个文件,一再重申网络安全已上升为国家安全的核心问题,大刀阔斧地改革网络安全体制,将网络安全主管部门的行政级别一举提升至最高级,在白宫和国务院下设项目"协调官",统揽网络安全内外事务。美国军方和情报部门更是把网络安全与信息作战手段作为事关国家未来的战略问题加以谋划。其中,如何抓住在全球各个网络节点穿越的信息流和数据流,更成为美国技术研发和信息作战的重点。在此,美军情部门是诸多尖端技术的先驱,国家安全局（NSA）、高级研究计划局（ARPA）、国防信息系统局（DISA）等在网络安全态势感知、网络防御和攻击手段研发等方面,让其他国家难以望其项背。除此之外,许多军事装备工业巨头和 IT 企业也积极配合政府与军方战略行动,除此次参与政府的网络监控的许多美国网络技术巨头,如微软、苹果、谷歌、雅虎等所谓"8 大金刚"或"9 大巨头"外,传统的国防承包商洛克希德·马丁、波音、雷神、SAIC 等也是美网络攻防技术研发的主力。它们每年都能接到来自政府的大单合同,全面参与了"国家网络靶场"、网络武器开发的各种项目。

例如,被称为"网络空间曼哈顿计划"的"国家网络安全全面倡议"计划(CNCI),开始于小布什政府后期,涉及反情报、供应链安全、预防入侵、技术研发及威慑战略等多层面,目的是在美政府内建立起第一道能抵挡所有类型威胁的网络防线。在奥巴马政府 2014 财年预算中,用于 IT 的经费达到 820 亿美元,秘密 IT 项目和网络武器的开发还未包括在内。其中,五角大楼所占比重最大,占到全部 IT 支出的 48%。美国前空军部长迈克尔·温说:"随着时代的前进,网络在我们作战时将成为战术、技术和程序的重要组成内容。"

从近期美国国家安全局前雇员爱德华·斯诺登曝光的包括"棱镜"在内的美政府多个秘密监视和网络攻击项目可以看出,美国正在利用这种优势对包括美国在内的许多国家政府、军队和民众发起一场无所不在的信息网络战争。公开的有 2010 年,美国利用"网震"电脑蠕虫病毒对伊朗的军方和核设施网络发起攻击,使这些网络陷入瘫痪。在斯诺登曝光之前未公开的就更多,尤其是"棱镜门"和"量子"项目等。从"棱镜门"事件看,尽管美国及其盟友铺设的全球监控网一直是个公开的秘密,但此次曝光揭露的监视范围之广、程度之深以及数据量之大,仍引起全世界震惊。"棱镜"等系列项目的曝光,再次揭示了美国拥有无所不在的信息网络战技术手段与实力以及危害程度,也对世界各国人民再次提了个醒。2014 年 5 月,美国《纽约时报》头版头条披露了美国国家安全局一项代号"量子"的窃听项目,其展现的大量细节和作用程度也是让人触目惊心。根据《纽约时报》披露,美国国家安全局已经在全球将近 10 万台电脑中植入了相关软件以便于监听,并以此构建一套"信息高速路"系统,以备发动网络攻击。不过,与通过网络入侵对方计算机的方式不同,美国国家安全局在"量子"计划中使用一种"新型"侵入技术。从国家安全局部分文件、计算机专家和美国官员披露的信息来看,这项技术可以在被监听计算机不接入互联网的情况下完成侵入。因为即使监听目标对间谍程序或网络攻击进行屏蔽,仍能通过无线电波将数据窃取过来。华盛顿战略与国际关系研究中心的互联网专家詹姆斯·安德鲁·刘易斯对此表示,"这项技术的新意在于可以入侵那些从来没有被入侵的电脑或网络系统"。只要间谍、制造厂商或是一些其他使用者有意或无意地将带有这项技术的硬件插入监听目标的电脑就搞定了。此外,美国还在加紧研制量子计算机,这种计算机一旦研制成功并加以运用,它可以在短期内破解目前所有计算机和网络密码。换言之,到时美国政府及军方只要愿意,就可以随时随地进入任何它想进入的计算机及其网络系统,掌握和获得它想要的任何信息。2014 年 8 月 13 日的《今日美国报》报道,斯诺登在接受美国《连线》杂志专访时又曝光了美国的一项秘密网络攻防项目"怪兽头脑",该项目能检测并解除对美国的网络攻击,同时,还能自动回击网络攻击。斯诺登认为这是个大问题,因为像这种恶意软件会殃及无辜的第三方国家。

其实,美国政府在掌握和运用现代化信息网络技术手段之时,就已经开始从战略上考虑如何将其转化为国家实力与作战能力。据美联社等媒体 2009 年 6 月份的报道,美国国防部长盖茨宣布,美军正式创建网络战司令部。美军官员表示,成立这个司令部实际上是承认美国已拥有越来越多的网络战武器,并急需制定关于如何运用这些武器的策略。该司令部将对目前分散在美国各军种中的网络战指挥机构进行整合,最初将其作为美军战略司令部下属的一个次级司令部,但最终可能完全独立运作。随着国防部网络战司令部的成立,美军各军种也都加快了建设"网军"的步伐。美陆军成立了第 7 信号司令部;空军成立了网络空间作战航空队;海军也成立了网络战部队,以及舰队网络司令部。目前,美军共有 3 000~5 000 名信息专家,5 万~7 万名士兵涉足网络战。当前,美军共布设 1.5 万个网络、700 多万台计算机,涉及 88 个国家 400 多个基地。最近,美国网络战司令部宣布投入 331 亿美元,将 900 人的网络司令部扩编到 4 000 人,增加 40 支网络部队,其中 13 支是攻击部队。另据媒体消息,美国防部高级研究计划局(ARPA)2012 年 5 月对外宣布,美国将开始一项名为"X 计划"(又称"X 数据计划")的网络战研发项目。ARPA 计划 5 年内为"X 计划"拨款 1.1 亿美元。实际上,该拨款仅是 ARPA 网络战研发总投资的一部分。2013—2017 年的 5 年中,ARPA 的网络战总预算高达 15.4 亿美元。包括四大技术创新和三大主要研发项目。四大技术创新是:理解网络战场,即发展自动分析技术以协助指挥员规划网络作战,其重点是分析大规模敌对局域网各节点的拓扑结构特点的技术;自动构建可验证、可量化的网络行动,其关键是发展高层任务计划,通过"人在回路干预"实现规范方法,像现代无人驾驶飞机那样,实现任务自动合成,并从任务合成计划中得出可检验的、量化的作战打击效果;研发专门操作系统和网络战平台,以适应动态变化的、对抗性的敌方网络环境,其核心是硬件作战单元,使之能够在上述环境下遂行诸如战斗效果监视、通信中继、武器部署和自适应防御等网络战功能;实现人员对大规模网络作战空间的可视化和交互干预,其重点是发展关于网络战的直观和总体经验,以生成网络战场空间的总体协调观,实现网络战的计划、行动、态势感知和作战模拟等功能。三大主要研发项目包括:①建立一个完整的可详尽描述全球数十亿台计算机和其他设备的整体网络电磁空间态势图。该态势图将以国际互联网为基础,把整个网络空间由计算机、智能手机、服务器、路由器及其他相关设施组成的上百亿个节点尽收其中,从而保证网络战计划者可实时感知网络空间敌我态势。②开发一个实时、灵敏、快速、精确的网络战指挥控制系统。为适应网络空间作战的高度复杂性和多变性,ARPA 的"X 计划"研发的这一多任务指挥控制系统系统将具有以下功能和特点:反应速度快;精确、实时的态势评估和结果预测;实时调整网络战的强度、进程和节奏。③研发一套拥有强大网络战攻防能力的操作系统。这种新的操作系统最大的特点就是,可对敌方发动强大的网络攻击,同时,可承受对方的强力反击。

(四)让想象失色的非常规武器

1. 几克就能毁灭地球的反物质武器

据相关媒体报道,美国正在研制所谓的"反物质武器",这种武器消耗的原材料非常少,但却可以产生巨大的破坏性作用,它应该属于热核反应武器之一。虽然到目前还没有证据证实美国已经研制成功或拥有这种武器,但它很可能是未来美国武器库中最具杀伤力的武器之一。众所周知,自然界的物体都是由质子、中子和电子组成的,而所有的微观粒子都有各自的反粒子,又称为"反物质"。而美国正在研制的反物质武器,就是利用这些反粒子在与正粒子碰撞时,随着自身的消失而产生巨大的能量,从而达到摧毁目标物的目的,而且这种武器不会产生爆炸废料,是一种完全清洁的"核武器"。该武器的研究者,美国科学家爱德华兹曾在 2008 年主持过一次代号为"反物质特攻–2008"的电脑模拟演习:201×年,一名美国军士兵携一枚反物质定时炸弹潜入 C 国首都,在市中心临近 C 国总参谋部大楼的公共厕所内安装好后从容撤出。军事行动开始后,反物质定时炸弹准时爆炸,C 国总参谋部大楼和附属设施物均化为灰烬,而这名士兵所携带的反物质炸弹只有五千万分之一克！可见，该武器只需要几克便能摧毁整个地球。

2. 邪恶的基因武器

美国是现代基因技术发明与运用最早的国家之一，也是拥有最先进的基因理论与技术的国家。据有关资料显示，美国早就在着手将基因技术转化为进攻性武器的研究工作，并已经取得了实质性进展。基因武器可称为第三代生物战剂，大致可分为3类：致病或抗药的微生物、攻击人类的"动物兵"以及种族基因武器。与核武器、化学武器相比，基因武器的隐蔽性更强、威力更大，并且研制生产的成本低、杀伤力大。同时，具有使用方法简便、施放手段多样、保密性强、难防难治、伤人不坏物、作战费效比低等特点。2006年，美国用于基因生物工程研究的经费为20亿美元。美国军事医学研究所就是基因武器的研究中心，已经研制出了一些具有实战价值的基因武器。据媒体披露，他们在普通酵母菌中接入一种在非洲和中东引起"裂谷热"细菌的基因，从而使变异的酵母菌可以传播可怕的裂谷热病。另外，美国已完成了把具有抗四环素作用的大肠杆菌遗传基因与具有抗青霉素作用的金色葡萄球菌的基因拼接，培养出具有抗上述两种抗生素的新大肠杆菌。这种新的大肠杆菌一旦侵入人体，将产生许多抗生素难以抑制的可怕疾病。因此，有的专家将其称为"潘多拉匣子"，并警告称，人类千万不能打开基因武器这只"潘多拉匣子"，基因武器一旦问世，人类将面临巨大的灾难。

3. "仁慈又无形"的微波武器

微波的发现应该说是人类的一件幸事，因为它给人类带来许多好处和福利，比如微波通信、微波炊具等。但美国也在研制微波武器，因为它的杀伤性较小，所以又把它称为"仁慈"的武器。微波武器的原理其实和微波炉的原理类似，但是，微波武器是可以控制方向和距离的，可以让在远处的人感觉到难以忍受的"热浪"扑面袭来，从而让受害者失去防卫和攻击能力。该武器对受攻击的敌人基本没有多少伤害，据实验数据称，在一万多次的试验中，只有8个人长了水泡，而且均是轻度的。微波武器是辐射频率为1 000 ~ 30万MHz的电磁波汇聚到指定方向，攻击、损毁作战对象……它威力大，速度快，作用距离远，而且看不见、摸不着，往往能伤人于无形，是真正的"无形杀手"。它能在远距离击中目标，使人和其他动物在瞬间内被"烫垮"，是一种"非致命性武器"。已经进行的1万多次微波武器系统试验表明，微波功率密度达到3 ~ 13mW/cm^{2}时，受攻击人员会因头痛、恶心、思维混乱、行为失控而在5s内丧失战斗力；如果战时利用卫星、飞船等集中发射微波，可使目标区域内的大气发生剧烈变化，产生3 000 ~ 4 000℃的高温，也可以杀死装甲、掩体内的人员，毁坏敌方武器装备上的电子元件，瘫痪对方雷达，"掐灭"敌人导弹和舰艇等的引擎点火系统。美军还在《空军2025战略规划》中提出了更具野心的计划——发展太空高功率微波武器。这种武器对地面、空中和太空目标都具有巨大的杀伤力。美军可以指令在距地面500 ~ 916km轨道上运行的卫星集群，集中向目标区投射微波，使地面、空中和太空中的敌方目标被超高的温度"烫毁"。但是，微波武器也存在严重缺陷，比如，它发射的微波在穿过大气层时，其中一部分会被大气中的水蒸气、氧气和雨水吸收掉。此外，微波武器的发射功率很大，在使用时，可能会对位于己方附近的电子设备形成干扰；而用微波炸弹攻击核、生物、化学武器储备和生产基地，也可能导致有毒物质的大量泄漏。

第八章　美国研制中的军事装备与作战系统

美国为了确保其本土及盟友的"绝对安全"以及全球霸主地位,正在投入巨大的人力、物力和财力,研制一系列高端的武器装备与作战系统,涵盖陆、海、空、天、电各领域,以及实体与虚拟等多维、立体,攻防兼备的所有武器装备及其技术手段。由篇幅所限,在此只探讨其中几种有代表性的武器装备及作战系统。

一、美国研制中的电磁与激光武器装备

(一) 不用火药的电磁炮:美海军未来战舰的主力武器

据近期网上泄露的美国五角大楼新武器试验显示,美军在弗吉尼亚州美国海军靶场试验的电磁炮准确击中了数十个靶标。负责监督电磁炮试验的美国海军将领拉夫海德说:"我们应当定期完善我们的武器,保证使它成为战场中最好用的。说实话,(试验中)看到的一切让我感到震惊。"为此,美国政府仅在 2005 年就拨款 5 650 万美元为海军、陆军和五角大楼未来研究局研发新概念武器——电磁炮。美国海军委员会资料显示,美国陆军和海军陆战队对建造这种使用电磁能的火炮非常感兴趣。

电磁炮,全称电磁钢轨道炮,起源于电磁感应定律。19 世纪,英国科学家法拉第发现,如果给位于磁场中的导线通电,则这根导线将会受到一个力的推动,这就是著名的电磁感应定律。电磁场产生的强劲扭矩启发了科学家和军事家,如果把磁场中的这根导线换成一个导轨,上面再搁一枚炮弹,或者干脆把导线换为一枚可导电的炮弹,这枚炮弹能不能被发射出去呢? 1901 年,挪威奥斯陆大学的克里斯廷·伯克兰教授制造出了世界上第一台电磁发射器。但后来,伯克兰教授意识到他无法获得理想的动力——强大的脉冲电源,不得不放弃了他的研究。20 世纪 60 年代,美国和澳大利亚的科学家发现,通过瞬间释放高速旋转的飞轮所蕴含的能量,可以获得电磁炮所需的脉冲电源,电磁炮的研究和发展出现了契机。但直到现在,动力问题依然是电磁炮难以突破的瓶颈。电磁炮是一种利用电磁能或电热能发射各种弹丸的动能武器,它由两条平行的导轨组成,弹丸夹在两条导轨之间。两轨接入电源,电流经一导轨流向弹丸再流向另一导轨,产生强磁场,磁场与电流相互作用,产生强大的洛仑兹力推动弹丸,达到很高的速度,理论上甚至可以达到亚光速。可以用来打击飞机、卫星和导弹等各种目标,具有初速高、加速快、飞行时间短、火力猛、抗电子干扰能力强和毁伤效果好等特点。它通过带有巨大动能的弹丸直接撞击目标将其摧毁,而不是靠爆炸将目标炸毁。电磁炮的弹丸速度在大气中可达 $4 \sim 6\text{km/s}$,是各种飞机和导弹速度的 $2 \sim 15$ 倍。当电磁炮的弹丸以 5km/s 左右的速度射出时,可拦截速度在马赫数 4 以下的战术导弹,而一般的反辐射导弹、巡航导弹和作战飞机更不在话下。如果在地面上部署的电磁炮的弹丸发射初速达到 $5 \sim 7\text{km/s}$,可在中段和末段对战略

导弹实施有效拦截。当电磁炮的弹丸速度为 6 ~ 10km/s 时,可直接命中 300 ~ 1 000km 高度的低轨道卫星。而当电磁炮的弹丸速度超过 12km/s 时,可打击探测、跟踪、导航定位、预警、通信等高轨道卫星。而在太空部署的电磁炮的弹丸速度达到 5 ~ 10km/s 时,可对战略导弹实施中段拦截,电磁炮的弹丸速度达 10 ~ 15km/s 时,可有效地实施助推后段拦截,而当电磁炮的弹丸速度达 20km/s 时,则能对战略导弹实施有效的助推段拦截。

美国军队经过多年的努力,在电磁炮的研制方面已经取得了相当大的进展,并为研究电磁炮作战系统奠定了坚实的基础。美国防部已决定研究 DDG - 1000 综合电力系统舰,为新一代电能武器系统包括电磁炮的研究打开方便之门。综合电力系统舰的额定电功率为 80MW,具有足够的电力维持 15 ~ 30MW 的电磁炮 6 ~ 12 发/min 的速度发射弹丸。同时,美军的精确制导技术也在推动电磁炮的发展。美军在制导、导航和控制系统技术的应用,为发展体积更小、杀伤力更大且费用更小的弹丸提供了机会。这种趋势仅从费用少、速度高的电磁炮的弹丸的发展中受益。美国德克萨斯大学高技术学院为美陆军研究的炮管寿命技术也取得重大进展,延长了电磁炮管的寿命。研究人员发现,电枢与导轨接触面受两种磨损现象的影响,限制了炮管的寿命:一种是刨削现象;另一种是平移现象。目前美国的技术人员完全了解了导致高速刨削的物理原因,找到解决该问题的材料。在炮口,当电枢从金属与金属的接触转变到电弧接触时,相应的等离子会损坏轨道。目前德克萨斯大学高技术学院已经找到了成功处理平移问题的方法。美海军也启动了 DDG - 1000 的研究项目,并计划把电磁炮安装到该平台上去,并于 2003 年授予 BAE 系统公司武器系统分部一份合同,进行为期 6 个月的将电磁炮合成到新型驱逐舰上的研究,并得出结论:拥有 81MW 电能的 DDG - 1000 综合电力系统,可以为两门电磁炮提供足够的电力。2003 年 4 月在苏格兰柯尔库布里郡成功完成 90mm 口径电磁炮发射高超声速弹药的海上演示验证试验。此次试验由美海军海上系统司令部与英国奎奈蒂克公司电磁炮工厂共同完成,试验使用的系统是一台只有未来原型机 1/8 大小的样机,但是,以 2 500km/s 以上初速度(确切的速度仍是机密的)发射了弹丸。2007 年 1 月 16 日,美国海军研究办公室(ONR)在弗吉尼亚州海军水面作战中心达尔格伦分部举行新型电磁装置交付仪式。这个发射试验装置的交付仅是一个开端,美海军的目标是研制能够从离海岸 300 多海里的战舰上持续发射精确弹药的战术系统。2008 年 1 月,美海军在该中心进行了首次电磁炮测试试射,并取得了初步成功,如图 8 - 1 所示。2010 年 12 月,美海军再次在该中心进行了电磁炮测试,并正式对外宣布试射电磁炮取得成功。据媒体报道,这次电磁炮的弹丸速度达 5 倍声速,射程达到 110n mile(200km)。测试包括 33MJ 射击,为爆破尝试能量最高的一次,是 2008 年 1 月测试的 3 倍。1MJ 相当于 1t 重的车,以 160km/h 速度冲撞墙壁所释放出来的能量。美国海军研究部门负责人卡尔(Nevin Carr)少将表示:"这次试射成功,对未来将这种先进武器运用于海上又往前迈进一步""33MJ 试射,意味海军将可在至少 110n mile 的距离发射炮弹,让水手与海军保持安全对峙距离,远离险境"。2015 年 2 月,美海军首次对外公开展示了电磁炮技术及装置。

由于电磁炮弹没有爆炸材料,从而消除了生产、运输、处理和存储炸药的需求。此外,超远的射程、极短的飞行时间和高杀伤性,都极大地提升了美海军未来远程作战的攻击力。通过使用极高电流产生强大的电磁力,美海军未来的电磁炮能以超过马赫数 7 的速度发射弹丸,弹丸首先迅速进入外大气层空间,进行无阻力飞行,随后再次进入大气层,以

图 8 - 1　美国海军在 2008 年进行的电磁炮发射试验截图

马赫数 5 以上的速度打击目标。美海军研究办公室正在努力推动电磁炮的研究达到军事
使用阶段，并计划在 2020—2025 年间装备部队。2005 年 8 月，美海军启动一个名为"创
新海军样机"的项目，并希望通过对这个过渡项目的投资，获得相对成熟的技术，以便在
未来 4～8 年里转入电磁炮的全面研究和发展。美海军计划对"创新海军样机"项目投入
2.7 亿美元的资金，主要解决 4 个方面的技术难题：发射装置、弹丸、脉冲形成网络、舰只
合成。美海军研究办公室在项目第一阶段的主要研究工作集中在发射装置和弹丸研制方
面，如图 8 - 2 所示。研究的重点是先进密封发射装置技术，以及电磁炮系统的适合体积、
重量，以便合成到舰只，同时经受发射时产生的巨大电磁冲击。第二阶段的研究工作是将
发射装置和弹丸合成，形成一整套系统。在第一阶段，美海军将研究一种能够进行多次发
射的炮管。这种炮管能够保持轨道的斥力。美海军还将解决热能管理问题，将炮口初始
动能从目前 8MJ 提升到 32MJ，最后达到 64MJ。在弹丸方面，美海军主要研究提高电磁炮
发射生存力（因为弹丸可能经受 45 000 g 的重力加速度，并且遇到潜在的电磁干涉效
应），解决高速制导飞行和杀伤力机制等问题。其他的重要研究项目还包括炮管几何学、

图 8 - 2　美国海军装备的电磁炮发射装置截图

先进材料(包括合成材料)、密封技术和制造技术。如果研究工作进展顺利,美海军海上系统司令部可以在2015财年对电磁炮进行全方位的研究和发展。64MJ的电磁炮的战术系统的海上展示将会在2016财年进行,并能在2020—2026年装备部队。

(二)多型电磁脉冲武器

电磁脉冲武器号称"第二原子弹"。电磁脉冲(EMP)泛指迅速变化的电磁场在空间的传播,在核爆炸、闪电、太阳黑子及电器火花等状况下都能产生。科学实验证明,过量的电磁辐射会导致电子仪器毁坏、人体健康受损,电磁脉冲武器就是利用这种机理研发的所有武器的总称。电磁脉冲的杀伤作用原本是高空核试验的副产品。1961年10月30日,苏联在新地岛上空试爆史上最大的5 000万t级氢弹时,就曾致使方圆数千千米内的通信线路及雷达系统全数"罢工"。受到启发的军事专家,从此致力于研究如何增强核爆炸的电磁效应而抑制其他效应,这类通过高空核爆形成电磁脉冲的新式核武器,也就成为最原始的电磁脉冲弹。对于有核国家而言,核电磁脉冲弹的设计制造相对便捷,但也存在威力难以控制、可能造成放射性污染等弊端。因此,常规电磁脉冲武器(电磁炸弹)的开发工作也就被提上一些国家军事装备研制工作日程。而美国是这方面的急先锋,也取得了许多研究成果。常规电磁炸弹在使用时,首先向弹体内部的螺旋状导线接入高压电,并在电流最大的瞬间起爆导线内的炸药,以进一步提升电流强度。接着,将此电流导入虚阴极管,以谐振方式产生高频电波,再经微波天线对指定方向发射电磁脉冲。与核电磁脉冲弹相比,常规电磁炸弹安全性高、便于携带,影响范围可以在几十米至数千米间灵活调整,能作为一种有效的战术武器而大量应用。电磁脉冲武器还是一个"全能杀手",它具有短时巨能、杀伤面广以及投送方式多样等特性,几乎能够使半径在数十千米内的所有电子设备瘫痪。即使隐蔽在地下的电子系统,电磁脉冲武器也有办法对付,可以通过地面天线等产生感应电流,直入地下破坏目标核心部位。因此,它还是隐身武器的"克星"。由于隐身武器与吸波材料等性能有关,使得电磁脉冲武器可以乘虚而入,让隐身武器"原形毕露"。而且从电磁脉冲武器的杀伤机理和特性来看,对于在现代军事行动越来越依赖于电子设备和信息战系统的信息化军队来说,电磁脉冲武器无疑正好击中其"软肋"。毫无疑问,美国将会加大研制力度,在面对"第五维战场"——电磁空间日渐激烈的角逐中夺取制高点,从而争夺未来战争的制电磁权和制信息权。

目前,美国已经开发出具有实战价值的非核电磁脉冲武器,大体可分为4类:电磁脉冲弹、高能电磁脉冲发生器、高功率微波炮和爆炸驱动磁通压缩辐射器等。电磁脉冲弹是一种利用大功率电磁脉冲直接杀伤目标或使目标丧失作战效能的非核电磁脉冲武器。这种武器由飞机或导弹在空中实施发射并引爆后,其强大的脉冲功率,可将敌目标的电子设备瞬间摧毁。美军如果发射一枚一次可释放100MJ能量的电磁脉冲弹,就可对敌方的C^4ISR系统构成巨大的威胁。高能电磁脉冲发生器能发射频带很宽的电磁脉冲,可瞬间大范围覆盖目标系统的响应频率。据外刊报道,美军已在高能电磁脉冲发生器研制方面不断取得突破性进展。高功率微波炮能像探照灯或手电筒射出的光束一般,瞬间击毁电子目标系统。美军通常会将小型高功率微波炮装备在巡航导弹中,利用类似聚光罩的天线,将高功率微波能量汇聚起来并对敌发起攻击。爆炸驱动磁通压缩辐射器是美军近年研制的一种新型电磁脉冲武器,它已成为目前适合于炸弹应用的最成熟的技术之一。据资料显示,一部大型爆炸驱动磁通压缩辐射器产生的电流,要比一次典型的雷击产生的电流大10~1 000倍。爆炸驱动磁通压缩辐射器可由制导炸弹或巡航导弹投掷,目前已在实现小型化研制生产。据外电透露,目前美军已研制成功如手提箱大小的电磁脉冲武器,可由突击队员携带潜入敌国,实施遥控引爆并造成攻击目标的损毁。

预计未来美军还将加强这种新型武器的研制,并将其运用于以下4个方面:一是作为飞机的自卫式干扰装置,夺取制信息权;二是用于攻击通信中心或由雷达控制的防空武器系统,摧毁敌方作战指挥与通信中枢;三是充当防空武器使用,直接攻击敌方的来袭导弹或飞行器;四是直接通过火炮等发射,打击敌方的地面或海上电子通信目标。美国之所以这么重视电磁脉冲武器的研制,主要是因为它相对于其他武器系统,具有一系列独特优势。首先,电磁脉冲武器的能量从起爆点呈锥形向外延伸,在传输过程中不受天气因素等影响,威力损失小而覆盖范围广,对于精确定位技术的依赖性很低,因此,远比制导炸弹、反辐射导弹或常规炸弹效率高。其次,电磁脉冲武器主要造成电子设备和设施的毁伤,对于人员,轻者造成烦躁不安、头痛、记忆力减退,重者造成肌肤烧伤、内部组织损伤。因此,至少从表面上看来更加人道,使用起来顾忌也更少。最后,电磁脉冲武器还是隐身武器的克星。普通雷达发射的电磁波因能量弱可以被吸收,但电磁脉冲武器的能量密度极大,瞬间就能使隐身目标的温度急剧上升从而"原形毕露"。

(三) 电磁气象武器

早在20世纪50年代,美国军方就在一份研究报告中明确提出了"气象控制比原子弹还重要"的观点,并提出了研制气象武器的构想。随后,美国政府在佛罗里达州坦帕湾空军基地建立了"麦金莱气候实验室",用以开发气象武器。美军先后投资的气象武器研究项目包括制造地震的"阿尔戈斯计划"、制造雷电的"天火计划"和在飓风周围实施人工降雨以改变风暴方向的"暴风雨计划"等。美国空军和海军曾出资在美国阿拉斯加半岛的加科纳建成"高频有源极光研究计划"试验基地。近年来,美国陆军战争学院又举办了一次名为"全球气候变化对国防安全之影响"的研讨会。另据报道,近年来,美国军方高层人士还在不同场合称,到2025年左右,美国航空航天部队将能够在战场上控制气象,以显示其对成功研制气象武器的信心。

将电磁与气象武器研制结合起来的新型武器研制项目,美国选择了南极作为试验场地。因为南极地区是影响地球气候的一个重要地区,同时,它又是极地磁场重要观察与试验的理想之处。从理论上说,地球极地仿佛是两个环闭地磁源,控制着全球性的气候运行。它又是气象要素的重要行为活动基地,无论是大气环流,还是气候变迁,均与其有着直接的关系。一方面,由于宇宙场、地磁场和环闭地磁场的相互作用,使得环闭磁场发生着频繁的运动变化,使大气环流的频繁变化成为必然;另一方面,由于地球各地区电磁波动频繁发生,便产生了区域性能级差异,从而又反过来影响极地气候。因此,这里是观察和研制电磁气象武器的极佳实验场所。

据军事评论家的观点,美国研制电磁气象武器的目的,除了要在南极展开军事行动,以及影响全球气候变化外,还有一个主要目标,就是瞄准了南极极丰富的资源。近些年来,美军运输机如此频繁地"光顾"南极,除了研制电磁气象武器与从事军事训练外,背后更在意的可能是南极的自然资源。在全球7大洲中,没有哪个洲像南极这样"从头到脚"

处处是资源，而且资源量常常要以天文数字来计量。有观点认为，南极石油储量达千亿桶之多，天然气储量达 5 万亿 m^3。南极地区面积巨大，冰盖厚达数千米，自然环境恶劣，导致到目前为止，人类对南极到底蕴藏多少资源知之甚少。但据目前科考人员已掌握的资料，在南极蕴藏着铜、铁、铅、锌、金、银、锡等数十种矿藏，大规模油气田数百处。甚至有的地质学家声称，南极蕴藏着世界最大的铁矿，其储量初步估算可供全世界开发利用 200年。此外，南极还有着世界最大的煤田，估计储量超过 5 000 亿 t。但它们还算不上是南极的能源储量之最，南极最具代表性的地下能源是冰盖之下和周边海底中的可燃冰，是能够替代石油或煤炭的清洁能源。因此，美国利用科考活动来支持其正在进行电磁气象武器研制计划，一方面是为了在必要时能够快速对南极地区乃至整个地球进行军事干预；另一方面，也是为了加强对南极资源的勘察，以便在条件具备时能够顺利开采。

（四）激光武器

激光武器是当前美国正在研制的新型武器系统中理论最成熟、发展最迅速、最具实战价值的前卫武器之一。它具有无后坐、无污染、直接命中等诸多优点，因而成为美国正在研制中的未来重点武器系统之一。激光武器主要用于对付高速小型目标；同时，还广泛用于破坏敌方光学系统和摧毁红外制导系统。另外，利用卫星可以有选择地用激光束击中任何目标。如果使辐射的频率达到必要程度，可以致人于死地。由于高能激光束具有巨大的能量，且是以光速射出，几乎可以完全忽略延时效应，也不存在弯曲的弹道，是打击运动中的太空目标的最佳武器。

美国科学家正在进行各种先进激光武器的研究，开发地、海、空、天基一体化的激光武器，并利用激光武器摧毁陆基、海基和空基的敌方各种目标，从而形成陆、海、空、天等多维立体激光武器系统（见图 8 – 3）。其中，地基型的激光武器已经研发成功。美军最近开发的一款巨型激光地对空武器，可以安装在悍马吉普车上，能准确地把飞机击落。这种激光武器系统由波音公司研发，发射系统可安装于"悍马"等战车上，让它可以移往最偏远的位置，击落敌方空中目标或飞行器，如图 8 – 4 所示。名为"激光复仇者"的新武器系统在

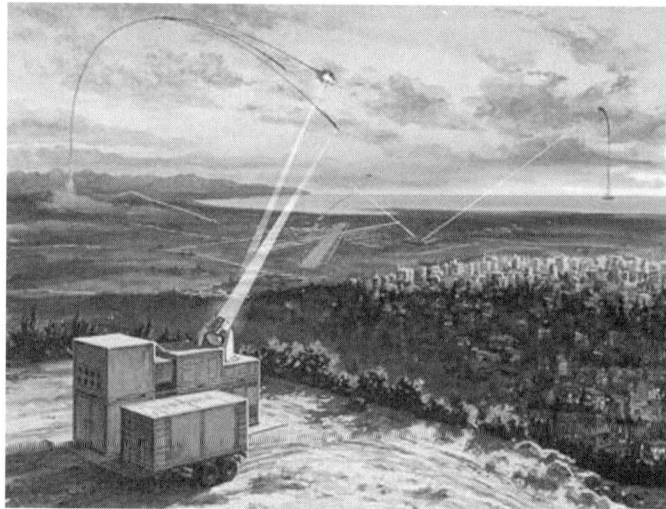

图 8 – 3　美军激光武器系统想象图

图 8 - 4　美国车载激光武器系统攻击空间目标想象图

一连串测试中,成功击落一系列无人驾驶飞机,被视为未来战争中的一种革命性武器。实验也首次展示,地面车辆利用激光武器系统摧毁一架正在飞行的飞机,标志着激光在战场用途发展的一个分水岭。这种激光武器系统可望用来协助美军应付小型无人驾驶飞机。

此外,美国还在加紧研制空基和海基激光武器系统。美国防务科学董事会在 2007 年发表的一份报告中称,高能激光器等技术能"高度确保"包括摧毁火箭、火炮和迫击炮等陆地防御任务。该报告建议美国五角大楼"增加对该领域及其发展方向的关注"。在范堡罗航展上,美国军火巨头雷神公司证实,它在 2007 年第四季度进行一次测试,即尝试用空中激光武器瞄准并摧毁迫击炮。同时,美国国防部高级研究计划局和美国通用原子公司也在开发"高能液态激光器区域防御系统"(HELLADS),该系统可部署到战机上,用以摧毁导弹、火箭、迫击炮以及地空导弹、空空导弹等。美国和以色列两国已在高能战术激光武器研究方面展开了合作。另据英国《防务系统日刊》2007 年 3 月 19 日和美国《每日航宇》2007 年 3 月 21 日报道,该年早些时候,美国导弹防御局在加尼福利亚州海滨完成了首次机载激光武器(ABL)激光瞄准系统的飞行发射试验。在此次试验中,安装在波音747 - 400 飞机内的跟踪照射激光器(TILL)向一幅涂绘在 KC - 135 运输机侧面的导弹图像进行了多次照射,并取得了许多试验数据。机载激光武器除了可以摧毁各种地面目标外,还可摧毁助推段的战略导弹,其波束控制系统负责目标跟踪和测距,同时采集大气补偿所需的大气湍流和光学数据,而波束控制系统中的跟踪照射激光器是一个千瓦级的固体激光器,主要用于跟踪导弹并确认导弹的易损部位。随后进行的试验是波束控制系统中的信标照射激光器和跟踪照射激光器同时发射,以便验证其补偿大气湍流的能力。这架飞机由波音 747 飞机改装而成,它独特的"大鼻子"可以发射出高能激光束来拦截和摧毁空中的弹道导弹,如图 8 - 5 所示。上述试验完成后,将在飞行平台上安装诺斯罗普·格鲁曼公司研制的高能激光器,并在 2009 年进行了飞行中拦截实际战略导弹的试验。美国海军也正与工业界合作研发舰载激光武器系统,计划开发一种兆瓦级自由电子激光器(FEL),用于海基攻击与防御。

二、美国研制中的空天装备与未来技术

随着美国航空航天武器装备的飞速发展,空天力量已经成为美国未来作战的主要突

图 8 - 5　美国机载激光器激光瞄准系统

破方向，并将对战争进程和结局产生越来越重要的影响。在信息技术革命的背景下，美国将把获取、处理和利用信息的能力与空天作战装备技术有机结合起来，研制更加先进高端的新型武器装备与作战系统，为夺取制信息权与制空天权创造有利条件。全球、全天时、全空域作战已经成为未来新的作战时空观，美国正是在这样的背景下大力开发空天装备和作战系统。

（一）美国研制的五大太空武器

2006 年 11 月，美国白宫科技政策办公室公布了新的国家空间政策文件。该文件要求"美国在太空领域应享有与制空和制海方面一样的自由行动权"，指示国防部长"制定必要计划，大力发展空间能力以确保这一目标的实现；并在接到命令的时候，不予承认敌对国家自由行动的权力。"为配合这一新的太空政策，在 2007 年国防预算中，五角大楼计划为研制五大太空武器拨款。

1. 天基拦截器实验床

该计划的基本思路是研制并部署装备有多种杀伤拦截器的卫星，利用卫星释放的拦截器高速撞击或发射方式摧毁来袭的弹道导弹。该计划的最初阶段是在太空部署 2 ~ 3 枚拦截器，它们可以击落搭载核生化弹头的弹道导弹，如图 8 - 6 所示。这一方案得到美国防部高级官员支持，并由美国导弹防御局负责。之前，有报道曾指出，美国导弹防御局要到 2008 年才能决定是否研制天基拦截器，然而，五角大楼的支持与拨款无疑加快了这种天基武器的研制步伐。国防部在 2007 财年的预算草案中进一步指出："天基拦截器实验床计划即将发挥空间系统的固有优势，并将其整合到弹道导弹防御系统中去。"

2. 近地红外实验卫星

美国国防部声称，这种卫星只是一种防御性武器，而不是攻击性武器。但是，这种新型卫星的研制计划表明，其可以携带一种小型的杀伤器。这种杀伤器利用穿行于近地球轨道的物体所产生的动能(其运行的速度是子弹的 7 倍),摧毁来袭导弹和轨道卫星。出于多方面的考虑,美国导弹防御局研制中的实验卫星暂时没有为近地红外实验卫星配备杀伤器,取而代之的是一套德国制造的激光通信终端,如图 8-7 所示。然而,早在 2005年,美国国会就呼吁在该卫星上搭载杀伤器。在 2007 财年的预算中,美国导弹防御局顺水推舟,为该计划申请了经费支持,并在加紧研制。

图 8-6 美国天基拦截器正面发射想像图

图 8-7 美国天基激光卫星示意图

3. 武装太空船系统

武装太空船系统由一艘太空船和一套小卫星系统构成,具有监视、跟踪、干扰和破坏其他国家军事侦察卫星的能力,如图 8-8 所示。该研制项目的作战原理是:利用武装太空船系统的空间观测网对敌方各种卫星进行不间断观测,编存目标参数,判断其性质(军用或民用),并不间断监视目标卫星的运行情况,在适当时机将装有杀伤武器并具有机动变轨能力的小卫星发射到预定轨道,依靠自身的打击装置对确定的目标进行攻击。美国为加速武装太空船系统研制计划的实施,国防部在 2007 年度财政预算中开始对该研制项目进行拨款。

图 8-8 美国武装太空船想象示意图

4."护卫者"纳米卫星

该研制项目属于美国新型武器系统研制计划的绝密级。"护卫者"纳米卫星研制计划的目的旨在开发高价值空间资产的防御能力,提升美国利用与控制太空的实际能力。这种纳米卫星运行于地球同步轨道,设计寿命为一年,拥有强大的太空监视性能,具备独立提供局部太空态势感知的能力。2007年年初,美国空军研究实验室与SpaceDev公司秘密签署了一份关于开发ANGELS卫星的合同,要求纳米卫星在2009年早些时候具有飞行试验的能力。为此,五角大楼在2007财年的预算中专门为其申请了所需研制资金。

5."恒星之火"激光武器

这种新型激光武器专门用以对付敌方轨道卫星之类的太空设施,其研制计划包括陆基、海基和空基等多种形式。其中,用于发射高能激光的"理发镜"装置直径超过3.4m,能够将强力光束发射至太空,且光束威力极其巨大,可摧毁敌方在轨卫星等太空设施。五角大楼在2007年专门为其拨款,启动该研制计划。

此外,一些美国军事专家还建议,研制发展能将敌方卫星拖离轨道的"太空拖船",以及能自动锁定目标并发起攻击的太空雷等新型太空武器系统。

(二)空天飞机X-37与高超声速巡航导弹X-51

美国在20世纪90年代就提出了"全球快速打击计划",目的是让美军能够在2h甚至1h内利用常规武器打击地球上的任何目标。为此,就需研制出具备这种能力的新型武器。而该武器研制计划的关键就在于"速度",配套研制的各种飞行器都必须达到5倍以上的声速。人类很早就进入了超声速飞行时代,但经过几十年的发展,普通飞机的速度最多只能提高到声速的3~4倍,再往上就触及了传统技术的极限。于是,在军事装备领域研制高超声速飞行器的理论应运而生,美国更是充当了急先锋,正在研制或计划研制多款高超声速飞行器及空天武器系统,以实现其达到全球快速打击的目的。美国研制的高超声速飞行器主要包括3类:高超声速飞机、空天飞机以及高超声速巡航导弹。当前,美国正在研制的主要有空天飞机X-37与高超声速巡航导弹X-51。

1.空天飞机X-37

美国研制空天飞机的主要目的,是为了构建其"两小时全球打击圈"。空天飞机具有的高度机动性和变轨特性,使得其他国家现有的地基反卫星武器不能够对其造成威胁,因而对美国而言,其既具有超群的攻击能力和远程快速打击能力,又具有无可比拟的自我防护能力,是未来理想的超级武器。X-37是美国国防部与宇航局共同制定"FALCON"计划、为实现"快速全球打击"的构想而研制的一种空天武器。它属于美国国家航空航天局轨道太空飞机项目中25项创新航天技术之一,用了10年时间研制出的世界第一架太空军用飞机。X-37B在2010年4月23日首次成功发射升空,就引起国际媒体的极大关注,被冠以"太空战斗机""空天飞机"等称谓,如图8-9所示。可重复使用的X-37B的尺寸,只有美国原有航天飞机的1/4。它被视为美国空军真正太空战斗机SMV的技术验证机。对于它来说,更需要关注的是各项新技术的进展,等到这些新技术逐步成熟之日,太空战斗机才会登上历史舞台。有专家认为,X-37B有发展为美国第一个实用的军事太空飞机的潜力。从美军快速反应能力办公室的论文看,太空战斗机基本就是以其为基础的。X-37B长约8.8m,翼展约4.6m,起飞重量超过5t。飞机减速离开太空,可使用空

图 8 - 9　美国 X - 37B 返回大气层示意图

军基地长 4 600m、宽 61m 的跑道着陆。X - 37B 能用火箭送入太空,用太阳能电池控制滑翔返回地面。据现有资料披露,X - 37B 在轨道上可以从事情报收集、发射小卫星、测试太空设备等工作,也可以对近地、远地轨道乃至机动飞行的航天器进行直接攻击,甚至可以直接对地面目标发起攻击。因此,X - 37B 很可能将是人类首架太空战斗机。X - 37 由美国波音公司研制,自从 2010 年以来已经两次成功试飞。2011 年 3 月份,在美国 - 226 任务中,第二架 X - 37B 轨道试验飞行器在佛罗里达州的美国航天局发射场发射到低地球轨道,试验飞行器在空间运行 469 天,于 2012 年 6 月份在范登堡空军基地着陆;第三次飞行试验在 2012 年进行。目前,波音公司正在计划打造形体更大的 X - 37C 型轨道试验飞行器。空天飞机 X - 37 能自由往返于天地之间,凡是航天飞机能干的事,它几乎都能胜任。它可以把大的卫星送入地球轨道,一次性投放多颗卫星更是它的拿手活儿;它能向空间站运送或接回宇航员和各种物资;更重要的是,它还能执行各种诸如拦截、侦察和轰炸等军事任务,成为颇具威力的空天兵器。空天飞机飞行速度很快,在地球上任何两个城市间的飞行时间都用不了 2h。因此,在军事上,这种空天飞机既可用于洲际轰炸和战略侦察,又可作为航天运载工具或太空兵器;既能在外太空巡航,又能进入大气层直接执行打击任务,将使美国真正建成一个"两小时全球打击圈"。不过也有专家担心,这将进一步引发太空军备竞赛。位于瑞士日内瓦的联合国裁军研究所所长、美国国防信息中心太空安全计划前主任特雷莎·希金斯说:"接下来的问题是,X - 37B 会成为一个全球打击平台。"他表示,美国的竞争对手肯定不会降低对这一计划被用于太空武器的警惕,相应地会以反卫星武器作为回应。他认为,"如果它用于军事用途,也就成为其他国家研制危险的反卫星武器的理由。"

　　此外,美国还在同时研发空天轰炸机,宣称 2025 年或其后部署的空天轰炸机,能在 2h 以内飞行 1.6 万 km,携带约 5t 炸弹或巡航导弹,从美国本土出发轰炸全球任何一个地方的敌对目标。计划研发的另一种太空武器,是空天侦察—反侦察机,能在太空侦察敌情、攻击敌方卫星及其他航天飞行器和维修本国卫星。专家普遍认为,空天飞机能否实现快速轰炸打击能力仍有待观察。其中,美军空天飞机达到太空作战的能力至少还需要 10 ~ 20 年时间。

2. 高超声速巡航导弹 X - 51

　　美国在构建"两小时全球打击圈"的同时,还在谋求更高的目标,即计划构建"一小时全球打击圈",为此,正在研制速度更快的航天器,其中就有高超声速巡航导弹 X - 51。据美国空军官方网站 2009 年 12 月 11 日报道,由波音公司研制的高超声速巡航导弹 X - 51A 已于 9 日首次成功升空,用项目负责人查理·布林科的话说,"这是最伟大的一天"。这次试飞成功的 X - 51A 就是高超声速巡航导弹的原形,它采用的超声速冲压发动机被认为是继螺旋桨和喷气推进之后的"第三次动力革命"。相比之下,美军目前装备最多的"战斧"巡航导弹仅能以亚声速缓慢飞行,根本没法和 X - 51 相提并论,如图 8 - 10 所示。因为 X - 51A 达到声速的 6 倍以上,完全可实现美军构建"一小时全球打击圈"的目标。当然,这是个非常尖端的领域,美国的此项空间武器计划也面临许多困难。2012 年 8 月,美国试飞预期时速达马赫数 6 的波音 X - 51B"御波者"无人驾驶高超声速试验机,但是,在引擎点火前就坠入太平洋。这次发射失败,美方调查结果是,原因归结于控制翼的设计缺陷。X - 51B"御波者"从一架 B - 52 轰炸机上发射,是美国空军、国防高级研究计划署、美国宇航局、波音公司和普拉特·惠特尼火箭公司合作项目,美国空军研究实验室的推进系统部具体负责监督。这种高超声速巡航导弹,相对于一般巡航导弹具有明显优势:首先是更快的反应速度。一般巡航导弹只能达到亚声速,打击 1 000km 外的目标需要 1 个多小时,而高超声速巡航导弹只需要不到 10min。其次是更强的突防能力。一般的巡航导弹主要依靠超低空飞行与隐身技术突破防御,由于速度较慢,暴露后很容易被拦截,在科索沃战争中就有数十枚"战斧"遭击落。而对于在高空飞行的高超声速巡航导弹来说,现有的防空武器对它基本无计可施。最后是更大的破坏力。相对于一般巡航导弹,高超声速巡航导弹具有惊人的动能,对钢筋混凝土的侵彻深度可达十几米,特别适合打击深埋于地下的指挥中心等坚固目标。

图 8 - 10　美国研制的 X - 51A 高超声速巡航导弹

　　对于 X - 51 的研制进展有两种观点:一是认为其正式列装美军为时不远;二是认为还有许多技术难关需要克服。"9.11"事件后,美国明显加快了 X - 51 项目的研制进度。通过几年努力,相继进行了包括风洞、发动机、燃料等在内的许多试验,终于在 2009 年底试飞成功。在试飞中,X - 51 由 B - 52 轰炸机在 10 000m 高空发射,当助推火箭使其达到 4.5 倍声速时,主发动机启动,一举将速度提升至 7 倍声速。随后,X - 51 还将进行多次试验,待全部试验结束,就离正式列装不远了。但自 2012 年 8 月的试飞失败后,美方认为,高超声速巡航导弹技术先进,其开发研制仍面临不少难关,如推进技术、一体化设计、材料工艺等。因此,X－51在正式列装部队前仍有很长的路要走。

(三) 军用无人机

随着航空航天以及电子信息技术的发展,美国提出了"非接触"与"零伤亡"的作战理念,为此专门研制开发出各种各样的军用无人机,并将其大量投入实战与军事行动之中。到目前美军无人机已经形成高、中、低空,远、中、近程,大、中、小型,战略、战役、战术侦察,信息传输、电子对抗、对地攻击等多种类型梯次搭配的无人机装备体系。目前,美军发展的无人机无论是型号、种类、数量或技术方面都是世界之最。据2007年4月美国国防部的官方信息,现在美军已拥有至少20多种不同的无人机,而各兵种和各机构还在计划开发更多不同种类无人机。据2007年统计资料,美装备、在研的各种无人机达60多种。比较著名的有RQ－1"捕食者"无人机、RQ－2"先锋"无人机、RQ－4A"全球鹰"无人机、RQ－5"猎人"无人机、RQ－7B"影子200"战术无人机、MQ－8B"火力侦察兵"(MQ－8B是RQ－8A的改型)无人机、MQ－9"死神"无人攻击机、RQ－11"大乌鸦"无人机、"龙眼"无人机、"金眼－50"无人机、BQM－167A"火蜂"无人机等,号称美军无人机的"十三太保"。其中,"全球鹰"无人机是体量最大的,可连续续航30h,已经部署到日本,据称是为了专门监视中国和朝鲜,如图8－11所示。此外,美国正在研制由B－52B飞机发射的X－43A高超声速无人机,以及由波音公司研制的X－45C和由诺斯罗普·格鲁曼公司研制的X－47B舰载无人战斗机等更多先进的军用无人机。

图8－11　美国研制的"全球鹰"军用无人机

美国之所以要研制和部署如此之多的军用无人机,除了可以代替参战人员和减少伤亡外,更主要的是无人机具有许多装备难以比拟的优点,比如造价低廉、操作方便、更新较快等。另外,它可以很好地配合美军的"空海一体化战略",以及作为网络中心战的重要信息交换"节点"。无人机还将成为美军未来联合作战精确打击的重要力量。美军使用无人机,不但可以对联合火力打击进行长时间、高精度、全时域的作战效能评估,还能够将评估信息自动、实时地传输到指挥、预警中心,使指挥员随机浏览到战场态势的发展和评估对各种目标的打击效果。预计2020年前后,机载监视与侦察任务将主要由侦察卫星和长航时无人机共同完成,无人作战飞机将有可能部分取代有人战斗攻击机和轰炸机,承担大部分防空压制和一些空中打击任务。将来微型无人机有可能"随意"飞进飞出军事指挥中心、作战指挥室或机密办公室,窃听、窥视、破坏敌方重要军事信息与装备,影响军事行动。因此,美国正在研制新型军用无人机,以及对现有无人机进行技术与功能升级,扩大其使用功能范围,增强其作战能力。诺斯罗普·格鲁曼和波音都在研制舰载无人机,而前者研制的 X-47B 性能要优于后者的 X-45N。因而前者于 2007 年 8 月在美国海军的"无人作战航空系统——验证机"(UCAS-D)技术验证项目招标中击败后者,赢得了美国海军总金额 6.358 亿美元的演示验证合同。UCAS-D 项目的目标是开发和验证一种弹射起飞/拦阻着舰型无人战斗机(UCAV),并重点验证该机与航母之间的机-舰适配性。此后,美国海军还研制用于作战的 UCAV 型号(目标机),用来执行持久情报/监视/侦察(ISR)、压制/摧毁敌防空(SEAD/DEAD)和纵深打击等任务,并配合美军未来联合作战行动,如图 8-12 所示。

图 8-12　美军未来联合作战 X-47B 无人攻击机空投精确制导炸弹想象图

目前,美国不仅计划提高无人机纵深打击等多种进攻性能,还在进行空中自主加油试验。美国《防务讨论》网站 2007 年 12 月份的一篇报道声称,美国空军研究实验室和波音公司合作的无人机加油计划取得重大进展。该无人机获得自主空中加油能力(AAR)试验由波音公司与政府方面组成的"鬼怪"工作组共同实施,研制的 ARR 计划的目标为:模拟完成无人机安全的自主操纵下接近到加油机附近足够近的距离,以便加油机伸出加油管套住无人机的受油头实施加油的模拟试验。这套系统包括一台飞行控制计算机以及一套飞行控制软件。这次试验使用的是一架改装过的里尔喷气试验机充当"无人机"。波音相关负责人表示,如果无人机获得自主空中加油能力,将大大增加其作战半径和留空时间,也就大大降低了作战部署和反应所需的时间。

(四) 研制部署弹道导弹防御系统

为了赢得与苏联的"冷战"和保障美国及盟友的"绝对安全",早在 20 世纪 80 年代里根当政时期就提出了"星球大战计划",其中就包括研制部署弹道导弹防御系统。冷战结束后,美国一度搁置了该研制计划,"9.11"事件爆发后,又重启并加快了其研制部署的步伐。美国的弹道导弹防御计划包括地区导弹防御(TMD)和国家导弹防御(NMD)两大系统,目前重点是发展 TMD。主要意图是拒敌于国门之外,以及将对美国的安全威胁因素消灭在境外、在萌芽状态。导弹防御系统由助推段拦截、中段拦截和末段拦截 3 个子系统组成,主要由动能拦截弹(KEI)系统、地基中段防御系统(GMD)、海基中段防御系统

（SMD）、末段高空区域防御系统（THAAD）、"爱国者"PAC－3等动能武器系统构成。其中，KEI正由助推段拦截向全程多段拦截发展；GMD已完成初始部署目标；SMD的"标准"－3（SM－3）导弹拦截弹已发展至第二代型号并部署部队；THAAD进入了实质部署和不断完善阶段；PAC－3也早已装备部队，投入实际作战运用。

1. 助推段拦截

目前美国用于弹道导弹助推段拦截的动能武器主要有动能拦截弹、"网络中心机载防御单元"（NCADE）和"近场红外实验"（NFIRE）卫星等。分别有3种拦截方式：

（1）KEI。KEI主要用于中远程弹道导弹的助推段拦截，可在陆基、海基、天基作战平台上使用，现仍处于试验开发阶段。2006年，诺斯罗普·格鲁曼公司进行了2次KEI火控与通信系统试验，并成功地对KEI的第一级火箭发动机进行了点火试验，完成了发动机集成和推力矢量控制喷管的概念验证。2007年，KEI成功完成了其第一级火箭发动机试验。首次KEI助推器试飞也在2008年进行。目前，正在研究KEI在飞行中段击毁敌方导弹的可行性，这意味着陆基、海基KEI正由助推段拦截向全程多段拦截发展。导弹防御系统（MDA）计划于2008年提供陆基KEI作战部署方案，并于2012年部署陆基KEI、2013或2014年部署海基KEI。

（2）NCADE。NCADE是一种廉价的空基弹道导弹拦截系统，用于拦截处于助推段的近/中程弹道导弹。该系统所采用的导弹是美军现役AIM－120"先进中程空空导弹"（AMRAAM）的改进型，发动机为双级单燃料固体推进系统。由于其尺寸、重量和接口与AMRAAM相同，极易与美制战斗机集成，因此，NCADE可以为众多采用北约标准武器制式的空军提供廉价而直接的近中程弹道导弹防御方案。NCADE于2006年5月首次展出。2007年12月4日，雷神公司完成了NCADE关键组件的飞行试验，成功拦截了一枚试验用弹道导弹，验证了NCADE红外寻的器获取并跟踪助推段弹道靶弹的能力。

（3）NFIRE。为了区分弹道导弹在助推段的火焰羽流与导弹自身，收集并观察导弹发射与飞行情况，进而为KEI进行助推段拦截提供数据支持，美国于2002年提出了NFIRE计划。该计划于2012年建立一个由3~6颗卫星组成的星座。NFIRE卫星的数据将有助于确定2011年的KKV和跟踪传感器选择方案，并辅助其改进KKV的导引能力，以降低天基拦截试验的风险。美军称，NFIRE卫星只是一种防御性武器，而不是攻击性武器。但是，这种新型卫星可以携带小型杀伤器，利用穿行于近地轨道的物体所产生的动能摧毁来袭导弹和轨道卫星。2007年4月，NFIRE卫星由美空军"人牛怪"1火箭成功发射入轨，并于同年8月完成了一次远程目标导弹助推段数据收集试验。据美国"支持建立导弹防御系统联盟"主席里奇·埃利森的说法，五角大楼还在着眼于研发其他几套能在来袭导弹启动初期实施拦截的系统。其中，最引人注目的是"空中激光"系统和"动能拦截"系统。"空中激光"系统可以使军方的拦截能力突破"网络中心空中防御元素"的100mile（约160km）局限性。一旦导弹来袭，军方可以在500mile（约800km）外发射激光，摧毁导弹；而"动能拦截"系统则为拦截导弹配备了高性能火箭推进系统。

2. 中段拦截

美国目前的弹道导弹中段拦截系统主要包括GMD和SMD。GMD系统是美军NMD的重要组成部分。陆基拦截弹（GBI）是GMD系统的武器部分，由一个多级火箭推进器和一个外大气层动能杀伤飞行器（EKV）组成。1999年10月至2007年12月，GMD系统共进行了 12 次拦截试验,其中 8 次成功。目前,预警雷达升级后的 GMD 系统,不仅具备在敌方远程弹道导弹飞行中段跟踪、获取导弹弹头数据并将其提供给 KKV 的能力,还能够识别真假弹头。一旦导弹防御系统建成,将在美国本土和境外部署 54 枚 GBI——阿拉斯加州格里利堡 40 枚,加利福尼亚州范登堡空军基地 4 枚,欧洲 10 枚。迄今为止,美军已在其本土部署了 17 枚 GBI,其中格里利堡 14 枚,范登堡空军基地 3 枚,完成了初始部署的既定目标。SMD 系统由美"海军全战区"系统发展而来。它以"宙斯盾"巡洋舰和驱逐舰上现有的设备为基础,主要由"宙斯盾"作战系统和新研制的 SM - 3 动能杀伤拦截弹组成,能够在大气层外拦截飞行中段的中远程弹道导弹,以保护美国及其盟国的海上部队、要害海区、人口中心及大型陆上设施的安全,如图 8 - 13 所示。2002 年 1 月至 2007 年 12 月,SMD 系统共进行了 13 次拦截试验,其中 11 次成功。目前,SM - 3 拦截弹已发展至第二代型号并部署部队,具备

图 8 - 13　美军 SM - 3 型海基反导导弹发射瞬间截图

了拦截多发近中程弹道导弹的能力。2008 年 2 月 21 日,部署在夏威夷附近海域的美海军"伊利湖"号"宙斯盾"巡洋舰,对空发射了一枚 SM - 3 型拦截导弹。3min 后,导弹准确击中了海平面上空约 247km 处运行的失控的"美国" - 193NROL - 21 型卫星,证明其不仅具有反导能力,而且还具有反卫星能力。

3. 末段拦截

在末段拦截方面,THAAD 系统是美国导弹防御体系末段防御系统的高空区域防御部分,而爱国者 PAC - 3 系统则是低空区域防御部分,二者共同构成了 TMD 陆基双层反导系统,是 TMD 的核心计划和发展重点。THAAD 系统采用了大量的先进反导技术,是世界上第一个兼顾大气层内、外层高空远程 TMD 系统,具有拦截距离远、拦截高度高、防御区域大、杀伤能力强等特点,能够对来袭弹道导弹进行两次拦截。THAAD 系统的研制始于 1987 年,在 1999 年 8 月的第 8 次拦截试验成功后,由于合同转授,直至 2005 年 11 月才进行了合同转授后的首次飞行试验。此后至 2007 年 12 月,该系统共进行了 4 次飞行试验,全部取得了成功,目前已进入实质部署和不断完善阶段,并在 2009 年 THAAD 系统具备初始作战能力。爱国者 PAC - 3 是目前美国唯一一种已经实际部署的弹道导弹防御系统,主要用于拦截大气层内低空区域的近程弹道导弹。与海湾战争中推出的爱国者 PAC -2 破片杀伤拦截弹相比,PAC - 3 尺寸更小,重量更轻,拦截区域、拦截效率、拦截火力等都得到了质的提高。与其他动能武器系统的被动式电子光学导引头不同,PAC - 3 采用主动式雷达寻的,不需要目标的红外信号,因此,能对全频谱的空中威胁实施防御,包括固定翼飞行器、直升机、无人机以及巡航导弹等。自 1997 年 9 月至 2007 年 12 月,PAC -3 系统共进行了 23 次试验,其中成功 20 次。目前,PAC - 3 系统已具备了对多枚近程战术导弹的探测、跟踪以及拦截能力,美军还在不断地对其软件性能进行改进和提高。

根据美国"支持建立导弹防御系统联盟"主席里奇·埃利森的说法,美国现阶段已经开发出多种不同技术层面的导弹防御系统。比如,"爱国者" - 3 陆基导弹拦截系统可以

对那些处于飞行最后阶段的短程导弹实施打击;"宙斯盾"海基导弹拦截系统主要针对处于飞行中途阶段的中短程导弹;另一拦截系统则可用于打击飞行速度更快、处于飞行中途阶段的远程导弹。而且,美国还在继续研制更多、更先进的导弹防御技术装备。

(五) 美国空军研发的未来作战技术

根据 2011 年第一期《美国空军》杂志报道,美国空军公布了名为"技术地平线"的愿景报告①。该报告涉及美国空军 12 项核心职能的 110 个具体技术,都是前沿技术,但不是全部。据说美国空军已经在推进约 1 000 项不同的先进技术,涉及约 7 000 个独立的项目,该报告列出的 110 项技术实际上只占美国空军将要从事研发工作的 20%。报告中列举的只是重之重的技术研发计划,包括核遏制、全球机动、空中和空间优势、全球情报、监视和侦察等。报告预测,到 2030 年美国空军将是一支规模更小,但能力更强的空中力量,将会采用很多只有从现在的科幻小说中才能看到的技术,如将由一些遗传基因被人为增强的飞行员监视一批"有意识"的能自我控制的机器人,或操纵电磁频谱,或控制高超声速飞行器和定向能武器,在闪电速度环境下作战等。这些尖端技术并非是纯粹的科幻或空想,而大都进行过预研,有的已经取得了初步研究成果。据美国空军装备研发工作负责人的观点,这些技术及装备很可能在 20 年之后取得突破并装备部队,可形成现实的战斗力。

列入美国空军"技术地平线"报告所涉及的装备研发技术都比较超前,但许多技术对于美国空军的未来来说,相对而言更是一些很迫切的关键技术。

1. 新的系统(机械)自动化技术

对于美国空军在两个方面都将有深远的影响:一方面,可以通过削减所需操作员的数量,大大减少人力成本;另一方面,通过增强空军的作战信息量,大大增强对事态的反应速度。还有新的定位技术,这将可以替代现在的 GPS 定位系统。研究人员设想在各种飞行器上装备微型惯性测量和原子钟器件,一旦 GPS 信号丢失,就可以用它们来替代 GPS,虽然利用最后的某个位置作为参考点,会带来一些位置漂移,但是,在相对长的时间段内,微小的惯性测量装置将提供一个很接近 GPS 的定位精度。

2. 对抗网络入侵技术

报告中把对抗侵入性的网络系统列为空军最高的"潜在能力领域"。在这一领域,美国空军已经将以前消极地防止入侵者侵入计算机网络,转向积极地使所有的即使已经入侵的入侵者都难以破坏网络。

3. 增强遗传基因技术

报告提及另一个关键的"潜在能力领域"是增强操作员自身的能力。报告预计,将来操作员可能是根据每个人自身的遗传基因进行自然筛选,通过分析遗传基因,判断是否适合某些类型的任务,甚至还可能用嵌入式芯片增强他们的遗传基因,以使他们在人机链接中发挥更好的作用,从而变得更快、更强、更灵活。

4. 动态频谱进入技术

将来对频谱的需求增长得更快,频率将变得更加拥挤不堪,必须要寻求新的方法来更

① 徐德康. 美国空军 2030 年技术愿景展望[N]. 中国航空报,2011 – 02 – 22。

有效地利用现有的频谱,其中一个方法被称为"动态频谱进入"。

5. 光纤激光系统技术

随着对手不断推出新的巡航导弹、弹道导弹,以及遥控飞行器等,美国空军将寻求更多方法保护自己的军事基地,而战术激光器将是一种行之有效的手段。现在化学激光器已经让位给固态激光器,而不久将会出现效率更高的光纤激光系统。

6. 高超声速飞行器

美国空军曾经多次试验和评估两级轨道飞行器的能力,最后认为,采用可以重复使用一级火箭将飞行器加速到所需的高速度,然后由同样可以重复使用的二级轨道器,启动自带的组合循环的亚/超声速冲压喷气发动机继续加速飞行,是较理想的方案,但是,最终的飞行器可能要在 2030 年才能投入使用。

7. 其他空天作战技术

包括最好采用大型飞艇作为 ISR 的收集平台,研制一些能飞极高的、持续数周甚至永久的飞行器,如能在近太空环境下飞行的"部分浮力"飞行器,以及可以载运很大载荷的更具成本优势和燃油效率的运输飞行器。报告指出,空军未来研发的技术还包括:可以快速识别生物学特征的"嗅探"系统,先进的人类和文化行为的模型,更多的传感器数据融合,新的可以按需要改变形状的"超材料",系统自治愈系统,增强太阳能发电系统的效率等。

美国空军装备研发主管沃纳荣·达姆最后强调,虽然"技术地平线"报告只是一个愿景文件,不是计划文件,但所设想的技术比研究计划更加雄心勃勃。通常,美国空军大约每隔 10 年都要发表一份这样的新技术愿景报告,正是这种几乎完全不受约束力的愿景展望,不断推进美国空军的技术创新和装备研发能力,以保持在未来的绝对优势。

三、美国研制中的天价"未来作战系统"

据美国《纽约时报》2005 年 3 月 28 日一篇报道披露,美国正在计划打造天价"未来作战系统"[1]。该报道指出,由于在近年的局部战争中尝到高科技的甜头,美军正计划投入巨资打造新一代高技术部队及其未来作战系统。为此,美军发言人保罗·博伊斯解释说,这个作战系统的研发很有必要,将成为美军"通向未来战争的桥梁"。该项目计划在 20 年内,用这种新系统装备 15 个旅,共约 4.5 万人。以后,其装备比例逐步达到美军所有部队数量的 1/3 左右。这套新作战系统包括 18 种新式武器和作战机器人,所有的单兵、重型武器和机器人都将通过网络进行无缝连接。在作战中,通过信息沟通系统,能够及时地把战场情况传送给各个作战单位,实现信息共享。这样尖端的作战系统的确很先进,但研发起来却确是困难重重,还存在许多技术瓶颈及装备难关需要突破。一些军方人士估计,美国研发的这套"未来作战系统"至少需要 10 年甚至 20 年才能真正投入实战使用。

研制"未来作战系统"除了需要突破许多技术难题外,其巨额的资金需求也让美国人非常头疼。该项目的预算金额已经从最初公布的 920 亿美元升至 2005 的 1 450 亿美元,而且还不包括价值 250 亿美元的部队通信系统,这是美军历史上最为昂贵的一次装备升

---

① 刘路. 尝到高科技甜头 美军要建天价"未来作战系统"[N]. 扬子晚报,2005 - 03 - 29。

级计划。其实还远不止如此,据参与此项目的军方官员 2005 年 3 月 26 日对媒体说,美军这次装备"大换血"预计耗资 1 450 亿美元,但这只是该计划的第一阶段。根据军方的设想,美军将建造 70 多个主要武器系统,总耗资高达 1.3 万亿美元,"未来作战系统"也只是这一"宏伟蓝图"的一个组成部分。此时正值美国财政困难,奥巴马政府计划在未来 10年削减国防开支近 5 000 亿美元的当口,由于担心这一野心勃勃的计划可能给美国财政带来"不可承受"的负担,它正遭到国会的强烈质疑。美国国会军事委员会委员、参议员约翰·麦凯恩说,为了降低预算金额,争取这一计划在国会获得通过,军方已不得不忍痛割爱,放弃了两套武器系统的开发计划。

　　美军之所以要不惜血本打造天价"未来作战系统",主要目的是希望通过该装备研制项目给军队装备进行全面的升级换代,组建一批更小型、更快捷的部队,以夺取未来战争的致胜先机。通过该装备更新计划,部队配备的坦克、火炮和单兵装备,都将设计得更轻便灵巧,以使这些装备能够空运到任务作战地点。但是,要达到这一目的,这些装备就必须"脱下"厚厚的装甲,替代以先进的信息系统对士兵进行保护。美军相信,只要在信息上掌握先机,就能够在敌人发现自己之前将其消灭,就用不着装甲防护了。但也有观点认为,美国陆军的"未来作战系统"已经胎死腹中。据美国《国家利益》网站 2014 年 6 月 22日的一篇名为"美国胎死腹中的 5 种革命性武器"报道,其中提到的 5 种革命性武器之一就有"未来作战系统"。该作者认为,在美国发动的伊拉克战争中,"伊拉克游击战士们始终把技术先进的美军打得血流满面",战争的进程使"军事革命"理论遭到了质疑。于是,所谓的"未来作战系统"也就无疾而终了。

四、美国研制中的新概念武器装备

(一) 动能杀伤飞行器(KKV)

　　美军认为,未来战争的重要特点是信息化和精确打击,因而研制出将两者结合起来的新式武器装备,不仅能改变战争进程,而且将影响整个战争的基本结局。目前美国正研制这样一种新概念武器,并取名为动能杀伤飞行器(KKV)。其基本原理是,利用动能武器的硬杀伤方式,通过其核心——动能杀伤飞行器(KKV)直接碰撞毁伤目标,是继核弹头、破片弹头之后的第三代反导、反卫星武器,具有有效防御敌方精确打击武器、摧毁敌方信息系统的能力,是未来夺取制空天权和制信息权必不可少的重要手段,将在导弹攻防、空间攻防、地面作战等方面发挥举足轻重的作用。

　　该装备研制项目其实从 20 世纪 90 年代就已经启动,美国科研人员主要围绕 3 方面进行:一是降低动能拦截器成本,如研制"质量矩动能拦截器",以起到事半功倍的效果;二是研发微型动能拦截器(MKV),用多个微型拦截器应付多目标威胁,如"蜂群""微型中段拦截器"和"谢弗"拦截器等;三是扩大动能拦截弹应用范围,如"小型低成本拦截弹设计"。它们的突出特点是追求微小型化,或者在设计思想上更接近于单轴稳定动能拦截器方案,或者采用完全不同于现有动能拦截器的设计思路。研究人员将这些新出现的动能拦截器称为"新型动能拦截器"。随着美国 KKV 技术趋向成熟,美军将在发展 KKV技术方面呈现出两个明显的趋势:其一,按照轻小型化、智能化和通用化的要求,改进并试验已经研制成功的动能武器系统及其 KKV，以便尽快部署弹道导弹防御系统。这些 KKV 的重量为 30～60 kg，并且不大可能进一步减轻。其二，依据轻小型 KKV 技术的发展，针对未来战争威胁以及现有 KKV 结构复杂、成本高的不足，积极探索适应未来作战需要的新一代 KKV。

目前，美军正在加紧研究和探索新型动能拦截器技术，这不仅反映了近年来美军为进一步适应和满足未来作战需要，应付潜在敌人可能采用的各种对抗手段，在探索高效费比的创新型动能武器系统方面做出的积极努力，还预示着美军利用动能武器防御弹道导弹的战略将从"狙击步枪模式"（即以"点对点撞击杀伤"方式拦截再入段弹头）向"霰弹猎枪模式"转移，同时也表明，微小型化是 KKV 技术的一个重要发展趋势。

（二）暗星空天母舰

该研制项目的灵感来自于科幻小说，以及美国里根政府时期的"星球大战计划"，其最终研究成果也许与美国的科幻电影《星球大战》里的空天航母十分类似。美国之所以需要研制该未来尖端装备，是由于随着 U－2 和 SR－71 高空侦察机的陆续退役，以及世界各国防空武器性能的极大提高，美军急需一种能自由往返天空与太空，集侦察与攻击性能于一身的新概念武器，于是空天航母的概念武器研制项目就呼之欲出了。早在 2004 年 9 月，波音公司就全面启动了空天飞行器项目，代号"暗星"。它由一架超高速的喷气式母船和若干架代号 XOV 的太空战机组成，当空天母船飞到 10 万 ft（约 3 万 m）高度时，便释放出太空战机，后者点燃火箭发动机，就能轻而易举地飞抵亚轨道或者在轨巡航。根据任务需要和携载量的不同，它的太空战机可上升至 300mile（约 480km）高空的近地轨道，在执行完任务后还能重返大气层，以滑翔的形式降落在普通的机场上。它既能够在空天得到空天母舰的支持，又能够以超声速精确打击敌方太空或地面目标。

（三）威力巨大的气象武器

随着人类气象科学技术的不断发展，美国正在研究人工影响天气在军事上的广泛应用技术，其新型气象武器必将走向未来战场。其实，美国早在 1970 年就对古巴实施了代号为"兰色尼罗可"的气象战演习，以试验气象武器的实战效果。在 20 世纪 70 年代的越南战争中，美国就曾使用飞机在预定地域上空喷洒大量的人工降雨催化剂，造成当地大雨滂沱，山洪泛滥，冲垮了铁路、桥梁、堤坝，使越南境内的部分地区道路泥泞、交通中断，给北越军队的军事行动带来了巨大的困难，配合了美军的作战行动。这是最早的美国气象武器在战场的实际运用典型案例，也显示出了其巨大的作战威力，从而激发了美国研制新型气象武器的雄心。多年来，美军一直进行大气层作战研究。其中，在北太平洋的阿拉斯加地区，美军大力开发"高频主动式极光研究项目"（HAARP），试图利用高频电磁波束控制高层大气。美军称，这是国家反导系统的一部分，如果俄罗斯或其他国家洲际导弹空袭美国本土，就会在北极地区上空电离层遭到美军强大电磁波束拦截，电子制导系统就会因过热而烧毁，洲际导弹将无法继续飞行。有美国物理学家认为，HAARP 项目是世界上最大的电离层改造工程，也是世界上最大的气象战武器。俄罗斯《真理报》更是一针见血地指出，美国虽然在联合国禁止研制气象武器条约上签字，但阿拉斯加美军电磁拦截工程明显是利用科学研究的幌子或者是以双重技术为掩护进行军事项目开发。据美国媒体披露,美国空军曾于冷战结束后拟订21世纪气象战规划,它就是"2025年全范围控制计划",企图设法通过气象战确保美国在国际事务中处于领先地位。美军中还曾有人提议使用原子弹进行气象战:在暴风雨催生系统或者云中引爆原子弹,以形成辐射雨,产生比正常核爆炸还要大的辐射污染区,对敌方造成更大范围的杀伤。另据有关材料透露,美国正在投入巨资研制现代气象武器,包括人造洪瀑、人造干旱、人工引导台风、人工消云和消雾、人工造雾、人造寒冷和人造酷热、人造臭氧空洞、人工控制雷电等。这些气象武器一旦投入实战,对于许多国家来说不仅难以防御,也将造成巨大的生态灾难与人员伤亡。

(四) 无人操作的智能武器

随着美国信息技术等高科技的发展,以及国内厌战情绪的增强,美国在未来作战中将更多依赖无人操作的智能武器,并正研制装备这些新型武器。所谓无人操作智能武器,是指不用人直接操作,而是利用信息网络或无线摇控传感技术,就可使其自行完成侦察、搜索、瞄准、攻击目标以及情报的搜集、处理、分析与综合等多种军事任务的新型武器,也称无人操作武器。目前,美军研制的无人操作智能武器主要有:

1. 高智能军用机器人

它是一种四肢齐全,耳聪目明,具有一定的思维、感觉、知觉、识别以及分析和判断的能力,能模仿人的行为,从事较复杂的脑力劳动,执行多种军事任务的机器人。例如,防御反舰导弹机器人、排雷机器人、烟幕机器人、侦察机器人、反装甲机器人、水下机器人、航天机器人等。

2. 高智能无人机

它是在现有无人机基础上升级的一种完全依靠信息和传感技术就能自行完成侦察、干扰、电子对抗、反雷达、攻击等多种军事任务的超声速无人机。

3. 智能装甲车

它是一种完全由计算机控制中心、信息接收和处理系统、指令执行系统及各种功能构件组成的,重量只有普通坦克1/10的新型装甲车,可执行排雷、排爆和进攻等军事任务。

4. 高智能导弹

如美国研制的"黄蜂"反坦克导弹等。

5. 高智能地雷

它是一种能自动识别目标,自动控制装药起爆,并能在最有利时机主动毁伤目标的新型地雷。

无人智能武器集中利用高技术成果,将战争经验、技术效能实验论证和战场使用的预期现象作为实战参数,纳入计算机思维之中,使其具有自动寻的、末端制导、目标识别、隐身、抗干扰等能力,表现出极强的突防力和极高的杀伤效能,又能极大地减少自身的伤亡,因此,该新型武器越来越受到美军的欢迎,正加大投入进行全面的研制开发。

(五) 形形色色的隐身武器

由于信息技术的高度发达,敌我双方的军事人员、装备和力量部署都很难"遁形"。因此,面对未来"发现即被打击"的战场,美国非常热衷于隐身武器的研制与应用,并在继续研制形形色色的隐身武器。利用现代技术手段对武器装备进行隐蔽,通常需要研发以下 3 类技术:改进武器结构外形的设计,减少雷达反射截面;采用能吸收或偏转雷达信号的材料及工艺;升级武器装备的电子对抗设备,快速精确地查明敌方雷达和拦截武器制导系统的方位,并进行干扰和诱骗。目前美国已研制或正在研制的隐身武器主要有以下几种:

1. 隐身舰艇

隐身舰艇的隐身原理主要是采取相应技术措施,降低舰船被雷达探测和被导弹、鱼雷攻击的概率,提高舰船在海上的战斗力和生存力。未来的隐身技术将以复合材料为主,外形设计为辅。比如,美国已研制服役的"宙斯盾"驱逐舰,才服役不久的濒海战斗舰,以及将于 2016 年开始服役的最新型驱逐舰,在舰型的选择、船体形状设计、隐身材料研制和选用以及降噪等方面,都运用了相关的隐身技术。尤其是以已故海军上将埃尔莫·巴德·朱姆沃尔特命名,于 2014 年 4 月下水的最新型驱逐舰的首舰,具有更好的隐身性能。这艘 1.5 万 t 级、型号 DDG - 1000 的驱逐舰,最大的特色就是有一个复合材料的甲板室,里面有隐藏的雷达和传感器,而且其尖角的外形使人们容易在雷达上把它错看成一艘小型渔船。

2. 隐身航空母舰

美国为了提高航空母舰攻防兼备的实战能力,一方面,利用各种隐身技术升级改造现役航母;另一方面,加紧研制隐身性能更强的未来航母。比如,美国刚下水、将于 2016 年交付海军的新一代核动力航母"福特"号,造价超过 128 亿美元,据称就运用了许多隐身技术,包括配备了最新的雷达技术以及与舰载无人机配套的精密系统,并正在进行具有隐身功能的舰载 F - 35 联合攻击机的着舰试验。据称,美军为了增强航空母航的隐蔽性,还在研制一种"水下航空母舰",能像潜艇一样潜入水下,从而可防止敌人攻击。

3. 隐身飞机

美国是当今各国中研制隐身飞机最多、技术最发达,利用隐身飞机唯一参加过实战的国家。美国研制的隐身飞机包括有人驾驶和无人驾驶飞机,以及超高速等多种类型。其中,有人驾驶、已经服役、隐身效果好的有 F - 117、F - 22、B - 2 和 F - 35 等,它们的雷达反射面积降到了 $0.1 m^2$ 以内。据美国福克斯新闻网 2014 年 7 月 14 日的报道,美国空军正在研制新一代战略隐身轰炸机,并已经进行了招标活动,而波音、洛克希德·马丁和诺思罗普·格鲁曼 3 大军火巨头是制造这种新式轰炸机首选主承包商。这种机翼呈蝙蝠状的隐身轰炸机,单架目前的报价是 5.5 亿美元左右,低于目前服役的 B - 2 隐身轰炸机,但真正造出来的价格如何还难以定论。美国空军预计将耗资 550 亿美元采购 100 架,并希望在不晚于 2016 年的春季选定一家总承包商,计划让它们到 21 世纪 20 年代中期投入部队使用。据美国一家防务网站的消息,该隐身轰炸机项目其实在 2011 年左右就已启动,但此时属于空军的机密,其原形机可能已试飞。据美国空军 2014 年 6 月发布的消息,空军正在研制大型隐身无人机。该无人机代号为 RQ - 180,是一种大型(超过 12t)的隐身无人机,设计目标是要求其在防卫森严的空域能够存活下来。

4. 隐身导弹

近年来,美国还在研制隐身导弹。已研制成功的隐身导弹主要有美军的 AGM - 129 型隐身战略巡航导弹、MGM - 137 型战术导弹等。

5. 隐身坦克

目前,美国已着手对坦克隐身技术进行研究,并计划生产出具有隐身性能的未来坦克。美国隐身坦克研制涉及到的主要技术途径是:①外形隐身技术,减小车体,降低炮塔,优化外形结构,以减少雷达回波信号;②材料隐身技术,采用复合材料制造车体和炮塔外壳,使其具有吸收电磁波、削弱红外辐射及消声等特点;③降低信号特征技术,即降低坦克动态时的红外辐射和噪声;④消除反差技术,如表面喷涂迷彩或挂伪装网等。

6. 隐身通信系统

据美国媒体透露,美海军正在研制一种隐身通信系统。这种通信系统在超高频段内的技术论证将在今后几年内取得成果。实现通信隐身取决于低断面通信。通过扩展频谱和削减功率,对产生的噪声进行编码,可使通信信号隐蔽在噪声中,使敌方误以为噪声而达到通信隐身的目的。随着美国隐身兵器不断研制成功并运用于战场,在未来战争中,隐身通信系统必将发挥关键的作用。

(六) 未来武器家族中的新成员——海洋环境武器

随着美国高新技术在海洋领域的广泛运用,各种高、精、尖的海洋环境武器也是层出不穷地涌现。据外媒报道,在美国军事科学家和海洋学家、化学家的通力合作下,海洋环境武器的研制工作取得了惊人的进展,并显示出巨大的作战威力。所谓海洋环境武器,是指利用海洋、岛屿、海岸以及相关环境中某些不稳定因素,如巨浪、海啸等,同时借助各种物理或化学方法,从某些不确定因素中诱发出巨大的能量,从而利用其攻击敌方的军舰、潜艇和海岸上军事设施,以及使敌海军、空军飞机丧失效能的技术手段及其装备设施等。目前,美国研制中的海洋环境武器主要包括:

1. 化学雨武器

它主要由碘化银、干冰、食盐等能使目标区域空气体内形成水滴、造成连续降雨的化学物质和能够造成人员伤亡或使武器装备加速老化的化学物质组成。

2. 海啸武器

自然界中,海啸是由风暴和地震所引起的。而未来研制海啸武器运用于海战,将会起到不可估量的作用。美军核试验科学家认为,一旦这种武器步入战场,将能冲垮敌海岸设施,使其舰毁人亡。

3. 海幕武器

它是运用人工方法制造出一种能保护舰船和军事设施的保护幕,使敌侦察系统失去效能,如同受到强烈的电子干扰一样,无法发现目标,达到神出鬼没、隐蔽出击的目的。目前,美国这种武器研制已取得早期成功,正处于试验论证阶段。

4. 巨浪武器

通过人为干预产生的巨大风浪常常导致舰毁人亡,军事设施毁坏。研制人员认为,巨浪武器还可用于封锁海岸,达到扼制敌军舰出海进攻之目的。不过,到目前为止,真正引起巨浪的方法尚未问世,只是引发了一些小浪级的浪涛,这也算得上是巨浪武器运用成功的前兆。

5. 吸氧武器

美国专家设想,制造一种能吸收局部空间的氧气,进而使敌方人员死亡和一些需要氧气的机械停止运转的武器。它用于海上战场,将会造成人员无声无息地死去,舰船莫明其妙地停止运转,飞机将沉入大海。据称,制造这种武器的原理较简单,主要是在普通弹药中掺合吸收大量氧气的化学药物,弹药发射出去,会使攻击目标附近空间产生局部暂时的缺氧,导致人员死亡与武器失控。目前,这种武器已开始走进实验室,美军很可能在不久的将来将其投入战场。

五、美国研制中的网络作战装备与技术

(一)影响美国军事转型的网络中心战技术

所谓网络中心战(NCW),是利用计算机网络并通过全球信息网格,将分散配置的作战要素集成为网络化的作战指挥体系、作战力量体系和作战保障体系,实现各作战要素间战场态势感知共享,最大限度地把信息优势转变为决策优势和行动优势,充分发挥整体作战效能的一种全新作战理念及其技术手段。是美国海军作战部长 Jay Johnson 上将于1997 年首次提出的,他认为,"从平台中心战向网络中心战的转变是一次根本性的转变"。这一概念一经提出,就在美国引起了很大反响,军方认为,它是在信息时代所形成的描述编制体制和作战方式的最好术语。2001 年,美国防部将其正式列为美军未来主要作战模式;2002 年,美国政府进一步将其视为美军转型的重点及未来联合作战的核心。可以说,"网络中心战"理论已经成为指导美军军事转型的基础理论之一。

美国网络中心战的中心思想是要求整合信息时代的作战理论体系,开发相应技术手段,实现各作战单元、各装备系统和武器平台的互连、互通,并建立专门的高层指挥机构,统一技术标准和操作规范,注重军队体系与作战单元间的信息沟通,从而适应未来信息化战争的需要。它是一个规模极其庞大的系统工程,从信息化作战中信息的获取、传递、处理、利用等环节来看,该系统主要由战场感知、数据链、信息传输、敌我识别、导航定位、电视会议、数字地理、模拟仿真、数据库等 9 大子系统构成。网络中心战的核心是夺取制信息权,通过信息技术手段来主导作战行动。因此,目前美军的网络中心战已经从军事理论衍生为作战概念,即网络中心作战(NCO)。NCO 概念框架是由美国军队转型办公室(OFT)和国防部 C^3I 助理秘书办公室(OASD/C^3I)联合提出的,并由顶层作战概念与第二层网络属性结构共同组成,如图 8 - 14① 所示。图 8 - 14 由左右两部分构成,在该图的左边是 NCO 的顶层或第一层,属于 NCO 概念框架,主要含义是指未来的信息部队将由 4 种提供基本功能的实体组成:信息来源(Informatino sources),指收集或产生行动信息的元素,包括各种传感器、人的思想,以及公众媒体(如新闻报告、网站)等;增值服务(Value added sercies),指一些可以增加部队作战功能的元素,如及时反馈与回答质疑、定义新的数据或信息需求等;指挥和控制(C^2),指执行或支持指挥或控制的部队元素,如决策辅助工具等;物理资源(Effets),指影响作战的重要元素,包括武器装备、电子战和计算机网络空间战实体,以及负责外交、经济和其他事宜的实体等。它表达的原理是,在 NCO 框架下,网络化部队通信能力提高,导致网络质量改善,从而增强信息共享能力,也使得个体和

---

① 王钰洁,王宝树. 网络中心战概念及其体系结构模型[J]. 情报指挥控制系统与仿真技术,2005(6):32 - 33。

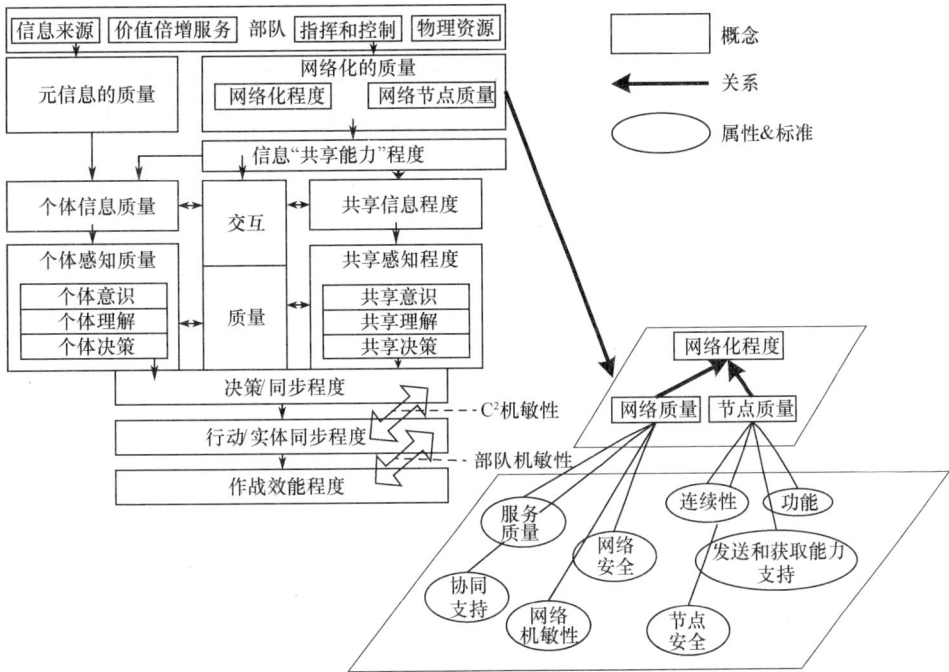

图 8 - 14　美军 NCO 顶层作战概念到第二层网络属性关系示意图

组织能够获得和共享高质量的信息,改善个体的共享感知(包括共享意识、共享理解和协同决策),改善决策/同步程度,C² 的机敏性和部队的机敏性,最终提高行动/实体同步程度和部队作战效能的程度。但是,NCO 概念框架的功能发挥如何,还需要依赖 NCW 整个网络体系的属性和标准层的结构优化,这就是图 8 - 14 右下方的第二层,即顶层的映射或关系层。由于美军的 NCW 理论仍处于改进与变化之中,因此,从顶层作战概念到第二层的属性关系的映射状态也可能处于变化之中。

美军网络中心战(NCW)的核心是要实现从平台中心战向网络中心战的转变,因此,其严重依赖于网络技术及信息化装备,并需要构建 NCW 作战体系。该体系从逻辑结构上看,主要由基础网格、传感器网格、指挥控制网格和交战网格 4 个方面的耦合而成,从而形成 NCW 的网格体系结构,如图 8 - 15 所示。图 8 - 15 也分为左右两个部分,左边部分属于 NCW 网格体系的立体结构,其中的传感器网格、指挥控制网格和交战网格 3 个网格的功能发挥,需要依赖基础网格提供良好的虚拟协同工作环境来支持①。基础网格主要使用光纤通信设施、陆基、机载和基于卫星传导的有线及无线网络技术,提供作战部队强大的网络信息资源共享环境,并将战场感知、指挥控制、精确打击等作战单元集成为一体化的协同作战系统,从而使战场上的兵力结构、指挥体系及信息流融会贯通,将极大地提高整个作战体系的快速反应能力和协同作战效能。而图 8 - 15 的右边部分为 NCW 网格体系结构的平面模型,反映在基础网格上另外 3 个网格之间的交互关系。以网络中心战为指导思想,美军的装备及军事技术得到飞速发展,尤其是海军装备建设更是得到了快速

---

① 王钰洁,王宝树. 网络中心战概念及其体系结构模型[J]. 情报指挥控制系统与仿真技术,2005(6): 33 -34。

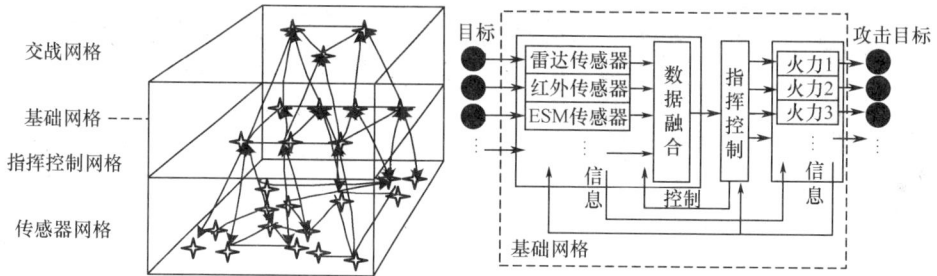

图 8 - 15　美军 NCW 网格体系结构示意图

发展。据资料显示,美国海军装备最新发展呈现两个主要的表现:一是发展各种信息转换模块,将各种平台提供的信息融合在一个网络中,任何一个海军终端都可以得到所需要的任何种类的信息,而且这种融合是双向的信息融合。美军现存的联合战术数据网就是通过联合战术信息分配系统的 LINK - 16 数据链,将分布在美海军飞机、舰艇等平台上的统一终端模块互连,从而实现战术数据的网络互连。二是通过新电子设备提供的新服务,将原来的层级式网络结构改变为分布式网状结构,通过可重组式分布节点组织网络。在第10 艘"尼米兹"级航母 CVN77(即"福特"号航母)中采用开放式的 C⁴ISUR 系统,这有利于增加新的系统,并灵活重组不通网络,该系统也将成为 NCW 的关键因素。这些信息装备的优势在于,海军能够指挥控制各种分散配置的舰艇、飞机、潜艇上的传感器和武器,并将它们的作战能力融为一体,达到"集中效能"而不是"集中兵力"的目的。通过 NCW 网格体系的构建,网络连接的作战平台可使战斗力成指数倍增长。有的美军专家甚至得出结论,网络中心战的效能等于未来 NCW 体系网络中节点数量的平方。

(二)开发全球信息栅格技术

美国研发的全球信息栅格(GIG)技术包括一个涵盖范围非常广泛的信息网络系统,是美军未来实施网络中心战的基础,对美军真正实现以网络为中心的作战目标至关重要。所以,美军又称之为全球信息栅格系统。GIG 建成后,将是全球覆盖面最广、最复杂的信息技术网络,使美军能在需要时真正使用全球任何地区的资料。通过该系统,用户可以进入美军当前各种高层指挥、控制与信息传输系统,如防务通信系统、全球指挥与控制系统、全球作战支援系统等。GIG 以美军的防务信息系统网络(DISN)为基础,并可为今后开发新型的军种网络结构提供接口。为了开发 GIG,早日实现网络中心战构想,真正实现信息实时共享,研究人员为下一代卫星安装了激光交联设备,采用通用射频技术,可以用先前无法想象的速度来传送大量数据,从而实现全面协同决策,做到名副其实的联合指挥。通过 GIG,各作战部队平台和武器系统都可各自独立编址,全球各地都有自己的网际协议(IP)地址,这样就可以对各个平台和单支部队进行实时跟踪。对此,美国国防部也非常重视,专门制定了一系列庞大而复杂的计划方案,初期计划投资 340 亿美元用于建设网络基础设施,在 2011 年前基本建成一个真正包罗万象的 GIG。国防部的主要目的有 3 个:消除带宽限制;配置可信信息资料业务;通过横向融合集成,让信息一览无余,使用户能灵活获取信息。

其实,美国国防部在 20 世纪 90 年代末自海军提出"网络中心战"构想后,就开始投资建设 GIG,建设计划基本上是以美军的防务信息系统网络(DISN)为基础的。DISN 把为军事基地内部及其他防卫设施提供服务的各局域网联接在一起,国防部的大多数电话、电子邮件、电视电话会议及指挥与控制系统的连通都需由 DISN 网络来联接。预计美国武装力量的带宽需求会以超过50% 的年增长率增长,因此,需要对 DISN 进行全面改革,以实现 GIG 的长期目标。这将通过全球信息栅格—带宽扩展(GIG – BE)工程实现,该工程增加了 DISN 全球范围内 100 个节点的传输容量。GIG – BE 工程耗资8.77 亿美元,使DISN 由一个以电路为基础的传输系统变成了 IP 系统,并通过使用光载波将传输速度由每秒0. 15GB 提高到每秒 10GB 以上。GIG 基本建成后,转型卫星通信(TSAT)计划将使因特网式的通信成为可能。TSAT 计划被称作“迄今所建立的最具发展前途、最昂贵、最复杂的空间系统”之一。美军耗资超过 160 亿美元的这项计划,将使 GIG 扩展到全球的移动用户,同时,继续保持高度的保护性和安全性。在 GIG 实现其主要功能后,美军还计划对互联网协议进行升级,组建网络防护部队,并与各军种网络战计划高度兼容。当前各军种都开发自己的网络作战系统,如海军有“力量网”(Force Net),陆军有“陆战网”(Land War Net),空军有“星座网”(Constellation Net)①。“力量网”是由美海军与海军陆战队共同开发的通用网络系统,它把传感器与作战平台联为一体,并为海军/海军陆战队提供通用信息服务。“陆战网”是陆军开发的信息服务与 C^{4}ISR 体系,可增强陆军联合作战能力,扩展各级指挥员的战场感知能力。“星座网”是空军研制的信息网络系统,能够实现空军的作战平台、传感器以及部队之间的信息自由交换,并通过机载网络把 GIG 扩展到空基平台上。美军计划在完善军种作战网络系统的基础上,将这些信息网络系统作为全球信息栅格系统的下属分支,并最终成为网络中心战的重要组成部分。

据美国《每日防务》2003 年 8 月 14 日的报道,美国防部考虑将“全球信息栅格”与C^{4}ISR 完全集成。为此,美国防部负责网络和信息集成的助理国防部长斯藤比特特意向美军参谋长联席会议和三军部长提交了“关于全球信息栅格需求的备忘录”。备忘录提到,国防部需要一种集成、规模化、完全分布的信息处理和传输体系结构。该体系结构基于商业技术搭建并使可行性最大化,可将从任何来源获得的信息传递至任何目的地,并可提供已经过加工的信息。该结构具备规模化、可自调整、功能强大以及安全可靠等特点。因此,国防部考虑将 GIG 与 C^{4}ISR 完全集成,这将为美军各军种的联合网络化系统提供框架,也将影响国防部一系列主要采办项目的预算和计划内容。斯藤比特表示,他会评估2005 财年预算中与 C^{4}ISR 相关的计划修改建议及预算修改建议,以更好地支持该集成计划。这些预算计划包括:所有航天终端的采购;所有无线电和数据链的采购;所有 C^2 计划;所有 ISR 计划;各军种的全球指挥和控制系统(GCCS)及其联合型;可部署的联合 C^{2}系统;信息通信基地;加密现代化/高可靠性因特网协议密码(HAIPE);作战人员“信息网络—战术级”(WIN – T);分布式公共地面系统(DCGS);陆军“未来作战系统”(FCS)现代化计划;“力量网”的附属计划;其他相关计划等。备忘录中特别提出,国防部为实现 GIG结构转型,将主要为以下计划进行投资:GIG 带宽扩充(GIG – BE)、转型性通信体系结构(TCA)、联合战术无线电系统(JTRS)、以网络为中心的企业服务以及“端到端”的信息保障。

---

① 黄河清. 美军全球信息栅格系统与军种网络战计划 [J]. 国防科技,2006(2):33 – 34。

（三）研制更加智能化的网络武器平台

1. 研制更加智能化的无人操作平台

美军通过近年来信息化战争的经验教训得出一个重要的结论:未来战争中,由于智能化装备的发展,战争没有变得越来简单,而是对从事战争的人对战场的控制和领会的要求越来越高。所以,美军提出一个有意思的疑问:人是不是战争各环节中最薄弱的一环,是不是越来越依赖信息与通信网络手段? 为此,美国正在利用自己掌握的信息技术优势,研制更加智能化的网络操作平台,既可减少参战人员的无谓牺牲,又可提高作战的效能。以海军为例,这两个因素要求美海军在发展新一代武器装备时,尽量发展无人平台或是努力减少操控平台的人员数量。目前,美海军正在开发的此类项目有:"侦察兵"无人直升机、多用途舰载无人机、小型舰载无人机、中程无人机以及无人机战术控制系统。将来研制的智能化无人操作平台,将担负侦察巡逻、空中预警、目标跟踪、中继通信、中继制导、信息作战、特种攻击等广泛任务,与有人驾驶作战飞机一起组成全能型、混合海军航空兵作战部队,从而大大提高整体作战能力,远期甚至可担负空战和对海对地攻击等各种任务。通过智能化网络武器系统的部署,可极大减少作战与武器操作人员。就水面舰艇平台来说,美海军新研制的DD-21对陆攻击驱逐舰就只需95个舰员。如果按照常规的配置方法,像DD-21这艘万吨级军舰的舰员人数将达到440人。之所以能够减少3/4的人员,主要依赖于装备有更加智能化的网络作战平台。包括战斗情报中心、动力装置、通信中心、损管部门、后勤部门等不同单位的高度自动化集成系统的应用。而这95个人也是个个身兼数职,对他们的要求也不同于现在海军官兵的一般要求。

2. 研制"网络使能"武器系统

据美国《航空和空间技术周刊》网站2012年9月3日的署名比尔·斯威特曼的文章披露,美海军正研制一种名为"网络使能"的新式武器,并着手建立一个"网络使能"武器库。作者认为,这种新型网络武器的投入使用,将推动未来海战样式的改变。因为这种网络武器能够利用其他传感器发现并打击目标的导弹,即便通信中断仍然运转。这种新型网络武器是利用有线与无线网络服务,由近海监视雷达系统和先进的机载传感器共同组成的,它们提供的识别、分类和定位数据比发射装置的雷达更准确,而且作用距离也更远。它们可以为导弹提供瞄准目标的最新数据以及非目标舰船的位置,同时,不在舰对空导弹的射程之内。同年6月,美国海军宣布它计划与雷神公司签订合同,通过为"战斧"Block Ⅳ巡航导弹加装新传感器和数据链接,开发一款新的反舰武器,计划在2015年服役;还需要研制新的先进机载传感系统,计划在2016年左右服役。同时,还与波音公司合作,研制开发AGM-84L"捕鲸叉"反舰导弹,给其增加"打击共同武器数据链接",使它能够在飞行中获得最新的数据,计划在2017年服役。到时,美海军的"网络使能"武器系统基本建成。

3. 研制破坏敌方"离线"网络的新型网络武器

据美国《华盛顿邮报》网站2012年3月19日的署名埃伦·中岛的文章披露,五角大楼正在加紧研制下一代网络武器。该武器能够破坏敌方军事网络,即使该网络没有连接互联网。但必须开发新信息技术手段,因为"为了影响一个系统,你必须进入它,我们还不能完全任意进入一个没有连接互联网的系统"。即使进入了系统,如果不掌握专为该系统编写的编码,也很可能找不到攻击的方法,因为每个系统的软件和更新程序都不同。为此,美军正在研究利用最新技术打击"离线"军事系统的网络武器,该技术利用无线电信号将计算机代码注入网络。文章提出,为了加速网络武器和国防科技的发展,五角大楼在 2011 年就已经启动了该项目计划,并决定在未来 5 年向国防部高级研究计划局(AR-PA)的预算中投入 5 亿美元,专门用于下一代网络武器研究。

第九章　经济全球化与
美国国际军事装备工业技术合作

美国是战后经济全球化与一体化的主要倡导国,也是主要受益者。作为国民经济的重要组成部分,美国也希望将军事装备工业纳入经济一体化的进程之中,并开展了较为广泛的国际合作。但是,军事装备工业是个特殊的经济部门,美国对军事装备工业技术的国际合作实施差别化政策,即使与其盟友之间也有所保留。

一、经济全球化与美国军事装备工业技术合作综述

(一)经济全球化大背景与世界军事装备工业技术合作

1. 经济全球化背景分析

随着第二次世界大战的结束,和平与发展成为世界的主流。新的国际金融体系和国际贸易格局的形成推动了世界经济的融合发展,各国经济和生态相互依存度不断加深,信息技术对人们的生产生活方式不断冲击,人与人之间、国与国之间跨时空的交流和协作更加实时、同步、紧密,经济全球化逐渐成为一种不可阻挡的趋势。尤其是冷战的结束,从根本上打破了超级大国划定的势力范围对经济活动的人为限制,使世界各国的经济活动迅速拓展到了全球范围内,出现了不可遏制的经济全球化趋势。经济的全球化使得世界经济资源重新洗牌,经济格局发生了改变,传统发达经济体、新兴市场经济体、转型发展经济体争奇斗艳,各领风骚。经济全球化使得经济运作变得更加高效,人们也从经济全球化中收获颇多。然而,经济全球化也带来了很多负面效应,一旦一个经济体发生问题,将会影响一大片与其相关的经济体,"蝴蝶效应"的作用越来越明显。经济大国的"羽翼"轻轻地一挥,都可能造成小国家的"伤风感冒"。随着经济的发展,科技的进步,地球上发生的很多问题,不再是一个国家的问题,也不是一个国家就可以解决的,如金融危机、环境污染、全球变暖、艾滋病防控、国际冲突等。

美国学者塞缪尔·亨廷顿认为,冷战以后的国际冲突不再产生于政治经济和意识形态的对立,更多地是来自于文化的差异。七八个不同文明世界之间的冲突,有可能孕育着更大规模的地区战争和全球冲突。特别是正在"扩张"其经济、军事、政治权力的亚洲文明和正在出现人口爆炸的伊斯兰世界文明,与西方文明的普世主义发生了越来越大的冲突,成为各种非西方文明重新肯定自己价值的领头羊。而有的中国学者则提出,"从国际冲突的经济原因分析,当前国际主要矛盾表现为资本全球化与贫困区域化的矛盾"。既然经济全球化会带来一定的矛盾、冲突和战争,也必定会对世界军事装备工业技术合作产生影响,尤其是对像美国这样的唯一超级大国的军事装备工业技术国际合作。

2. 经济全球化背景下的世界军事装备工业技术合作

长久以来，军事装备工业一直是绝大多数国家经济领域中的重点保护对象。在西方，军事装备工业和贸易也常常是处在自由市场经济边界之外。为确保本国军事装备工业的竞争力，典型的市场经济所要求的如开放、竞争、效率甚至盈利性等，都被当作第二位的标准。即便在许多老牌资本主义国家，军火生产和军事装备工业贸易也是由国家严格控制的，更多政府倾向于限制、歧视外资外企介入本国军事装备工业，军事装备工业技术交易与合作也是严格管制的。

第二次世界大战之后，世界经济的快速融合与一体化进程逐渐渗透到军事装备工业领域，许多国家的军事装备工业技术合作日趋活跃。尤其是冷战结束后，各国军事装备工业行业所面临的困境，对军事装备工业"自给自足"这一曾经是神圣不可侵犯的理念，提出了严峻挑战。在东西方对抗时期，美国、西欧、苏联和其他工业化国家所建立起来的庞大的军事装备工业基础，在后冷战时期，由于国防费的削减和军火市场萎缩，军事装备工业企业正面对生产能力富余闲置的难题。军火生产商由于不愿或无法实行军转民而加重了这种生产能力的过剩。生产商并非是唯一感到痛苦的角色，面对着新一代武器系统日益上涨的研发经费和制造成本，致力于不断推进军队现代化的各国政府也感到难以承受。此外，由于相应地减少生产能力和关闭工厂，政府正承受着越来越大的压力。为了缓解军事装备工业的失业问题，政府和生产商为寻找解决这些问题的出路，"军火生产和贸易全球化的道路"越来越诱人，正日益成为军事装备工业为求生存和发展采用的战略。贸易的全球化也就逐渐带动了各国技术合作的全球化。因此，随着经济全球化的推进，加强军事技术的引进与国际合作，成为各国武器装备发展的共同取向。

（二）美国军事装备工业技术国际合作的动因

随着冷战结束与经济全球化的加速发展，加强军事合作已经成为各国发展军事装备工业的共同趋向，美国也不例外。高技术武器装备技术日益复杂，费用日益昂贵，单纯依靠一国来进行高技术的研发，其投入是非常大的，而且需要承担巨大的政治与安全风险。此外，通过开展军事装备工业技术合作与军事装备工业贸易还可以结交朋友，巩固联盟和势力范围，获取更多的地缘政治经济利益。这些也正是美国寻求国际间的军事装备工业技术合作的主要原因所地。

1. 政治上的需要

冷战结束后，美国成为唯一的超级大国，认为自己更有责任和义务充当好世界领袖和警察的角色，但单凭美国自己的实力还很难达到这个目标，这就需要继续奉行结盟的政策。美国的盟友不仅要包括西欧等发达国家，还需要包括亚非拉等发展中国家，这样才能形成一个以美国为首的全球治理圈，以便推行美国的价值观与全球治理理念。而加强与这些盟友的军事装备工业技术合作，是实现这全球治理政治目的的重要一环。因此，美国的军事装备工业技术国际合作，既包括与北约发达国家的合作，也包括与非北约发展中国家的合作，但要么是盟友、要么是与美国友好的国家（地区）。美国参与西方发达国家的军事装备工业技术合作，主要是希望这些国家分担某些重大武器系统研制的政治风险（如 TMD 和 F-35）和共同承担美国治理全球的风险。第一次海湾战争后，美国发现，英、法、德等西欧盟友的一些武器装备，尤其是军事技术与美国差距太大，基本上不在一个层次上。于是,美国加大了与这些盟友的军事装备工业技术合作,并对它们施加压力,要求增加军事投入,承担更多的国际义务。美国与一些发展中国家(地区)开展军事装备工业技术合作,则是希望维持其后院的安全,或抗衡美国希望抗衡的对手,分散美国治理全球的政治经济风险,扩大美国的势力范围。相对而言,这些国家(地区)也想通过与美国的合作,在为美国服务时可以在美国日后称霸全球中分得一杯羹,或达到自己想要达到的目的。

2. 经济上的需要

美国虽然至今仍是世界头号经济大国,但要完成称霸全球的野心必须付出很多,尤其是必须经常维持巨额的武器装备研发开支,以保持军事技术世界绝对领先地位,而有的重大武器系统的生产供应量非常小,难以实现规模经济的效果,因此,经济实力上仍是感觉捉襟见肘。而事实告诉美国,如果有两国参与合作研发,就可以节约美国近 30% 的投入;如果有多国合作,则可节约 50% 以上的投入。而且通过联合研制,或其他形式的军事装备工业技术合作,还为将来武器系统的联合配置与对外军事装备工业出口打开方便之门,也就可以形成武器系统的批量生产和规模效益。既可以节约美国的巨大国防开支,又可以为美军事装备工业企业带来巨额的经济收益。以美国研制军用飞机为例,随着科技的进步和军队对其战技性能要求的不断提高,其研制投入和价格也不断飙升。就其价格对比而言,在第二次世界大战期间,F – 6F“恶妇”舰载机的单价是 3.5 万美元,B – 29“超级堡垒”轰炸机的单价是 70 万美元,“埃塞克斯”级航母的单价是 7 000 万美元;一艘航母相当于 100 架重型轰炸机的价格。而现在 F – 35 战斗机的单价是 1.6 亿美元,LRS 轰炸机是 8.1 亿美元,F – 117 隐身轰炸机是 20 亿美元,CVN – 78 型航母是 128 亿美元。换言之,现在一艘航母的价格只相当于 6 架 B – 117、16 架 LRS 轰炸机和 80 架 F – 35。而且,这些军用飞机的研制成本非常高,而军队的需求又较有限,如果不外销的话,很难获得规模经济效益,美国单方面支付的经济开支过大,有时甚至达到难以承受的地步。因此,美国希望通过国际合作,要求外方承担一定的研发成本与投资风险,并获得规模经济效益。这从理论上说是可行的,如图 9 – 1① 所示。图 9 – 1 中纵坐标表示美国军用飞机研制成本与单位价格,横坐标表示飞机的产销量;AC 是平均成本或供给曲线,D 是国内需求曲线且为垂直,说明其军队对飞机的需求量是有限的;P_1 为政府对军用飞机的控制价格,F_1 为美军对军用飞机的需求量,Q 表示供求均衡点。在没有军用飞机外销的情况下,军火商达到均衡的条件是总收益等于总成本,即 $Q = OP_1 \times OF_1$。如果当美国参与国际合作,国外对军用飞机的需求上升,军用飞机大量对外出口时,美军火商将军用飞机的产量从 F_1 提高到 F_2,产销规模扩大。由于规模经济的作用,军用飞机生产成本将从 C_1 降至 C_2,结果使军用飞机的价格从 P_1 降至 P_2,厂商通过出口除获得正常利润外,还可获得超额利润 Q_1,$Q_1 = (OP_2 \times OF_2) - (OC_2 \times OF_2)$。从以上分析可知,由于美国参与军事装备工业技术国际合作与规模经济的相互促进作用,使得其军用飞机产业形成良性循环发展。

3. 军事上的需要

美国要领导世界,充当国际警察,军事干预别国事务,必须寻找合作伙伴,这样既能

---

① 丁莹. 美国国防工业国际合作研究[D]. 国防科技大学,2006(12)。

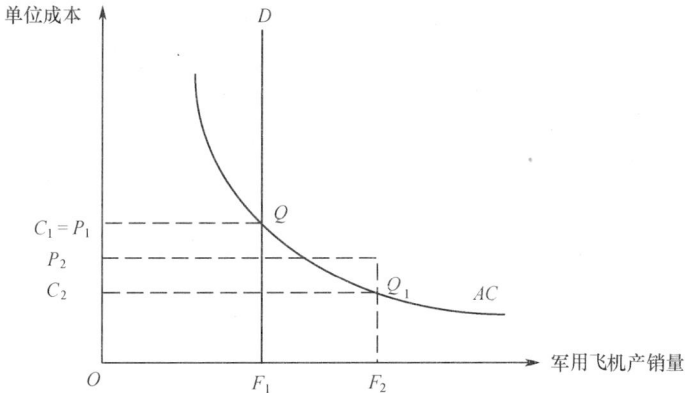

图 9 - 1　美国合作研制军用飞机取得规模经济效益

"出师有名",又能与美国共同分担风险。美国要拉拢盟友联合起来维护世界秩序,在军事上就要联合作战,那么盟友的武器装备、军事技术就需要与美国配套,否则,就可能事与愿违。像拔河一样,力量的方向的不一致甚至会导致正常比赛的失败,因此,参差不齐的武器装备水平和标准各异的军事技术,将是影响未来联盟整体实力的瓶颈,帮助盟友提高军事科技水平也是美国难以推卸的责任。尤其是第一次海湾战争之后,美国发现其欧洲等盟友由于军事投入不多,特别是武器研发投入远远落后于自己,其装备水平与军事技术差距太大,很难与美国在同一层次上联合作战,更不用说让它们单打独斗。而美国的国际战略与军事行动又离不开这些"哥们",因此,出于军事上的需要,美国也要拉它们一把,加大与西方盟友的军事装备工业技术合作,既帮助它们提高军事实力,又统一装备规格和军事技术标准,以便国际联合作战需要。就"9.11"之后 10 年的反恐战争的经验教训,以及处理近期的"乌克兰危机"和所谓的"南海冲突",美国都需要军事力量,但又深感力不从心,都需要盟友的支持与合作。这种军事装备工业技术合作不仅在于北约和西方盟友之间,也包括非北约特殊伙伴、对美国友好国家,以及对美国有需求的"小伙伴"。哪怕是卖些军火或是联合军演,给予一定的军事援助,让这些"小兄弟"在前线抵挡一阵子,也能使美国"喘口气",积蓄力量办大事。

4. 技术上的需要

虽然美国仍然是世界上最大的科技强国,其拥有的高端科技人员、装备研发投入和专利申请数量都稳居世界第一,但也不是万能的。在科技方面,包括军事装备工业技术方面,也有自己的弱项或"短板"。随着经济全球化和世界科学技术的迅猛发展,以及专业分工和国际合作的深化,军事装备工业技术的国际交流与合作也越来越频繁。可以说,现在世界上没有一个国家能够独自拥有研制生产所有尖端武器装备的所有技术资源。通过军事装备工业技术交流与合作,可以实现技术共享、风险共担、优势互补和共同提高的"多赢"目标。即使像美国这样拥有绝对军事装备工业技术优势的国家,也明白其中的道理和利害关系,因此,从技术需求的角度出发,美国也是需要寻求军事装备工业技术合作。军事装备工业技术合作在给美国军火商带来无限商机的同时,还缩小了生产和研发成本,又可以满足美国称霸全球的目标,一举多得。加强军事装备工业技术引进和国际合作对军事装备工业技术发达的国家来说,可以缩短研制周期,实现资源共享,降低各自的风险与负担。因此,近年来美国越来越重视国际军事装备工业技术合作,除与合作国家签订双边和多边协议外,还成立联合组织,共同开展武器系统科研活动,推进其合作项目统一化、标准化进程,提高盟友军事装备工业技术的综合水平。比如,美国与欧洲国家、北约国家、日本、以色列等经常开展联合开发武器装备活动。对于与美国合作的相对落后的发展中国家来说,可以提高其研制起点,缩小差距,减少其盲目性,提高本国军事装备工业部门的技术和生产能力,同时,也有机会进口美国的武器装备。

(三) 美国军事装备工业技术国际合作的概况

美国的国家战略一向重视军事联盟。因此,美国感到有必要在盟国之间进行军事技术的合作与交流,而且把军事装备工业的国际合作看成是现实国家安全和外交政策目标的一个重要因素。美国在第一次世界大战时期,就开始了军事装备工业技术的国际合作,特别是第二次世界大战时期,美国作为"民主国家的兵工厂",大量向海外输出武器装备及军事技术。冷战时期,美国为了与苏联争夺世界霸权,通过大力发展国防科学技术,成为世界上军事实力和潜力最强的国家。冷战结束后,国际政治、经济和军事形势发生了重大变化,随着苏联解体和华约解散,对美国构成大规模的、预警时间很短的直接军事威协已不存在。美国重新调整了国家安全战略和军事战略,缩小部队规模,削减国防开支,并对冷战期间实施的军事科技发展战略进行了重大调整和改革,其中包括加强与盟友的军事装备工业技术合作。冷战后,美国继续重视国际军事装备工业技术合作,并采取了若干具体措施,如2002年10月小布什政府提出了一项"促进跨大西洋军事装备贸易合作倡议",并为此落实计划经费,加强合作计划的组织领导,允许美国军事装备工业企业进行跨国收购或重组,明确以"交换技术"为主的合作原则等。

美国在军事装备工业科技上的国际合作主要在盟友之间进行,如北约国家、日本、以色列、新加坡、韩国,以及埃及、沙特阿拉伯等。为此,美国防部提出了与盟国进行合作的5大技术领域:地面侦察,飞机和地面武器用的作战识别技术,地区导弹防御,两用技术及计算机辅助采办与后勤。美国政府2000年发表一份报告称,美国加快审查北约盟国向其提出的购买美国军事核心技术和先进武器系统的出口许可,并列出一大批可能获得许可的武器装备和相关技术的出口清单。此举被视为是美国政府帮助北约盟国加快军事力量建设和增加美国武器出口的又一新举措。这项决定是由美国国务院和国防部联合做出的,根据包括北约防御能力提升计划等在内的相关文件,美国将把北约盟国的武器采购和技术转让要求放在其向全世界军事技术和武器装备出口的首位。美国与日本的军事装备工业技术合作也很广泛,1994年底,美日达成了合作改进 F - 15J 战斗机、发展新型先进发动机材料及激光探测器的协议。美国还与日本共同研制了被认为是世界上最先进的下一代 FS - X 战斗机。美国与俄罗斯、乌克兰在建造海上卫星发射装置以及航天活动等方面也开展了合作。在最近的"乌克兰危机"爆发后,美俄除了国际空间站合作,其他领域的军事装备工业技术合作基本终止。近年来,为了配合美国的"亚洲再平衡"战略,美国又在亚太地区包括中亚、南亚等寻找新的盟友或合作伙伴,比如向菲律宾、越南等提供军事援助或出口军备,企图把它们拉入美国亚洲战略之中。据路透社华盛顿 2014 年 9 月

23日电讯稿,美国准备放松对越南的武器禁运,向越出售没有加载武器的P-3侦察机等军备,以加强越南的侦察和保卫其海岸线的军力。美国主管军事装备工业行业的高官对记者说,预计美国政府很快就会解除对越军售禁令,"这对我们来说是一个充满希望的领域"。

美国在进行军事装备工业技术国际合作方面,主要是以军事装备工业技术输出和军事装备工业出口为主,但也包括国外军事装备工业技术的引进和装备进口活动。据英国简氏《国际防务评论》报道,2005年美国国防预算为白宫安排了多达3亿美元的总统直升机购买经费,英国/意大利的阿古斯塔·韦斯特兰公司的EH-101直升机成为中标产品。这只不过是美国历年来数十亿美元军火进口的"冰山一角"。美国在大肆出口军火的同时,也在不动声色地从国外进口武器装备,而且数目还不小。据说五角大楼预算中有1%左右是用于采购其他国家生产的装备及零部件的。事实上。美国是北约组织中仅次于土耳其、希腊、波兰和意大利之后的第五大军火进口国,最大的供货国是英国和以色列,甚至瑞士、瑞典这样的中立国也都有供货商对美出口武器。美国乐于购买国外装备,主要是为了减少研制费用、降低成本,当然,也包含加强盟友之间友好关系。美国每年进口武器37亿美元的数字看起来不少,但也只占美国巨大军费的一个零头,而且进口的多为轻武器、电子元器件、飞机零件、陆军火炮、军服、核生化探测器材、徽章等。虽然技术含量也不低,但与战机、坦克、军舰、信息战系统等关键性武器根本不能相提并论。

美国在开展军事装备工业技术国际合作时坚持的基本原则,就是进口武器和技术对本国的军生产和研制能力不构成威胁,而且不会使美国变得过分依赖外国军事技术和装备资源。美国国防部经常要对此进行评估,并制定相应的对策。评估的结果将决定,国防部是否"打算与那些拥有对我们的战士很关键的技术的国家和外国公司一起进行合作发展和试验活动"①。其中也确实存在着一些负面的例子。比如,2003年美国发动伊拉克战争,由于没有得到联合国授权,是美国的单边行动,因而不受国际社会欢迎,也遭到一些国家的抵制。当时就有一家瑞士公司拒绝向美军供应某型装备的关键部件,从而引发美国国会关于"购买美国货"的激烈辩论。美国防部也对过去或未来作战行动中对国外供应商依赖较大的12项重要武器系统项目进行了认真评估,见表9-1。国防部经过研究发现,在2003年的12个项目中,共授予合同总价值22.3亿美元,其中转包合同的总价值是9.86亿美元。这些项目中包含73个外国供应商,占总转包合同价值的9.8%,占授予这些项目主合同总价值的4.3%。总的来说,外国公司所占比例并不大。如果把占有最高份额的化学防护衣除外的话,外国资源所占的比例甚至更少。因此,国防部得到的最终结论是"利用这些外国资源不会有负面影响:它既不会影响美国军队的战斗力,也不会影响国家技术和工业基础的正常发展"②。况且,美国在开展对外军事装备工业技术合作时是有保留的,特别是在对外提供尖端武器装备和军事技术方面,美国有着严格的限制,有时对于即使是最紧密的盟友,也不能提供或者出口,以确保美国的国家安全和军事装备工业的绝对领先地位。

---

① SIPRI 年鉴 2004[M]. 北京:世界知识出版社,2005:518。

② SIPRI 年鉴 2004[M]. 北京:世界知识出版社,2005:520。

表 9-1　2003 年美国在重要武器系统上对国外供应商的依赖情况表

武器系统	种类	外国供应商个数	外国转包合同的价值及所占份额		
			百万美元	占总转包合同/%	占主合同价值/%
JSLIST	化学防护衣	8	35.0	62.5	12.5
PAC3	地空导弹	25	23.1	12.3	6.2
F-414	航空发动机	4	19.1	10.9	4.6
"捕食者"	无人飞行器	5	1.0	14.5	3.3
WCMD	炸弹/弹药投放器	11	2.0	4.3	3.2
"战斧"	对地攻击导弹	3	6.8	5.5	2.8
SFW	炸弹/弹药投放器	4	2.9	7.8	2.5
GMLRS	多方式发射火箭系统弹药	3	2.6	6.1	2.3
GMLM-ER	对地攻击导弹	5	1.0	3.3	1.6
ATACMS	战术导弹系统	3	2.2	3.8	1.5
PAVEWAY	激光制导炸弹	1	0.7	0.4	0.2
JSOW	滑翔弹	1	0.1	0.1	0.1
不算 JSLIST 小计		**65**	**61.5**	**6.6**	**3.2**
总　计		**73**	**96.5**	**9.8**	**4.3**

资料来源:SIPRI 年鉴 2004[M]. 北京:世界知识出版社,2005:519-520

二、美国与北约国家的军事装备工业技术合作

(一)美国与西欧国家的军事装备工业技术合作

英、法、德、意等西欧国家既是北约成员国,又是美国的传统盟友,美国与这些国家的军事装备工业技术合作开展最早,也最全面,可以说属于全方位的合作,包括重大武器系统的联合研制、军事技术交流、武器装备规格标准统一、军事装备工业企业跨国相互并购重组、军事装备工业贸易与装备共同维护和联合军演与联合作战等。其中的英国更是美国的"铁杆"盟友,美英之间的军事装备工业技术合作也最全面、最深入,甚至是其他盟友难以比拟的。个中缘由也是有目共睹的:许多美国白人是英国人的后裔,都以英语作为母语,具有同样的价值观,英国是前世界霸主,而美国是其继任者和当今唯一的超级大国。因此,冷战后,最重要的跨大西洋军火公司收购事件就发生在美英之间:1998 年,美国军用电子特拉科公司(Tracor)被英国 GEC 公司收购;2000 年,洛克希德·马丁公司的两家军用电子企业被英国 BAE 系统公司收购。业内人士都知道,收购之所以成功,是因为美英之间有着特殊的政治、军事关系,而其他西欧国家公司就不可能享受到如此待遇。许多西欧军火公司希望收购美国公司,主要是盯紧了美国巨额的军事装备预算,但收效不大,而英国的 GEC 和 BAE 系统公司等军事装备工业企业,则早已成为美国防部的主要供应商之一。BAE 系统公司军火生产分布在许多国家,其中主要在美国。2008 年,它在美国的销售额是 94 亿英镑(约合 173 亿美元),在英国是 34 亿英镑(约合 62.5 亿美元),在其

他地区是57亿英镑(约合105亿美元)。而且,2007—2008年,该公司在英国的收入是下降的,而在美国却增加了。它的两个最大业务部门(电子、情报与支持,地面装备与装甲)的总部都设在美国。该公司的全部员工是55 200名,其中46 700名在美国,已经成为美国防部的第四大国防承包商。再一个明显的例子是美国主导的JSF(联合攻击机)项目,它是冷战后跨大西洋军事装备工业技术合作的范例之一,但也只有英国是美国的海外合作全面伙伴,并允许参与该项目的初期研究论证工作。美国与西欧国家开展军事装备工业技术合作,主要是基于相同的价值观和政治、经济、军事盟友,而且对于双方来说都是有利可图,也包括美国。美国是一个"利益至上"的国家,其军事科技实力在全球可谓是无人能及,可以称其为军事科技的"超级大国",而且占有绝对的压倒性优势。美国和西欧国家进行合作,实际上也是有利益可图的,这就能说明为何自20世纪90年代以来,美国和欧洲盟国的合作如此频繁。据英国《简氏防务周刊》报道称,美国近期在军方需要一种中型运输机时,并不是自己从零开始研发,而是先在西欧考察已有的同级机种,最后决定与意大利阿莱尼亚公司合作,将该公司研发的G-222型中型运输机稍作改进后更名为C-27J供美军使用。该机所需的起降跑道距离很短,可以方便地改装成反潜机、电子战飞机等多种作战平台。如果美国从头研制这款中型运输机的话,不仅要花掉数十亿美元,还需要好几年时间,这无疑是美军难以接受的。

由于第一次海湾战争和科索沃战争,西欧国家认识到自己在军事技术上与美国的差距不是缩小了而是在扩大,因此,也有加大与美国军事装备工业技术合作的强烈愿望,并对此做了研究工作,得出的结论是:两国合作研制比一国单独研制武器装备,要节省约30%的费用,而多国联合研制则可节省50%以上的研制经费,同时,也能采购到美国的尖端武器系统,得到美国的先进军事技术服务,从而提升欧洲的整体防务能力和军事水平。但美国也有着自己的考虑,加强与西欧国家的军事装备工业技术合作肯定是必须的,但向来是不做赔本买卖的,一方面希望欧洲强大,更多地承担地区安全责任,减少美国对欧洲的防务负担,同时还协助美国参与其联合军事行动;另一方面,又担心真正联合的欧洲可能会变成美国的一个世界级的竞争对手,影响美国的霸主地位。因此,美国与西欧之间既有合作,也有保留,并采取了一系列措施,即帮助美国军火集团在欧洲进行大量投资,加紧对欧洲各国军事装备工业企业的控制和收购,并向西欧推销军火和军事技术规格标准,但它不会把最先进的武器装备和军事技术出口给其欧洲盟国,以免削弱自己在北约内部扮演主导者的角色。事实上,以法国为首的一些欧盟成员一直希望能够建立一支独立的欧洲防务力量,以便能在不依靠美国的前提下,主导欧洲国防事务。但由于英、法、德等欧洲大国始终未能就未来欧洲独立的安全框架取得一致意见,以至于一向与美国保持一定距离的法国不得不承认,美国在欧洲承担的政治责任和美国在欧洲的军事存在仍然是欧洲大陆稳定和安全的主要因素。为了拉拢西欧老盟友配合美国的全球战略行动,冷战后,美国还是逐步放宽了对北约欧洲成员国的武器出口限制,扩大了双方军事装备工业技术合作的范围,毫无疑问,将大大增加北约欧洲成员国的军事实力,使其在追随美国的联合军事行动中抱有更大的积极性。

目前,美欧之间的军事装备工业技术合作已经成为美国军事装备工业技术国际合作的主流。其中包括双方之间武器研发的战略性联盟、国际联营和跨国合作与并购等多种模式。然而,双方合作的基础仍然是利益分享和风险共担,欧洲盟国在技术上有自己的专长,存在着欧洲国家自身的共同防御利益,因此,美欧之间合作是以各自的利益为基础,内部争斗还会十分激烈。当然,欧洲盟国在军事技术也有自己的优势项目,美国也不可能在所有的项目上保持领先的地位,所以,美欧双方在军事装备工业技术上开展合作,也是顺应了高新技术武器装备技术复杂、更新周期短、成本高、订购数量少、使用维护费高的特点,反映了科技创新内在必然的要求。因而,加强合作是明智之举。英国、法国、德国、意大利和美国在 1999 年签订了关于合作研制卫星制导型多管火箭炮系统(GMLRS)的计划,这项研制计划耗资近 2 亿美元,美国出资 1 亿美元,其他国家提供 1 亿美元。美国雷神公司早在 1999 年就开始与欧洲公司探讨合作问题,早已在德国、意大利、荷兰、挪威、西班牙和美国等 20 个公司间建立了多边技术协议。洛克希德·马丁公司也在 2002 年与欧洲直升机公司签了约,合作研制将"海尔法"-2 反坦克导弹和 M299"海尔法"导弹发射器,集成在欧洲直升机公司生产的"虎"式(Tiger)直升机上,并于 2005 年在澳大利亚进行反坦克导弹试射。

(二) 美国与其他北约国家的军事装备工业技术合作

美国与欧洲之外的北约国家的军事装备工业技术合作,最主要的是加拿大和澳大利亚。加拿大与美国同属北美国家,语言相通,价值观相同,又都是西方资本主义发达国家。前者是英联邦国家,而后者是前英国的殖民地,又是邻居,因此,两国的关系非常密切,公民往来相互免签证,通信邮政资费按国内待遇计算,而且还在政治、经济和军事方面结成了稳固的联盟,签订有双边自由贸易等多个互惠合作协议。在军事上,双方也建立紧密的同盟关系,美国的北美司令部的职责就涵盖了加拿大。因此,双方在军事装备工业技术合作方面也是非同一般。美国对军事装备工业技术转让和军事装备工业贸易有着严格的政府审查和控制制度,包括《军事装备工业出口控制法案》《国际军事装备工业贸易条例》(ITAR)和《出口管理条例》(EAR)等,但对于一些盟友,为了简化技术转让规则和程序,提高军事装备工业技术合作的效率,也尝试包括对 ITAR 等方面的豁免。对于加拿大,美国早在 1940 年就放弃了 ITAR 等方面的控制,并把加拿大的军火公司看作是美国军火工业基础的一部分。加拿大自身并没有多少军事装备工业企业,主要是美国和英国军事装备工业企业在加拿大的子公司。美国政府规定,美国公司在加拿大的子公司能够在公司内自由地转移货物和技术,反之亦然。这样有利于两国军事装备工业技术合作与军事装备工业贸易高效开展。加上两国的经济一体化和紧密的海关、情报合作背景,使双方的军事装备工业技术合作更加顺利,并得以维持。

澳大利亚是另一个非欧洲的北约国家,它虽然地处大洋洲,但同加拿大与美国的关系类似,也是美国的政治、军事和外交重要盟友之一。冷战后,澳大利亚追随美国,企图在亚太地区发挥更大的作用,因此,也加强了与美国的军事装备工业技术合作。冷战后,美国启动了与澳大利亚等盟友的关于豁免 ITAR 的谈判,双方国防部于 2000 年签署了《加强军事装备工业技术合作的原则声明》。该声明概述了为确保双方军备供应的安全以及为促进军事装备工业技术合作和满足双方的军事装备工业贸易控制要求而精心设计与执行相关的步骤程序。双方政府在 2003 年达成了关于豁免 ITAR 等审查控制的协议,为相互的军事装备工业技术合作开辟了广阔的空间。澳大利亚也成为美国军火和军事装备工业技术的主要转让对象。

（三）美国与北约国家军事装备工业技术合作的典型项目

1. JSF（F－35）美国跨大西洋军事装备工业技术合作的范例

JSF（Joint Strike Fighter）联合攻击战斗机（现简称 F－35），是美国于 20 世纪 90 年代开始为适应 21 世纪作战需要而研制开发的一种新型多用途隐身战斗机。针对冷战后战斗机研制采办费用不断高涨而国防预算却日益缩减的不利局面，美国国防部在 JSF 的项目上，一直致力于寻求一种全寿命周期耗费低廉合理，并且能够同时满足 3 个不同军种使用要求的设计方案。因此，这款全新战斗机的设计必须包含常规起降型

（CTOL）、舰载型（CV）和短距起飞垂直降落型（STOVL）3 种不同机型，而且所有功能的实现都必须首先满足价格的要求。这样的设计要求对于美军而言是具有跨时代历史意义的，但对于研制厂家而言，同时必须获得 3 个军种共同认可的要求却又是极端苛刻的。为此，该项目从一开始美国政府就考虑采取国际合作方式，邀请盟国政府及军事装备工业企业参与，以分散风险、分担费用和扩大出口。但主承包商必须是美国的。1996 年美国发布 JSF 研制招标计划，当时有麦道公司、诺斯罗普·格鲁曼公司和洛克希德·马丁公司的方案参与竞标。在第一阶段概念发展计划的竞争中，麦道公司即遭淘汰，诺斯罗普·格鲁曼公司中途退出，而波音公司则在此时提出自己的发展方案，加入了竞标行列。在第二阶段的概念验证比对中，美国军方决定由波音公司和洛克希德·马丁公司各自制造两架技术验证机，根据对比验证试飞的结果确定最终的发展方案。经过对比验证，美国政府选定洛克希德·马丁公司为 JSF 的主承包商。而外国合作者则比较多，基本上是美国的盟友及所谓友好国家，并按它们参与的程度、风险分担和出资比例划分为：全面伙伴、准伙伴、被告知伙伴和主要参与者等，见表 9－2。作为美国的"铁杆"盟友，英国在项目的计划过程中，就在美国的鼎力邀请下加入了 JSF 计划。英国政府承诺支付 JSF 研发阶段所应承担的费用，主要参与短距起飞垂直降落型（STOVL）JSF 的开发，用于将来英国皇家海军舰载机部队的换装，而且英国皇家空军也有意采购一定数量的 STOVL 机型，用于弥补自身对地打击力量的不足。英国宇航公司在 JSF 计划中投入很大，以至于它在 1999 年宣布，即使英国政府不预订任何战机，它都将继续参与该项目。由于英国政府和军事装备工业界的深入参与和与美国的特殊关系，美国在此项目中授予其唯一的"全面伙伴"关系地位。根据美国在该项目中确定的没有"公正回报"原则，所有外国公司都通过竞标获得 JSF 分包合同，而所获得的利益是不一致的。在这起跨大西洋军事装备工业技术合作中，特定的军事装备工业技术利益可能对于参与的公司来说是非常重要的，而参与国家可获得的军事经济利益则更加难以计算，但它们之间并不对称。据美国兰德公司的研究结论，英国工业从 JSF 计划所获得的利益可能比英国出资份额比例要大。根据 2001 年双方签订的一项协议，美方承诺保证英国的"国家利益"，确保飞机的军事性能被合理控制，转让的技术数据包括隐身技术、软件密码，以及将英国的武器与 JSF 进行整合的能力。其他合作者就没有英国那样幸运，它们的付出可能要大于回报，尤其是对于那些较穷的小伙伴。比如像土耳其等小国，即使参与 JSF 计划可从中获益的观点得到政府的认可，但要它们从本就少得可怜的国防预算中抽出大量资金投资一项无法保证本国军事装备工业企业能够得到技术转让、最终也买不起的装备确实很难。根据协议，要想成为有权利影响技术需求的外国合作伙伴，必须付出很高的成本。如果土耳其一旦成为 JSF 研发阶段合作伙伴，则

必须投资 5 亿～12 亿美元。土耳其只好选择放弃,而成为"主要参与者"之一。

表 9 - 2　参与美国 JSF 项目研制阶段的国家及出资情况表

单位:百万美元

国家	加入时间	地位	外国出资数额	美国出资数额
英国	1995.12	全面伙伴	200	—
荷兰	1997.04	准伙伴	10	10
挪威	1997.04	准伙伴	10	10
丹麦	1997.09	准伙伴	10	10
加拿大	1998.01	被告知伙伴	10	50
意大利	1998.12	被告知伙伴	10	—
新加坡	1999.03	主要参与者	3.6	
土耳其	1999.06	主要参与者	6.2	—
以色列	1999.09	主要参与者	0.75	

资料来源: SIPRI 年鉴 2002[M]. 北京:世界知识出版社,2003:496 - 497

据专家的观点,JSF 采取国际合作模式,其实主要受益者还美国自己及其军事装备工业行业[①]。首先,JSF 项目的主要设计者和承包商都必须是美国军火公司,外国合作公司及其带入项目的技术计划必须由美方决定。其次,军事装备工业技术转让作为该合作项目的一部分,最终决定权也在美国,而且政治因素是关键(即只对盟友),而美方对关键技术出口进行严格限制。比如,包括英国在内的所有合作伙伴国都一再要求,但美国还是坚决拒绝提供 F - 35 敏感软件编码(即源代码)。最后,美国借此次合作,作为遴选将来 F - 35 战机出口对象的契机,通过出口可收回部分研制成本,取得规模经济效益。目前,美国 F - 35 项目正处于量产前夕,并有少数几架装配于美军,主要用于性能测试,但已经收到美军及盟友几千架的购买需求期约。可以说,这项跨大西洋合作项目基本完成,既有好消息,也有坏消息。好消息是,已经生产装配美军的 F - 35 战机经过测试,其战术技术指标基本达到设计标准及军方要求,已经收到来自美军及盟友的数千架购买意向,市场前景乐观,军事经济效益可期,尤其是对于拥有者,它将成为空军的"中流砥柱",对于敌方而言,它是绝杀利器,美方称其为"主宰天空的终极隐身战斗机"。仅就购买意向而言,美军计划斥资近 4 000 亿美元购买 2 443 架 F - 35;盟友中澳大利亚最先预订 14 架,最终可能购买 100 架;日本紧随其后于 2011 年 12 月提出订购 42 架;英国订购 138 架,意大利订购 131 架,就连土耳其也计划采购 100 架,荷兰购买 2 架。潜在的购买者则更多,包括以色列、新加坡、韩国、泰国和印度尼西亚等。据主承包商洛克希德·马丁公司预计,F - 35 战机在全世界的销售量将多达 4 500 架,用于替换 11 个国家的 F - 16 及其他 12 种型号的作战飞机。坏消息是,已经配置美军的 F - 35 发动机起火、头盔故障、舱壁破裂等事故频发和技术问题不断,量产和正式装备时间一拖再拖,研制费用节节攀高,美军及盟友的采购数量逐渐消减,整个项目的前景堪忧。据法新社华盛顿 2014 年 2 月 22 日电讯稿称,F - 35 也许是五角大楼史上造价最高的武器项目,研制者宣称它将是主导天空的技术奇

①　SIPRI 年鉴 2002[M]. 北京:世界知识出版社,2003:497。

迹,但它遇到的问题是一个接一个,装备部队的日期比原计划晚了7年,预算超支1 670亿美元。美国政府问责局表示,如果将飞行和维护成本计算在内,项目总成本恐怕超过1万亿美元,已经变成"大到不能倒"的项目。它不仅影响到美空军换装和军事实力,也引起了盟友的严重担忧和不满。日本防卫省在得知F-35量产交货推迟到2019年之后,表达了深刻的担忧——可能导致防空漏洞。更多的盟友则嫌F-35太贵,在采购方面打起退堂鼓。法新社华盛顿2012年5月13日的电讯稿称,盟友们对F-35项目剧增的费用和持续的延误感到担忧,一些国家推迟或削减了对该项目的投资及其采购数量。2012年2月,意大利将原计划购买的131架削减至90架,对此反对派仍表示不满;同年3月,荷兰议会通过动议,要求除已经订购的2架外,不再购买这种战机;英国取消了原定138架的采购数,没有宣布新订单的具体数量;日本也警告美国别涨价,或者不得不中止采购该型战机;加拿大政府与审计长之间就F-35采购成本发生严重意见分歧,最终只好暂时冻结该采购计划。澳大利亚、丹麦、澳地利、以色列等国也在重新评估该项军购的可行性,并保证要加强对该项目的监管。

2. 美国与欧盟共同研制"标准"SM-2Block-3A

"标准"SM-2Block-3A是一种舰载区域防空导弹,它是美国与欧盟盟友的另一个军事装备工业技术合作的典型案例。由于舰载区域防空导弹技术是一项复杂的军事技术,又属于战区导弹防御(TMD)系统的重要组成部分,为了节约美国的研发开支,也为了兑现向欧盟盟友转让军事技术的承诺,美国海军在盟国海军和工业界中寻求国际合作伙伴,共同研制和生产"标准"SM-2Block-3A舰载区域防空导弹。目前,美国正在和德国、荷兰、西班牙的海军和有关公司进行磋商,确定初始工作计划,并为签订多国谅解备忘录奠定基础。该合作项目的目的是为了在雷神公司、美国海军和欧洲盟友之间建立一个合作框架,共同生产和评估SM-2Block-3A。当初,北约"海麻雀"集团为研制改进型"海麻雀"导弹,也曾采取过类似做法,并获得成功。德国、荷兰和西班牙海军的新型护卫舰正需要这种导弹,并在2006年前已经提供400~600枚,全寿命支持将持续到2020年以后。雷神公司正期待着通过国际合作,能够分担产品部件和子系统的研制和生产任务,降低单位成本,提高产量。同时,SM-2Block-3A的合作还可以为今后"标准"反导导弹的改进型(包括SM-2Bolck-4A战区弹道防御导弹和SM-4对地攻击"标准"导弹)提供国际合作基础。雷神公司早在1999年就开始与欧洲公司探讨合作问题,现在已在德国、意大利、荷兰、挪威、西班牙和美国等20个公司间建立了多边技术协议。

3. 通过技术出口许可证向北约盟友转让军事装备工业技术

近期美国国务院和国防部联合做出一份报告称,美国将加快审查北约盟国向其提出的购买美国军事核心技术和先进武器系统的出口许可,并列出一大批可能获得许可的武器装备和相关技术的出口清单。此举被视为是美国政府帮助北约盟国加快军事力量建设和增加美国武器出口的又一新举措。为此,北约盟国将首次有可能获得许多美国的敏感军事技术和武器装备。美国之所以如此重视和把与北约盟友的军事装备工业技术合作放在首位,除了扩大其军事装备工业出口考虑外,更重要的是为保持美国一超独霸的现状。为此,美国提出了北约新的战略目标,北约将不再是一个纯防御性的组织,它将成为一个配合美国国家安全与全球战略的军事组织。由于美国相对实力的下降,已经无法独立承担整个欧洲防务的重任,必须要有北约其他成员国的大力支持,才能确保其在欧洲的战略利益。然而,在第一次海湾战争和科索沃战争中,美国发现,其北约盟国的军事实力与美国相差甚远,根本无法成为其在军事上的强有力的伙伴。对北约的武器出口许可证申请程序的修改,被视为美国政府早些时候提出的国防贸易和安全计划的一部分。国防贸易和安全规划将对美国向北约以及其他重要盟国出口武器有关程序的 17 个方面进行改革。该规划还要求美国政府的相关部门放弃对澳大利亚和英国进口美国武器装备和军事技术的所有限制。

美国国务院和国防部在做出上述决定的同时,还专门列出了北约盟国可能获得的军事技术和武器装备出口许可清单,清单上的武器包罗万象。文件称,所有北约盟国就以下的武器装备和军事技术向美国政府提出进口许可时将得到优先考虑。这些武器包括:C - 17"全球霸王"Ⅲ型运输机、C - 130(J)"大力神"运输机、AN/SPY - 1F 防御型海军雷达、AGM - 84"捕鲸叉"反舰导弹、AGM - 88"哈姆"高速反辐射导弹、AGM - 114"地狱火"反坦克导弹、AIM - 9X"响尾蛇"空空导弹、AIM - 120C 型先进中程空空导弹、AGM - 154 联合压制弹药(JSOM)、联合直接攻击弹药(JDAM)、MU - 82"铺路者"激光制导炸弹、F - 16 侦察吊舱和地面系统以及 P - 3C"猎户座"式反潜巡逻机。美国还将为北约盟国对现有的作战飞机加装更先进的雷达和通信系统以及精确制导作战系统。而对美国关系密切的北约盟国提出的先进武器和技术进口许可申请,美国将加快审查的速度。对美国而言,这些军事技术和武器装备的出口许可包括以下各类武器装备和技术:加拿大的 F - 35(JSF)出口许可;丹麦的 F - 35 的出口许可;德国的增强型中远程防空系统(MEAD)、最先进的"爱国者"3 型防空导弹出口许可;希腊的 F - 16 战斗机使用的 AGM - 142 导弹的出口许可;意大利的 F - 35、"铺路者"Ⅱ型激光制导炸弹、改良型中远程防空系统(MEAD)、SM - 2Ⅲ型"标准"导弹的出口许可;荷兰的 F - 35 出口许可;挪威的 AN/ALQ - 162(V)6 雷达、F - 35 的出口许可;葡萄牙的 F - 16 中期改进计划出口许可;西班牙的"霍克"地对空导弹出口许可;土耳其的包括 E - 2C"鹰眼"空中预警机和波音 767、737 空中预警机在内的空中预警机,AN/MPQ - 64"哨兵"式雷达和 AN/TPQ - 36 尾焰侦察雷达,F - 35 出口许可;英国的联合作战指挥系统、F - 35 出口许可等。

虽然美国把对北约盟友的军事装备工业技术合作放在首要位置,但美国对此还是有所保留,即根据美国相关的安全和出口法规,还必须对这些出口许可申请进行必要的审查。上述武器中的一部分还将根据美国相关部门或购买该武器的北约盟国的要求,通过美国对外军事援售渠道向北约盟国出口。对此,一名美国国防部的官员表示,北约的盟国不应认为,他们将 100% 地获得文件上所列举出来的所有许可证申请。美国考虑任何问题都是将其国家利益放在首位,也就是说,虽然美国希望通过加强军事装备工业技术合作来加强盟友的军事实力,但这并不能削弱其在北约内部扮演主导者的角色,因此,它是不会把最尖端的军事装备工业技术转让给其任何盟友的。

三、美国与日本、以色列等国家的军事装备工业技术合作

(一)美国与日本的军事装备工业技术合作

1. 美日军事装备工业技术合作的动因

在第二次世界大战期间,美国与日本曾经是敌对国家,双方进行了你死我活的激烈较

量,最终美国是战胜国,日本是战败国,而且后者在前者的占领下开始战后重建。应该说,美日结盟最初的动因只是为适应冷战的需要,构成这一同盟关系的基础是共同对付苏联的军事威胁。随着苏联解体,冷战结束,美日同盟与军事装备工业技术合作关系不仅没有消失或减弱,反而得到了进一步加强,两国的军事技术合作更加紧密了。其动因可以从3个方面来分析:一是两者意识形态与价值观基本相同,都是秉持私有制至上的资本主义发达国家,而且都曾是老牌帝国主义国家;二是两者在战略利益上相互需要,冷战后,美国成为唯一超级大国,但对其威胁与挑战因素并未消失,因而需要盟友尤其是在亚太地区的代理人帮助其共同对付俄罗斯、中国、朝鲜等国,而日本也想重温过去作为亚洲帝国的旧梦,单凭自己是根本不可能的,只能借助美国实现其成为"正常国家"的美梦,以便共同控制整个亚太地区;三是两者在军事装备工业行业和军事技术上能够互补,如果能加强合作,更可实现"双赢",美国的军事装备工业技术世界超一流,但需要适当引进外资与技术分摊研制成本,扩大军事装备工业出口,以取得规模经济效益和地缘政治优势,而日本的军事装备工业技术也达到世界一流,在某些技术或软件方面甚至超过美国,但受到和平宪法等限制,难以做大做强,与美国合作既可以增强自身军事装备工业与防务实力,又可以巩固美日同盟关系。因此,战后两者的军事装备工业技术合作"一拍即合"。尤其是在冷战铁幕背景下,日本由于地理位置和经济发展水平,它在美国东北亚防御圈的权重明显要高于韩国。日本是美国以外首个装备"宙斯盾"驱逐舰的国家,也是亚洲首个引进F-15战斗机的国家,这些都说明了美国和日本的特殊盟友关系。

2. 美日军事装备工业技术合作的大致情况

美日之间的军事装备工业技术合作开始于第二次世界大战结束后,由于第二次世界大战中日本的军火工厂和军体系几乎被摧毁,又迫于和平宪法和美军占领的现实状况,日本主要依赖引进美国的军事技术和武器装备发展自己的防卫力量。战后日本虽然没有建立国有军事装备工业企业和国家军事装备工业体系,其军事装备工业企业都是私有民营公司,采取的是一种"寓军于民"的模式,但其军研制技术和能力仍然是世界一流的,这一方面归功于日本自己拥有的先进军事装备工业技术基础和人才储备;另一方面,也得益于美国的大力扶持与合作。据2001年7月9日的《解放军报》报道,在战后的25年时间里,美国共向日本转让出售了3.2万项军事技术,总价值达9亿美元。美国向日本出口的先进武器装备更是不计其数,可以说,日本拥有的先进武器装备绝大部分要么是从美国进口的,要么是引进美国技术合作研制的。但日本在先进武器研制与军事装备工业技术研发方面也有自己优势,并取得了显著进展。随着日本于20世纪70年代提出"技术立国"战略和"研究开发振兴方针"的实施,日本开始自主研发一些先进武器装备,并在某些战机、导弹、电子装备领域的技术和软件方面超过了美国。从20世纪80年代初起,日本研制的装备材料和部件受到了美国国防部门的亲睐。1983年,双方签订了《美日相互提供应用技术的协议》。1984年,成立了美日军事技术合作委员会。冷战后,双方出于各自国家战略利益需要,双边军事装备工业技术合作有所加强。1996年克林顿访日后,两国将军事技术合作视为军事合作的重要组成部分,并以F-2型战斗机研制为契机,深化了双边军事技术与装备领域的交流与合作。1997年,美国斯帕塔公司等3家美国复合材料企业与日本石川岛播重工业公司达成合作,开始联合研究导弹结构材料。进入21世纪,美日双方的军事装备工业技术合作又上了一个新台阶。最值得关注的是美日在战区导弹防御系统(TMD)领域的合作,双方决定共同研究设计导弹识别和追踪装置在飞行中与空气磨擦导致故障的热罩保护等技术。2005 年,美日又开始进行军舰隐身技术的共同研究,并将船体建造、改善海军驱逐舰作战能力作为合作重点。2011 年 12 月,日本政府敲定 F - 35 为下一代主力战机,并计划斥资 70 亿美元购买 42 架 F - 35 隐身战斗机。之所以做出如此决定,一是为了增强日本自卫队军事实力,对付中俄等"威胁";二是为了强化日美军事技术合作。据日本防卫省透露,军购协议签订后,日本的三菱重工、IHI 和三菱电机等军事装备工业企业都将参与生产和维修 F - 35。2014 财年防卫预算达 4.88 万亿日元(合 469 亿美元),年增长 2.8%,这是连续第二年保持增长。日本政府决定将近一半的防卫预算(即 2.17 万亿日元)用于购买武器装备,同比增长 25.6%,大部分用于采购美国的先进武器装备,其中包括 4 架 F - 35、3 架 P - 1 巡逻机、4 架 SH - 60K 巡逻直升机、2 辆两栖装甲车、3 架"全球鹰"无人机,以及若干架"鱼鹰"运输机等,其余用于采购本国建造的巡逻船、潜艇等新装备。据日本媒体评论,此次预算安排体现了安倍首相要建设"强大日本"的想法,以及加强日本防卫力量以"应对军事活动日益频繁的中国"[1]。但也有的军事专家对日本军事装备工业技术和新式武器过分依赖美国表示担忧,尤其是对日本斥巨资采购 F - 35 表达不同看法,认为这将重创日本军事装备工业业。日本防卫问题专家清谷信一认为,在日本的军事航空航天制造业,本土有成百上千家小企业在其中发挥着重要作用,选择 F - 35 可能成为对它们的最后一击。他说,大量采购 F - 35 可能"导致我国军事装备工业的崩溃"[2]。

3. 美日军事装备工业技术合作的主要项目

(1)美日空中预警机合作。美国出售及在日本部署空中预警机是两者开展军事装备工业技术合作的典型案例之一。先进的空中预警机属于战略性武器装备,不是核心盟友,美国是不会向其出口及转让空中预警机的。美国为把日本打造成其在西太平洋地区的代理人及实现美国战略的"马前卒",不仅向日本出口了大量先进的预警机,转让相关使用与维护技术,还在日本部署了许多预警机,美军经常与日本自卫队开展联合空中预警军事演习,使日本的空中预警能力大为增强,甚至超过了俄罗斯等周边主要国家。截止目前,美国已经向日本出口了 13 架海军舰载预警机 E - 2C,4 架空军型 E - 767 预警机,以及若干架其他类型的空中预警机。美国还在驻冲绳嘉手纳基地部署有第 961 空中预警机中队,是美国空军在西太平洋地区唯一的空中预警机部队。其拥有 4 架极为先进的 E - 3C/D 型预警机,探测性能强于俄空军最先进的 A - 50 预警机。同时,美海军长期部署西太平洋地区的"小鹰"号航母,拥有一个中队 4 架 E - 2C 预警机,是西太平洋地区唯一游弋大海的空中预警机部队。美空军嘉手纳基地位于冲绳岛西南部,是离中国台海地区最近的大型军事基地。其空中预警机中队与日本航空自卫队 E - 767 部队加强合作,无疑将对台海及其周围地区的空中安全态势产生很大影响。目前,日本拥有 13 架 E - 2C 和 4 架 E - 767 预警机,是亚太地区拥有预警机数量最多的国家。

在向日本转让空中预警机技术的同时,美日两军的预警机联合使用与配套关系也在加深。美太平洋空军驻日本冲绳第 18 联队第 961 空中预警机中队与日本航空自卫队第

---

① 政府拿出两万亿日元购置新装备[N].日本每日新闻,2013 - 12 - 25。

② 日本军事装备工业业可能受到新战斗机的打击[N].英国金融时报,2011 - 12 - 23。

602 空中预警机中队签订了合作协议,两队将结成"姐妹中队",展开多方面合作,包括操作技术、数据传输、机型轮换操作和相互访问等。其中,数据传输合作将提高双方机组人员电子连接对方空中预警机能力。美军第 961 中队指挥官罗梅罗中校称,数据传输合作将有助于美日空中预警机在空中飞行期间分享对方获得的对手目标图像,机型轮换操作有助于熟悉对方的空中预警机。罗梅罗称,这是美军冲绳空中预警机部队第一次与日本航空自卫队签署这样的合作协议,"有助于促进太平洋地区的和平和稳定"。日本航空自卫队第 602 空中预警机中队也认为,这是加强双方全面军事技术合作的重要"桥梁"。

(2)战区导弹防御计划合作。自 1993 年 5 月克林顿总统正式宣布重启里根时代的"星球大战"计划,建立导弹防御系统开始,美国就着手组建弹道导弹防御体系,包括覆盖美国本土的国家导弹防御(NMD)和延伸至盟友的战区导弹防御(TMD)两大系统,重点是发展 TMD,主要意图是保障美国及其盟友免遭敌人的弹道导弹袭击。为此,必须与盟友开展广泛的军事装备工业技术和导弹防御技术合作,以便将该系统部署到北美、欧洲和亚太等地区。日本作为亚太和西太平洋的重要盟友,自然是美国的主要合作伙伴之一。日本也想借助日美共同防御条约和加入美国的战区导弹防御体系,建立自己的导弹防御系统,以应对朝鲜的导弹威胁,同时对付中国和俄罗斯等对手。1998 年,美国计划将日本纳入战区导弹防御系统合作范围,日本获准许生产"爱国者"-2 导弹。日本还在 1998 年财政年度预算中专门编制 8 100 万日元作为战区导弹防御计划的调查费,这一数字在 1999 年大幅增加。1999 年,日本和美国达成协议,开始共同研发海基型导弹防御系统。除美国装备引进和技术主导外,日本主要负责 4 项技术研发:导弹头锥体设计及保护技术,以红外线追踪来袭导弹技术,破坏目标的动能弹头技术,以及第二节火箭引擎技术。日本一方面和美国共同研发新一代海基拦截导弹;另一方面,又做出决定进口美国的陆基拦截导弹,从 2007 年开始部署美国"爱国者"-3 型拦截导弹,构建自己的导弹防御系统。日本的导弹防御系统由两道防御网组成:先由引进美国的"宙斯盾"舰发射新一代海基型"标准"-3 拦截导弹,在大气层外拦截来袭的敌方弹道导弹;如果未能成功,再由引进的美制陆基型"爱国者"-3 导弹在 20km 高空加以击落。据 2009 年 10 月 29 日的《华盛顿时报》消息,美日两国军队在夏威夷附近的太平洋上成功进行了"标准"-3 反导试验。两国共同研制的"标准"-3 是在五角大楼导弹防御局的配合下,从装备"宙斯盾"系统的日本军舰上发射的。美国军事专家认为,这是日本军舰第三次击落目标导弹,说明日本在研发舰基导弹系统来威慑和反击朝鲜导弹方面颇有进展。另据 2014 年 10 月 21 日的俄塔社报道,美军从 2014 年 10 月 21 日开始在日本组装新的反导雷达系统。组装工作在美军位于日本海沿海的京都府京丹后市美军通信基地进行,该系统在 2014 年启动列装。正式启用后,该系统能发现 4 000km 外的弹道导弹,并进行追踪和准确判断弹头的真伪。报道称,其实早在 2006 年 6 月,美国已在日本北部的青森县津轻市装备了这类型号的机动雷达系统。而这一新款 X 波段预警雷达系统的部署,必将大大增强美日军队的反导作战能力,表面上说是为了应对朝鲜的导弹计划,真实意图是可以用来针对俄罗斯与中国。

(3)美日核技术合作。众所周知,日本是当今世界第一个也是唯一遭受过原子弹打击的国家。按理说,日本应该最恨核武器及核技术,而实际上,日本一直在渴望得到核武器,并与美国进行了此类技术合作。前几年有的日本政客公开声称,只要日本愿意,就能在短短半年内研制出原子弹。他说这话的底气,除了日本确实具备其经济与科技实力外,与美国的军事装备工业技术合作也是重要因素之一。之所以到现在日本没有研制和拥有核武器，主要因素也是美国，美国不允许日本生产和拥有核武器，并以提供核保护为担保。现在有的美国专家认为，这是美国战后推行防核扩散政策的成果之一①。资料显示，战后美日之间一直在进行核技术方面的军事技术合作。一个由 AREVA 公司、华盛顿国际集团公司和 BWX 技术公司组成的美国行业组织宣布，日本核燃料有限公司（JNFL）成为这一组织的成员。这个由 4 个成员组成的组织，完全支持美国能源部（DOE）的全球核能合作伙伴计划（GNEP），并带来前所未有的国内和国际专业技术以支持该计划。在 GNEP 框架内，DOE 正在寻求工业界建立一个核燃料循环中心和先进循环反应堆，从而在美国实施闭合的核燃料循环。这种循环倡议将使核能成为真正可持续性的能源。总部位于马里兰的 AREVA 公司总裁 Michael McMurphy 说："我们的综合组织将给 DOE 和国家实验室带来全球范围内的多年合作经验。通过使美国成为核燃料循环技术领域内的主要国家，以及为国家提供满足其核废物管理责任所需的能力，我们已经做好准备支持 DOE 和核能工业。"在增加了 JNFL 在建立和运行日本 Rokkasho 后处理厂中所积累的大量经验后，该行业组织带来了最先进的技术能力、先进保障监督和国际管理经验，以及在 GNEP 计划的核燃料循环中心的设计、建造和运行中所需的无与伦比的工业技术知识。

（二）美国与以色列的军事装备工业技术合作

以色列是二次世界大战后重新复国的中东小国，但却是世界知名的军事装备工业技术与军事强国。在 20 世纪 60 年代至 70 年代的 4 次中东战争中，以色列"单打独斗"阿拉伯几个甚至十几个国家，不是全胜也至少打成平手。这其中除了以色列民族的强烈求生愿望和军队的顽强斗志外，与美国的军事装备工业技术合作也是十分重要的因素之一。以色列复国后，美国不仅提供了巨额军事经济援助，而且直接提供大量先进武器装备，向以色列转让许多尖端军事技术，帮助以色列建立自己的军事装备工业体系。在战争期间，除了向以色列出口武器装备外，还为其提供军事情报。时至今日，两国的军事装备工业技术合作仍然在发展并深化，所以，外界都知道，以色列是美国在中东的铁杆盟友，有的甚至称其为美国的"第 51 个州"。美以两国之所以能够成为"铁杆盟友"，双方在军事装备工业技术方面开展了全方位的合作，其中有着民族因素、宗教文化、历史渊源和利益契合等复杂原因，最重要的是这符合美国的国家利益。第二次世界大战后，美国的经济快速发展，需要消耗大量的石油资源，而当时难以自给。美国的经济严重依赖石油，几次世界能源危机暴露了美国经济发展的软肋。而全球的大油库在中东，阿拉伯国家扎堆的地方。阿拉伯国家大都信奉伊斯兰教，宗教文化与价值观同美国相距甚远，而以色列的宗教文化与美国相近，犹太人已经进入美国的上层社会，包括政府部门和国会，对美国政府决策都能产生重要影响。美国要控制中东的石油，推行自己的中东政策，最好的办法就是扎个属于自己的钉子进去，宗教、民族仿佛是人类最好的区分屏障，而以色列能够成为美国在中东的最好"棋子"。在美国及一些西欧国家的帮助下，以色列军事装备工业行业从无到有，从弱到强，从只能维修某些武器装备到可以自主研制生产包括陆海空在内的各种先进武器装备，并一跃成为世界军备先进国和军事装备工业出口国。有资料显示，以色列在

① 尼克·米勒. 美国核不扩散政策已悄然取得胜利[N]. 华盛顿邮报，2014 – 10 – 16。

2001—2010 年的 10 年间,获得了近 500 亿美元的武器出口收入,其单年的武器出口总额还在 2008 年跃居全球第三,仅次于美俄。

　　加强与以色列的军事技术合作,是美历届政府的一贯政策。早在冷战时期,美国政府向中东地区提供的军事援助中有近一半给了以色列,提供给以色列的武器装备也要比中东其他国家的更先进,性能更好。冷战后,美国政府为更好地控制中东,出于自己的中东政策需要,小布什当政期间,向海湾地区的 6 个石油主产国提供至少价值 200 亿美元的武器装备。同时,美国向以色列出口了更先进的装备,并给予为期 10 年的军事项目合作援助。美国希望,此举能强化自己同中东地区盟友的关系,以便抵消伊朗在当地日益增加的影响力,实现美国在石油主产区的战略布局。而美国给阿拉伯国家的武器也只是根据给以色列的标准而定,同样的武器,以色列早在克林顿政府时期,就从美国手中得到了在小布什政府给阿拉伯国家的精确制导武器。20 世纪 90 年代以来,中东地区的政治、军事、经济格局发生了巨大变化,被以色列视为敌对国家的伊朗、叙利亚等国的军事实力大增,于是以色列开始重新审定国家防务战略,决定增拨军费(每年 100 多亿美元),在充分挖掘本国军事装备工业企业最大潜力的同时,加强与美英等国军事装备工业企业的合作,共同研制最先进的武器装备。为增强自身的军事与防御实力,以色列加强了与美国在反导方面的合作,谋求打造自己高效的反导系统。继 1986 年以色列与美国共同开发研制"箭"-Ⅱ导弹防御系统之后,20 世纪 90 年代以来,双方加快了研制进程,并几次成功地进行了模拟拦截"飞毛腿"导弹试验。这套防御系统包括雷达、预警和发射控制,以及"箭"-Ⅱ导弹等分系统,可搜索 500km 以内的来袭导弹,能同时跟踪监视和截击 14 个目标。经过逐步完善,以色列把它命名为"钱穹"导弹防御系统,并于 2014 年正式部署,在与巴勒斯坦激进武装的冲突中收到良好的效果。以色列反导系统的研制一直得到美国的技术与资金援助,华盛顿计划将以色列的反导力量纳入整个中东地区的反导体系当中。据外媒报道,以色列将在 2015 年前斥资 20 多亿美元,打造高效的导弹防御系统,其独特之处在于拦截目标种类全面——从远程和短程弹道导弹到巡航导弹,甚至还包括炮弹和火箭弹。除保护本国之外,该系统还将用于保护美国在中东地区的基地和军队。而美国对此也给予全力支持,除提供必要的技术外,还提供部分资金。美国把军队计划用于采购 F-35 的部分资金,用于支持以色列的该项目①。

　　目前,美国是以色列最为重要的军事技术合作伙伴。美国不仅向以色列出口军火、转让军事装备工业技术,还联合研制许多先进武器装备,甚至大量从以色列进口武器装备。近些年来,以色列已经向美国陆军供应的军品有:120mm"卡多姆"迫击炮、"布拉德利"步战车车载计算机、轻武器、排雷设备、战术电台等,向美国空军供应"幼狮"战斗机、"猎人""赫耳墨斯"和"航空形"无人机等。1997 年美国与以色列联合研制了鹦鹉螺战术高能激光武器,包括 C^3I 系统、雷达、激光指示器和跟踪器等。2003 年以色列还成为美国 F-35 第五代战斗机研制项目的特别合作伙伴。21 世纪伊朗核问题出现后,美以军事装备工业技术合作得到进一步深化。据《纽约时报》报道,美国前国防部长哈格尔于 2013 年 4 月开展的中东之行,首访国是以色列,访问期间美以签订了军火大单震慑伊朗。为平衡以色列和阿拉伯之间的关系,哈格尔中东之行与以色列、沙特和阿联酋商讨一项总额达到 100

亿美元的军售合同。为满足以色列保持本国军队在中东地区的"质量优势"的愿望，奥巴马政府承诺继续向以军队提供新的资源。因此，哈格尔希望首先与以色列签署巨额军售合同，其中包括出售 KC-135 空中加油机，它可以让以军战机在执行远距离作战任务诸如打击伊朗核设施时，在空中待更长时间，可打击防空系统雷达的反辐射导弹、战斗机雷达、MV-22"鱼鹰"式偏转旋翼运输机等军备。

（三）美国与其他国家的军事装备工业技术合作

除了北约成员国、日本和以色列外，美国还与世界上的很多国家有着军事技术合作关系。韩国是美国在东北亚的非北约重要盟友，自 20 世纪 50 年代朝鲜战争临时停战协议签订后，美韩就结成了政治、军事联盟，美国一直在韩驻军并成立韩美联合司令部，共同承担韩国安全防务。因此，美韩之间的军事装备工业技术合作开展较早，合作领域也比较宽广，最初是以美国向韩国出口武器装备和转让相关军事技术为主，随后也包括美国军火公司向韩国军火公司出售或转让军事装备工业技术和联合研发武器装备，帮助韩国建立自己的军事装备工业。韩国虽然不算大国，但在美国的帮助下，其军事装备工业产业有一定的规模，并能自行研制一些较先进的武器装备，有的还能够出口。1999 年，韩国也参加了美国战区导弹防御计划的部分工作，并引进了美国的"宙斯盾"舰载反导系统和"爱国者"导弹等陆基反导系统。近期据外媒报道，美国有意在韩部署末段高空区域防御系统，并共享导弹防御系统，但并未得到韩政府的响应。韩国防部发言人表示，韩国防部对此毫不知情。从目前来看，韩国并不考虑部署该系统。但美韩军事装备工业技术合作仍在继续，据2014 年 9 月 24 日美联社首尔电讯稿报道，韩国政府决定斥资约 70 亿美元进口 40 架美国的 F-35A 战机（每架 1.75 亿美元），是迄今为止美韩之间规模最大的军火交易项目。其实，自 2014 年 3 月韩国同意购买 F-35A 之后，韩政府就一直在与洛克希德·马丁公司就价格、技术转让及其他合作事宜进行谈判。据韩方的消息称，当韩政府决定购买 40 架 F-35 后，洛克希德·马丁公司答应为韩国战斗机研发项目转移 17 个领域的技术，这对韩方来说是非常重要的。而在此前的 2011 年 12 月曾经传出消息，说美国国防部正在调查韩国军事装备工业企业是否盗窃了美国军事装备工业技术，其中的揭发者之一就是洛克希德·马丁公司。2011 年 12 月 5 日的美国《防务新闻》周刊网站的一篇报道称，据韩国业内人士消息，美国对于韩国是否窃取了美国武器技术的调查比之前报道的范围更广。美国官员怀疑韩国一系列武器复制中使用了美国的技术，包括 ALQ-200K 雷达干扰器、火力控制系统、K22 多管火箭发射系统以及"蓝鲨"和"红鲨"鱼雷等。这些武器装备是由韩国国防发展局牵头与私营企业联合开发的，但洛克希德·马丁公司韩国代理商却说，没有盗窃来的技术，韩国根本造不出 K22 多管火箭发射器。

印度是美国与非盟友之间开展军事装备工业技术合作的一个新"亮点"。印度独立后虽然走的是资本主义路线，但与苏联关系密切，是苏联/俄罗斯的传统军事技术合作伙伴和军火进口大国。1998 年，印度进行核试验和制造核武器后，美国更是对其进行多方面严厉的制裁。直至"9.11"事件爆发后，美国为了建立世界反恐统一战线，拉拢印度，解除了对印度的各种制裁，还开启了两者之间的军事装备工业技术合作关系。包括允许向印度出售先进武器装备，就联合建立反导系统进行技术性会谈，主动提供 F-35 战机信息，暗示愿意售印最尖端武器等。尤其是奥巴马政府提出"重返亚洲"和"亚太再平衡"战略之后,美国将印度视为其在亚太的重要战略合作伙伴和抗衡中俄的战略"棋子",强化两者之间的军事技术合作关系。2005 年,美国提议双方签署《美印民用核能合作协议》并于 2008 年正式签订。奥巴马上台后对该协议表示支持,并希望借此给美国公司带来许多商业机会,尤其是扩大美国军火的出口。而印度也可以在保留其战略武器计划和不签署《核不扩散条约》的情况下,与美国及其他西方国家发展民用及军事技术合作。在双方签订民用核能合作协议的同时,美国前国防部长盖茨访问印度,急忙向印度推销战机等军火,并希望帮助美国赢得印度 100 亿美元的战机合同。两年后,美国又借机奥巴马总统将首次访问印度,向印政府施压,要求它在奥巴马访问之际购买美国的军事硬件,达成 110 亿美元的军售合同。2011 年底,美国答应将 F-35 战斗机出售给印度,以谋求强化两国间的军事技术合作。在印度成为美国对外军售的第三大市场之际,美政府决定取消对印高科技转让限制,并于 2012 年上半年签署价值 80 亿美元的防务合同。过去的 10 年,印度已经采购了价值 80 亿美元的美国军火。美国驻印度大使南希·鲍威尔在第 20 届美国商会会员年度大会上说,美印伙伴关系在太平洋地区实现了最快速的增长,随着 C-17 和 C-130J 运输机的销售,我们对外军售总额增加了一倍以上,同时也使印度成为 2011 年美对外军售的第三大市场。与此同时,美国负责政治与军事事务助理国务卿安德鲁·夏皮罗在接受记者采访时表示,"我们与印度分享技术的愿望从未像现在这么强烈",允许印参与多用途作战飞机(意指 F-35)的投标也表现出美国现在愿意转让高科技技术,将向印提供前所未有的技术平台。他强调,"我们拥有全世界最好的国防产品,而印度对其三军现代化感兴趣。我们拥有具备竞争力的技术和国防产品,将能满足印度每个军种的需求"。① 莫迪总理上台后,企图深化印美军事装备工业技术与防务合作关系,欲与美联合研发尖端武器装备。一位印度官员表示,莫迪总理访美期间,寻求与美开展高科技武器装备的联合研发工作,从而改变该国与美国之间的"购买和供应"关系。印方认为,自从 2008 年开始与美开展军事装备工业技术合作,基本上是单方面进口美国的军火,虽然得到了一些先进的武器装备,提升了军队的实力,但对于本国的军事装备工业和国防科技水平并未得到多少好处。双方的军事专家也认为,希望印美关系向联合研发转变。他们认为,大体而言,美国已经成为一个供应国,但这种情况将会发生变化,从与纯粹的供应国进行交易变为联合研发武器系统和平台,这种性质的改变符合双方的利益②。面对日益深化的美印军事装备工业技术合作关系,有人欢喜,有人忧愁。当前最不愿意看到这种状况恐怕要数俄罗斯了,俄官员及专家对此都表示严重关切。有的俄专家甚至认为,当前的现实情况是——美国军火大举进入,而俄制装备节节败退,俄罗斯正失去印度武器市场!俄政治和军事分析研究所副所长亚历山大·赫拉姆奇欣评论说,印度如今显然已经是一个技术和经济均相当强悍的大国,想实现武器采购渠道的多元化,以便不过度依赖任何一个武器出口国。而俄政府却对此视而不见,政府官员们还以为和苏联时代一样,印度会购买一切向它推销的东西。情况早就变了。因此,俄罗斯才会屡遭败绩③。

———————————

① 美国取消对印度的高科技限制制度,称印度如今已成为比伙伴关系更亲密的盟友[N]. 印度时报网站,2012-04-27。

② 维韦克·拉古万. 访美期间,印度将推动联合武器研发工作[N]. 美国防务新闻周刊网站,2014-09-28。

③ 奥莉加·萨莫法洛娃. 正在输给美国[N]. 俄罗斯军事观察网,2014-02-27。

　　诚然,美国对外军事装备工业技术合作关系也有停滞甚至倒退的案例。其中,具有典型意义的是美俄军事装备工业技术合作关系。冷战结束后,美俄之间有过一些军事装备工业技术合作,包括相互采购一些常规武器装备,尤其是在军用火箭和卫星制造、国际空间站和运输飞船等太空领域的合作,美国政府还曾经许诺与俄共享反导技术和远程雷达系统使用技术。当然,主要目的是想拉俄加入其主导的 TMD,或者说不反对美在俄近邻国家部署 TMD。美俄军技术合作关系严重恶化的主要诱因,是 2014 年 2 月爆发的乌克兰危机。美国认为,导致乌克兰危机,或者说引起乌东部民间武装组织与中央政府对抗并闹分裂的外部推手是俄罗斯。尤其是俄运用武力,或以武力胁迫,非法吞并了克里米亚半岛,破坏了乌克兰的领土完整。因此,美国必须发动国际社会对俄进行制裁,包括政治上孤立、经济上封锁、军事上削弱俄罗斯。为此,美带头宣布终止与俄除太空之外的一切军事技术合作活动。美国之所以还需要保留与俄的太空军事装备工业技术合作关系,这是不得已或暂时的。因为在这些领域,美对俄还具有相当的依赖关系。在美国政府刚宣布这些制裁措施后,就有美议员及专家质疑,并认为美军事装备工业和太空产业乌云密布。比如,美军发射军事侦察卫星的主力——“宇宙神”V 型火箭等许多火箭都使用了俄制发动机;美航天飞机项目终止后,俄“联盟”号飞船是通往国际空间站的唯一载人运载工具。而美国要重新自己研制这些发动机和飞船,不仅要花费大量的金钱,还需要耗费许多时间。美国政府计划于 2017 年左右开始使用自己的下一代飞船,但在此之前,美国的太空产业很可能不得不继续依赖俄罗斯。

第十章　冷战后美国军事装备工业
出口贸易的发展变化

经过冷战后前10年的军事装备工业基础再造与企业重组,美国形成了军民融合的国家工业体系,又通过第二次海湾战争的广告效应,其军事装备工业出口迅猛发展,无论是出口规模、出口武器和市场结构,以及军火承包商业绩等方面,都发生了巨大变化。

一、美国军事装备工业出口规模的发展变化

(一)美国军事装备工业出口数额国际占比的变化

冷战结束后,美国仍然保留着世界最大规模的军事装备工业,军事装备工业企业多达上万家之众,军事装备工业直接从业人员超过100万人,涉及军事装备工业产业的从业人员达到就业率的15%以上,年军事装备工业产值超过2 000亿美元,占全国GDP的2%左右。其军事装备工业产品主要由美国防部及军队采购,但现有的军事装备工业生产能力大大超出美国军方的采购需求,虽然经过数次重组、军民转换,但在固定翼飞机、直升机等航空航天产品,装甲战车、轻重武器、常规导弹和舰船的生产上,生产能力动用仍不到一半。在军方需求基本饱和的情况下,美国军事装备工业企业只能以相当大的规模和能力生产出口产品,争取国际军贸市场份额。美国政府为了推行其国家战略和谋求最大的地缘政治经济利益,维持军事装备工业的绝对优势及竞争地位,也全力支持本国军事装备工业产品的出口。在国际军火市场上,美国的主要竞争对手来自俄罗斯。在冷战时期,苏联的军事装备工业产业及武器装备与美国相比势均力敌,个别年份苏联的军事装备工业出口额甚至超过了美国。但苏联解体后,其继承者俄罗斯虽然借助苏联军事装备工业体系的知名度和价格上的实惠,俄/苏式武器在国际市场上受到一定程度的欢迎,有一些出口市场。但在整个20世纪90年代,刚独立的俄罗斯内外交困、国力空虚,尤其是随着国防预算连年锐减,其军事装备工业产业严重受锉,规模萎缩、产量剧降、人才外流,其质量也大不如前,军事装备工业出口自然也受到很大的影响,不仅未能开拓新的出口市场,就连以往的传统市场也被美国的军事装备工业出口抢占。进入21世纪,虽在普京领导下的俄罗斯励精图治,国民经济有所好转,军事装备产业得以恢复,军事装备工业出口开始持续快速增长,但与美国相比差距仍然很大,见表10-1。

从表10-1中可以看出,冷战结束以来,美国的军事装备工业出口数额一直处于高位,其绝对值对比几乎是处于持续增长的态势,占世界军事装备工业出口的市场份额也是维持在30%以上,大部分年份在30%~40%之间,个别年份甚至超过60%。紧随其后的是俄罗斯,从表10-1中看到,在冷战结束至20世纪90年代,俄军事装备工业出口数额一直处于低位徘徊,军事装备工业出口份额世界占比平均在8%左右,最高不到11%,最

表 10 - 1　美国与俄罗斯军事装备工业出口占全球市场份额的对比

单位:亿美元

项目 年份	世界军事 装备工业 出口总额	俄罗斯军事 装备工业 出口额	占世界军事装备 工业出口总额的 百分比/%	美国军事装备 工业出口额	占世界军事装备 工业出口总额的 的百分比/%
1992	239	24.8	10.37	141.87	59.36
1993	319	26	8.15	142.70	44.73
1994	321	18	5.61	120.29	37.47
1995	369	28	7.59	127.67	34.60
1996	399	35	8.77	154.1	38.62
1997	274.16	28.37	10.35	165.37	60.32
1998	438.03	26.1	5.96	164.82	37.63
1999	415.10	38.74	9.33	175.58	42.30
2000	336.60	37.79	11.23	142	42.19
2001	287.96	49.79	17.29	121	42.02
2002	316.26	48.2	15.24	136	43.00
2003	377.16	54	14.32	145	38.45
2004	430.37	58	13.48	186	43.22
2005	397.04	61.26	15.43	120	30.22
2006	456.28	64	14.03	140	30.68
2007	510.53	74	14.49	169	33.10
2008	552	83.5	15.13	194.3	35.20
2009	630.4	85	13.48	221.5	35.14
2010	717	98.8	13.78	283.4	39.53
2011	672.6	132	19.63	287.6	42.76
2012	698.4	140	20.05	249	35.65
2013	602.1	145	24.08	252	41.85

资料来源:根据 SIPRI 年鉴及其他资料整理得到

低在 5% 多点;进入 21 世纪才出现了转机,军事装备工业出口规模开始持续增长,年军事装备工业出口数额在 21 世纪的第二个 10 年突破了百亿美元,市场份额超过 20%。但与美国相比差距仍然较大,俄罗斯无论是年军事装备工业出口数额,还是市场份额都只有美国的一半左右。

　　另据资料显示,从军火年产销量,即政府采购数据和军火公司销售数据来看,美国的也居世界第一,占到全球军火产销量总额的近 50%,见表 10 - 2。表 10 - 2 中虽然只反映的是 1996 年的数据,但它基本上能够代表后冷战时代全球军火年产销数量与各主要国家所占份额的真实情况。

表 10-2　1996 年全球武器产销量 10 强国家的对比(不包括中国)

单位:亿美元

国家	武器生产估计基于		武器产销量占世界总量的比例/%	武器出口占产值的比例/%
	采购数据	公司数据		
美国	950	—	46～49	中等
英国	200	—	10	很高
法国	205	190	9～10	高
日本	90	—	4～5	低
德国	—	80	4	中等
俄罗斯	7～9		3～4	很高
意大利	35	40	2	中等
加拿大	—	38	2	高
韩国	—	37	2	低
以色列	—	35	2	很高
10 个国家总计	1 700～1 800	1 700～1 800	80～90	
世界总计	1 950～2 050	1 950～2 050	100	

注:①资料来源:SIPRI 年鉴 1999[M]. 北京:世界知识出版社,2000:496;②表中"采购数据"指政府武器采购和研发费用,加上武器出口减进口额;③表中"公司数据"指政府和国防工业协会提供的全国武器总销售额;④出口比例分类:低,0～9%;中等,10%～19%;高,20%～39%;很高,≥40%

(二) 横向比较美国与主要军事装备工业出口国的情况

美国是世界军事装备工业出口头号大国,其他还能够与美国一比的也只有西欧少数几个军事大国,像英国、德国、法国、意大利等,世界上还个别国家的军事装备工业出口份额偶尔也能进入世界军事装备工业出口数额的前 10 名,但根本无法与美国抗衡。其他国家的军事装备工业出口规模更是难以与美国比肩,由此可见,冷战结束之后直至现在,美国的军事装备工业出口规模都是当仁不让的世界第一。先看看西欧国家冷战结束后的军事装备工业出口情况,根据瑞典斯德哥尔摩国际和平研究所的资料,在 1990—2000 年的时期内,西欧主要国家的军事装备工业出口总的趋势是下降的,只有个别国家上升,见表 10-3。进入 21 世纪,虽然西欧主要国家的军事装备工业出口有所回升,但无论是绝对值还是市场占有份额都变化不太大,既赶不上俄罗斯,与美国相比差距更大,见表 10-4。从表 10-3 可以看出,在 20 世纪的最后 10 年间,西欧主要国家的军事装备工业出口数额几乎都呈下降趋势(只有瑞典上涨 4%),而且下降的幅度还比较大,法国和意大利的下降幅度超过了 60%,英国和德国超过了 20%,而同期的美国与俄罗斯则是呈上升趋势的,尤其是美国,年平均军事装备工业出口数额保持了 140 多亿美元,市场占有份额年均在 40% 以上。再比较进入 21 世纪以来美国与俄罗斯、西欧和主要军事装备工业出口的情况,从中也可以得出美国无论是在军事装备工业出口数额或世界排名,都是军火输出的头号大国。美国在 20 世纪的最后 10 年间的平均军事装备工业出口份额占到全球的 40%,而在进入 21 世纪的头 10 年间占比有所下降,为 30% 多,主要原因是俄罗斯和其他主要军火输出国的军事装备工业出口相对增加,但美国年军事装备工业出口的绝对值仍然是上升的。

表 10 - 3　1990—2000 年西欧主要国家军事装备工业出口对比

单位:百万美元

年份 国家	1990	1995	1996	1997	1998	1999	2000	1990—2000 /%
英国	9140	8170	10430	10940	9550	6630	6680	-27
法国	6430	2840	4300	6260	5920	3560	2490	-61
德国	890	1000	500	680	650	1370	630	-29
意大利	980	660	620	750	960	840	560	-63
荷兰	850	420	730	850	—	—	—	—
瑞典	460	370	340	340	390	400	480	+4
西班牙	360	—	—	500	450	—	—	—

注:①资料来源:SIPRI 年鉴 2002[M].北京:世界知识出版社,2003:407。②表中的数据可能有些放大,与其他地方的相同数据相比可能不相称

表 10 - 4　2001—2010 年世界主要常规武器出口国家 10 强情况对比

单位:百万美元

排名 2001—2006	国家	排名 2006—2010	国家	主要常规武器出口数额						2006—2010 占比/%
				2006	2007	2008	2009	2010	2006—2010	
1	美国	1	美国	7 453	8 003	6 288	6 658	8 641	37 043	30
2	俄罗斯	2	俄罗斯	5 095	5 426	5 953	5 575	6 039	28 088	23
3	德国	3	德国	2 567	3 194	2 500	2 432	2 340	1 3033	11
4	法国	4	法国	1 643	2 432	1 994	1 865	834	8 768	7
5	英国	5	英国	855	1 018	982	1 022	1 054	4 931	4
6	荷兰	6	荷兰	1 187	1 326	530	545	503	4 091	3
7	意大利	7	中国	597	430	586	1 000	1 423	4 035	3
8	中国	8	西班牙	502	684	417	514	627	2 744	2
9	乌克兰	9	意大利	502	684	417	514	627	2 744	2
10	瑞典	10	瑞典	432	366	454	383	806	2 441	2

资料来源:根据 SIPRI 年鉴 2008 和 SIPRI 年鉴 2011 整理得出

　　表 10 - 4 中只反映了 2001—2010 年间世界主要常规武器出口国 10 强的对比情况,它并没有描述出这个时期世界军事装备工业出口的总额。比如,2010 年的世界军事装备工业出口总额和 10 强的出口额就超过了表中的数值。据俄罗斯世界武器贸易分析中心网站 2011 年 1 月 17 日报道,世界武器出口额在 2010 年达到了创历史纪录的 717 亿美元。2010 年的武器出口总额之所以会创出历史新高,一个重要原因是由于 2008—2009 年间的世界经济危机,大批武器出口合同在此期间被推识至 2010 年执行。据该中心的初步数据,美国在 2010 年的武器出口总额为 283.4 亿美元,占比 39.53%,排名第一;紧随其后的是俄罗斯,接近 100 亿美元,占比 13.95%,排名第二;位居第三位的是德国,武器出口额为 62.6 亿美元,占比 8.73%;居第 4~10 位的分别为法国(42.6 亿美元,5.94%)、英

国(39.8 亿美元,5.55%)、意大利(33.2 亿美元,4.63%)、以色列(32.2 亿美元,4.49%))、瑞典(23.7 亿美元,3.31%)、中国(18.7 亿美元,2.61%)和西班牙(15.6 亿美元,2.18%),其他国家或地区占9.08%,如图10-1所示。从以上数据中可看出,在 2010年的世界军事装备工业出口数据比较中,10强国家的排名与表 10-4 变化不大,但无论是从军事装备工业出口绝对值,还是市场份额来比较,美国与其他国家的差距都拉大了,包括俄罗斯在内,可以说,已经把其他国家远远地抛在后面。从近两年的情况来看也是如此,见表 10-5。

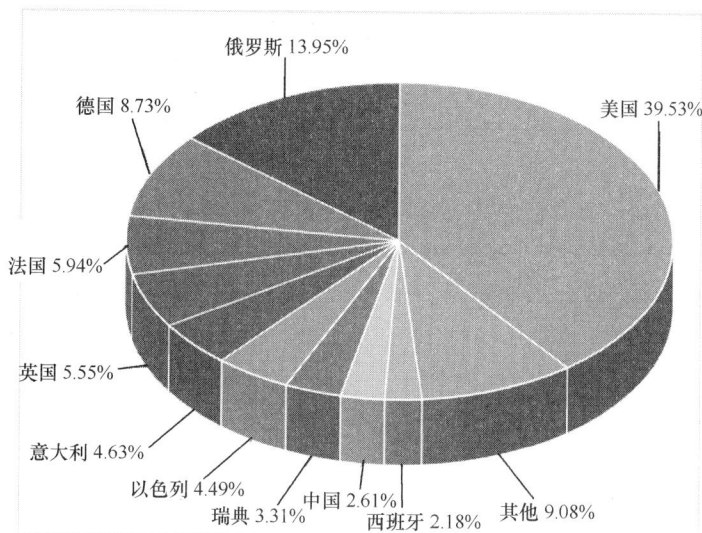

图 10-1　2010 年世界军事装备工业出口 10 强所占市场份额对比图

表 10-5　2012 年、2013 年主要武器出口国家 10 强排名

排名 年份	1	2	3	4	5	6	7	8	9	10
2012	美国	俄罗斯	法国	英国	德国	以色列	中国	西班牙	意大利	瑞典
2013	美国	俄罗斯	法国	德国	英国	意大利	以色列	中国	加拿大	瑞典
资料来源:根据 SIPRI 公布的全球军售报告数据整理得出										

对照表 10-4 和表 10-5 可以看出,进入 21 世纪以来,世界军事装备工业出口的基本格局没有太大的变化,尤其是军事装备工业出口的前 5 大国基本保持不变,呈现出三足鼎立的态势,即美国、俄罗斯和西欧军事强国,唯一有点变化的是以色列、加拿大和中国,在 21 世纪随着军事装备工业产业的发展,其军备出口开始进入了世界前 10 名,但与世界军火三巨头相比,差距很大,而美国的"龙头老大"的地位更是无人能撼。

(三)纵向比较美国冷战后历年的军事装备工业出口

从美国自身来看,冷战之后其军事装备工业产业不仅没有削弱而是更强壮了,军事装备工业出口不是减少了而是增加了,虽然在某些年份的市场份额有点下降,但绝对值基本上是呈增长的趋势,这是毫无疑问的。从表 10-1 中可以看得很清楚,虽然其中的数据大都是 SIPRI 等国际研究机构提供的,也具有很大的可信度或可比性。即使是根据美国的官方数据,也能得到同样的结论。表 10-6 就是从美国国家安全合作署财年丛书中提取的,1990—2009 年的 20 年间,其军售协议总额、军售交货总额、对外军售协议额和对外军售交货额等指标也是呈增长趋势的,而且其 2009 年的数据只截止到该年的 9 月份。再比较美国的其他官方或研究机构的数据,就会发现,美国国家安全合作署的数据是相当保守的,或者说严重低估了。比如,据美国国防部公布的数据,2009 年美国对外军事装备工业出口 381 亿美元,比 2008 年增长 4.7%,再创年度新高,继续稳居全球首位。另据俄罗斯智库的初步数据,2012 年美国武器出口总额达到 255.17 亿美元,占全世界份额的 36.54%;预计 2013 年将为 241.14 亿美元,占 40.05% 的份额;2014 年将为 326.53 亿美元,占 51.57%;2015 年为 322.38 亿美元,占 41.6%。

表 10-6　1990—2009 年美国军火销售情况对比表　　单位:千美元

项目 年份	军售协议总额	军售交货总额	对外军售协议额	对外军售交货额
1990	14 514 451	8 359 877	13 885 952	8 012 123
1991	17 084 891	9 649 655	16 326 211	9 236 500
1992	12 036 173	10 780 173	11 888 630	10 445 042
1993	28 186 376	12 151 478	28 031 653	11 799 032
1994	12 233 098	11 034 187	12 176 963	10 765 153
1995	8 165 906	12 985 966	8 141 931	12 767 743
1996	8 973 430	12 241 282	8 839 673	12 098 208
1997	7 930 116	15 911 038	7 901 147	15 813 635
1998	8 746 786	14 394 898	8 273 757	14 013 281
1999	11 132 224	16 855 055	10 829 722	16 667 390
2000	10 968 282	11 050 156	10 684 720	10 867 005
2001	12 544 915	12 671 492	12 420 553	12 427 284
2002	11 821 419	10 566 910	11 751 885	10 351 300
2003	12 924 620	9 980 013	12 701 638	9 734 735
2004	14 081 196	11 682 333	13 398 800	11 401 383
2005	9 791 951	11 502 704	9 483 817	11 153 207
2006	18 078 995	11 871 679	17 906 367	11 549 080
2007	1 878 229	12 726 505	18 448 147	12 529 124
2008	28 963 266	12 095 119	28 776 513	11 828 474
2009	31 682 369	12 726 139	30 660 936	12 521 676

注:①美国国家安全合作署财年丛书,2009 年 10 月;②2009 年的数据截止 2009 年 9 月

二、美国军事装备工业出口结构的发展变化

(一)美国军事装备工业出口区域市场结构的变化

中东盛产石油,已经探明的石油储量占世界总量的一半以上,加上以巴之间的民族矛盾和 4 次中东战争、两伊战争、两次海湾战争的爆发,使之成为世界持续的热点地区和

"火药桶",冷战以来就是全球军火进口和消耗最多的地区。因而也是美国军事装备工业出口的传统和最大的市场,冷战之后依然如此。如果有些变化,那就是冷战时期在此还有苏联这个强大对手,时常与美国争夺中东军火市场,有的年份的军事装备工业出口额甚至超过了美国。冷战结束后,苏联解体、俄罗斯国力衰退,军事装备工业和武器装备技术质量赶不上美国,加之冷战后美国连续发动的两次海湾战争给其武器装备做了出色的广告,美国的军火销售大增,不仅巩固了传统盟友市场,还开拓并占领了苏联的传统出口市场。现今俄罗斯官方及媒体不得不承认,美国的军火已经垄断了中东市场,并在不断排挤俄及其他竞争对手。英国伦敦国际战略研究所在其发表的 2000 年度《世界军事力量对比》报告中认为,美国仍是世界上最大的武器装备出口国,出口的武器占世界军火市场一半以上的份额。该报告指出,美国出口的军火主要销往中东,因为那里仍是世界最大的武器消费地区。而沙特阿拉伯则是世界最大的武器进口国,仅 2000 年一年就购买了高达 60 多亿美元的武器装备。另据俄罗斯军事装备工业新闻网 2011 年 11 月 16 日报道,在阿联酋迪拜国际航展召开之际,俄罗斯世界武器贸易分析中心同年 11 月 15 日公布了 2003—2010 年中东国家武器市场供应情况,以及 2011—2014 年中东武器市场预测情况。对比数据表明,美国已经垄断了中东武器市场,还在大力排挤俄罗斯等竞争对手。该中心的统计数据表明,此前 8 年,中东国家市场对世界武器出口大国具有非常重要的意义,在美国武器出口总额中的占比为 35.1%,法国为 28.4%,英国为 26.35%,加拿大为 26.2%,乌克兰和中国为 17.9%,德国为 14.4%,俄罗斯为 13.64%,以色列为 10.5%,意大利为 10.5%。另根据已有武器订单、招标和直接采购意向,2011 年后的 4 年,中东国家在美国武器出口中的占比将为 53%,加拿大将为 77.9%,英国将为 66.6%,法国将为 27.6%,乌克兰将为 24.5%,意大利将为 17.9%,德国将为 14%,俄罗斯将为 6.31%,以色列将为 4.1%,中国将为 0。上述对比数据充分说明,美国已经完全垄断了中东国家武器市场。相比之下,中东国家在俄罗斯武器出口结构中的地区比重将由此前 8 年的 13.64% 降到 6.31%,在中东国家武器进口大国排行榜上的位置也将由此前的第 3 位降到第 6 位,主要原因是俄罗斯和伊朗的武器出口合同因联合国安理会制裁决议而冻结,俄向也门供应武器的形势不确定,以及未能如期与沙特签署大额军售合同。

随着美国总统奥巴马欲在第二任期内逐步落实"亚洲再平衡"战略,亚洲与大洋洲成为了美国常规武器的主要出口目的地,占据美国全球常规武器出口总量的 45%。而鉴于美军已从伊拉克与阿富汗撤军,中东仅占美国武器出口的 27%。可见,除中东地区的军事装备工业出口市场变化外,亚太地区是美国军事装备工业出口市场的一个新的增长点。据斯德哥尔摩国际和平研究所编撰出版的年鉴(SIPRI 年鉴)显示,美国是 1998—2002 年间全球最大的武器出口国,其主要进口方包括中国的台湾地区和东亚的韩国等[①];2005—2009 年间,亚洲和大洋洲占美国军事装备工业出口的 39%,然后是中东,占 36%,欧洲占 18%,而东亚的韩国是美国常规武器出口的最大接受方,包括向韩方交付了 40 架 F-15K 战机和先进的空对空和空对地导弹等武器,另有 21 架 F-15K 战机的订单和其他军事装备工业出口合同[②]。东亚的日本也是冷战后美国的重要武器出口接受方,且当前的安培

①　SIPRI 年鉴 2003[M]. 北京:世界知识出版社,2004:552。
②　SIPRI 年鉴 2010[M]. 北京:时事出版社,2011:381。

政权将 2014 年的防卫预算增加了 1 310 亿日元(2.8%),这已经是连续第三年增长,并计划在未来 5 年中拿出两万亿日元用于购置新装备,其中,除用于购买本国装备外,其余绝大部分用于进口美国的武器装备,包括 F - 35 战机、"鱼鹰"运输机、P - 1 巡逻机和"全球鹰"无人机,以及"爱国者"导弹等。大洋洲的澳大利亚既是北约成员国,又是美国的主要盟友,并且还是美国军火的主要接受国,其武器装备绝大多数来源于美国。据 2012 年 7 月 11 日英国《简氏防务周刊》网站报道,澳国防部于 7 月 10 日公布了 2013—2016 年度《国防能力计划》(DCP),计划在未来 4 年中斥资 1 530 亿澳元(约合 1 556 亿美元)采购军火,其中绝大部分用于采购美国军火,包括 F - 35 战机、P - 8A"海神"巡逻机、潜艇、坦克、榴弹炮,以及建立陆基防空及导弹防御系统等。

南亚是冷战后美国军事装备工业出口地区结构变化的最大亮点,也是美国军火市场拓展的重大成果之一。冷战时期,美国武器装备几乎没有流向南亚地区,这里一直是苏联的势力范围。而冷战结束,尤其是"9.11"事件和美国发动的世界反恐战争爆发后,美国的军火就开始大量流入印度、巴基斯坦、阿富汗等南亚国家。据 SIPRI 年鉴的资料显示,美国军火输入巴基斯坦主要是从 1998 年之后,尤其是"9.11"之后,2009 年 8 月美国还通过了"加强与巴基斯坦伙伴关系法案",并向巴基斯坦提供大量军事援助和武器,其条件是巴基斯坦必须加强与美合作打击"基地"组织和塔利班。2005—2009 年间,巴基斯坦占美国军事装备工业出口量的约 3%,2007—2011 年间为 6%,并成为同期美国的主要军火接受方之一。印度同样如此。当然,美国对印度的企求更高,希望其成为美对抗俄罗斯和中国的主要伙伴,以及"亚太再平衡"战略的重要"棋子"。美国不仅要求与印度结为全面战略伙伴关系,还主动向印度提供军事经济援助和先进武器装备,使得印度由苏联/俄罗斯的军火供应国变成了美国最主要的军火接受国。用美国驻印度大使南希·鲍威尔的话说,"随着 C - 17 和 C - 130 运输机的销售,我们将对外军售总额增加了一倍以上,同时也使印度成为 2011 年对外军售的第三大市场。"近期莫迪政府上台后强化了印美防务合作关系,不仅计划继续采购大量美式装备,还希望与美共同研制先进武器,联合开发导弹防御系统。

(二)美国军事装备工业出口国别(地区)市场结构的情况

冷战之后,随着国际安全局势的调整、地区热点的转移,以及国家(地区)实力演变及需要,美国军事装备工业出口接受国别(地区)结构也在悄然发生变化。据 SIPRI 的统计资料和美国国会图书馆的统计显示,冷战结束之后美国稳居军事装备工业出口世界第一的位置,其军火输出既有发达国家盟友,也有发展中国家盟友或所谓友好国家(地区),但中东和亚太一些国家(地区)仍然是美国军事装备工业出口的最主要接受方,见表 10 - 7。从表 10 - 7 中看到的是冷战结束之初美国军事装备工业出口的 10 大买主,其中以中东国家为主,也有东亚的我国台湾地区、韩国和日本,以及欧洲的一些小国。但是,随后的情况又在发生着稍许的变化。据 SIPRI 年鉴显示,1997—2001 年间,美国军火转让的最大接受方仍然是沙特阿拉伯和我国台湾地区;而在 1998—2002 年间,美国军火转让的最大接受方依次为:我国台湾地区、埃及、沙特阿拉伯、土耳其、日本、英国、以色列和韩国,其中,英国和以色列进入了前 10 大买主的行列,当然,这两个国家其实一直是美国军火的主要接受方之一。2001—2005 年间,美国军火转让的最大接受方依次是:希腊、以色列、英国、埃及、印度和日本等国,其中,由于美印关系的改善,并将其上升为"战略伙伴关系",从此,印度在美国军火接受方中地位开始由过去的"榜中无名"转变为 2011 年的前三甲。2006—2010 年间,美国军火转让的最大接受方依次是:韩国(占美军事装备工业出口总额的 14%)、澳大利亚(9%)、阿联酋(8%)、以色列(7%)、日本(6%)、波兰(5%)、英国(4%)和埃及(4%)等国,其中绝大多数为美国的传统盟友,而韩国在冷战后经常位于美国军火接受方的前列,在 2005 年也曾经位居榜首。据说,这些国家之所以要进口这么多的美国武器,主要是基于感觉到来自朝鲜、伊朗的核威胁,以及服从美国总体利益的需要①。比如说,韩国和日本要买美国武器来对付朝鲜核和导弹威胁,阿拉伯国家要对付伊朗核威胁,而英国、澳大利亚、波兰等则要参与美国发动的世界反恐战争。当然,这些国家还需要协助美国的"重返亚太"战略,以及维护美国的全球领导地位。

表 10 - 7　1990—1993 年美国军火 10 大买主情况对比　　单位:亿美元

序号	1	2	3	4	5	6	7	8	9	10
买主	沙特阿拉伯	中国台湾地区	埃及	科威特	韩国	日本	土耳其	希腊	芬兰	瑞士
金额	304	78	44	39	37	36	33	28	24	18

资料来源:李霖. 国际军事装备工业贸易[M]. 北京:解放军出版社,1998:154

　　SIPRI 的数据显示,美国 2010 年的武器出口额比排在第二位的俄罗斯和第三位的德国加起来还要多。其中,5 大买家该年花费 800 多亿美元用于购买美国武器:第一名是沙特阿拉伯,采购金额 610 亿美元。根据美国军备控制协会的统计数据,2010 年美国最大的一单军售交易是与沙特阿拉伯签订的 610 亿美元的军购项目,这也是迄今为止美国最大的单笔军火交易(甚至比英国 2010 年 596 亿美元国防预算还多)。主要包括 84 架 F - 15SA 战斗机、70 架 AH - 64D Block Ⅲ"阿帕奇"战斗直升机、72 架 UH - 60M"黑鹰"直升机、36 架 AH - 6i 轻型战斗直升机、300 枚 AIM - 9X"响尾蛇"导弹、500 枚 AIM - 120C - 7 先进中程空对空导弹,以及数几千套引擎、炸弹和导航系统。第二名是印度,金额 80 亿美元。2010 年,印度向美国订购了 10 架 C - 17"环球霸王"军用运输机、145 门 M777 联合轻型 155mm 榴弹炮、21 枚 AGM - 84L Block Ⅱ"捕鲸叉"反舰巡航导弹以及大量"长弓阿帕奇"直升机等武器系统。不过,许多军事专家嘲笑印度为"冤大头",因为 10 架 C - 17 运输机美国是以 5.8 亿美元的平均价格卖给印度的,而同样一架 C - 17 运输机,美国空军自己订购的价格是 1.5 亿美元。第三名是我国台湾地区,金额 64 亿美元。2010 年 1 月,奥巴马不顾中国的强烈反对,批准了 63.92 亿美元的对台军售案。此次交易主要包括 60 架 UH - 60M"黑鹰"直升机、18 台 T700 - GE - 701D 引擎、10 枚 RTM - 84L Block Ⅱ"捕鲸叉"反舰导弹、2 艘"鹗"级猎雷舰等。第四名是阿拉伯联合酋长国,金额 54 亿美元。2010 年,该国从美国购买了 30 架 AH - 64D Block Ⅲ"阿帕奇"战斗直升机、120 台 T700 - GE - 701D 引擎、100 个陆军战术导弹系统等。另据媒体报道,阿联酋计划在 2011 年用 70 亿美元购买美国洛克希德·马丁公司生产的导弹防御系统。第五名是伊拉克,金额 49 亿美元。2010 年,伊拉克从美国购买了 18 架 F - 16IQ 飞机、200 枚 AIM - 9L/M - 8/9"响尾蛇"导弹、150 枚 AIM - 7M - F1/H"麻雀"系列导弹、50 枚 AGM - 65D/G/H/K 空对地导

---

① SIPRI 年鉴 2011[M]. 北京:时事出版社,2012:350。

弹等。

最近值得注意的是,中南亚国家中的越南和菲律宾等开始成为美国军火新的大买家。越南与美国曾经是宿敌,自 1975 年美越战争结束后,美国对越实行了近 40 年的武器禁运,一直禁止向越南出售任何武器装备,但自 2000 年以来两国关系出现改善,尤其是奥巴马总统提出"重返亚太"战略,南中国海领土(领海)纠纷扩大后,两国的关系走得更近,不仅实现关系正常化,美国政府还在 2014 年 10 月 2 日宣布部分解除对越南的军售禁令。这为美国军火大举进入越南打开了方便之门,也迎合了越南政府及军队企图通过购买美式装备增强军事实力和增加在领土(领海)声索中底气的愿望。虽然此次可能只是部分美国军火可以出口越南,美方官员提供的清单包括侦察和反潜等方面的船只和飞机,特别是出售给越海岸警备队用的船只和飞机,而越方的需求则有海岸雷达、防空导弹和海上巡逻机等。此外,还有为在越战中缴获的美式装备配备的零部件等。但缺口一开,美国军火将可能源源不断地涌向越南,并向周边国家传达了一个极危险的信号。菲律宾原本是美国的盟友,美在菲长期驻军并有多个军事基地,但后来新政府上台修改了宪法,不允许外国驻军及保留军事基地,美军撤出了菲律宾。自从 2010 年阿基诺三世政府上台后,采取了强硬的外交政策,而菲又是一个小国,为了支撑自己的国内外政策需要,菲政府开始密切了与美国的关系,并开始大量进口美国的军火。据英国《简氏防务周刊》网站 2014 年11 月 18 日的报道,阿基诺总统宣布计划在 2017 年前花费 910 亿菲律宾比索(约合 20 亿美元)用于武器装备采购。他宣称,其政府自 2010 年 6 月上台以来用于军购的开销和批准的军购计划,均多于前三届政府。此次军购计划主要用于购买美国的武器装备,包括采购防空系统、C - 130T 运输机、远程巡逻机、近距空中支援机、反潜战斗直升机、轻型护卫舰和水陆两用装甲车等。对于像菲律宾这样一个小国和并不富裕的国家来说,短期内花费这么多金钱购买军火是不寻常的。

(三)美国军事装备工业出口武器种类结构的调整

冷战结束后,随着美国国家安全战略的调整、国际军火市场竞争和各国对进口军火需求的变化,美国对出口武器装备的种类结构也进行了相应的调整,其主要特点有以下几方面。

一是由以出售落后、淘汰的武器装备为主,转而以出口先进的甚至是美军现役装备为主。考察美国冷战前后军事装备工业出口种类的结构变化,就会发现一个较明显的情况,冷战之前对外转让的武器装备主要是二战积累下来的,或是美军精减换装淘汰的,美国一般不会对外出口最先进的武器装备,除非是最紧密的盟友。冷战之后这一情况发生了很大改变,也许是来自俄欧的竞争,抑或是出于政策的需要,美国开始大量对外输出先进武器装备,包括美军的现役装备。陆军的有最先进的装甲战车,海军的有包含"宙斯盾"系统的新型军舰,空军的有 F - 15、F - 16、垂直起降"鱼鹰"运输机、"阿帕奇"攻击直升机、E - 2D新型预警机和"全球鹰""掠食者"无人机等,以及对空、对地、空空导弹等防空武器系统。

二是转让的武器装备种类越来越多,既包括陆海空常规武器,也包括预警、反潜和导弹防御等武器系统(见表 10 - 8)。冷战之后,尤其是"9. 11"之后,美国调整了其国家安全战略,出台了先发制人的军事战略,复活了里根时期的"星球大战"计划,企图构建覆盖美国本土及其盟国的国家导弹防御系统(NMD)和战区导弹防御系统(TMD),打造御敌于国门之外的天罗地网。经过第一次海湾战争、科索沃战争和世界反恐战争之后,尤其是近期推出的"亚太再平衡"战略,美国一方面发现,像西欧等重要盟友的军事实力与美军相差太远,可以说不在一个水平上;另一方面,也觉得自己的军事经济力量对比开始走下坡路,全球军事部署与出兵有些力不从心,亟待寻找代理人。于是,美国企图通过向盟友或其代理人输出更多更先进的武器装备,增强它们的军事实力,从而达到自己的战略意图或维护其全球领导地位。在这种战略背景下,美国不仅对外出售陆海空等先进武器装备,还大量向盟友兜售其陆基、海基反导武器系统,将其拉入自己的导弹防御系统之中。美国现在已经开始向北约盟友部署导弹防御系统,并向以色列、日本、韩国,甚至我国台湾地区出售导弹防御系统。为了配合美国的导弹防御系统,以及收集监听敌对方的情报信息,美国还将其最先进的雷达系统输出海外,部署到东欧、东亚等地。比如,美军从2014年10月开始在日本组装新的反导雷达系统。据外媒报道,其实早在2006年美国就在日本北部部署了这类型号的机动雷达系统。而日本引进美国的最新X波段预警雷达系统,不仅可大大增强美日军队的反导作战能力,更可以用于监视和收集朝鲜、俄罗斯、中国等对手的情报。此外,美国还加大了与盟友的太空技术合作,将可用于军事目的的部件转让给北约、日本等盟友。

表10-8　冷战后美国主要出口军火种类结构情况

武器系统类别	武器型号	武器类型
陆军武器系统	M-109A2 155mm	自行火炮
	M-901ITV	反坦克炮
	M-207MLRS 227mm	多管火箭发射器
	M-113A2	装甲运兵车
	M-88A2"大力士"	装甲救援车
	M-728	装甲工程车
	Mk-15"密集陈"	近战武器系统
	M-1A1"艾布拉姆斯"	主战坦克
	CH-47"奇努克人"	武装直升机
	AH-64D"阿帕奇"	攻击直升机
	S-70/UH-60J"黑鹰"	多功能直升机
海军武器系统	Mk-48 533 mm	反舰/反潜战鱼雷
	Mk-45 127 mm/54	海炮
	SH-2G"超级海妖"	反舰/反潜战直升机
	RGM-84"捕鲸叉"	反舰导弹
	"大使"型	快速攻击艇
	"凤仙花"级	补给修理船
	Bae-125/RH-800	海上巡逻机
	S-70B/SH-60J"海鹰"	反潜战直升机
	Sea Vue	海上巡逻飞机雷达
	"佩里"级	护卫舰
	"基德"级	驱逐舰

（续）

武器系统类别	武器代号	武器类型
空军武器系统	波音 – 737	预警与控制飞机
	E – 2C/D"鹰眼"	预警与控制飞机
	C – 17	运输机
	C – 130B/ C – 130H/ C – 130J – 30"大力士"	运输机
	"梅特罗" – 3	运输机
	F – 16A/B/C/I	战斗机
	A – 7E"海盗" – 2	战斗机/对地攻击机
	PC – 9/T – 6A"得克萨斯人" – 2	教练机
	T – 2E"橡树"	喷气式教练机
空军武器系统	"湾流" – 4/5	运输机
	KC – 767	加油机/运输机
	B – 767	加油机
	F – 15C/DJ"鹰"/K	战斗轰炸机
	F/A – 18F"超级大黄蜂"	战斗攻击机
	EA – 18G"咆哮者"	电子战飞机
	P – 8A"海神"	巡逻机
	V – 22"鱼鹰"	垂直起降型运输机
	F – 35"闪电"Ⅱ	隐身联合攻击机
无人飞行器	"影子" – 600	无人机
	RQ – 1A"食肉动物"	无人机
	RQ – 4"全球鹰"	高空无人侦察机
军用雷达	WM – 28	火控雷达
	AN/SPS – 48/49/70/117	监视雷达
	AN/APG – 66/73/78"长弓"	作战飞机雷达
	"多星"	战场雷达
	AN/APS – 145	机载预警雷达
	AN/"间谍" – 1F	监视雷达
	LANTIRN	飞机雷达
各型导弹	BGM – 71"陶"式	反坦克导弹
	AGM – 114K"狱火"	反坦克导弹
	AIM – 120B"阿姆拉斯"	空空导弹
	RIM – 7PTC ESSM	地空导弹
	"瞪眼" 1	空地导弹
	AGM – 65D"小牛"	空地导弹
	MGM – 140A ATACMS	地地导弹

（续）

武器系统类别	武器代号	武器类型
各型导弹	RIM－7M"海麻雀"	地空导弹
	FIM－92"毒刺"	便携式地空导弹
	AIM－9M"响尾蛇"	空空导弹
防空及反导系统	PAC－3"爱国者"	陆基防空导弹系统
	RIM－66"标准"1/2/3 型	海基防空反导系统
	"宙斯盾"	防空反导舰载系统
	X 波段预警雷达系统	监视反导雷达
资料来源：根据 SIPRI 年鉴等资料整理		

　　三是以出售现成武器装备为主，兼顾共同研发，扩大出口市场，带动美国军火更多地进入合作国家（地区）。过去，美国为了保持军事装备工业技术与武器装备的世界绝对领先地位，几乎不对外转让军事装备工业技术，也很少与国外共同研制武器装备，只出口武器装备成品，但可以提供使用与维护技术及其后续保障，对于盟友也是如此。冷战后，美国迫于市场竞争的压力，以及自身实力相对减弱，为寻找代理人，增强盟友的军事实力，在继续扩大武器成品出口的基础上，也探索与盟友联合研制先进武器系统，既增强盟友关系和联合军事行动能力，又可借此推动美国军火的大量出口。最典型的案例是 20 世纪 90 年代开始的美国与盟友之间的 F－35"闪电"Ⅱ隐身联合战斗机的合作研制。F－35 最初是专门为美国空军研制的换代隐身战机，但为了分摊风险与费用，以及密切盟友关系，扩大军事装备工业出口，才决定把它打造成美国"跨大西洋军事技术合作"的典型。该项目的主承包商是美国的洛克希德·马丁公司，既参与研发又出资的盟友有英国、意大利、荷兰、土耳其、加拿大、澳大利亚、丹麦和挪威等 8 个国家，其中，英国投入了 20 多亿美元，是伙伴国中出资最多的。另有只订货不出资，也参与研制的盟友主要有以色列、日本等国。正是由于采取了这种合作研制的模式，使得目前 F－35 的海外订货量达到 700 多架，这还只是那些参与合作研制伙伴国的预订量。美国军方及军火公司对外宣称，除了合作伙伴外，还有新加坡、韩国、泰国和印度尼西亚等亚太国家都可能跟风采购 F－35。美国还曾主动邀请印度参与该项目，但由于印已经加入了俄罗斯第五代隐身战机 T－50 的联合研制，已经投入了大量的财力和物力，只好谢绝了美国的好意。据洛克希德·马丁公司的预计，F－35 将在全世界销售多达 4 500 架，用于替换 11 个国家的 F－16 及其他 12 种型号的作战飞机。美国防部也计划在未来 25 年斥资 3 000 亿美元，购买总计 2 443 架 F－35。此外，美国在推销军火的同时还参与了同西欧、以色列、日本、韩国等盟友的武器联合研制项目。比如，美国通过与以色列、日本等共同开发导弹防御系统，扩大了对两国的"爱国者"和"标准"型号的导弹出口，以及海军"宙斯盾"导弹防御系统的出口。美国在参与韩国先进战机研发的同时，不仅向韩出口相应的发动机等部件，还扩大了其他类型战机及装备的对韩出口。据 2014 年 10 月 28 日日本《读卖新闻》的报道，日本和澳大利亚计划合作研制新型潜艇，由日本利用其最新的"苍龙"级潜艇技术制造，然后出口给澳国防军使用。而澳方原有 6 艘"科林斯"级潜艇使用了美国雷神公司的战斗系统，澳希望替换的新潜艇仍然使用美国的系统和通信设备，而邀请美国共同研发。美国马上答复同意参与日澳联

合开发潜艇,美国政府对澳政府的意向表示了欢迎。

三、美国主要军火承包商的发展变化

(一) 主要军火承包商规模数量的调整

冷战后,美国军火承包商经过几轮收购、合并与重组后,总的规模数量在压缩。比如,就其主系统承包商而言,已经由1990年的64家缩减到2000年的32家,减少了一半(见表5-4),而且还在继续压缩。除主系统承包商外,分系统承包商、零部件原材料供应商也在相应地减少。在20世纪80年代中期,美国曾有3.5万家军火商与国防部签订主承包合同,15万家转包商和零部件供应商参与军事装备工业生产活动,军事装备工业从业人员约350万人,军品销售额近2 000亿美元。冷战结束后,由于美国国防预算及军事订货量减少,以及国际市场竞争剧烈,美国政府正式展开军事装备工业产业重组,鼓励企业兼并。直到1998年,美国国防部否决了洛克希德·马丁和诺斯罗普·格鲁曼的合并,主要是担心上游过度集中导致自身议价能力下降,但二、三级军火公司的收购兼并进程仍在继续。但是,现在就主承包商而言,虽然总的数量减少了,而单个企业的资本、生产能力与规模、销售收入与利润却更大了,市场竞争力也增强了,几乎所有主系统承包商都进入了世界军事装备工业出口企业100强。而世界10大军火巨头中有7家是美国公司,它们分别是洛克希德·马丁、波音、诺思罗普·格鲁曼、通用动力、雷神、联合技术和美国L-3通信公司等,其中,洛克希德·马丁年军事装备工业业务收入超过400亿美元,已经成为世界头号军火公司。这几家军火商承揽了美国国防部主承包合同的80%,几乎垄断了美国军火市场,并占据了世界军火销售额的近50%。这几家军火巨头的基本情况,见表10-9。

表10-9 美国前7大军火公司基本情况

公司	成立年份	总部位置	主营业务	行业地位	高管CEO
洛克希德·马丁	1995年合并而成	马里兰州的贝塞斯达	飞机、导弹、安全系统,如F-16,A-10,F/A-18,C-130,F-22,F-117,U2,F-35,卫星,火箭等	现全球第一大军火生产供应商	Marillyn Hewson, Chairman, President & CEO
波音	1916年,1997年与麦道合并及其他收购	伊利诺伊州的芝加哥	飞机、导弹、卫星等,如F/A-18F,F-15,F-X"猛禽",767预警与机载激光飞机,各型武装直升机,V-22"鱼鹰"及波音系列民用飞机	现全球第一大航空产品及第二大军火生产供应商	W. James McNerney, Chairman & CEO
诺思罗普·格鲁曼	1994年合并而成	加州的洛杉矶市	雷达、军舰、飞机等,B-2隐身轰炸机,A-6舰载攻击机,FA-舰载电子战飞机,E-2C/D预警机,各型无人机,机载雷达系统和导弹防御系统等	全球前10大军火商,美国主要的航空航天和电子设备制造商之一	Wes Bush, Chairman, President & CEO

（续）

公司	成立年份	总部位置	主营业务	行业地位	高管 CEO
通用动力	1952 年	弗吉尼亚州福尔斯彻奇市	装甲车、核潜艇、飞机和机载武器系统、导弹防空系统等,如 M 系列主战坦克,SSN-668 洛杉矶级和 SSN-21"海狼"核潜艇,海德拉-70 毫米火箭、发动机、弹头等	全球前 10 大军火商,又称为美国"军火全能手"	Phebe Novakovic, Chairman & CEO
雷神	1922 年,1997 年与休斯公司合并及其他收购	马萨诸赛州的列克星敦	战略战术导弹、军用电子系统等,如"霍克""麻雀""响尾蛇""爱国者"导弹及防空系统,导弹、炸弹制导系统,机载和舰载电子对抗系统和战略雷达系统等	全球前 10 大军火商,世界第一大导弹及防空系统制造商	Thomas Kennedy, CEO
联合技术	1934 年	康涅狄州的哈特福德	直升机、航空发动机、电梯等,如"黑鹰"直升机,"海鹰"直升机和"科曼奇"直升机(与波音公司合作生产),JSF 等飞机引擎,民用直升机,"普惠"飞机引擎,奥的斯电梯、空调等	全球前 10 大军火商,是世界最大的航空航天、工程制造公司之一	Louis Chenevert, Chairman & CEO
L-3 通信	1997 年,从洛克希德·马丁公司中分离重组	纽约市的曼哈顿默里山	军用通信系统和专业通信产品,如 $C^3 ISR$ 系统,航空航天电子设备,安全情报电子设备,超小型终端(VSAT)卫星系统等	全球前 10 大军火商,美国最大、全球第二的军用电子商	Michael Strianese, Chairman, President & CEO

资料来源:根据 SIPRI 年鉴等资料整理

(二) 主要军火承包商国际占比的变化

据资料显示,自 20 世纪 90 年代以来的世界军火公司 100 强中,美国就占据了 40 多席,而且前 10 或者前 20 大多是美国公司,见表 10-10。比如,SIPRI 在 2011 年 2 月 27 日发布的研究报告中指出,全球前 100 大军火商在 2010 年的武器和军事服务销售量继续增加,总额达到 4 111 亿美元。其中,美国 44 家军火商的销售额占全球百大军火公司销售总额的 60% 以上,而西欧的 30 家军火商则占 29%。排名前 10 位的军火巨头中,美国就占了 7 家。按年销售额排名,这 10 大军火公司是:洛克希德·马丁公司位列第一,销售额达 357.3 亿美元。销售额位列第 2~10 位的军火商分别为航空航天系统公司(英国)、波音公司、诺思罗普·格鲁曼公司、通用动力公司、雷神公司、航空防务和航天公司(欧洲)、机械工业投资公司(意大利)、L-3 通信公司和联合技术公司,这 10 大军火商的销售额占全球总额的 56%,约 2 300 亿美元。而 2009 年的全球武器销售报告显示,世界 100 家大型军火商有 45 家总部位于美国,它们的武器销售额占了全球的 61.5%。33 家位于西欧国家,包括英国、法国、德国、意大利、挪威、西班牙、瑞典、瑞士以及芬兰,它们的总销售额超过 1 200 亿美元,占全球总销售额的 30%。亚洲有 10 家,包括日本 4 家、印度 3 家。中东地区有 7 家,其中以色列有 3 家。排名前 10 位的军火巨头中,美国仍然占了 7 家,还是上述 7 个军火巨头。再看最新的 2014 年(按 2013 年销售额)版的世界军火公司 100 强的排名情况,美国占了 46 家,欧洲占了 28 家,俄罗斯占了 8 家,见附录。再回过头来看看美国军火工业基本结束兼并重组的 1997 年的情况。据 SIPRI 年鉴资料,该年世界军火公司100 强(不包括俄罗斯)中,美国占了 41 家,西欧占据 37 家,日本 8 家,澳大利亚 2 家,土耳其 1 家,以色列 6 家,印度 3 家,新加坡和南非各 1 家。美国和西欧军火公司分别占全球军火销售额的 56%、36%,虽然美国大军火公司的总数有所减少,但其军事装备工业行业经过集中化改组后竞争力更强,导致美国公司在军售方面取得 13% 的年实际高增长率(按当年美元汇率计算),而西欧公司的销售额仅增长了 7%[①]。

　　纵观 20 世纪 90 年以来 20 多年的世界军火 100 强及销售份额排名对比情况,可以发现,无论从进入 100 强企业的数量、销售份额,还是市场竞争力,美国军火公司与其他国家的军火公司相比,都是有增无减。美国军火公司进入世界 100 强的数量一直保持在 45 家左右,即使算上俄罗斯的,其军火年销售额一直占据全球总销售额的 60% 左右,其市场竞争力是无与伦比的,而且它们的收入和经济效益也比其他国家的公司好很多,见表 10 - 10。表 10 - 10 反映的是按照军备销售额排名前 22 位的世界主要军火公司的军事装备工业销售收入、全年销售收入和军事装备工业业务占公司总业务的对比情况。从中可以看出,在这 22 家军火公司中,美国就占了 16 家,其余是欧洲的,而且军事装备工业销售收入在百亿美元以上的军火公司中,美国就占了 7 家,它们的总收入也大大超过其他公司。美国个别军事装备工业企业的军事装备工业业务占比可能不及其他外国公司,但其军事装备工业业务收入和总销售收入却大大高于外国同行,可见,其市场地位和经济效益非同一般。

表 10 - 10　2011 年世界前 22 强军火公司经济效益对比表　　单位:亿美元

排名	公司名称	国家	2011 年军事装备工业收入	2011 年收入合计	军事装备工业业务占比
1	洛克希德·马丁公司	美国	440	465	95%
2	波音公司	美国	307	687	45%
3	BAE 系统公司	英国	291	307	95%
4	通用动力公司	美国	255	327	78%
5	雷神公司	美国	231	248	93%
6	诺斯罗普·格鲁曼公司	美国	214	264	81%
7	欧洲宇航防务集团	波兰	161	684	24%
8	芬梅卡尼卡公司	意大利	146	241	61%
9	美国 L-3 通信公司	美国	125	152	83%

①　SIPRI 年鉴 1999[M]. 北京:时事出版社,2012:350。

（续）

排名	公司名称	国家	2011 年军事装备工业收入	2011 年收入合计	军事装备工业业务占比
10	美国联合技术公司	美国	110	558	20%
11	法国泰雷兹集团	法国	95	181	52%
12	科学应用国际公司	美国	86	107	80%
13	Huntington Ingalls	美国	86	66	100%
14	霍尼韦尔公司	美国	53	365	15%
15	布兹·阿伦·哈密尔顿公司	美国	49	59	82%
16	罗尔斯·罗伊斯公司	英国	47	174	27%
17	计算机科学公司	美国	45	160	28%
18	奥什科什卡卡车公司	美国	44	76	58%
19	达信公司	美国	42	113	37%
20	通用电气	美国	41	1437	3%
21	国际电话电报工业公司	美国	41	58	70%
22	法国海军造船公司	法国	36	36	100%

资料来源：SIPRI 世界军火销售数据库，中信证券研究部

（三）主要军火承包商经营业绩的比较

经过冷战后几轮的军事装备工业行业调整、兼并与重组，美国主要军火承包商基本实现了集中化、市场化与国际化，其资本与经营规模更大，专业化分工更集中，研制武器系统的能力更强，而且基本垄断了美国防部的主承包合同，也就是说，它们的军事装备工业业务收入占总收入的比重进一步提高了，见图 10 - 2①。从图 10 - 2 可以看出，美国前 7 大军火承包商除联合技术公司外，其余的军事装备工业收入占总收入的比例都在 40% 以上，有的甚至超过 90%，如雷神和洛克希德·马丁公司，联合技术公司的军事装备工业收入虽然只占当年总收入的约 20%，但其民用产品和总销售收入大，仍然是世界前 10 大军火商之一，波音公司也是一样。美国军火公司的经济效益好，除了其本身的经营管理好和市场竞争能力强外，一个更重要的原因是美国一直保持着巨额和持续增长的国防预算，并且经常对外发动战争，进行国际军事干预行动。冷战结束初期，美国的国防预算曾经有所下降，但随后美国就发动了第一次海湾战争和科索沃战争，尤其是"9.11"事件爆发后，美国发动了世界反恐怖战争，先后打响了阿富汗战争和伊拉克战争，同时开打两场高科技局部战争，使得原本预计国防预算在冷战后将持续下降的趋势出现了逆转，反而持续上升，并且达到历史新高度。至今，美国发动的反恐战争并未完全结束，因此，其国防开支仍然居高不下，仅就 2012 年的国防预算仍高达近 7 000 亿美元，占各国国防预算总额的近

---

① 资料来源：美林公司，中信证券研究部。

40%,比其后的 10 个国家总额还要多,如图 10-3① 和表 10-11 所示。综合考察美国自第二次世界大战以来的国防开支的走向,可以清晰发现一个重要特点,即国防开支的发展趋势与其发动或参与战争的频率及强度高度契合(见图 10-4)。从图 10-4 可以得出以下三点看法:一是国防开支总额随着参与战争的规模与强度的变化而变化,但总的趋势是持续增长,其中出现了 3 个峰值,第二次世界大战、第一次海湾战争和"9.11"后反恐战争,而且一波比一波高,主要原因是随着时代的演变,武器装备的资本和技术含量越来越高,战争强度,大资源消耗也大。二是国防开支同比增长趋势是前期高后期基本平稳,增长最高的两个峰值分别出现在第二次世界大战和朝鲜战争,越战和冷战时期有过较快速的增长,而冷战之后的增长反而较平缓,主要原因是经过冷战前国防费的多次快速拉升,已经达到较高的水平,海湾战争及反恐战争中费用开支绝对值虽然较大,而相对增长率并不高。三是国防开支占 GDP 的比重趋势与同比增长趋势基本相似,主要原因是随着美国经济增长,GDP 总额也在快速增长,第二次世界大战和朝鲜战争时其 GDP 规模较小,而战争开支相对较大,所以占比高;冷战后,其 GDP 规模达到 10 万亿美元以上,年度国防开支(即使包括战争经费)仍然只占 GDP 的 5% 左右,保持相对平稳。

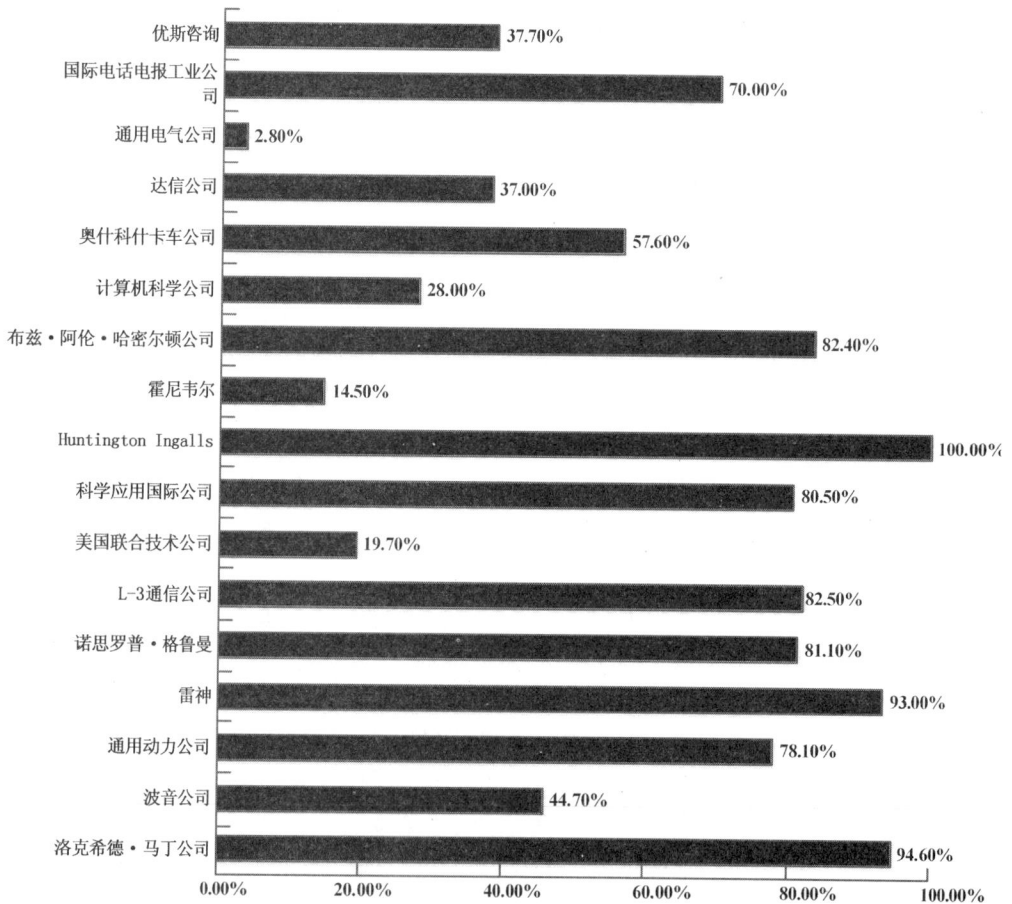

图 10-2　美国主要军事装备工业出口商军事装备工业收入占总收入比例示意图

---

① 资料来源:SIPRI 年鉴 2013,中信证券研究部。

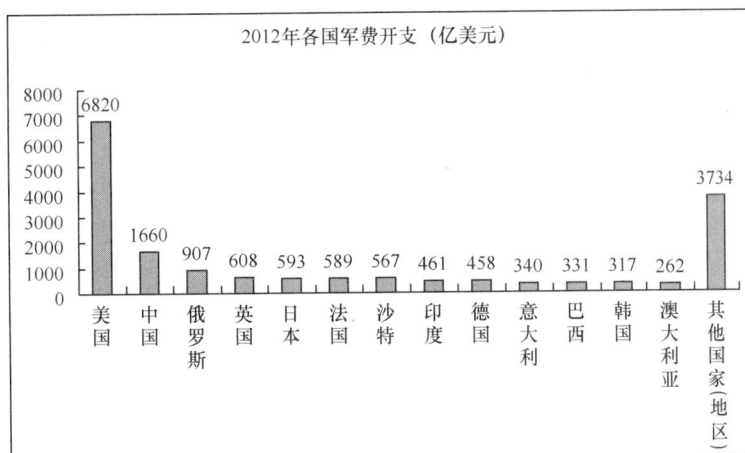

图 10 - 3 2012 年各国国防开支(军费)对比示意图

表 10 - 11 2012 年各国国防开支占全球国防开支比例对比表

国家(地区)	占全球开支比例/%	国家(地区)	占全球开支比例/%
美国	39	印度	3
中国	9	德国	3
俄罗斯	5	意大利	2
英国	3	巴西	2
日本	3	韩国	2
法国	3	澳大利亚	1
沙特	3	其他国家(地区)	21
资料来源:SIPRI 年鉴 2013,中信证券研究部			

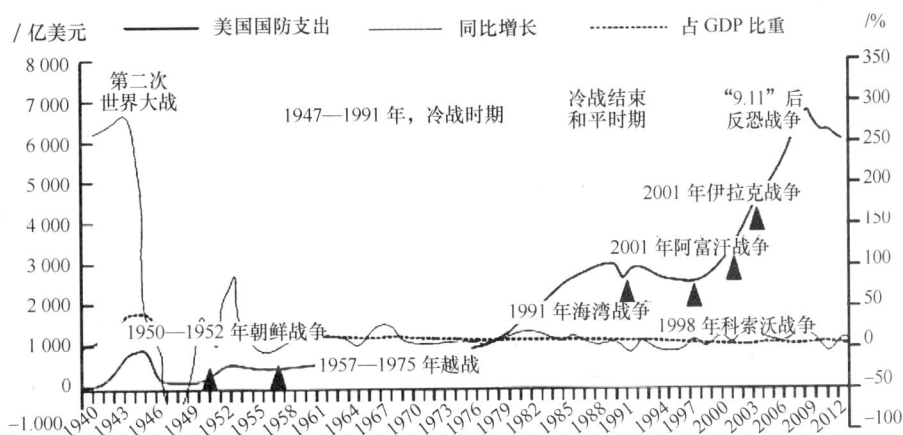

资料来源: Bloomberg,美国国防部,中信证券研究部

图 10 - 4 第二次世界大战以来美国国防支出、同比增长与占 GDP 比重变化

众所周知,美国保持持续增长和超群的国防开支,以及经常发动或参与对外战争和军事行动,其直接受益者就是美国的军事装备工业企业。军火工业本来就是"嗜血"的行

业,它的每一次繁荣总是与战争随影而行的。回顾前面论述美国军事装备工业行业繁荣
与衰退周期性变化,可以得出以下看法:二战以来美国军火行业的每次膨胀与缩减周期,
总是与其国防开支的走向和发动或参与战争的频率、强度变化曲线高度吻合。这在冷战
结束之后也同样如此,如图 10-5 所示。从图 10-5 可以看出,自 20 世纪 90 年代以来,
随着美国年度国防开支从 4 000 多亿美元上升到近 8 000 亿美元,美国洛克希德·马丁、
波音、诺思罗普·格鲁曼、通用动力、雷神等 5 家军火巨头的年度合计收入也超过了 2 000
亿美元。而且,自 1997 年之后,军事装备工业集团的总收入增长幅度超过了国防开支的
增长率。美国国防部曾经有个研究结论,即军事装备工业企业的投资利润比民品企业高
一倍。美海军也曾对最大的 20 家军火商和其他民用企业进行对比研究,结果显示,国防
承包商的平均利润率为 24% ,而其他民用企业只有 12% ,也是高 1 倍。这也就使得军事
装备工业企业的股价涨幅通常要高于美国主要股票指数的涨幅,如图 10-6 所示。近年
来,美国主要军火公司也得益于美国巨额的国防采购开支和战争消耗,使得经济效益持续
稳定增长,正如 SIPRI 等研究机构的资料显示,美国进入世界前 100 强的 40 多家军火公
司的军售额持续占到全球军售额的 60% 左右,可以说个个赚得盘满钵满。

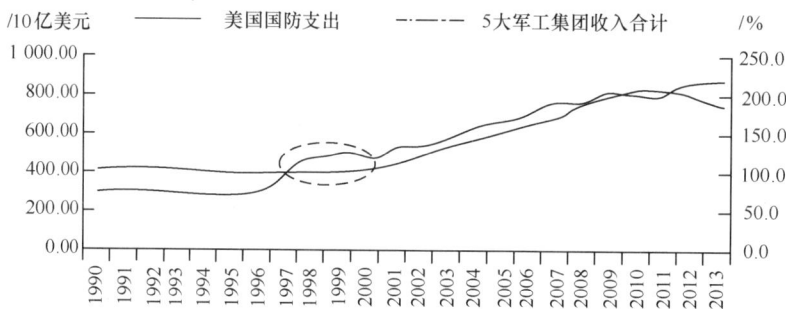

资料来源: Bloomberg,中信证券研究部。

图 10-5　1990 以来美国国防开支与 5 大军事装备工业集团收入

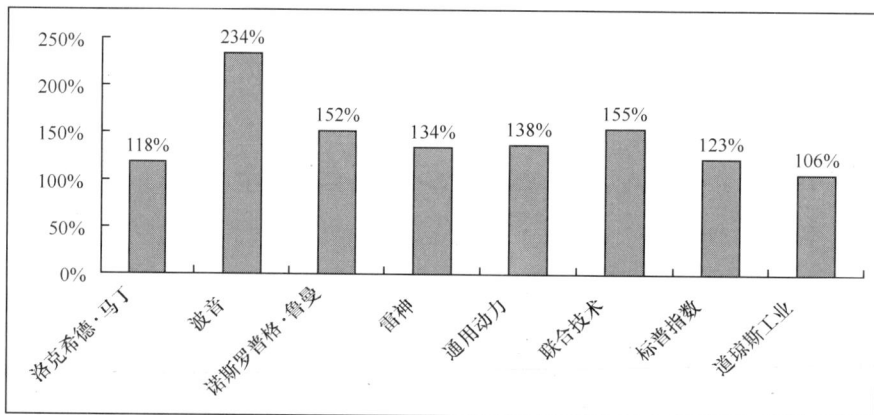

图 10-6　美国主要军事装备工业企业股价涨幅与主要股票指标涨幅①

---

① 资料来源:Bloomberg,中信证券研究部。

第十一章　美国的军事装备工业贸易政策与实务

军事装备工业贸易作为国家安全和军事战略的重要组成部分,美国政府非常重视其管理问题,通过制定和完善整套的法规政策,以及适用灵活的操作办法来加以管控,尽可能利用好这把"双刃剑",为国家利益和军事经济效益服务。

一、美国管控军事装备工业贸易的法规体系框架

军事装备工业贸易既是国际贸易的特殊组成部分,更是关系国家安全和重大战略利益的大事,因此,美国政府非常重视加强对此的管理和控制。其中非常重要的一条就是制定相关法律法规,实行依法治理与规范操作,以免军事装备工业贸易失控或危害国家利益。管控美国军事装备工业贸易的法规框架主要包含三个层次:一是联合国等国际组织制定的条约(公约)或通过的决议(决定);二是美国国会、联邦政府及政府部门制定的法规制度或政策措施;三是美国与双边或多边国家及政府组织间达成的条约、协定与合同等。

(一) 联合国等国际层面的法规

第二次世界大战后由美国主导成立的联合国,是战后维护世界和平、稳定与秩序的最重要的国际组织,目前世界上绝大部分国家都是联合国成员。国际军事装备工业贸易、军备控制与裁军,也是联合国需要讨论和治理的国际事务之一。因此,联合国(有时由美国等西方国家发起)经常会制定或通过一些涉及国际军事装备工业贸易、军备控制与裁军方面的条约、公约、大会决议或安全理事会决议等,要求成员国遵守及执行,以规范这方面的行为,维护世界和平与稳定。美国通常会遵守及执行这些国际法规,但根本标准在于这些法律条款或决议(决定)是否符合其国家利益,符合的就执行,不符合的就不执行。众所周知,美国不执行或违反联合国相关决议,或绕开联合国采取单边行动的事例并不在少数。联合国制定通过的国际军事装备工业贸易、军备控制与裁军方面的条约、公约、决议等主要有以下几种。

1. 不扩散核武器条约(NPT)

1968 年 7 月 1 日在伦敦、莫斯科、华盛顿开放签署,1970 年 3 月 5 日生效,由英、苏/俄、美三国政府保存。该条约要求缔约方承诺和平利用核能而提供相关交易便利,禁止核武器国家转让交易核武器或核爆炸装置,禁止非核武器国家制造或以其他方式获得核武器或其他核爆炸装置。该条约的执行保障与监督,主要由联合国国际原子能机构负责。

2. 禁止生物武器公约(BTWC)

1972 年 4 月 10 日在伦敦、莫斯科、华盛顿开放签署,1975 年 3 月 26 日生效,由英、苏/俄、美三国政府保存。该公约要求缔约方承诺禁止发展、生产、储存或以其他方法取得

或保有在类型和数量不能证明用于预防、保护或其他和平目的的微生物剂或生物战剂或毒素,不论其来源或生产方法如何。公约还禁止将生物战剂或毒素用于敌对目的或武装冲突而设计的武器、设备或运载工具。该公约的执行保障与监督,主要由联合国 1996 年授权的一个特设机构负责。

3. 禁止化学武器公约(CWC)

1993 年 1 月 13 日在巴黎开放签署,1997 年 4 月 29 日生效,由联合国秘书长保存。该公约要求缔约方禁止发展、生产、获得、转让和储存及使用化学武器,并承诺在公约生效后的 10 年之内保证销毁其化学武器及生产设施。

4. 禁雷公约(APM)

1997 年 12 月在渥太华及纽约联合国总部开放签署,1999 年 3 月 1 日生效,由联合国秘书长保存。该公约要求缔约方禁止生产、转让、储存及使用杀伤人员的地雷,系指有人出现、接近或接触而爆炸并使人员致残、致伤和致死的地雷,并承诺在公约生效后的 4 年内销毁其储存的所有杀伤人员的地雷,在公约生效的 10 年之内销毁其部署在其管辖或控制的雷区内的所有杀伤性地雷。

5. 武器贸易条约(ATT)

2013 年 4 月 2 日联合国大会通过,同年 7 月 3 日起在纽约联合国总部开放签署,将在 50 个缔约国签署后的第 90 天正式生效。该条约试图对全球每年近 800 亿美元的常规武器贸易进行监管,规定了常规武器贸易的共同标准,目的是在世界上禁止非法武器贸易,要求缔约方禁止出口那种有可能被用于严重违反人道主义和人权的武器,防止武器落入恐怖分子、叛乱者和犯罪集团手中;禁止将武器提供给那些违反武器禁运的、有种族灭绝行为的、犯有反人类罪行的或者军事犯罪的国家;禁止出口可能用于攻击公民或民用设施的武器。美国对此投了赞成票,但国会还没有批准,其国内的一些组织表示反对,并扬言要阻挠国会批准该条约。

6. 联合国安理会(大会)关于武器禁运的决议

根据联合国安理会的责任,武器禁运是相当频繁使用的一种制裁措施。虽然《联合国宪章》中没有"制裁"的专门概念,但考虑到使用武力的问题,由于没有武装部队置于联合国指挥之下,制裁就成了联合国拥有的一种重要强制手段。联合国安理会做出包括武器禁运在内的制裁决议,主要基于以下要件:成员国及地区间爆发武装冲突,内战,种族灭绝或反人类罪或严重人道主义危机,危害地区稳定与安全,支持国际恐怖主义等。制裁的对象包括成员国政府、非政府组织或个人。安理会的武器禁运决议分为一般武器禁运措施和实施强制禁运措施,一旦做出强制武器禁运的制裁决议,所有成员国必须遵守并执行,否则可受到相应的处罚。冷战结束后,世界并未能完全太平,地区武器冲突、内战、国际恐怖主义威胁和所谓违反人权事件时常发生,因此,安理会也时常会通过相应的武器禁运等制裁决议。尤其是"9.11"事件之后,美国发动了世界反恐战争,以及随后的朝鲜和伊朗核问题等,美国等西方国家就在联合国安理会发起了多起针对阿富汗及塔利班组织、朝鲜和伊朗政府的武器禁运在内的制裁决议。仅在 1997—2001 年间,安理会通过涉及武器转让、军事服务以及其他与军事有关的武器禁运决议就有近 20 起,涉及多个国家、地区和反对派组织的部分或全面的国际禁运(见表 11-1)。当武装冲突解除、地区安全稳定、人道主义危机和核问题消失后,安理会就会再通过解除相关禁运的决议。比如,2000 年

12月,厄立特里亚和埃塞俄比亚签署了一项和平协议,结束了两国的武装冲突,随后联合国安理会于次年的5月通过了解除禁运制裁的决议。1998年,前南斯拉夫爆发内战以及所谓针对科索沃阿尔巴尼亚人有迫害,安理会通过了禁运决议;2001年9月10日,联合国认为南斯拉夫内战消除并停止了迫害,于是又通过了对南武器禁运解除的决议。

表11-1　1997—2001年联合国安理会通过的决议及武器禁运情况对照表

序号	禁运对象	实施日期	解除日期	安理会决议编号
联合国实施的强制武器禁运				
1	阿富汗(塔利班)	2000.12.19	—	UNSCR1333
2	安哥拉(UNITA)	1993.09.15		UNSCR864
3	厄立特里亚	2000.05.17	2001.05.15	UNSCR1298
4	埃塞俄比亚	2000.05.17	2001.05.15	UNSCR1298
5	伊拉克	1990.08.06	—	UNSCR661
6	利比里亚	1992.11.19	2001.03.07	UNSCR788
7	利比里亚	2001.03.07	—	UNSCR1343
8	利比亚	1992.03.31	1999.04.05	UNSCR748
9	卢旺达(叛乱分子)	1995.08.16	—	UNSCR1011
10	塞拉利昂	1997.10.08	1998.06.05	UNSCR1132
11	塞拉利昂(叛乱分子)	1998.06.05	—	UNSCR1171
12	索马里	1992.01.23	—	UNSCR733
13	南斯拉夫	1998.03.31	2001.09.10	UNSCR1160
联合国实施的非强制武器禁运				
14	阿富汗	1996.10.22		UNSCR1076
15	亚美尼亚	1993.07.29		UNSCR853
16	阿塞拜疆	1993.07.29		UNSCR853
17	厄立特里亚	1999.02.12	2000.05.17	UNSCR1227
18	埃塞俄比亚	2000.12.19	2000.05.17	UNSCR1227
资料来源:SIPRI年鉴2002,北京:世界知识出版社,2003:485-486				

(二)美国国内层面的法规

美国向来以民主法治的样板自居,因此,十分重视军事装备工业贸易政策法律的制定工作,并形成了整套的军事装备工业贸易法规体系,主要包括以下几个层次:

1. 7部法律

(1)《国防法》。随着南北战争的结束,美国也结束了对武器装备完全进口的局面,开始建立自己独立的军事装备工业体系。第一次世界大战结束后,美国于1920年正式颁布了《国防法》,用于规范其国家安全、防御与军事装备工业贸易等行为。这是美国用于规范军事装备工业及其军事装备工业贸易的一部总揽法。

(2)《国家安全法》。第二次世界大战结束后,美国于1947年由第80届国会通过颁发了《国家安全法》(National Srcurity Act),是国家安全与军事领域里带有全局性的基本法,是规范美国防务、安全及其相关活动的基本依据。该法对军事装备工业贸易和武器装备采办管理也做了具体规定,要求实行国家集中管理体制。该法已经收入《美国法典》,是美国用于规范军事装备工业及其军事装备工业贸易的一部上位法。

(3)《共同防御援助法》。第二次世界大战结束后,美国主导并于1949年成立北大西洋公约组织(简称北约),美国于同年颁布《共同防御援助法》,主要用于规范向西欧和北约盟国提供军事援助,进行军事装备工业贸易的行为。根据该法,美国对北约盟友进行军事援助与军事装备工业贸易主要有3种方式:直接转让军火;提供有关技术和培训工作;为盟国武器生产提供设备与原材料。因此,该法是美国对北约盟友进行军火输出的基本法律。

(4)《对外援助法》。1961年由美国国会颁布的《对外援助法》,主要用于规范向美国的长期盟友、友好国家或合作打击以美国市场为目标的毒品生产和走私活动的国家,提供经济、军事援助,进行军事装备工业贸易的行为。该法规定了美国的军援政策,明确了总统审批向国外提供军品和劳务、培训外国军人的权限以及某些特别权利和应受的约束等,并赋予国防部长在军援方面有更大决策权。该法从1967年以来经过多次修订,是美国用于与盟友及合作伙伴进行军事装备工业贸易的基本法律依据之一。

(5)《军品外销法》。1968年由美国国会通过该法案,它是在原《对外援助法》的"军品外销"一章的基础上重新制定的,主要用于加强与盟友及合作伙伴之间进行军事装备工业贸易和对外销售的管理。该法将军品销售同军事援助分开,明确了军品外销的目标、审批权限、运行机制、控制手段和有关限制,成为军品外销的主要法律依据之一。

(6)《武器出口控制法》。又称为《军事装备工业出口控制法》,由国会于1976年通过,美国政府为加强对武器出口的控制,在修订《军品外销法》的基础上,颁布了《武器出口控制法》,是规范美国军事装备及相关服务的销售和转让程序的主要法律,成为武器出口的指导性纲领。该法内容包括:有关武器出口的国家安全政策;符合接受武器的国家条件;武器出口的审批管理权限;武器出口的条件、限制和基本程序。该法确认总统具有"控制国防产品及劳务出口的权力",并指导制定武器出口控制的项目清单《美国军品目录》,已经列入《美国联邦法典》"国际武器贸易条例"卷中,由国务院定期修订。该法正式确定了武器出口的两条主要渠道——军品外售和直接商业销售,是美国政府规范军事装备工业贸易的基本依据之一。

(7)《出口管理法》。前称为《出口控制法》(Export Control ACT),由国会于1949年通过,是美国政府为加强对苏联、东欧、中国等社会主义国家的可用于军事目的的产品、技术及资料的出口控制而制定,目的是阻止或限制这类产品和技术流入"潜在的敌手"之中。该法控制向社会主义国家出口的产品和技术包括3大类:高科技民用产品与技术,军用产品与技术,军民两用产品与技术。但遭到美国国内许多商家的反对,也不利于美国正常国际贸易的发展,于是经过多次修改。在经过国会重新修订后,现更名为《出口管理法》(Export Administration ACT,EAA)。这意味着美国政府适当放宽了对社会主义国家出口的限制,该法提出要扩大与苏联、东欧的贸易,指出过多的、过于严格的出口控制会使美国自己付出过高的经济代价。但该法并没有废除,虽然冷战结束后许多商家及其在国会的盟友四处游说,要求放宽对两用产品与技术的出口,或废除该法律,但并未能成功。至今美国政府仍然在用该法限制对社会主义国家,以及对伊朗、苏丹等非友好(受到国际制裁)国家的武器、两用技术和高科技产品出口进行限制。

2. 两部条例

（1）《国际军品贸易条例》（International Trafficking in Arms Regulations）。有的又译为《国际军事装备工业贸易条例》或《国际武器贸易条例》，是依据《军事装备工业出口控制法》制定的，美国武器、军用技术及服务出口组织管理的实施细则，规定了包括武器装备和技术服务出口在内的详细管理办法。该条例由国务院政治军事事务局贸易管制办公室负责制定及修订，将所有军品、物资和技术分为 27 类，列入由国务院制定的《美国军品目录》和《禁止出口国家清单》。其中，《美国军品目录》具体规定了哪些武器装备和军用技术可以出口，哪些不能出口，即使是对于最亲密的盟友也要有所保留。比如，美军已经装备的 F - 22 隐身战机就不让出口。被视为美国亲密伙伴的日本一直想要购买 F - 22A 战斗机，还重金雇佣华盛顿公关公司，游说美国国会撤销相关限制，但最终美国参议院基于确保美国全球空中霸权的考虑，剥夺了 F - 22A 战斗机的任何出口机会。美国参议院武装力量委员会主席约翰·华纳表示，F - 22A 战斗机即便是发展出性能要低于美国空军的出口版本，也会影响到美国的战略地位。F - 35 作为所谓"跨大西洋军事合作"的典型，其中合作伙伴都是美国的亲密盟友，但美国还是绝对不转让该战机的"原代码"及相关开发核心技术，就连出资最多、合作最深入、关系最密切的英国也不例外。而《禁止出口国家清单》中，则具体罗列了不允许出口武器装备及军用技术的国家，以及具体的限制措施和管理办法。可以说，该条例是《军事装备工业出口控制法》的配套措施，是美国实施军事装备工业贸易管理的具体操作办法。

（2）《出口管理条例》。是依据《出口管理法》制定的，美国高科技产品、军用技术及军民两用技术出口组织管理的实施细则，规定了包括以上 3 类高科技设施装备和技术服务出口在内的详细管理办法。该条例由国务院和商务部出口管理局负责制定及修订，用于具体指导商务部各部门和出口商的相关对外贸易行为，包括了由商务部制定的《美国商业控制清单》，以及上述 3 类产品与技术出口管理的操作办法。

3. 国会的年度授权、拨款法案

美国国会每年（次）通过的对外援助、国防授权和拨款法案，也是其对军事装备工业贸易进行管理和操作的基本法律依据之一。美国政府根据相关法规政策确定了军事装备工业出口（更多是军事经济援助或合作的方式）国家（地区）、武器种类和数量金额后，再由国防部（或相关部门）向国会提出申请报告，经国会审议通过形成相关法案，最后经由总统批准形成法律，然后才可以正式执行。比如，美国向其盟友（包括向我国台湾地区）出售军火的具体方案，都是以国会通过的授权法案的形式出现的。"9. 11"事件后，美国发动了世界反恐战争，为了把巴基斯坦等国拉入自己的反恐联盟，支持反恐战争，美国国会 2009 年 10 月 15 日通过了《加强与巴基斯坦伙伴关系法案》并经总统签署后成为法律。该法案的主要内容就是向巴提供军事经济援助，并在 2005—2009 年安排了 15 亿美元的财政援助资金，主要用于向巴捐赠剩余装备，或为巴从美购买武器装备提供资助，也包括能够出售武器的种类和数量金额等。当然，美国要禁止、终止或解除对某些国家的军事装备工业贸易（包括军事经济援助），也由政府部门提前申请报告，再由国会审议后形成相关授权法案，或在年度国防授权和拨款法案中涉及相关条款。

4. 联邦政府的政策规定

美国的军事装备工业贸易及其管理还需要联邦政府做出许多政策规定，并符合这些政策规定。在执行相关法律法规的基础上,国务院和国防部通过错综复杂的分工,制定安全援助与军售政策。一旦总统认定某个国家有资格购买美国武器,国务院和国防部相关部门就要制定相关政策,确定可以卖什么样的武器及其具体的销售合作方式和军售计划。在制定政策规定过程中,主要涉及到国务院的国防安全援助局和国防技术保密局,以及国防部的国防安全合作署(DSCA)和相关军种。国务院及相关部门主要负责确定什么装备可以出售,管理军品外销计划,为军火外销和其他军事援助计划提供资金,并按照《国际军品贸易条例》的要求签发出口许可证,以及对军售的影响作用等进行评估。国防部及其国防安全合作署(DSCA)要与各军种相关人员进行磋商,拟订武器装备出售方案和援助措施,以及军售计划。还有国家安全委员会、商务部、总统贸易代表等政府机构,国防贸易政策顾问委员会(一个经常与国防部长和美国贸易代表磋商的工业团体,其代表军事装备工业行业及承包商的利益)在军售政策规定制定过程中也起到很大的作用。当然,最后拍板的还是美国总统,他还有权对以往的军售政策规定进行重新审查与修订。

　　总之,美国军事装备工业贸易政策规定的出台及其调整,都是多方博弈的结果。其中,既有代表政府的总统、国务院、国防部等部门,又有代表军火承包商利益的国防贸易政策顾问委员会,以及军事装备工业装备行业在国会的代理人,有时它们会形成一个国会、政府部门和军事装备工业紧密的"铁三角"关系,从而在不损害国家安全利益的前提下,最大限度地保证军事装备工业和军火承包商的利益。这就要求美国政府制定出能够促进军事装备工业出口,赢得更多军事经济效益和地缘政治优势的军售政策。所以,冷战后美国的全球军事装备工业出口不是减少,而是持续增加。据美国国防部下属的国防安全合作署 2006 年公布的军售计划显示,2006 财年美国共计对外出口各类军火及相关服务总值接近 130 亿美元,远超过 2005 财年的 106 亿美元,世界上有 117 个国家和地区获得美国军火,品种多达 2 600 种以上。

(三) 双边及多边国家层面的法规

　　美国开展的军事装备工业贸易绝大部分是政府对政府之间的,因此,它还要受到美国与购买国双边及多边国家层面的一些法规的制约。美国与购买国一对一签订的军售及军事技术合作协议(包括军售合同),就是美国军事装备工业贸易的双边法规。比如,美国与日本签订有美日共同防御条约和美日安全保障条约;2007 年美国与英国和澳大利亚分别签订有两国防务工业贸易合作协定,并分别在 2010 年 9 月和 10 月经美国国会通过后由奥巴马总统签署生效;2011 年 12 月,经国会通过后,总统奥巴马签署的美国对埃及的援助法案等。2010 年以来,埃及局势持续动荡,先是民众推翻了执政 20 多年的穆巴拉克政权,随后又推翻了代表穆斯林兄弟会的民选总统穆尔西,被外界称为"阿拉伯之春"的延续。欧盟等西方社会要求联合起来对埃及实施武器禁运等制裁,以反对军事管制与防止人道主义危机发生。而美国一直与埃及保持着牢固的双边军事合作关系,并希望通过埃及调停巴以冲突,推行美国的东中政策。因此,2011 年 2 月,美国防部在重新审核对埃及的军火销售后表示,美国将不会停止对埃及的军售,并具体体现在同年 12 月的美国对埃及的援助法案当中。

　　再就是美国与西方盟友及所谓友好国家(地区)之间进行军事装备工业贸易和军事装备工业技术合作的法律法规和制度框架。比如,第二次世界大战后美国与西方主要盟友签订了大西洋军事同盟公约并成立北约组织,在北约制度框架下,美国又与这些盟友签订了多项军贸与军事技术合作协议。冷战结束后,正是基于北约制度框架,美国发起并邀请包括英国在内的北约盟友开展了 F-35 隐身战机联合研制项目,并将原本为美军量身打造的最先进战机转而允许向盟友出口,这在美国军事技术和军事装备工业贸易历史中是非常罕见的。

二、美国管控军事装备工业贸易的实际做法与措施

(一)美国军事装备工业贸易的管理机构

美国作为当今世界上最大的军事装备工业出口国,建立了比较健全的国际军事装备工业贸易与军事装备工业合作的管理组织机构(见图 11-1),并明确各自的分工与主要职责。美国的军事装备工业贸易的管理组织结构,主要分为在总统领导下的国务院、商务部和国防部 3 个层次。

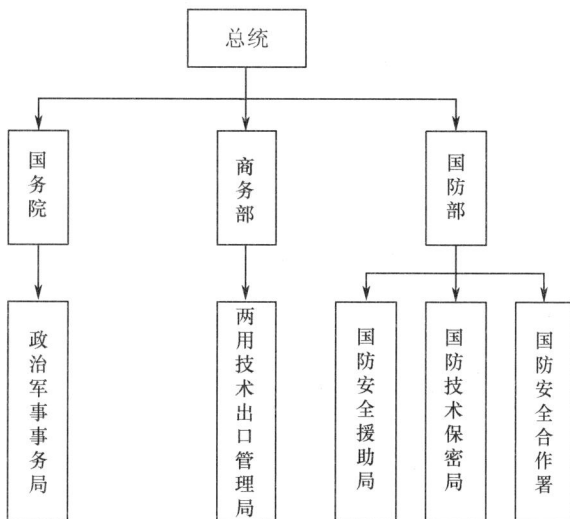

图 11-1　美国军事装备工业贸易与军事装备工业合作管理组织结构

1. 国务院

国务院是美国军事装备工业贸易与军事装备工业合作的主管部门,在总统的领导下全面管理国际军事装备工业贸易与军事装备工业合作事项,并对军事装备工业贸易及合作项目进行审批,经由总统同意后签发出口许可证,重点管理对外军事销售项目(即政府与政府之间的军火交易)。具体协调与审查工作由下属的政治军事事务局国防贸易管理办公室办理。该办公室的主要职责是:对美国所有军事装备工业产品和服务制造商及出口商进行登记注册;根据《军事装备工业出口控制法》和《国际军品贸易条例》,以及《美国军品目录》,对外国军品购买与合作申请进行审查,并提出书面意见;就国际军事装备工业技术合作政策、程序和实施办法对其他政府部门及军事装备工业行业进行协调指导;代表国务院与商务部及国防部相关部门对军售与合作事项进行协调或联合审查;代表国务院向国会报告重要的或金额超过 1 400 万美元的军火转让项目情况,并接受国会的质询。

2. 商务部

该部是美国负责内外经济贸易的联邦政府部门,同时也负责管理高科技产品、军用技术和军民两用技术等产品,服务和技术的国际贸易,尤其是军民两用产品与技术的出口管理。美国在 20 世纪 70 年代为了促进对外贸易,就有军品主要是军民两用产品与技术的出口,称之为直接商业销售,主要由商务部管理并发放出口许可证。具体的管理机构是下属的两用技术出口管理局,主要职责是审核以上 3 类产品与技术出口项目,根据《出口管理条例》和商务部制定的《美国商业控制清单》,审查这些出口产品和技术是否会落入敌对国家和受制裁国家与非政府组织手中,其出口最终是否会危害到美国的国家安全等方面。虽然商务部从扩大美国商品出口和促进经济繁荣的角度,有时审查与管理得比较宽松,但是否能够出口,有的还需要总统同意,总统对某些出口个案拥有否决权。

3. 国防部

国防部目前虽然不直接参与审批和发放军事装备工业出口许可证,但也是美国军事装备工业贸易与军事装备工业合作的重要管理机构之一。首先,国防部有 3 个下属机构要参与军事装备工业出口,尤其是对外军事销售项目的审查工作;其次,国防部要协调各军种负责军备采办部门和人员,会商美军现役装备与出口装备之间的关系,确保美军装备处于绝对领先地位;最后,国防部还是军事装备工业行业的主管部门,必须协调与安排出口军品的研制、销售和后续维护保障问题。国防部下属的 3 个机构和职责分别是:①国防安全援助局,其主要职责是:参与制定美国军事装备工业贸易与军事装备工业合作的法规政策;参与美国对外国政府的军售项目谈判,在进行成本分析后提供给买家一份"报价与协议书",其中包括了出售军火及合作的初步条款;参与军火销售及后继零部件供应,以及售后维护管理工作。②国防技术保密局,其主要职责是:参与对外军品、服务与技术的安全保密审查工作;严格禁止美国核心军事机密和技术的交易或转让,即使是亲密的盟友也要严格审查或限制;防止美国的军用技术或军民两用技术通过对外交易落入敌对国家或恐怖分子手中。③国防安全合作署(又称美国国家安全合作署),其主要职责是:负责制定与管理美国对外军事销售计划;参与美国对外军事援助基金的管理;定期统计与核算美国对外军售协议总数、军售交货总数、对外军售合同金额、对外军售交货金额等数据。

(二) 美国军事装备工业出口的基本程序

美国的军品、服务与技术出口管理程序比较复杂,基本流程或工作环节主要有 5 个步骤(见图 11 - 2)。

1. 美国政府对国外军火需求进行收集与评估

美国将发展对外军事装备工业技术合作与军火销售作为其国家战略和推广美国价值观的重要组成部分,美国政府从总统到国务院,尤其是国防部、商务部、驻外机构官员都出面充当军火推销员,国会议员也是责无旁贷。因此,美国军事装备工业贸易与军事装备工业合作的首要环节就是由政府相关部门、机构和人员在对外交往中,打听、收集、汇总和评估有关国家对美军购与军事装备工业技术合作的需求。美国国务院负责安全、科技的副国务卿办公室、国防部负责安全事务的部长助理办公室、商务部负责军民两用出口管理办公室,以及驻外使领馆等,都有专门的人员进行收集、汇总和评估,然后将市场调研和评估结果反馈给国务院,并向总统汇报。

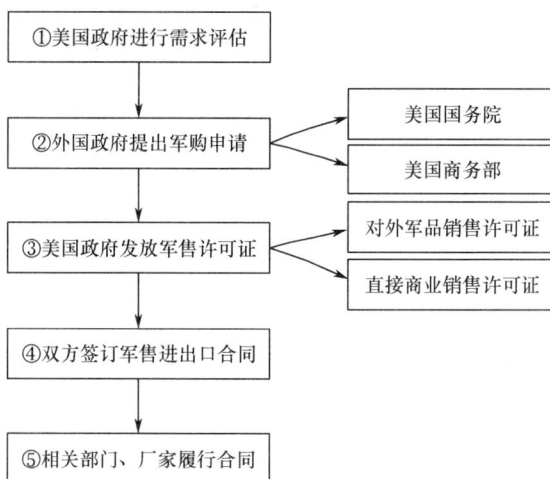

图 11-2 美国军事装备工业贸易与军事装备工业合作管理程序

2. 外国政府向美国务院或商务部提出采购申请

美国军售分为对外军事销售和直接商业销售两种形式,因此,外国政府采购军火既可向美国务院申请,也可向美商务部申请。通常,外国政府要向美国务院递交一份购买某种武器系统的意向书,列为对外军售;采购军用物品、高科技产品或军民两技术则可向美商务部申请,列为商业销售。美国对外国购买其武器装备的申请把关很严,即使有资格购买者,也区分为 A、B 两类。A 类国家为北约成员国,以及亲密的盟友,它们可以直接向美国务院提交武器装备采购申请;B 类国家为非北约成员国,以及一般的盟友,或所谓友好国家,它们只能通过驻美采购团、美国大使馆、美国军援顾问团或其他方式,间接向美国务院提交武器装备采购申请。

3. 美国务院与商务部审查发放出口许可证

由于美国军售分为对外军事销售和直接商业销售两种形式,因此,美国对外国政府军购申请的审核与出口许可证发放,既可由美国务院办理,也可由美商务部办理,或者两者联合审查办理。通常,外国的武器装备采购申请和许可证发放,由美国务院办理。一旦总统认定某个国家有资格购买美国武器,其申请就交给国务院,国务院再会同国防部共同审查,并研究能够卖给什么样的武器装备。国防部的国防技术保密局参与军购技术安全保密审查;国防安全援助局参与对外国政府的军售项目谈判,进行成本分析并提供给买家一份"报价与协议书"。当然,其间国防部还需要与各军种负责军备的机构协商,共同研究可出售的武器及其研制供应保障问题。最后,对外军销条件谈妥后,经国会批准、总统同意后,由国务院签署武器出口许可证。不直接涉及到武器系统的军用物资、高科技产品或两用技术的,可由美商务部受理外国政府的采购申请,并单独或联合国务院共同审核,审查合格并经总统同意后,可由商务部发放直接商业销售许可证。

近期,美国政府打算修改上述军事装备工业出口申请审查与出口许可证发放程序。美国前国防部长盖茨认为,当前这种审批与许可证发放程序存在着两个主要问题:一是主管部门多元,且不完全确定,既可以是国务院,也可以是商务部,或者两者都是,致使外国买家难以具体操作;二是国防部在其中所起的作用还较小,没有充分发挥国防部及各军种应有的审核与把关作用。因此,今后要从这两方面进行改革,尤其是要使国防部在其中扮演极其重要的角色。因为国防部毕竟是美国军事装备工业和武器装备发展与采办的主管部门。

4. 国防部或商务部相关部门与买家签订合同

根据美国《军事装备工业出口控制法》等相关规定,对外军事销售许可证审批发放后,再由美国务院相关机构与购买国政府采购机构进行军购案的具体谈判,达成交易意向后在美国提供的"报价与协议书"基础上,双方谈判签署军品销售合同。签订的军售合同,包括交易武器装备和技术服务的数量、价格、交货期、供货来源和有关条件,以及双方的权利义务等内容。如果属于直接商业销售的,在其出口许可证审批和发放后,外国政府采购机构可以直接与商务部提供的美国供应商进行谈判。在双方就交易的对象、价格、金额、交货期限、有关条件,以及各自的权利义务等内容达到一致后,就可以签订正式的进出口销售合同。直接商业销售交易的方式,广受外国买家和美国承包商的欢迎。对于买家来说,外国政府更愿意与美供应商直接打交道。因为它程序简便,中间环节少,节省费用,又可以买到自己想要的东西。而对于美国供应商而言也是如此,而且销售利润更丰厚,买家付给美国防安全援助局的 3% 的手续费可以省去,从而增加供应商的收入。但也给美国的军事装备工业出口数量与金额的统计工作带来了难度,因为对外军事销售经过国防部,而直接商业销售要通过海关提供给国务院的数据后,国防部才能知道。

5. 国防部或商务部及承包商履行出口合同

对外军事销售合同由美国防部负责履行,具体由国防安全援助局负责管理。根据军事装备工业出口合同的规定,相关军种负责确定出口武器的型号、规格和技术标准;而武器承包商负责研制和生产;国防安全援助局则负责销售和售后服务等管理工作,它是一个"从摇篮到坟墓"的过程,即供货、维护与供应零部件,甚至于如何报废与回收处理等。因而,外国买家必须给国防安全援助局支付合同价款 3% 的手续费。直接商业销售合同由商务部负责履行,具体由各相关供应商根据合同条款负责供货及售后服务。

(三)美国促进军事装备工业出口的政策措施

1. 推行积极的军事装备工业出口促进政策

冷战结束后,美国的军事装备产业面临来自国内国防采购缩减和国外军火市场萎缩的双重压力。美国政府为了拯救军事装备工业产业和保持军事技术的世界绝对领先地位,采取了内外两手抓,两手都要硬的对策。对内,组织军事装备工业行业调整、兼并与重组,要求军火公司苦练"内功",增强市场竞争力。对外,调整美国军售法规,采取积极的军事装备工业出口政策。克林顿政府上台后,立即对美国的军事装备工业出口政策进行审查,名义上是要求减少大规模杀伤性武器的扩散,实际上却是放松对盟友及美国友好国家的军事装备工业出口审查。1993 年下半年,美国政府开始制定重大武器出口促进计划措施。包括要求美国政府官员利用各种对外交往的机会推销美国军火,并承诺以官方的力量,支持美国武器制造商向海外出售武器,以维持军事装备工业的生存,促进军事装备工业的发展,保持美国在国际军火市场上的优势。1994 年,美国国会在政府的推动下,取消了某些可用于装备的产品与器材出口的禁令。1995 年 2 月,克林顿签署了《第 34 号总统令》,要求驻外使馆和政府高级官员大力支持军事装备工业出口,为美国武器出口创造更为有利的条件。1996 年,美国财政部实行了一项新的出口信贷措施,对购买美国军火的国家提供商业贷款担保。2000 年 5 月,美国放宽对北约国家、澳大利亚及日本的政府和公司军事装备工业出口与军事装备工业技术合作的限制。

此时,美国空军也为促进军事装备工业出口向政府支了一招,即提议实施"联合武装力量增进项目"(CFEP)。该项目的主要内容是建议将美军使用过的 F - 16A/B 战斗机折价出售给盟国和友好国家,既可通过出口收回部分资金用于新战机的研制,又可使国外购买到便宜的美国先进装备。空军建议出售 200 ~ 300 架早期型号的,半成新的 F - 16 战斗机给外国。购买国可先花大约每架 500 万美元采购费,然后再支付每架 800 万美元左右,让原制造商洛克希德·马丁公司进行改装和升级,总共花费约每架 1 300 万美元就可以买到先进适用的战机,比购买新机节约 1/2 以上的费用。最后,美国空军以 4:1 的比例把出售使用过的飞机收回的资金,重新投资于制造一种更新型号的 F - 16C/D 战斗机。空军认为这是一个四赢的方案:美国政府扩大了军事装备工业出口和与盟友的军事装备工业合作;美空军在收缩其飞机规模的同时,可接收性能更先进的战机;美军火商在等待F - 22 战斗机合同之前,可继续制造 F - 16;外国买方可以低于一架新机一半价格的价位购买到一架适用的 F - 16。该方案受到美政府的高度重视,也引起其他军种的共鸣。他们认为,该项目是美国向外国出售大量已使用过的主战武器的第一次尝试,紧接着推进已使用过的主战坦克、直升机、运输机和其他军用飞机等主战武器的对外出售也是有利可图的。

2. 取消军事装备工业出口项目的补偿费征收

以往美国税务部门对所有大宗军事装备工业出口都要征收所谓补偿费用,以弥补纳税人为研发武器系统而付出的潜在成本。该费率一般是军事装备工业出口金额的百分之几,偶尔也高达 25%。老布什政府时期,取消了对直接商业销售(即双方公司之间)项目征收的补偿费,但对外军事销售(即政府与政府间的)项目仍保留了征收补偿费的做法。克林顿政府于 1994 年开始放弃这些收费,因为军事装备工业企业在国际上的竞争明显更激烈了。最初的一个例子是美国向瑞典出售 100 枚 AIM - 120 先进中程空对空导弹(AM-RAAM),这原本属于对外军事销售项目。但不知什么原因,国务院同意采取直接商业销售合同出售这些导弹,因此巧妙地绕过了补偿费,但仍由美国空军管理并履行合同。这笔交易砍掉每枚导弹 11.4 万美元的额外费用后(大概相当于总成本的 25%),使得该型号导弹比法国的同类型的 Mica 导弹在国际市场上更具竞争力。这也促使芬兰此后不久由原先打算购买法国货改为采购了美国的中程空对空导弹(AMRAAM)。克林顿政府干脆顺水推舟,取消所有军事装备工业出口项目的补偿费的征收。此后,许多美国军火公司出口的成本削减了,也进一步推动更多的军事装备工业出口到瑞士、挪威以及中东和亚洲国家。

3. 借助补偿贸易协议促进军事装备工业出口

"补偿贸易"是国际贸易中比较常用的一种交易方式,它可以促进贸易双方的经济交往和合作,尤其促进一些发展中国家的经济发展。20 世纪 80 年代以来,这种交易方式在国际贸易中不断增加,同时,也被一些欧、亚、非国家引入国际军火交易之中。比如,法国军火公司为了向韩国出口"阵风"战斗机,答应了韩方提出的 70% ~ 100% 的贸易补偿要求,即合同金额的 70% ~ 100% 可用采购韩国生产的军事设备和技术或者民品来补偿,其中包括向韩转让生产空对空和空对地导弹的技术,而成品转而向欧洲出口。与此类似,意大利阿古斯塔公司为了向南非出口 30 架 A－109 直升飞机,答应向南非转让该飞机生产线,并采购其他商品。为了与法国"旋风"战斗机竞争,推销美国波音公司生产的 F－15K 战机,美答应为 F－15K 出口提供 70% 的补偿,其中包括转让可能让韩国到 2015 年能够自主生产战机的技术。1993 年以来,美国军事装备工业出口合同中有许多包含了"补偿贸易协议"条款,即军事装备工业出口方购买军火进口方的其他军事装备工业产品,或者是军事装备工业出口方购买进口方的民用产品,以平衡军火交易国双方的国际收支。美国大多数军火制造商设有由公司副总裁领导的补偿贸易机构,专门负责"补偿贸易协议"的落实事项。事实上,美国借助军火补偿贸易协议,大大促进了军事装备工业出口。据美国商务部对 1995 年美国公司报告的武器出口协议跟踪研究发现,补偿协议额占了整个出口总额的 47%。该研究报告还发现,1995 年美国公司签署的协议中补偿额占整个出口合同总额的 81%,而且合作对象与范围还比较广泛(见表 11－2)。当然,美国国内对取消军事装备工业出口项目的补偿费和通过补偿贸易的方式促进军事装备工业出口的措施也存在着很大的争议。尤其是在国会反响强烈,一些议员对取消军事装备工业出口的补偿费和军火补偿贸易表示担忧。他们认为,不征收补偿费意味着美国纳税人要承担对外军售项目带来的损失,即要损失纳税人缴纳的税金。而以补偿贸易的形式对外军事装备工业出口促使外国商品进口,从而使美国国内工作岗位减少。还可能会使美国军火制造技术转移到国外。颇具讽刺意味的是,许多军火补偿贸易交易总会得到国会的批准,并最终得以颁发出口许可证,其中不乏允许在国外生产或组装该武器系统的合作项目。

表 11－2　冷战后美国与一些国家(地区)签订军事装备工业出口补偿贸易协议项目表

合作对象	采购合作项目	采购方提出的主要补偿要求
以色列	F－15 战斗机	飞机引擎和其他部件制造技术转让
	F－16 战斗机	飞机部件/子部件制造技术转让
加拿大	F/A－18 战斗机	飞机子部件制造技术转让和引擎组装
西班牙	F/A－18 战斗机	飞机部件/子部件制造技术转让
韩国	F－16 战斗机	飞机部件/子部件制造技术转让
	P－3 巡逻机	飞机部件组装
新加坡	F－16 战斗机	飞机子部件制造技术转让
希腊	F－16 战斗机	飞机部件制造技术转让
印度尼西亚	F－16 战斗机	飞机子部件制造技术转让
中国台湾地区	F－16 战斗机	飞机部件/子部件制造技术转让

资料来源:丁莹. 美国国防工业国际合作研究(D). 国防科学技术大学,2006:15

三、美国实施军售的双重标准与政策变化

(一) 美国军事装备工业贸易政策法规的演化

　　美国军事装备工业贸易的政策法规,属于其国家战略和对外政策的重要组成部分,它总是根据美国国家战略利益和国际安全格局的变化而变化。正如奥巴马总统在 2010 年

1 月份所说的,美国的武器出口管理政策应该与时俱进,以适应当前威胁以及科技和经济领域所发生的变化。冷战结束以后,美国的军事装备工业贸易政策法规就经历了多次变化,主要有以下几个方面。

1. 开展出口政策的经常性审议,完善军事装备工业贸易管理体制

冷战结束以来的美国三任总统,克林顿、小布什和奥巴马都曾对美军事装备工业贸易与军事装备工业合作法规政策开展了全面审议,并进行修改调整,以进一步完善美国军事装备工业贸易的管理体制。

克林顿在总统竞选时曾经承诺,如果其上台就立即审查美国的军事装备工业出口政策。果然,1993 年克林顿政府在其《防务全面审查报告》中就包含了军事装备工业出口与军事装备工业合作政策的审查内容。审查的最初结论,是要求防止大规模杀伤性武器扩散和控制军备出口,而且要求其他大国也是如此。但不久就来了个 180 度大转变,1993年下半年就出台了促进美国军事装备工业出口的许多重大计划措施。1995 年 2 月,克林顿签署《第 34 号总统令》,发布了新的《美国政府常规武器转让政策》,要求驻外使馆和政府高级官员大力支持军事装备工业出口,增强美国的军事装备工业基础。2000 年 5 月,美国外交部又发布了《军贸安全倡议》(Defense Trade Security Initiative),并完成了一整套重要的军事装备工业出口改革。改革的主要内容包括:修改《国际军品贸易条例》,审议所有的出口管制项目,其中包括免除许可证管理办法;放宽对北约国家、澳大利亚及日本的政府和公司做生意的限制,向符合某些标准——例如类似的出口管制法和情报收集方面合作的国家出口非机密项目,可以无需许可证就得到批准;利用计算机网络和电子文本进行出口数据管理,简化出口许可证审批程序,加速军事装备工业贸易决策的制定。

小布什政府上台后,也对美国军事装备工业贸易与军事装备工业合作法规政策进行了审查,除修订了一些规章制度外,重点是进行组织机构改革,完善管理体制。一是对出口管制机构及其职能进行改革。2002 年 4 月,商务部宣布出口管理局更名为工业和安全局,其核心任务是管理和实施两用产品及技术的出口管制,同时肩负起保护工业和安全的责任。2003 年 1 月,国务院负责军事装备工业贸易的国防贸易管理办公室被改组为防务贸易控制理事会,助理国务卿帮办担任防务贸易控制理事会领导人。内设国防贸易控制许可证办公室、国防贸易控制管理办公室、国防贸易控制政策办公室和国防贸易控制执行办公室 4 个办公室。2003 年 3 月,国土安全部设立移民和海关执行局(ICE),设有专门的调查办公室（OI）及武器和战略技术调查部门,负责调查违反有关规定的出口,防止对恐怖主义组织的非法出口和阻止它们掌握大规模毁灭性武器及其零部件。

奥巴马政府上台后,除基本执行小布什政府时期的军贸政策法规外,也于 2009 年 8月开始对美军事装备工业出口管制政策进行全面审议。该项审议于 2010 年上半年结束,并在此后发布了 4 项改革措施:对《美国军品目录》和《禁止出口国家清单》进行清理,出台新的出口控制清单;改变现行由国务院、商务部等多部门颁发出口许可证的乱象,争取建立单一的出口许可证签发机构;计划在 2011 年利用信息技术系统将国务院与国防部联系起来,以提高出口许可证审批的效率。对这些改革举措,奥巴马总统高度期待,并给予很高的评价。他认为,这些军贸政策制度的改革,将为新的出口管制制度确立基础,以加强国家安全和提高关键制造业和技术部门的竞争力,而且还能作为增加美国商品出口,创造就业岗位努力的一部分①。2013 年以来,奥巴马政府又对军贸和出口管制政策进行了调整,并提出了一项针对国家出口管制体系全面改革的倡议:对美国出口管制体系进行全面革新,以满足当前和未来美国国家安全及 21 世纪外交政策目标;放松美国军品管制清单上部分商品的出口管制。根据美国现行的出口管制规定,军品管制清单上的商品出口管制相当严格,比如出售战斗机和战斗机所用的螺栓受到同样严格的管制,改革后,为军用飞机备件买家提供了绕过一系列长期以来存在的联邦出口管制的机会,而且这项改革可能扩展到军用车辆、舰船和潜艇的部件出口方面;放松部分卫星出口管制,美国政府于 2013 年年底将部分卫星硬件及技术从美国军品管制清单转出,但最终草案必须经国会审查通过;美方承诺在出口管制体系改革中给予中国公平待遇,在 2013 年 7 月 11 日的第五轮中美战略与经济对话中,美方承诺将放松对中国高科技产品及技术的出口限制,以促进双方开放的贸易与投资,支持金融市场稳定与改革。

2. 修改许可证管理办法,健全军事装备工业出口管理机制

利用出口(包括武器或部件生产与组装)许可证进行军事装备工业出口与军事装备工业技术合作管理,是美国进行军事装备工业与军事技术合作管理的主要手段之一。并为之颁发了法规,建立了组织机构,明确了职责分工,制定了详细的审批与办理程序。这为美国的军事装备工业出口与军事装备工业合作管理,尤其是武器出口控制起到重要作用,但存在着许多问题:审批机构多头、职责交叉,许可证种类繁多、且环环相扣,申请审批程序复杂、办事效率较低。为了解决以上问题,提高军事装备工业出口与军事装备工业技术合作的效率,尽可能让美国军火商和外国买家满意,美国政府进行了多次改革,对许可证管理办法进行修订,以健全军事装备工业出口管理机制。特别是冷战结束之后,美国主要做了以下工作。

(1)整合组织机构,建立争端解决机制。根据美国军事装备工业出口与控制法律规定,国务院、商务部、国防部、能源部和司法部等部门都要参与出口许可证的审批工作,并在军事装备工业出口管制中有各自的职责分工。由于这些部门所持的立场不尽相同,因而在审查外国买家的进口申请时观点也不一致,难免出现意见相左,并争执不下,严重影响到审批效率。于是,1995 年 12 月,克林顿总统发布第 12981 号行政命令,建立跨部门的由国务院、国防部和商务部组成的许可证审批行动委员会(OC),主席由商务部出口管理局(BXA)官员担任,负责审查各部门不能达成一致的许可证的申请。而武器系统出口许可证由国务院相关机构审批发放,一般军品、高科技产品及两用技术许可证由商务部负责审批发放,国防部等部门参与审查。但这样仍然存在多头管理问题,有时让国外买家搞不清该向哪个部门申请。于是,到 2010 年,美国前国防部长盖茨又提出还需要进一步改革,尤其是要发挥国防部在许可证审批中的特殊作用。

(2)清理出口管制清单,简化许可证审批程序。美国控制清单分由国务院管理的军事装备工业出口清单(USML)和由商务部管理的商品出口控制清单(CCL)。一般而言,军品清单上主要涉及武器系统与军事技术的出口,审批较商品控制清单要严格得多,所花时间也要长。但美国政府还做了修订,即把那些军事作用不太大或主要属于民用性质的调整到商品控制清单中。例如,2002 年把包括推进器、爆炸物、与核和化学有关的商品

---

① SIPRI 年鉴 2011[M]. 北京:时事出版社,2012:352。

与技术从军品清单转移到商品控制清单中。放松商品清单中技术含量低和军事意义不大的产品的出口管制,但要求加强技术含量高和军事意义大的产品的出口管制。比如,到2001年,跨部门小组完成了商品控制清单中16类物资的审查,决定把其中5类物资从商品控制清单转移到军品清单中,把其中6类物资仍保留在商品控制清单中。经过清理,有助于国务院和商务部的人员及时判断出口对象是属于清单上要求控制的或者属于不需要严厉控制的,从而大大简化了军品与物资和技术出口许可证审批程序。

（3）推行信息化管理系统,提高许可证的审批效率。经过信息技术革新,到20世纪90年代,美国政府部门的信息化管理技术手段广泛运用,各部门都在开发和建立自己的信息管理系统。为了加强国务院、商务部和国防部等负责出口管制的主要部门在处理许可证审批上的协作,提高军事装备工业出口与军事装备工业技术合作许可证审批效率,联邦政府要求将各部门的信息系统整合,组建互连互通的跨部门许可证审批管理系统。克林顿政府就开始着手这项工作,主要是整合各部门的审批管理系统。小布什政府上台后,加速推进了该项目,最主要的是建立并推行电子许可证审批系统。小布什政府把建立电子许可证审批系统作为最优先目标,同时要求建立电子政府。2003年,国会又通过了对外关系授权法案,也要求国务院建立出口许可证审批信息系统,并保证该系统能与商务部、国防部、能源部和中央情报局等其他出口管制有关部门实现信息交换。2004年2月,电子许可证审批系统正式启用,通过这个系统,许可证审批官员在线审核买家的进口申请和其他信息。2005年,该系统实现了与国防部交换数据,并逐步与商务部、能源部和中央情报局实现数据交换。通过建立电子出口许可证审批系统,使许可证的审批速度更快、更简单,也更有效了。根据美国防务贸易控制理事会（Directorate of Defense Trade Controls）报告,虽然截止2005年,大约只有15%的许可证申请都是由该系统处理的,但它处理的高效却是显而易见的,不仅处理量大,而且比以前纸质许可证审批节约时间约1/4（见表11-3）[①]。

表11-3　冷战后美国与一些国家（地区）签订军事装备工业出口补偿贸易协议项目

财政年度	2000	2001	2002	2003	2004	2005	2006
受理数目/个	10 701	10 884	10 767	12 443	15 334	16 719	18 941
平均处理时间/天		40	39	44	36	31	33
资料来源：Bureau of Industry and Security Annual Report（2000—2006）								

（4）事先签订防务合作协议,免除部分许可证审批手续。2000年5月,克林顿政府完成了一整套出口管理改革措施,其中包括对于亲密的盟友或满足某些条件下,可免除出口许可证的申请与审批事项。根据该项措施,对于与美国签订了防务合作协议的盟友,如英国、澳大利亚、加拿大等,以及满足某些条件如给予类似的出口管制法和情报收集方面合作的国家出口非机密项目,可以无需申领许可证就可得到美国政府的批准。在签订双边防务及其他合作协议后,美国政府就可确定那些可以无需许可证就由美承包商对其出口非机密物品的对方公司名单,然后由双方公司签订出口合同并履行。

但是,美国军火承包商还希望推动出口许可证审批制度的进一步改革,即用一个总的

---

① GAO~05~234, Defense Trade Arms Export Control System in the Post 9/11 Environment, p.37。

军事装备工业出口许可证包揽相关出口项目。现行许可证种类审批制度规定,在出口某些武器系统时,不仅整体需要申请许可证,其部件也需要。比如,承包商要出口一架战机,那么支持该战机的各种硬件——机体、发动机、雷达和航空电子设备等都要逐个申请和发放许可证,手续非常繁锁耗时。因此,他们建议政府部门把多种许可证归于一类,用一个涵盖一系列预先确定的相关产品的出口许可证代替,这样可以大缩短许可证申请和审批时间,提高许可证管理的效率。

3. 放宽对盟友的军事装备工业出口与技术转让,筑牢美国同盟关系

冷战后,尤其是第一次海湾战争之后,美国明显感觉到西欧等盟友的武器装备和军事力量与美国的差距,很难赶上美军的节拍,只能起到配合的作用。同时,离开了盟友的支持和军事配合,美国的军事行动也难以达到预定目标。因此,美国政府一直在考虑调整军事装备工业出口与军事装备工业合作的政策法规,通过放松军备与技术出口管制、加强军事装备工业技术合作、精减许可证处理程序或通过对某些物资实施例外条款或让接收国完全参加整个武器系统研制过程,以支持盟友增强军事力量和作战能力。20 世纪 90 年代初,美国就把原本为美军量身定制的"F – 35"战机研制计划扩展为与盟友共同研制生产,创造了一个"跨大西洋军事技术合作"的典范。2000 年 5 月,克林顿政府提出了国防贸易安全倡议(DTSI),准备把长期以来美国对加拿大实行的国际武器贸易条例(ITAR)许可证豁免制度扩大到其他盟国,允许合作伙伴在重大防务合作计划中只使用一个许可证完成从美国进口所需要的所有防务物资,允许美国军火公司在英国和澳大利亚没有获得出口许可证的情况下向它们出口防务物资。而且,这些国家在预先没有得到防务贸易控制理事会书面许可的情况下,可以进行再出口和再转移①。根据这一倡议,美国加大了对北约国家、日本、澳大利亚、瑞典的武器和技术的转移。小布什政府上台后,加大了实施国防贸易安全倡议的力度。通过全面审查和修订美国武器贸易政策,使其更有利于增强盟友和盟国的军事力量及彼此协同作战的能力,增加盟国产业界的参与或更大可能地接近美国技术的能力,提高其站在美国一边进行联合作战的实力。2005 年 7 月,国务院修改了国际武器贸易条例。2007 年,美国又分别与英国和澳大利亚达成了防务双边合作协议。有评论指出,由于欧盟是美国与英国谈判时"房间里的一个静悄悄的伙伴",与英国达成协议意味着在某种程度上是与整个欧盟达成协议。"9. 11"事件之后,美国发动了全球反恐战争,出于建立国际联合反恐战略联盟的需要,美国进一步加强了与传统盟友以及反恐盟友的军事合作和军事装备工业贸易关系。美国国防安全合作署还迅速成立了"战争室",专门处理来自与全球恐怖主义进行战争的盟国提出的武器进口请求。不仅有美国的传统盟友,还包括非盟友,甚至曾经被列入制裁的国家。政府重新审查了不能接受美国武器的国家的清单。这样,印度、巴基斯坦、亚美尼亚、阿塞拜疆和中亚等国被从国际武器贸易条例清单上删除,取消了对它们出口武器的限制或军事援助的限制。奥巴马政府上台后,也对美国军事装备工业出口与军事装备工业合作法规政策进行了全面审查,并做出了较大修改,重点是新的政策措施能够满足美国亲密盟友的需求,促成了国会在 2010年 9、10 月份,连续批准通过了小布政府在 2007 年与澳大利亚和英国达成的防务合作协议,并在 2011 年将印度培育成美国最大的武器出口市场之一。

---

① Defense Trade Security Initiative, available at: http://fas. org/asmp/campaigns/control/ps000524d. html。

4. 收紧对敌手的高科技产品与技术出口,维持武器禁运措施

冷战后,美国政府在对军事装备工业出口与军事装备工业技术合作法规政策调整时始终注重"两手抓",即一手抓放松对盟友的军事装备工业出口与技术转让,巩固与美国的政治军事同盟关系;一手抓收紧所谓敌对国家和组织及个人的武器出口及技术转让,确保美国及其盟友的绝对安全。也就是奥巴马政府在2010年公布的武器出口制度改革的基本方针——解决现行制度无法完成"防止有害出口,促进良性出口"。美国政府专门制定了"限制美国武器出口国家的清单",这个清单会随着国际形势和与美国的关系变化而经常调整。在冷战之前,美国就将出口控制的国家分为Q、S、T、V、W、Y、Z等7个组别,划分的依据是与美国的关系从好到坏的顺序。比如,Q组是美国的亲密盟国,V组是友好国家,Y组是敌对国家,而出口控制的宽严尺度也由此确定。伊朗以前曾经是美国的友好国家,现在成为敌对国家,并实行严格的武器禁运与经济制裁。1993年,美国通过国防拨款法,该法严格限制对伊朗出口的许可证发放。根据该法,商务部在1995—1996年,没有向伊朗发放过一个出口许可证①。当目前"伊核危机"出现解决的势头时,美国政府又决定放松部分对伊出口和制裁措施。自朝鲜战争之后,美国就对朝鲜实行武器禁运与出口限制,并维持了半个多世纪。朝核危机出现后,美国又加大了对朝鲜的出口限制力度。美国还推动联合国通过了对伊朗、朝鲜等国家的武器禁运与出口制裁决议,要求其他国家也加入对这些国家的制裁行列。美国经常按照自己的标准制定武器禁运与出口控制国家清单,实行严格的出口控制,还要求其他国家或国际组织也照样做,否则对其进行威胁甚至制裁。美国把新中国看作是其潜在敌人和现实的对手,对中国实行武器禁运和出口管制,虽然在20世纪70年代至80年代有所放松,但基本上一直在维持甚至收紧,而且还极力反对与制止他人解除限制。当欧盟决定废除对中国武器禁运的时候,小布什政府和一些议员不仅坚决反对,还威胁说,欧盟的行为将危害美欧之间的技术分享计划,如F-35战斗机的联合研制项目。也正是在美国的压力下,以色列取消了与中国的多个军事技术合作项目。自从乌克兰危机爆发以来,美国与俄罗斯的关系恶化,2014年以来美国政府连续出台了多项对俄包括武器禁运与军事技术合作在内的制裁措施。2014年12月12日,美国国会又通过一项法案,禁止五角大楼今后将火箭发射合同交给使用俄罗斯发动机的公司。

5. 实施军事装备工业贸易法规的监督,加大对违法行为处罚力度

美国政府不仅经常修订军事装备工业贸易法规政策,而且还加强对其出口武器与技术的最终用途和最终使用者的检查、监督,以及其他军事装备工业出口与军事装备工业技术合作法规的执行情况的审查,对违法行为和违反者加大处罚的力度。为实施军事装备工业贸易法规的监督,美国务院制定并实施了蓝灯计划(Blue Lantern Program),目的是加强执行武器出口管制法和国际武器贸易条例,以及管理绝大多数事前和事后的运送检查工作,具体由国务院防务贸易控制理事会实施。美国商务部工业和安全局加强了在国内的检查监督力度,在全国设立了8个地区办公室,他们有权逮捕和制裁违法单位或个人,可以发出传票和拘留当事人,并有权扣留即将非法出口的物资。同时,工业和安全局也加强了在国外最终用途的检查。据资料统计,2004年该局在国外检查647次;2006年,在

---

①　U. S. Department of Commerce, Export Administration Annual Report Fiscal Year 1997, p. 4。

72 个国家进行 942 次检查,增加了 45% 。1999—2004 年,美国根据该计划进行最终使用和最终使用者的检查平均每年为 450 次,并呈逐年增加的趋势(见表 11－4)。2001 年,美国又实施了政府对政府的金哨兵计划(Golden Sentry),该计划有日常例行检查和强化检查两种类型,其目的是"把美国政府、我们的朋友和盟国所承担的安全风险降到最低",确保源自美国的武器、防务服务和技术的使用与转移符合美国的要求。为此,国防部成立了所谓的虎队(Tiger Teams),在国内外实施检查。2004 年,美国在国外建立了 8 个现场检查点,比 2003 年增加 4 倍。在此期间,美国政府各执法机关加大了对违反出口管制法律、法规行为的惩罚力度,增加罚款数额,提高刑事处罚级别(见表 11－5)。其中,不仅有美国公司或公民,也包括外国政府、公司或公民。2006 年 4 月,美国防务贸易控制理事会以波音公司在未经美国政府许可向海外出口的民用飞机上带有可能被用作军事用途的电脑芯片为由起诉波音公司,波音公司除不得不接受一名独立的外部官员在两年内监督公司的整个飞机出口业务外,还被罚 1 500 万美元。其实,波音公司以前还曾有过多次被处罚的经历:1998 年,波音公司曾因与他人共享太空火箭领域的某些技术而被罚 1 000 万美元;2001 年,该公司又因在未得到政府出口许可的情况下转让某些技术而被迫支付 400 万美元罚金。此外,美国移民和海关执行局在其中也扮演着重要角色,仅 2005 年就进行了超过 5 600 次调查,结果逮捕了 400 多人,其中 300 人被控告,280 人被宣告有罪[①]。

表 11－4　1999—2006 财政年度美国对军事装备工业出口最终使用和最终使用者的检查

财年	1999	2000	2001	2002	2003	2004	2005	2006
检查数目	360	218	410	428	413	530	562	613

资料来源:DDTC, End Use Monitoring of Defense Articles and Defense Services Commercial Exports

表 11－5　2000—2004 年度美国对出口的调查、逮捕、控告和判刑情况

年度	2000	2001	2002	2003	2004
调查	570	395	1145	824	633
逮捕	48	62	40	98	92
控告	47	53	29	65	61
判刑	56	39	38	46	45

资料来源:GAO～05～234, Arms Export Control System in the Post 9/11 Environment, p. 56

(二) 美国对待国际军售的双重标准

众所周知,美国在当今世界一直是以"世界警察"和"人权卫士"自居,并打着维护世界和平、民主、自由的幌子,主导世界事务。实际上,美国处理一切国内外事务时,无不是以获取或维护美国的自身利益为根本出发点。因此,美国的对外政策,包括军事装备工业贸易政策具有两面性和虚伪性。换言之,就是持双重标准。

一是美国主张禁止大规模杀伤性武器扩散,限制国际军火交易,但自己却一直在加紧研制和生产大规模毁灭性高端武器,并大量向全球推销武器装备。长期以来,包括冷战

---

① Peter A. Quinter, " Post 9/11 Increased Export Controls by U. S. Government, " p. 33。

后,美国一直位居国际军事装备工业出口之首,今后在相当长的时期仍然如此。据美国国防部下属的国防安全合作署(DSCA)已经公布的军售计划显示,仅2006财年美国共计对外出口各类军火及相关服务总值接近130亿美元,远超过2005财年的106亿美元,世界上有117个国家和地区获得美国军火,品种多达2 600种以上。

二是美国主张维护世界和平与人权,捍卫民主自由,却到处挑起事端,大肆向全球推销美国军火。一方面,美国高官打着实现和平的旗号四处奔走,并利用国内法律或鼓动国际社会对所谓违反人权与民主的国家实施制裁;另一方面,从总统到国防部长,再到驻外机构,却为促销军火而明地暗地使劲。小布什政府刚发表了有关限制中东地区军火输入的倡议,可随后在中东访问的美国防部长却与沙特阿拉伯等国签订价值200多亿美元的武器,并许诺帮助以色列恢复精密弹药储备,研制新型反导系统。难怪一些媒体评价,谁都搞不清美国到底是"和平使者"还是"军火贩子"。

三是美国主张要继续领导世界一百年,并派出多批次高官到世界热点地区充当调停人,却不忘热心向冲突双方推销军火。据美国世界政策研究所发布的一篇关于美国武器装备出口的报告显示,冷战后,美国向发展中国家出口的武器装备大部分都销往非民主政权国家,而且世界上武装冲突比较活跃的地区几乎都有美国的武器装备。仅2003年,美国政府共向全球18个存在地区冲突的国家(全球总共有25个存在冲突的国家)出口了武器装备,其中,向安哥拉、乍得、埃塞俄比亚、哥伦比亚、巴基斯坦、以色列和菲律宾这7个国家的出口总额约为10亿美元。在美国前25个最重要的武器出口国中,有20个国家被美国国务院的人权报告定为非民主国家或者是有不良人权纪录的国家。近期,乌克兰危机爆发后,美国又开始向乌政府军和周边国家输出军火。

四是美国主张各国平等、自由,鼓励各国友好相处,却通过卖武器左右地区军力平衡,玩弄左右逢源的平衡权术。当西欧盟友的军事力量不足以配合美国的全球军事干预行动时,美国就加大了对西欧及北约盟友的武器销售与军事装备工业技术转让力度,提高它们的军事实力与协同作战能力。当美国的实力相对下降,难以独自遏制中国、俄罗斯等新兴国家崛起时,美国就向与之有冲突的国家和地区输出军火,包括中亚、西亚、东南亚,甚至化敌为友宣布解除对越南维持半个多世纪的武器禁运与军事封锁,要向越南出口军火。美国也可以绕开军售禁令,决定向日本和韩国出售"全球鹰"高空远程无人机,以监视中、朝、俄等国。当美国需要改善对华关系时,奥巴马总统亲自访华并签署《中美联合声明》,在声明中美国承认"尊重彼此核心利益对确保中美关系稳定发展极端重要"。但奥巴马刚离开中国,美国国务院就宣布了新的售台武器计划。2014年12月18日,奥巴马又签署了第1683号"军舰移转法案",完成了对台湾出售4艘"佩里级"护卫舰的法定程序。资料显示,奥巴马在任期内共宣布对台军售金额超过百亿美元。

(三) 美国军事装备工业贸易政策的发展趋势

为了确保美国国家利益和绝对安全,维护美国的世界领导地位,美国政府仍将继续审查和调整其军事装备工业出口与军事装备工业技术合作管制政策法规,并可能在以下几方面发力。

一是适应新的安全威胁需要,随时修订军事装备工业贸易政策法规。国际风云变幻,各国力量对比此起彼伏,美国的实力与势力也在其中潮起潮落,而所面临的安全威胁具有更多的不确定性。作为维持美国安全和领导地位的最有效的利器之一——军事装备工业与贸易的调节杠杆——军事装备工业贸易政策,也必须行之有效。因此,对其进行适时审查和及时修订是必需的,也是必要的。今后美国历届新总统上台后头等大事之一就是发布《国防安全审查》报告,提出修改武器出口管制政策法规的具体要求。修改的基本方向仍将是加强美国军事装备工业的基础,增强武器系统的研制能力,扩大与盟友的军事装备工业技术合作,提高美国军事装备工业企业和军事装备工业产品的出口竞争力。既为美军提供适应未来战争作战需要的各种武器装备,保持绝对的国家安全和军事优势;又为买家输送所需要的武器及军事技术服务,出口更多的军事装备工业产品,获得更大的经济利益。

　　二是健全军事装备工业出口管制体制机制,提高武器输出的管理效率。美国现行的军事装备工业贸易管制体制虽经多次改革,但仍然不够完善,运行效率仍不理想,既难以让盟友(买家)满意,更难以让美国军火承包商满意。改革之所以难以一步到位,主要是美国的"三权分立"政治体制、错综复杂的军事装备工业利益链条和种类繁多的法规政策的相互制肘。因此,军事装备工业出口管理体制改革仍然是今后美国多届政府的历史重任。改革的重点将聚焦在整合管理组织机构,协调国务院、商务部、国防部、能源部、航天置和移民局等相关部门的关系,进一步划分各自的职责,简化工作程序,尤其是武器和商品出口许可证审批与发放程序,突出国防部的职能作用。今后,美国,的武器系统出口许可证有可能由国防部签发,商品出口许可证仍然由商务部签发。当然,多部门联合审查仍将保留,但尽可能简化程序和中间环节,尤其要健全军事装备工业出口管制机制,以提高美国武器出口的管理效率。

　　三是以实用和灵活的态度,保持军事装备工业贸易政策法规的活力。美国人大都是现实主义者,他们不会墨守成规,机械地对待军事装备工业出口管理政策法规的审查和修改问题。只要有需要,符合美国的国家利益,美国政府会随时修订或发布新的军事装备工业贸易政策,甚至推动国会修改相关法律。如果修改法律的时间来不及,美国会以国会通过临时法案的形式寻找军事装备工业出口的法律依据。也可以绕过相关法规,比如,把需要国务院审批发放的武器出口许可证,改为一般商品由商务部签发出口许可证,从而达到军事装备工业出口的目的。美国甚至会不顾已经达成的国际协议,单方面修改军售禁令,达成出口高端武器的目的。比如,1987 年美国与伙伴国达成了全球导弹及技术控制协议(MTCR),禁止转让高端军用无人机等装备及技术,但美国不顾部分成员国的反对,还是决定向日本和韩国出口"全球鹰"这种高端军用无人机。

　　四是继续加大政策法规的执行监督,确保军事装备工业贸易管制目标的实现。为了维护美国的国家利益,一方面,要通过修订军事装备工业贸易政策法规放松出口控制,扩大武器出口;另一方面,也要通过修改政策法规,严禁武器及军事技术出口,还要加强监督检查,对违反者给予严厉的处罚。因此,未来在修改的政策法规中,美国政府会重新修订"限制美国武器出口国家清单",根据需要随时增删相关国家名单,或是将相关国家在限制组别中进行升级或降级。还会在相关法规中加强美国军事装备工业出口最终使用者和使用用途,以及出口商和进口商的信息网络审查的技术手段,增加在美国境内外检查机构的经费和人手,赋予海关和移民局更大的检查与执法权力,严惩违反法规、私下交易或走私军火者,以确保美国的武器及军事技术不落入敌对国家、组织或恐怖分子手中。

第十二章　美国军事装备工业贸易与军备控制

军事装备工业贸易与军备控制本是相互对立的两件事,但它们又是共生关系。因此,美国为牟取最大国家利益和维持世界领导权,就必须在两者之间"走纲丝",通过制定各种政策策略并联合盟友共同行动,尽可能做到既扩大武器出口,又不至于让世界军备失控。

一、美国军事装备工业贸易与军备控制的关系

(一) 军事装备工业贸易是把"双刃剑",需要军备控制作为"调节阀"

军事装备工业贸易作为一种特殊商品交易活动,是一国(地区)军事装备工业发展的必然选择,也是国际贸易的重要产物。作为武器出口国而言,军事装备工业贸易既可以获得巨额的经济收益,为本国军事装备工业产业发展投入更多的资金,达到"以武养武"的目的;又可以作为推行自己的价值观和国家战略目标,牟取地缘政治、军事、外交利益的有效手段;还可以密切与进口国(地区)的关系,尤其是盟友关系;甚至还可以左右或干预国际地区的政治军事力量平衡。所以,美国历来十分看重军事装备工业贸易,鼓励武器出口。从第一次世界大战开始,美国就大量对外出口武器装备和军事物资。第二次世界大战中,美国更是成为"民主国家的军工厂",向西欧和其他同盟国出口了数百亿美元的军火。战后,美国又对西方盟友实施了"马歇尔计划",其中就包含出口百亿美元的军火及转让军事装备工业技术。冷战时期,美国一方面与苏联展开世纪军备竞赛,大力发展军事装备工业;另一方面,又大肆对外出口军火和转让军事装备工业技术,为争夺世界军事装备工业出口第一的宝座与苏联你追我赶。冷战后,美国继续保持了军事装备工业产业的繁荣发展,发动多次局部战争,大量出口武器,世界军事装备工业出口第一的桂冠更是当仁不让,哪里有武装冲突,哪里就有美国的武器现身。

然而,美国在享受着世界军事装备工业出口第一的快乐和保持军事装备技术绝对优势的优越感的同时,也感觉到忧虑和担心。一是武器装备的大量出口,尤其是不加控制地出口,虽然会增加美国的政治军事和经济收益,促进军事装备工业产业的长期繁荣发展,但也会带来危害美国安全利益的风险,包括出口的武器和技术落入敌对国家、潜在对手和恐怖分子手中,不仅会增强它们的军事能力,更可能危及美国及盟友的安全。二是武器装备的大量出口,即使是盟友,尖端武器和军事技术的转让也会给美国带来危机,使美国失去绝对军事技术优势以及对盟友的掌控能力,也会使美国的军火失去在国际市场上的竞争优势,从而危及其军事装备工业出口和军事装备工业产业的利益。三是竞争对手或敌对国家军火大量出口,如果不加以控制的话,对美国国家利益危害更大,它不单是与美国军事装备工业出口竞争,减少美国的军事装备工业出口量,更重要的是,它可能削减美国

的军事技术与装备的绝对优势,干扰美国战略意图及对外政策的实施效果,从而影响到美国的世界领导执行力。所以,美国的决策者一直是一手抓促进军事装备工业贸易,一手抓严格军备控制,而且两手都很硬。早在与苏联进行军备竞争的时期,美国就很好地利用了这"两手"。一方面,美国通过"马歇尔计划",向盟友出口大量军火并转让军事装备工业技术,既保持美国军事装备工业产业的繁荣,又增强盟友的军事实力;另一方面,却在谋划着如何保持对苏联的军事装备与技术优势,以及限制社会主义国家和敌对国家的军事力量,尤其是军事装备技术力量的发展。美国以一个商人心态看待军事装备工业贸易与军备控制问题,对于美国有比较优势、特别是绝对优势的军备及军事技术领域,美国要求严格控制和国际管制,而对于美国的弱项或没有优势的领域,美国就会要求放开,或放松控制。比如,在战后初期,美国垄断了原子弹及其技术,美国就要求对原子能实行国际管制,以防止苏联获得原子武器。当苏联研制成功原子弹后,美国就要求与其进行核武器谈判,进行核裁军以及核材料禁运,防止其他对手或敌对国家获得核技术、研制原子弹。而美国当时在太空及某些常规武器领域还较落后或不具备优势时,美国就拼命发展,并进行大量的相关贸易,从国外引进相关资源及技术。

为了与苏联为首的华沙条约组织(简称华约)和社会主义阵营对抗,美国在 1949 年领导成立了北大西洋公约组织(简称北约),以及巴黎统筹委员会(简称巴统),美国国会还在 1949 年通过了《出口控制法》。这些举措有一个共同目的,那就是联合盟友,一方面与苏联进行军备竞赛;另一方面,对苏联等社会主义国家实行武器和军事技术及战略物资禁运,严格限制对以上国家的军事装备工业贸易及技术转让。巴统的主要目的就是协调美国及其盟友之间的出口控制政策,以阻止美国向其盟友出口军火及军事技术,以及那些美国业已失去独占地位的军备及技术通过其他国家进入社会主义国家,即进行多边出口控制。该控制措施不仅适用于巴统成员国,对于非巴统成员国的出口也同样适用。巴统控制的出口物品对象,既包括军用产品及技术,也包括核能产品与技术,以及军民两用的产品与技术,这些都需要进行统一管理,并协调成员国的出口控制政策。对于出口控制的国家、产品及技术项目,既有巴统成员国一致同意的清单,也有美国单独列出的清单,统称巴统出口控制的国际清单。对于美国国会通过的《出口控制法》,更是将用于军事目的的产品、技术及资料的出口控制对象,严密锁定在苏联等社会主义国家,也包括中国。虽经苏联解体、冷战结束等国际风云变幻,《出口控制法》也历经多次修订并更名为《出口管理法》,但对俄罗斯、中国等潜在对手,以及敌对国家等的出口控制并没有多少放松。

(二) 军备控制得当可促进军事装备工业贸易良性互动

以武器出口为导向的军事装备工业贸易的好处是显而易见的,美国政府更是早就感受到了,并是世界军事装备工业贸易的最大受益者。因此,美国历届政府都不愿意放松,更不愿意放弃军事装备工业出口,而是想方设法地扩大军事装备工业出口。当然,前提是在有效控制的情况下。诚然,在世人看来,推销军火总不如推销黄油那样光彩、那样冠冕堂皇,而美国又要以道德楷模和世界领袖自居,自然要顾及世界舆论和外界的评说。于是,美国在掌握了军事装备技术的绝对优势后,为了扩大军事装备工业出口,就开始向世人推销"军备可控论"和"军事装备工业出口和平论"等理论观点,鼓吹"军备竞赛不可取""世界军备是可以控制的""美国的军事装备工业出口是为了维护世界和平""人权大于主权""美国向热点地区出售武器,是为了减少人道主义灾难"等。总之,美国的宣传机器是为了让世人相信,美国的军事装备工业出口是良性的,是有益的,是有管制的。美国一手抓军事装备工业出口,一手抓军备控制,确实促进了美国军事装备工业贸易的良性发展。美国的军火公司赚了大钱,军事装备工业行业兴旺发达;美国的世界领导地位得以巩固,地缘政治优势继续维持。但在外人看来,评价就不一致了。有的认为美国是世界警察,是和平使者;更有人认为美国是军火贩子,是战争贩子。

(三) 军备控制不当会造成军事装备工业贸易无序发展

不受控制的武器出口,或者说纯粹为了经济效益的武器出口也是有害处的,尤其是敌对国家或潜在对手的大量军事装备工业出口,会引起世界军事装备工业贸易的"无序发展",这将严重危害美国的国家利益,必须加以控制。一方面,美国要控制本国的军事装备工业和军备发展,使其装备采购和军事装备工业出口与国家安全战略目标保持一致,于是,美国就抛出"合理够用"理论来说服军事装备工业行业和军火巨头们保持"克制",不要盲目地扩大军火生产和武器出口,更不能为了牟取公司的经济利益擅自出口军火,从而损害国家安全利益,要与政府的军事装备工业调整战略和军备控制政策保持一致;另一方面,美国更要防止和反对敌对国家、潜在对手的军备发展和武器出口,以免整个国际军事装备工业贸易市场无序发展和失控。于是,美国又推出"核冬天"理论、"防止大规模杀伤性武器扩散论"和"航空母舰无用论"等论调,并组织盟友联合封杀,带头实施武器禁运和贸易封锁,同时加速发展自己的军事装备工业,利用拥有的绝对优势军事实力、颠覆性军事技术和绝杀武器的事实,向对手证明自己的观点是正确的,从而达到"不战而屈人之兵"的目的。这一招果然有效,经过近半个世纪的美苏军备竞赛,美国越来越强,而苏联则难以为续。苏联最后一位领导人戈尔巴乔夫在其1987年出版的《改革与新思维》一书中,不得不承认"(苏联)在军备竞赛中取胜,就像在核战争中取胜一样是不可能的"。苏联不仅输掉了军备竞赛,而且还吞下了解体的恶果。

美国善于利用军事装备工业贸易与军备控制这两手搞垮对手,而对于自身的军事装备工业发展和军事装备工业出口的控制却把握得游刃有余,对自己破坏或者不遵守军控与军事装备工业贸易秩序的做法则另当别论。美国是全球最大的军火生产和销售国家,美国的军控和裁军态度直接影响国际军控和裁军形势。因此,在国际军控和军事装备工业贸易问题上,美国要做"带头大哥",提出许多冠冕堂皇的理论观点,组织名目繁多的国际军控机构,抛出众多军控、裁军与防杀伤性武器扩散条约,主导制定国际军控与军事装备工业贸易规则,对于违反规则者严加制裁。但基于军事装备工业贸易对美国的利益和军事装备工业集团的利益,而不愿过多限制自身的军火生产和武器出口。有时,为了国家利益,美国甚至可以单方面废除或不遵守已经生效的国际军控与军事装备工业出口管制条约。进入21世纪,尤其是"9.11"事件之后,美国为了保障自身的绝对安全,单方面宣布退出1972年与苏联达成的《反弹道导弹条约》,大搞国家导弹防御体系(NMD)和地区导弹防御体系(TMD)。打着防御恐怖主义和朝鲜导弹袭击、保障美国和盟友安全的旗号,大肆将先进导弹及导弹技术向西方盟友、东欧、以色列、日本、韩国、中国台湾地区扩散。在美国看来,这既有利于维护美国主导的国际秩序,又能为美国军火工业赢得巨大的利润,还可以拉近与盟友的关系,是一举多得的好事,不能被看作是破坏世界军事装备工业贸易秩序的举动。

二、美国军备控制的历程与主要成果

(一)美国自身的军备控制行动

第二次世界大战后,美国又参与了朝鲜战争、越南战争等大规模局部战争,并与苏联进行了长达近半个世纪的军备竞赛,因而军力和军备快速扩张。仅军事装备工业产业与军事装备工业贸易又达到鼎盛时期,数量规模均居世界首位。冷战结束,苏联解体、华约解散,爆发核战争和新的世界大战可能性很小,于是美国与其他国家一样,也在准备收获和平红利。其中就包括裁军与军备控制,美国也有所行动。据北约资料,1990—1997年间,其16个成员国的总兵力需要削减25%。1990年以来,美国还宣布关闭或缩小海外军事基地和设施共计932个①。从20世纪80年代末到90年代中期,美国开始削减国防预算及装备采购经费。据 SIPRI 年鉴1999年的资料显示,1987—1997年间,美国的国防预算呈下降趋势,其间用于军备采购的经费下降了58%;同期用于武器研发、试验和鉴定的经费下降约22%。但从1999年开始,尤其是"9.11"事件之后,这三项经费又开始持续上升,从图12-1中也可看出,美国国防预算及装备采购经费在冷战前后的基本走势。1991—1995年间,美国平均每年的武器贸易额估计为323亿美元,只是1985年的45%,这是自1972年以来的历史最低值。尽管武器贸易额在20世纪90年代中期有所回升,但仍远远低于10年前的水平。这就使得美国的军事装备工业生产能力大大超过了需求,因而美国政府不得不将军力与军备重要物质基础的军事装备工业贸易列入压缩与控制的范畴。

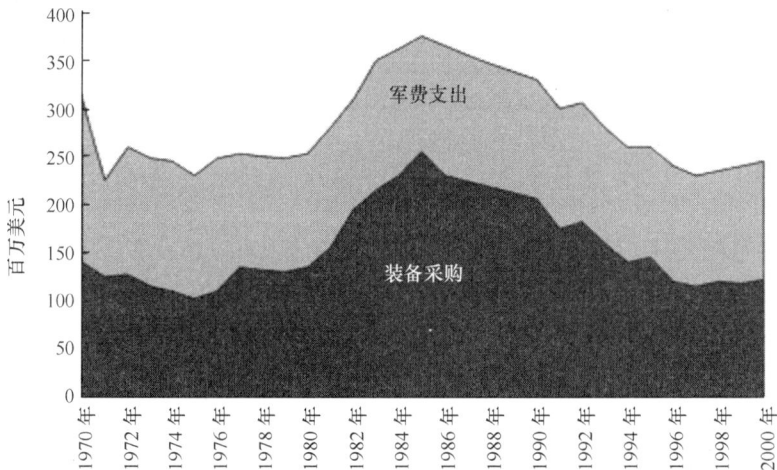

图12-1　美国1970—2000年军费与装备采购支出走势

在政府的大力推动和全面主导下,美国对军事装备工业与贸易行业进行了前所未有的大规模调整与改革。调整改革的基本方向是以军民融合、将军事装备工业纳入国家工业体系为主题,以军事装备工业企业的收购、兼并和重组为主线,展开全方位的、国有与私

---

① 李霖. 国际军事装备工业贸易[M]. 北京:解放军出版社,1998:144。

企互动、国内与国外联合的军事装备工业重组与再造,既压缩企业规模和过剩产能,又提高装备研发能力和市场竞争力,并达到保持美国绝对军事优势的最终目标。军事装备工业行业的调整改革过程,从20世纪90年代初开始,持续到21世纪初基本结束。应该说,调整改革的目标基本达到,但也给美国军事装备工业贸易行业和整个国民经济带来了较大的震荡和"阵痛"。由于国防预算及装备采购支出的削减,美国从1993—1997年积累了810亿美元的财政预算盈余,其中,80%用于弥补财政赤字,从此使得美国的预算由长期的赤字转变为盈余。这些盈余除用于弥补财政赤字外,还有一些用于支持军事装备工业行业的调整改革计划,尤其是军转民计划。一些从事军民转换改革的企业,得到了政府给予总额高达50多亿美元的军民转换改革补偿金。许多从军火行业退出的人员,也获得了政府发放的一份相当满意的经济补偿和再就业补助金(总额约34亿美元)。当然,这些企业及员工,以及整个国民经济也承担了相应的改革成本。据统计,1987—1999年美国私有军火行业的员工减少了45%,即160万名工人。另外,美国国防部和武器服务部门也同时裁减了110万个工作岗位[①]。同期,美国的军事装备工业出口金额也有所下降,但是,在绝对额下降的同时,其所占世界军事装备工业出口的份额上升了,这是由于其他国家的军事装备工业出口额下降得更多,尤其是俄罗斯和西欧主要国家(见表12-1)。

表12-1　1989—1996年世界主要国家武器出口情况对比(1990年不变价)

单位:100万美元

国家	武器出口额			所占世界市场份额			武器出口额/所采购武器额		
	1989	1996	增长率/%	1989	1996	增长率/%	1989	1996	增长率/%
美国	11 366	10 228	−10.0	30.2	44.5	47.3	14.02	17.44	24.4
苏联/俄罗斯	14 310	3 100	−78.3	51.6	7.8	−84.9	—	—	—
英国	2 541	1 773	−30.2	6.8	7.7	14.2	28.32	25.49	−10.0
法国	2 788	2 101	−24.6	7.4	9.1	23.4	15.26	15.80	3.5

资料来源:SIPRI年鉴1996、1997年;《军备、非军备与世界安全》,斯德哥尔摩

冷战后,美国政府对于武器出口的军事装备工业贸易还是大力支持的,这有利于支撑美国的外交政策和盟友关系,更是"以武养武"扶持军事装备工业行业发展的最好举措。但美国也清楚,它是一把"双刃剑",用得不好是会伤着自身的,因此,还是应该加以控制。第一次海湾战争之后,美国的武器装备备名声大噪,给其军事装备工业出口做了最好的广告宣传,与此同时,也使许多国家看到冷战之后天下并非平安无事,增添高科技武器装备做好打仗准备才是硬道理,于是又刺激了世界新一轮军火采购潮。对此,美国政府头脑非常清醒。1991年初,美国政府向国会提交了一份报告,要求向支持美国并参与海湾战争的盟友国家(主要是沙特等中东国家)出售330亿美元的先进武器。同年3月7日,美国政府又公布了限制本国武器装备和生产技术出口的三项新措施:对于向中东和东

[①]　美国国防部办公室.1998年度国家防务预算概算.华盛顿:美国国家出版署,1997。

南亚等特别敏感地区出口既可用于合法的商业用途,又可用于制造化学或生物武器的两用设备及物资,需要向政府申请出口许可证;国务院及商务部将需要办理出口许可证的化学产品种类由 11 种增加到 50 种;经调查发现,某些企业正在帮助被控制的国家(组织)生产武器或研制导弹,政府可以对该企业实施制裁。同时,美国还要求盟友等其他国家也要这么做,并向全世界发出了限制向中东等敏感地区出售军火的倡议。理由是,中东地区仍然动荡不定,属于主要热点地区,又是世界"大火药桶"。的确,中东历来是世界军火主要进口地区。仅在 1989 年,中东就进口了 121 亿美元的军火,占到当年世界军火进口总额的 27% 。中东也是美国、苏联/俄罗斯、西欧等军事装备工业出口大国主要销售市场和势力范围。冷战后,虽然俄罗斯暂时淡出了中东军火市场,但美国与西欧国家的竞争仍然十分激烈。第一次海湾战争后,美国的军火销售虽然在中东占了主导地位,但英国、法国等西欧国家也不甘示弱。法国也曾是中东的重要军火销售商,面对美国的强大压力,法国提出"我们打我们的牌"的对策,坚持坚守或扩大军火销售的原则立场。美国打的另一张控制军事装备工业出口的牌,就是继续严格禁止或控制向敌对国家、潜在对手和社会主义国家出售武器装备和军事技术。对于这些可观的武器出口机会,美国选择放弃,宁可不赚这些钱。

(二)美国与苏联/俄罗斯的军备控制行动

早在冷战时期,美国就与苏联边进行军备竞赛,边进行军控谈判,并取得了一些成果。当 1949 年 9 月苏联打破了美国的核垄断之后,美国改变了军控策略,由原先提出的核武器控制与常规军备裁减分离的主张,改为合一,建议将联合国原子能委员会与常规军备委员会合并。由于美国自己也难以做到全面裁军与军备控制,于是转向核控制与部分裁军。20 世纪 60—70 年代,美苏联手提出并签署了《部分核禁试条约》和《不扩散核武器条约》,把矛头对准其他国家,遭到中国、法国、巴西、阿根廷等多国的反对。当美国已经在核武器方面掌握绝对优势并与苏联展开进军宇宙空间的竞赛后,为了防止将核武器带上太空,以及阻止其他国家加入竞赛,美苏又共同提出《关于各国探索及利用包括月球与其他天体在内的外层空间活动的原则条约》,于 1966 年得到联合国大会的通过,简称《外层空间条约》。该条约的初衷是为了和平利用太空,防止将军备竞赛引入太空,而今来看,美国早就废除了该条约,带头在太空搞起了军备竞赛。当美苏分别在核武器、太空和常规武装的军备竞赛进行得势均力敌、互不相让时,两国将军备控制的重点转向了战略武器控制谈判,并取得了重要进展,分别在 1972 年和 1979 年签署了两项关于限制战略武器的协议,即 START I 和 START II,签订了《限制反弹道导弹系统条约》(简称反导条约)、《限制进攻性战略武器条约》《关于限制战略武器谈判原则和指导方针的联合声明》和《消除美苏中程和中近程导弹条约》(简称中导条约)等多个文件。尤其是美苏第二阶段限制进攻性战略武器条约,具体规定了裁减的限额、对象构成、武器质量改进的限度和核查办法,并大多得到了落实,使双方的战略军备力量暂时保持基本平衡。苏联解体后,俄罗斯继承了苏联 90% 左右的军事力量,尤其是战略军事力量,虽然俄已是资本主义国家,综合国力大不如苏联,但仍然是世界最主要的军事强国,又未能与西方世界融为一体,是美国的主要潜在对手。因此,美俄军控问题已然成为美国冷战后军备控制的最主要和最急迫的课题。

1. 核武器等进攻性战略武器控制

苏联解体后,俄罗斯成了苏联核力量及主要战略武器的法定继承人。这是苏联留给俄最重要的军事遗产,也是俄作为世界军事强国的象征。经过前段时期的裁军,冷战后美俄的战略核武器库存仍然相当可观,而且都超过了 START I 的限额要求(见表 12-2),因此,仍需要继续裁减。《第一阶段削减战略武器条约》(START I)是美苏在 1991 年签署的,于 1994 年生效。根据该条约,美国和苏联战略武器的继承者(包括俄罗斯、乌克兰、白俄罗斯和哈萨克斯坦)都要分阶段削减其进攻性战略核力量,并在 2001 年 12 月达到表 12-2 中规定的最高限额数。该条约实际执行的效果很理想,在 1998 年就都已削减完成。俄罗斯在执行 START I 规定的义务后,其战略力量受到重要打击,尤其是在海基战略核力量方面,从此急剧衰落。1993 年 1 月 3 日美俄签署的《第二阶段削减战略武器条约》(即 START II),规定美俄战略核弹头在第一阶段削减至 6 000 枚的基础上将再削减 50%,达到 3 000~3 500 枚的水平。美参议院于 1996 年 1 月批准了该条约,却遭到俄罗斯杜马的强烈反对并拒绝批准。理由是,该条约的执行将大大削弱俄罗斯的战略核力量,而且在短期内安全销毁大量导弹及发射井需要消耗巨额资金。经过讨价还价,美俄于 1997 年签署了 START II 条约议定书,决定延长完成条约削减要求的限期。协定将中期削减的期限从 2001 年底延至 2004 年底,并到 2007 年底结束。俄罗斯杜马最终于 2000 年 4 月批准了该条约,但由于小布什政府于 2002 年 12 月宣布单方面退出《反导条约》,俄罗斯随即宣布它将不履行 START II,并于次年 6 月正式宣布退出 START II。至此,START II 陷入流产状态。此前,在 2000 年 4 月俄罗斯杜马批准 START II 后,美俄就《第三阶段削减战略武器条约》(即 START III)启动了谈判进程,并在 1997 年 3 月双方首脑发表了《关于未来削减核力量参数的联合声明》,确定了 START III 的基本原则。根据《关于未来削减核力量参数的联合声明》规定,双方在 START III 中将把各自拥有的战略核弹头上限定为 2 000~2 500 枚,并商定了一些措施确保战略武器削减不可逆转。后来由于小布什政府坚持退出《反导条约》和部署 TMD,致使俄罗斯退出 START II,START III 的谈判自然也就无果而终。

表 12-2　冷战结束时美俄等保留的战略核武器及条约限额数量统计

单位:枚

种　类	俄罗斯	乌克兰	苏联合计	美国	2001 年底最高限额
战略核运载工具	1 478	99	1 577	1 482	1 600
条约限制的弹头总数	6 674	866	7 540	7 982	6 000
洲际导弹和潜射导弹弹头	6 110	514	6 624	6 227	4 900
注:白俄罗斯和哈萨克斯坦已经撤除了在其领土上的苏联核武器。资料来源:SIPRI 年鉴 1999:679					

进入 21 世纪,美国在退出反导条约和部署导弹防御系统的同时,继续与俄罗斯建立战略稳定关系与削减战略武器的谈判进程。经过双方首脑的多次交涉,2002 年 5 月 24 日小布什和普京在莫斯科签署了《削减战略进攻性武器条约》(简称《莫斯科条约》),2003 年 6 月 1 日正式生效。该条约的主要内容是:①10 年内双方把"实战部署的战略核弹头"削减到 1 700~2 200 枚。根据这个限额,各自可决定其核武器的组成和结构。

②1991年签署的START I在2009年到期以前仍然有效。③新条约有效期至2012年12月31日为止,到期后可以根据双方协议延长。④成立执行委员会对透明度和其他出现的问题进行磋商。⑤根据宪法程序交双方国会批准,在交换批准文本后生效。从中可以看出,该条约对美国十分有利,而对俄罗斯不够公平,也不符合国际军控制度要求的在保持力量稳定的基础上逐步减少,以至最终彻底销毁核武器的方向。此条约中只规定美俄在2012年年底之前将"各自实战部署的实战部署的战略核弹头削减到1 700～2 200枚",而没有提到后备反应战略弹头和非现役战略核弹头的削减;对进攻性战略武器的削减也没有规定是可核查和不可逆转的,这就给双方扩大核力量留下了很大的余地;它也为美国今后研制和部署新型核武器系统提供了很大的自由发展空间。奥巴马当选美国总统后,虽然提出了"无核世界"的美好理念,但并没有实际实施。时至今日,《莫斯科条约》虽然得到基本落实,但美俄双方仍然保有大量的核力量和进攻性战略武器库(见表12-3),并每年花费巨资进行维护与更新换代。据资料显示,美国的核武库是由陆基导弹、弹道导弹、核潜艇和战略轰炸机"三驾马车"构成的。每年的维护费用大约需要150亿～160亿美元,而且还存在着设施老化,丑闻频发等问题。为此,美国前国防部长哈格尔在2014年11月14日的记者招待会上宣布,五角大楼曾设立新的资金,即在今后5年共投入约75亿美元用于核武库的升级,同时,还需要增设新的管理机构,以改变人们对美核部队的看法。因为许多民众认为,它是毫无价值的冷战遗物。有的美国专家虽然不完全同意这种观点,但也指责美核武库量大,费钱又不安全,强调应采取最低威慑政策。美军备控制与不扩散研究中心董事会主席、研究员格雷格·特林在2014年12月1日的美国《国家利益》杂志网站撰文指出,冷战时期美国采取了核反击战略,旨在一旦遭到核入侵自己有能力摧毁苏联剩余核力量,并且确保自己的反击能力。这一立场得到了苏联的效仿,从而展开了长达数十年的核竞赛。尽管当前与俄罗斯的关系紧张,但显然不会升级至冷战时期的核战争风险层次。因此,将目前的核武器削减1/3并不会削弱美国的核威慑能力。但奥巴马政府并不这么认为。自从2014年乌克兰危机爆发以及克里米亚并入俄罗斯以来,美俄关系日益紧张。2014年12月26日,普京签署总统令颁发新版《俄罗斯军事学说》,剑指美国和北约。新的军事学说将北约扩大和部署全球反导系统视为俄头号军事威胁,并决定保留使用核武器的权利,开发精确打击等常规新型武器,以及"非核遏制"手段。另据2014年12月23日的德国《明镜》周刊的文章披露,俄打算建造新的核导弹列车,它的全名是"铁道导弹战斗综合体",并使其再次成为俄战略导弹部队的一部分。该导弹列车是冷战时期苏联研制部署的威震美国的重要进攻性战略核武器,因为它打击力量大,机动性强,可以覆盖整个美国本土。美国随后也斥巨资研制,终因成本高、效率低而半途而废。此后,美国把它作为美俄《第一阶段削减战略武器条约》的重点裁减对象,并在苏联解体前已经拆除完毕。现在,俄罗斯又计划重建该导弹列车部队,还进行了许多改进,准备装备能够突破敌方导弹防御系统的新型核弹头。俄罗斯还在研制中远程巡航导弹,以及可以实施核打击的战略核潜艇经常开展"越来越鲁莽"的远洋巡逻活动。对此,奥巴马政府认为这违反了1987年美苏达成的《中导条约》,也提高了美国时隔多年在欧洲重新部署巡航导弹的可能性,并扬言报复俄突破军控条约的行为。这引起了世人的广泛猜测,美俄会否重陷核对抗,并引发新一轮军备竞赛呢?从目前形势判断,大多数专家对此的答案是否定的。

表 12-3 2012 年美国与俄罗斯保有的战略核武器弹头数量统计

单位:枚

国家	第一次核试验年份	部署的弹头	其他的弹头	弹头总数
美国	1945 年	2 150	5 850	约 8 000
俄罗斯	1949 年	1 800	8 200	约 10 000

注:美俄其他的弹头指除实际部署外库存及退役待拆的核弹头。资料来源:SIPRI 年鉴 2012:418

2. 禁止与全面销毁化学武器问题

美国是化学武器的最早研制和拥有国家之一,并在实战中大量使用。资料显示,在朝鲜战争中,美军曾经使用过各种细菌武器、光气毒剂和芥子毒气弹。在越南战争中,美军曾大量使用过"BZ"毒气弹、"CS"毒气弹,以及橙剂(又称落叶剂)等化学武器。它不仅给战争所在国人民、敌方军人,也给美军造成了巨大的损害。因此,自化学武器投入战争以来,国际社会要求销毁的呼声就一直不断。美国政府自然也意识到了,除积极参与国际化学和生物武器裁军议事日程外,还与俄罗斯展开了广泛的销毁化学武器谈判,因为俄是另一个主要化武拥有国。经过国际社会 24 年的努力,1992 年日内瓦裁军会议终于达成了《禁止化学武器公约》(以下简称公约)。公约在获得必需的 65 国批准后,于 1997 年 4 月正式生效。俄罗斯并没有在该公约生效前予以批准,但对公约的实施与化武裁军的进程至关重要,因为它是世界上化学武器拥有量最多的国家。1987 年 11 月 26 日,苏联外长谢瓦尔德纳泽在联合国大会上第一次公布了化学战剂的总储量为 5 万 t。到 1990 年 6 月,美苏首脑签署削减化学武器谈判时,苏联只承认拥有 4 万 t 化学战剂①。但不论是 4 万 t 还是 5 万 t,都超过了美国的 3 万 t 而居世界第一位。因此,美国将俄罗斯作为化学武器裁军谈判的主要对手,同时,双方展开了多轮交锋。经过多次讨价还价,俄议会终于在 1997 年正式批准该公约,并承诺在 2007 年以前销毁其全部化学武器,但俄方估计要按时完成计划,在资金和技术方面都面临着较大困难,又向美国提出了给予资金与技术援助的要求。美国等西方主要国家出于自身安全的考虑,答应向俄罗斯提供援助。美国、德国、芬兰和瑞典都曾先后向俄罗斯提供过财政援助。2003 年 1 月 14 日《今日美国报》的一篇报道说,美国总统布什日前签署了一个总统特别令,决定解冻近 50 亿美元的资金,帮助俄罗斯销毁一大批核武器、生物武器和化学武器。这些资金属于"美国合作威胁减少"项目,资金当初被冻结是因为遭到了来自国会反对人士的抗议,声称美国没有理由提供资金帮助外国销毁大规模杀伤性武器,因为俄罗斯没有做出遵守军备控制的诺言。但是,"9.11"事件促使国会中的这些批评人士改变了看法,白宫指出,提供资金帮助俄罗斯,这么做是反恐怖行动中一种最好的防御,否则的话,这些武器有可能会落入恐怖组织和"流氓国家"的手中。

美国一方面要求俄罗斯等国家销毁生物和化学武器,并且不断进行实压;另一方面,它自己的化学武器销毁与军控工作进展也比较缓慢,或者说并不彻底。美国参议院虽在 1997 年 4 月批准了公约,但附加了 28 个条件。进入 21 世纪,尤其是"9.11"事件之后,美国政府又借反恐之名建立了若干个"防化学武器袭击实验室",保存有不少化武毒剂,并

① 陈小功:军备控制与国际安全手册. 北京:世界知识出版社,1998:24。

从事专业研究。在 2003 年中国等许多国家爆发"非典"疫情时,就有人揣测"SARS"病毒是从美国的化学实验室流传出来的,是美国研制的一种新型化学武器。当然,美国政府一直予以否定。受此影响,俄罗斯的化武销毁工作进展不理想,其他国家也在观望之中。连美国的军控专家都担心,这可能会影响国际化学武器销毁和军控行动。另外,到目前为止,仍有一些国家没有批准公约,俄罗斯的一些邻国也在其中。欧盟和日本也在继续研制生化武器;一些发展中国家和组织更是把生化武器当作"穷人的核武器",作为武器发展的重点项目来研究。中东仍是最易引起化学武器扩散的地区,这个地区的许多国家还没有加入公约,其中包括以色列、叙利亚(该国已经在 2014 年销毁了全部化武)和伊拉克等。

3.《反导条约》与防止太空军备竞赛

《反导条约》,全名为《关于限制反弹道导弹系统条约》,是美苏于 1972 年 5 月 26 日在莫斯科正式签署的。它被苏/俄认为是国际军控的基石。因为它限制了各方部署除以首都为中心不超过 100 枚反弹道导弹及 6 部反导弹雷达之外的反导弹系统,也不允许开发和部署太空武器,进而可以控制更多进攻战略武器力量的发展。但美国在里根政府时期就开始实施"星球大战"计划,从 1994 年开始又将地区导弹防御系统作为弹道导弹防御的发展重点。俄罗斯几次表示反对美国实施这一计划,并指出这一计划将有碍于 START I 和 START II 的顺利实施。美国对此不予重视,1999 年 7 月 23 日,克林顿总统签署了建立国家导弹防御系统的法案,并要求修改《反导条约》。俄罗斯表示坚决反对,除叶利钦总统致函克林顿强调美国部署 NMD 将危及《反导条约》,给整个裁军进程带来极严重的后果外,还联合白俄罗斯、中国等国在第 54 届联大通过了《关于维护和遵守反弹道导弹条约的决议》。为了阻止美部署 NMD,俄罗斯国家杜马于 2000 年 4 月 14 日批准了 START II,5 天后又批准了对《反导条约》所做的补充议定书。普京总统在 2000 年 5 月 4 日签署关于批准 START II 法律文本时强调,如果美国破坏反弹道导弹条约,俄将退出所有核裁军方面的协议。同年,俄还向北约提出建立全欧非战略性导弹防御系统的建议,企图借欧对美国进行牵制。克林顿在任期届满时做了让步,表示美国暂不部署 NMD,什么时候部署留待下任总统抉择。2001 年,小布什上台后奉行激进的单边主义政策,极力维护美国的军事优势和绝对安全,执意部署 NMD。"9.11"事件更是促使小布什早下决心。2001 年 12 月 13 日,美国政府终于宣布单方面退出反导条约。第二年的 6 月,当美国将退出反导条约通知俄 6 个月后自动生效次日,俄罗斯也发表声明,宣布退出 START II,但没有退出《反导条约》。这就将撕毁反导条约,破坏国际裁军与军控的责任推给了美方,俄罗斯还能赢得国际社会在道义上的同情。美国自行退出反导条约,也促使俄罗斯做出激烈反应。普京随后发表讲话称,俄方将采取必要手段保持战略优势:"保持威慑所需的最低限度核军备仍是重中之重。"莫斯科军备控制专家也不无担忧地说,俄方如今比 1991 年少 39% 的战略轰炸机、少 58% 的洲际弹道导弹和 80% 的核动力潜艇。但俄方首席导弹设计师则表示,莫斯科会"告知华盛顿"俄方战略打击能力的重大变化,可能包括提高导弹产量和研制新式武器。俄方专家说,美国总统布什 2001 年决定退出《反弹道导弹条约》,促使莫斯科决心部署能穿透美方防御系统的新一代核导弹。现在,这些武器即将"上线",特点是弹头能躲避截击导弹。

美国曾与苏联在 20 世纪 50 年代就提出太空非军事化和军备控制的倡议,但是,到现在美国反而对太空非军事化和军备控制不那么感兴趣了。这是为什么呢? 有专家分析说,在 20 世纪 50 年代至 60 年代,只有美苏两国有能力涉足太空,而其他国家只能望空兴叹。早期,苏联的太空技术要领先美国一步,美国为了求得与苏联的战略平衡,于是同意太空军备控制。美国当时还没有意识到太空在美国夺取世界军事绝对优势和制高点方面的重要性。当时美国主要忙于发射人造卫星和送宇航员登陆月球,开发太空武器以及进行太空军事部署的想法还没有提到日程表。现如今就不一样了,太空对美国的军事战略和国家安全利益太重要了,美国的军事行动和情报工作分秒离不开太空领域和太空资产。美国在 20 世纪 70 年代就提出了“星球大战”计划,90 年代明确要研制和部署 NMD 和 TMD,并着手太空武器研制与部署。小布什在上任后的第一周就表示,他将部署国家导弹防御系统(NMD),国防部长拉姆斯菲尔德则明确地将部署 NMD 列入美军 21 世纪 3 大目标之一。小布什还要求在白宫成立“国家空间委员会”,在五角大楼组建“国防空间委员会”,在“国家安全委员会”安排一名“总统空间特别助理”,在空军增加新的“空间副部长”,并建立“国会空间小组”,着手研制和部署太空武器。对于美国将太空军事化和研制太空武器的行径,俄罗斯也给予坚决反对,并主张“太空非军事化”,为此也进行了不少努力。2002 年 6 月 27 日,在日内瓦裁军会议上,俄罗斯联合中国、越南、印度尼西亚、白俄罗斯、津巴布韦、叙利亚向大会提交了防止外空军备竞赛问题工作文件《防止在外太空部署武器、对外太空物体使用或威胁使用武力国际法律文书要点(草案)》,要求对防止太空军备竞赛进行国际立法。在日内瓦举行的 2004 年裁军谈判第三期会议上,俄罗斯、加拿大、瑞典、法国、斯里兰卡等国大使或代表均就外层空间问题发言,表示外层空间应完全用于和平目的,支持防止外太空武器化和外层空间军备竞赛,并要求裁军谈判会议尽快设立特别委员会,就外层空间问题开展实质性工作。俄罗斯驻日内瓦代表团大使斯科特尼科夫指出,外层空间武器实际上是一种新型战略武器,一旦部署,将破坏现有军控条约,引发新一轮军备竞赛,刺激大规模杀伤性武器及其运载工具的扩散,诱发新型恐怖主义,打破战略稳定,破坏国际安全。中国裁军大使胡小笛在发言中重申,当务之急是要以法律承诺或法律文书的形式,进一步凝聚防止外层空间武器化和外层空间军备竞赛的国际共识。美国一方面敷衍国际太空军控谈判;另一方面则加紧研制和部署包括各种高精尖太空武器在内的新型威慑性武器。据媒体报道,2006 年 1 月 22—26 日,美国空军在科罗拉多州的斯普林斯空军基地秘密举行了新世纪首次“太空战”演习。演习背景设定在 2017 年前后,在模拟演习中,美军动用大批军事航天器,模拟拦截战略导弹和使用地面激光武器打击太空目标等,甚至使用了卫星武器,以干扰“敌方”卫星的通信指挥。在此背景之下,俄罗斯与中国于 2014 年 6 月在日内瓦裁军谈判会议上,再次联手向会议提交了新的《防止在外层空间放置武器、对外层空间物体使用或威胁使用武力》条约草案。美国对俄中的“外层空间非军事化”提议继续保持缄默,反而以俄开发卫星武器和组建航天部队,以及中国试验反卫星武器为借口,继续研制和部署太空武器。美军最先进、最神秘的 X－37B 空天战斗机在轨飞行两年后,终于于 2014 年 10 月降落在加利福尼亚的空军基地。两年中,该空天战斗机去了哪些地方、干了什么事、取得了哪些成果、真正的目的是什么? 美国政府和军方对此秘而不宣,外界也就出现了诸多的猜测:捕获卫星、监视中俄、测试装备?

（三）美国参与的其他国际或多边军备与军事装备工业贸易控制行动

冷战结束后，美国面临的国际环境和安全威胁发生了很大变化。苏联不复存在，俄罗斯虽然继承了苏联的大部分军事遗产，但综合国力已经大不如苏联。同时，国际恐怖主义、民族主义、极端宗教主义，以及地区武装冲突等非传统安全威胁已经转化为美国面临的主要安全威胁。于是，美国一手继续抓紧与俄罗斯的军控谈判，另一手却转向抓住国际防（反）核、生物和化学武器扩散的军备控制与裁军行动，并把防（反）扩散提升到国家安全战略层面，当成对外政策、维护美国利益的旗帜。克林顿政府首次把反扩散当成了国家战略。1993 年 9 月 27 日，美国白宫新闻办公室发表《不扩散和出口控制政策报告》，指出，"美国将在情报搜集和分析以及防务计划中给予扩散问题更高的重视，以保证美国的武装力量结构和军事计划能应付世界各地大规模杀伤性武器和导弹扩散的潜在威胁"。1993 年 12 月 7 日，国防部长莱斯·阿斯平在美国国家科学院的演讲中进一步阐述"反扩散"的含义，并公布了美国的"反扩散计划"（The Defense Counter – Proliferation Initiative, DCPI）。特别是 2001 年"9. 11"事件后，美国更加意识到大规模杀伤性武器所构成的威胁。2002 年 6 月 1 日，布什总统在美国西点军校讲话时指出，"自由面临的最大危险存在于激进主义和技术相结合的十字路口。生化和核武器以及弹道导弹技术的扩散……即使是一个弱小的国家或小集团，都可以获得对付大国的灾难性打击力量。美国的敌人已公开宣布这种企图，而且在获取这种恐怖性武器中被擒。他们想要诡诈、伤害美国或伤害美国朋友的能力，因此，我们将动用一切力量反击它们"。2002 年末，美国白宫发表《应付大规模杀伤性武器的国家战略报告》。报告称，敌对国家和恐怖分子所拥有的大规模杀伤性武器是"对美国构成的最大威胁之一"。2003 年，小布什政府正是以萨达姆政权拥有"大规模杀伤性武器"为由，不顾国际社会的反对，绕开联合国悍然发动了伊拉克战争（第二次海湾战争）。而事实证明，美国在萨达姆政权被推翻的 10 多年来都没有找到伊拥有大规模杀伤性武器的证据。此外，美国还提出了"不扩散安全倡议"，把矛头对准了国际上所谓的"扩散国家"。该倡议得到了西方 60 多个国家的支持，并主要采取了以下 3 项行动：①召开会议，确定"防扩散安全倡议"的具体运作程序，寻找法理依据；②"防扩散安全倡议"国家进行拦截演习；③进行拦截活动。2003 年 10 月，德意两国在苏伊士运河拦截了 1 艘装有离心机的德国货船，这一行动引出巴基斯坦原子弹之父卡迪尔·汗的地下核交易网络。这是"倡议"提出之后产生的主要成果之一，当然也有拦截行动是失败的。与此同时，美国还有针对性地对某些特定国家进行了反扩散与大规模武器裁军谈判，有的效果明显，有的则进展不大。

1. 参与朝鲜核问题谈判

据媒体报道，朝鲜核计划始于 20 世纪 50 年代末。朝鲜战争结束后，美国从 1958 年开始，在朝鲜半岛南部及其临近地区部署了大约 2 600 件核武器，美国还为韩国提供了核保护伞。尽管苏联和中国都曾经对朝鲜的安全做出过承诺，但是，这种承诺并不包括提供核保护伞。于是，朝鲜政府决定开发自己的核武器。美国从 20 世纪 70 年代起关注朝鲜的核项目，1988 年下半年，美国正式对国际社会宣称，朝鲜在宁边的核反应堆已经能生产可制造 2~3 枚原子弹的钚，此举立刻引起朝鲜的强烈反应和国际社会的广泛关注。1991 年 9 月 27 日，美国总统老布什宣布，撤除美国部署在世界各地的主要战术核武器，包括撤出驻韩国的核武器。在此基础上,1991 年底,朝鲜半岛北南双方签署了互不侵犯协定;韩国政府宣布韩国不存在任何核武器,表明美国已经完全撤除其部署的核武器,朝韩双方签署了《朝鲜半岛无核化宣言》。

朝核问题始于 20 世纪 90 年代初,因为朝鲜并没有终止其核计划。1992 年 1 月底,朝鲜与国际原子能机构(IAEA)签署了接受安全保障协议。1992 年 5 月至 1993 年 2 月,朝鲜接受了国际原子能机构(IAEA)6 次不定期核检查。但是,1992 年下半年,国际原子能机构(IAEA)与朝鲜就视察问题出现摩擦。1993 年 3 月 12 日,朝鲜宣布退出《不扩散核武器条约》。在朝鲜的宣布生效之前,美国和朝鲜进行了副部长级的谈判,并于 1993 年 6 月 11 日达成一个联合声明。原则上,这次核危机得以解决,实际上,双方仍有很多争执。当时,美国根据卫星资料怀疑朝鲜开发核武器,扬言要对朝鲜的核设施实行检查。朝鲜则宣布无意也无力开发核武器,同时指责美国在韩国部署核武器威胁它的安全。第一次朝鲜半岛核危机由此爆发。

此后,美国与朝鲜双方进行了多次接触与谈判,虽然取得了一些成效,但还是没有迫使朝鲜放弃核计划。尤其是 2001 年,美国总统小布什上台后,美国对朝政策变得强硬,并于 2002 年初将朝鲜与伊朗、伊拉克一起称为"邪恶轴心",美国的《核态势审议报告》也将朝鲜列为使用核武器的对象之一。这进一步激化了矛盾,2003 年 1 月 10 日,朝鲜政府发表声明,宣布再次退出《不扩散核武器条约》,但同时朝鲜表示无意开发核武器。在美朝双方直接谈判效果不大的情况下,由中国主导的中国、朝鲜、美国、韩国、俄罗斯和日本于 2003 年 8 月 27 日在北京举行了六方会谈。从此建立了朝核问题六方会谈的军控机制,并进行多轮谈判。2005 年 11 月,第 5 轮六方会谈第一阶段会议在北京举行,最终达成《主席声明》,各方重申将根据"承诺对承诺、行动对行动"原则,早日实现朝鲜半岛无核化目标。但由于朝方认为美方等援助承诺并未能完全兑现,朝鲜也声称不履行自己的承诺,并在 2006 年 10 月 9 日进行了第一次地下核试验。随后,虽然断断续续地举行过几次六方会谈,美朝双方也有过接触,由于双方分歧太大,朝去核谈判效果不大。2009 年 4 月 13 日,联合国安理会再次就朝鲜核武和卫星发射问题发表主席声明,对此表示"谴责",要求朝鲜不再进行进一步的发射活动。而同年 5 月 25 日,朝鲜宣布第二次成功实施核试验,称这次核试验在爆炸当量和控制技术方面取得进展,进一步提高了核威慑能力。2013 年 2 月 12 日,朝鲜进行了第三次核试验,并在 3 月 11 日宣布朝鲜停战协定完全无效,进入准战争状态,朝核问题进一步升级。在朝鲜因为核问题而日益孤立的背景下,于 2015 年 1 月上旬向美国提出了"核试换军演"倡议:如果美国取消与韩国举行一年一度联合军演的计划,朝鲜愿意宣布一项核试验临时禁令。美国务院对此予以拒绝,并回应说,朝鲜把可能的核试验与军事演习联系起来是"暗示性的威胁",要求朝遵守联合国现有的禁止核试验的决议。至此,朝鲜核问题依旧存在,并日益严重。

2. 主导伊朗核问题谈判

伊朗的核计划也是早已有之,开始于 20 世纪 50 年代的巴列维王朝时期,而且还得到了美国及其他西方国家的大力支持,那时美伊关系密切。自从 1979 年伊朗发生伊斯兰革命和美驻伊使馆人质事件后,美伊关系交恶,从此美伊断绝外交关系。伊朗革命后,其领导者并未终止核计划,并宣布发现并提炼出能为其核电站提供燃料的铀后,美国对伊朗核能开发计划提出"严重质疑",并多次警告伊朗停止与铀浓缩相关的活动,甚至威胁将伊朗核问题提交联合国安理会。至此,伊朗核问题成为美国和伊朗关系的核心问题,并成为美国发动伊朗战争的潜在导火线。

在伊朗核问题产生后,美国一直要求其终止铀浓缩活动及核计划,认为该计划的最终目的是要研制核武器,于是带头参与反对伊核行动,并鼓动国际组织和国际社会对伊实压,迫使其放弃核计划。在国际社会,特别是在代表欧盟的法国、德国、英国积极斡旋下,伊朗采取了一系列妥协行动。2003年10月,伊朗宣布中止了铀浓缩活动;同年年12月18日,伊朗正式签署了《不扩散核武器条约》附加议定书。2004年4月,伊朗宣布暂停浓缩铀离心机的组装;2004年11月,又中止了与铀浓缩有关的一切外围活动。但由于双方在关键问题上存在分歧,既伊朗认为自己拥有和平利用核能的权利,不愿意终止一切核计划,巴黎协议未能得到落实。2005年8月,伊朗又重新启动作为铀浓缩准备阶段的铀转化活动,并在2006年1月3日,伊朗宣布已恢复中止两年多的核燃料研究工作。此举遭到美国等西方国家的强烈反应,推动安理会在2006年3月28日,通过要求伊朗在30天内中止一切核活动的主席声明。

在欧盟与伊朗谈判未果的背景下,美国主导了由美国、俄罗斯、中国、英国、法国5个联合国常任理事国加德国加欧盟代表的庞大阵容,继续与伊朗举行核问题谈判。经过多轮谈判交锋,以及遭受联合国多年的制裁的多重因素作用下,伊朗政府的态度有所松动,伊核问题的解决迎来一些曙光。2013年10月16日,在日内瓦举行的伊朗与伊核问题的多方谈判大会上,伊朗提出了解决伊核问题的新方案,包括时间表,以换取西方取消经济制裁。主要内容是,如果美国和欧盟取消单边制裁,德黑兰愿审议停止纯度为20%的铀浓缩活动的可能性,新方案还允许突击检查伊朗核设施,同时,设立由6大国和伊朗成员组成的监督委员会,对方案的实施情况进行监督。同年11月24日,伊朗与美国等多方代表在瑞士日内瓦就解决伊朗核问题达成一项阶段性协议,美国随后宣布取消对伊朗的部分制裁措施。此后,双方又进行了多次谈判,但未能达到最终协议。最终协议要求伊朗停止进行5%浓度以上的铀浓缩,不再增加离心机,停止核项目研发,包括在阿拉克的核设施运转,并废止其20%的铀浓缩材料。伊朗认为条件太苛刻,而且剥夺了和平利用核能的权利。但双方还是抱有彻底解决伊核问题的意愿,据媒体报道,在2015年新年到来之际,美伊都期待核谈取得更大进展。2015年1月12日,外媒在发表的一篇电讯稿中称,美国国务卿克里与伊朗外长穆罕默德·贾瓦德·扎里夫将于14日在日内瓦举行双边会谈。在会谈前的记者见面会上,克里表示他将在与伊外长的会谈中努力为伊核问题谈判取得更大的进展铺平道路;扎里夫也表示了和解的态度,并希望各方的努力能够结束长达12年的伊朗核计划的分歧。

3. 干预印巴核武器试验

印度与巴基斯坦本同属于南亚次大陆的两个相邻大国,但由于民族与宗教差异矛盾较大,不仅相互进行较劲攀比,还经常出现边境摩擦,甚至爆发了几次印巴小规模战争。相互独立后,印度与苏联关系密切,而巴基斯坦则同美欧比较亲近,因此,印巴关系也受到美苏两大阵营对抗的影响。在1971年的印巴战争期间,美国宣布印度为侵略者并下令载有核武器的航母编队开往孟加拉湾,对印进行施压,从而使印度更加坚定了拥有核武器的决心。其实,印度的核计划由来已久,发展核武器的计划起步20世纪50年代,如1955年以"和平利用研究堆"的名义从加拿大引进可提供武器级钚的反应堆,钚的分离技术也是从国外引进,加上本国科学家的艰苦努力,1974年曾进行过首次核试验,随后沉寂了多年,但国际上已经把印列入拥有核武器的"门槛"国家。在此环境下,巴基斯坦也不甘示弱,在20世纪60年代启动了核计划,虽然没有公开进行核试验,但也基本掌握了核武器研制技术和能力,因此,国际上也把巴视为拥有核武器的"门槛"国家。在此期间,美国作为超级大国和世界警察,随时高举防(反)核扩散及大规模杀伤性武器的旗帜,一方面继续与苏联进行裁军谈判,以保持两者的战略平衡;另一方面,则严防其他国家研制或拥有核武器及其他战略武器,对印巴两国也是严密监视。但令美国政府及情报部门始料未及的是,印巴两国还是在1998年5月先后进行了多次核试验。1998年5月11—13日,印度连续进行了5次核试验;同年5月28日,巴基斯坦也连续进行了5次核试验,5月30日又进行了第六次核试验。随后两国均宣布单方面暂停核试验,并正式加入"拥有核武器的国家俱乐部"。对此,美国参议院情报委员会主席谢尔不得不承认,美国未能发现印度进行核试验的迹象,这是美国情报收集工作的一次大失败。这说明,印度在隐瞒其意图方面做得非常出色,而美国的工作却做得非常不够。

在印巴核武器试验发生后,美国的反应非常迅速和强烈。开始时美国的意图是将印巴燃起的核武器竞赛大火扑灭,要求两国停止核试验并销毁拥有的核武器,但两国显然不答应。在"帕累托最优"实现不了的情况下,美国改而寻求"帕累托次优",即要求两国保持战略克制,停止再进行核试验,并签署《不扩散核武器条约》(NPT条约)和《全面禁止核试验条约》(CTBT条约),但两国哪有那么容易就范。于是,美国一方面加紧与两国进行核裁军谈判;另一方面,推动国际社会加压,并采取军事经济等制裁措施。美国与印巴两国之间的核谈判并不顺利,尤其是印度的态度非常强硬。印度时任总理瓦杰帕伊认为,NPT条约实际上就是"使五个核国家永久拥有核武器合法化",这对其他国家是不公平的。他也拒绝了美国要求其限制核能力的"不合乎情理"的要求,并宣布印度不会屈服于外界的压力而限制其武器研究和开发计划,将继续进行新一代"火神"中程弹道导弹及其他运载工具的研制。他也拒绝了美国关于印度提供其裂变材料储存和布置地点详情的要求,但表示印度不会无限制地开发核武器,只是为了建立最低限度但可靠的核威慑力量。对此,美国政府只能继续与印巴保持高级别的"核会谈",同时着手推动国际社会对两国采取制裁行动。1998年6月6日,联合国安理会通过第1172号决议,对印巴核试验表示严重关注,要求两国立即停止所有核试验,不部署核武器,确保不出口核技术及生产材料,同时要求两国和解。在有关制裁方面,由于各方意见不一,决议没有提出具体的制裁措施。但美国政府还是依据其武器出口控制法,宣布对两国实施全面的军事经济制裁,包括武器和军事技术的禁运。

进入21世纪,特别是"9.11"事件爆发后,美国出于全球战略部署和建立联合反恐战线的需要,迅速改善了与印度和巴基斯坦的关系,并解除了制裁措施。在改善与两国关系过程中,美国表现出明显的重印轻巴倾向。在印度还没有签署NPT条约的情况,2005年7月,美、印签署新的民用核合作协定,帮助印度的核技术发展。2008年开始,美印签署了多个军事技术合作协定,向印大量输出先进武器装备,并把印度培育成美国海外最大的武器出口市场之一。时至今日,印巴两国仍在不断地改进和充实其核武库,并竞相研发中、远程弹道导弹,甚至洲际导弹。两国的军备竞赛似乎开展得很顺利,美国也乐观其成,并时不时地助一臂之力。

4. 化解利比亚的核计划

利比亚自动解除核计划和放弃研制发展大规模杀伤性武器,应该说是冷战后美国主导的反扩散与大规模武器裁军行动的亮点之一。利比亚虽然国家不算大,但地处中东,盛产石油,国家比较富有,因而在中东强人卡扎菲的领导下,于 20 世纪 70 年代启动了核计划,在 20 世纪 80 年代开始加速。由于 1988 年洛克比空难而受到美英等国的军事经济制裁,利比亚的核计划曾一度停顿。20 世纪 90 年代中期,美国情报部门认为利比亚的核计划再度启动。美英情报机构认为,利比亚拥有 11 处核设施,并计划研制核武器,从而引发了利比亚的核计划危机。

长期以来,卡扎菲领导下的利比亚与美国等西方国家不和,总是与美国的中东政策对着干,我行我素,桀骜不训,美国早就对其不满。而事实上,利比亚确实存在核计划。在这方面,美国等情报部门立下相当大的功劳。2003 年,美国中央情报局特工和意大利情报人员采取联合行动,在意大利东南部港口塔兰托拦截了一艘开往利比亚的货轮,上面装载了大量用于制造离心机的部件。本来美国等西方国家就对利比亚支持恐怖主义和发展大规模杀伤性武器等方面深怀疑虑,要求对其实施制裁。这一拦截成果对美国太重要了,至此,利比亚的核计划完全曝光,美国也有理由指责利比亚试图发展核武器。但背后,美国还是与利比亚政府进行许多交流,要求其放弃核计划和停止研制发展大规模杀伤性武器。在台前,美国又联合国际社会对利施压,并扬言要对利核设施采取"外科手术"式武力打击。此时,美国已经发动了阿富汗反恐战争,并即将发动伊拉克战争。严峻形势对卡扎菲来说再明确不过了。2003 年 3 月中旬,伊拉克战争开打前夕,利比亚主动提出与美英进行秘密谈判的要求。其后,利与美英就大规模杀伤性武器问题进行了多次秘密会谈,同年 12 月,利比亚领导人卡扎菲宣布放弃包括核武器在内的大规模杀伤性武器研制计划,接受国际原子能机构的核查。12 月 28 日,巴拉迪率领国际原子能机构专家组对利首都的黎波里地区 4 处核设施进行了核查,得到的初步调查结果是,利比亚的核计划仍处于"低水平、小规模"的铀浓缩试验阶段。至此,利比亚的核计划危机终于和平化解,取得了皆大欢喜的结局。

卡扎菲"自废武功",主动放弃核计划和研制发展大规模杀伤性武器,并没有给自己和利比亚人民带来好运气。在 2011 年初,利比亚爆发了反对卡扎菲领导的国内大动荡。此时,中东正爆发所谓的"阿拉伯之春"革命,而利比亚是受到这场革命影响最严重的国家之一。2011 年 2 月 16 日,数百名利比亚民众在该国第二大城市班加西举行抗议活动,抗议者呼吁利比亚进行更加广泛的政治和经济改革,并要求卡扎菲下台。骚乱随后演变成武装冲突,效忠卡扎菲的部队与反政府武装在利比亚东部和西部等多处展开急烈交火。内战造成大量利比亚民众伤亡和流离失所。针对利比亚紧张局势和人道主义危机,美国积极主张军事干预,对利政府军进行军事打击,迫使卡扎菲下台。在美国的推动下,联合国安理会 2011 年 3 月 17 日通过决议,决定在利比亚设立禁飞区,并要求有关国家采取一切必要措施保护利比亚平民和平民居住区免受武装袭击的威胁。联合国安理会 3 月 17 日授权对利比亚领导人卡扎菲军队采取军事行动,从而为未来几天美国及西方盟友的武力干预利比亚铺平了道路。在美国等西方国家的军事打击下,卡扎菲执政 42 年后于 2011 年 8 月 23 日被推翻,卡扎菲本人也在逃亡途中死于头部枪伤。现今,卡扎菲政权是被推翻了,但利比亚的内乱并没有结束,政府军与反政府武装,以及部落民兵武装仍然在进行武装冲突,利比亚人民苦不堪言。

5. 销毁叙利亚化学武器

2014 年,叙利亚化学武器在联合国的监督下运往国外全部销毁,这是美国主导下反扩散与大规模武器裁军行动的另一个亮点。2011 年的"阿拉伯之春"也将叙利亚卷入其中。开始是无数次的反政府示威游行抗议活动,随后演变成政府军与反对派的武装冲突,双方将常规武器、小武器和轻武器全部用上,最后还用上了化学武器,造成了巨大的人员伤亡和人道主义危机。叙危机爆发后,美国等西方国家很早就介入干预,开始是敦促巴沙尔总统下台,遭到拒绝后又采取两手对策:一方面,推动联合国等国际社会对叙进行军事经济制裁;另一方面,则策动对巴沙尔政权实施军事打击,即套用利比亚模式。美国的军事干预方案遭到了俄罗斯等许多国家的坚决反对,美国不得不采取谈判即和平方式解决叙利亚化学武器危机。在化解叙化学武器危机中,俄罗斯从中斡旋做了大量工作,并提出具体方案,因此,谈判实际上主要在美俄之间进行。美国国务卿克里和俄罗斯外长拉夫罗夫的密集会谈经过了 3 天,最终在 2013 年 9 月中旬,美俄双方就叙利亚化学武器问题达成了一项协议,该协议使叙利亚免遭美国的军事打击。

根据该协议,叙利亚应在一周内提交一份有关其化学武器的详尽报告,包括其化学武器制剂的名称、类型和数量以及存储、制造和研发设施的所在地等细节,联合国武器核查人员必须在 11 月前进入叙利亚,最终目标是在 2014 年年中前全部销毁或者转移叙利亚化学武器。虽然当时的叙利亚内战正酣、战场形势多变,化学武器核查人员还是在 2013 年 11 月前进入叙利亚,并让叙武装冲突各方保护核查人员的人身安全,保障核查工作能够顺利开展。考虑到叙利亚当前的乱局,以及实际情况,联合国及美俄等还是决定将叙化学武器转运到叙境外或海上进行销毁。为了保证安全从叙转运出所有的化学武器,并确保这些武器不被鱼龙混杂的武装分子截获,联合国专门安排了叙化学武器运输力量和护卫押送力量。其中,俄罗斯、中国等派出了军舰进行护卫与押送。由于叙政府的全力配合,也没有遇到反政府武装多少干扰,到 2014 年终前,叙化学武器全部在境外进行了销毁或处理。另据国际禁止化学武器组织发言人在 2015 年 1 月 19 日的记者招待会上称,叙利亚剩余化学武器生产设施已经于 2014 年 12 月开始拆除,拆毁工作进展比较顺利。

当前,叙化学武器危机算是解除了,也免遭了美国的军事打击,巴沙尔仍在当总统,但叙利亚的内乱并没有结束。政府军与反对派武装继续在多地交战,大批难民逃往国外。叙利亚内战还在继续进行中,而其境内及伊拉克部分地区又冒出了自称"伊斯兰国"(IS)的极端恐怖组织,该组织声称要把叙利亚和伊拉克以及周边地区都纳入该国的范畴,而他们用的基本上是美式装备,战斗力还比较强,不断地在叙利亚和伊拉克攻城掠地,还将势力延伸到了土耳其、黎巴嫩等国。这不仅急坏了叙、伊当局,也震惊了美国等国际社会。美军不得不在 10 年之后重返伊拉克作战,并主导了对伊拉克和叙利亚境内 IS 的空中军事打击。到头来,叙利亚还是没有躲过美国的军事打击,虽然打击的直接对象不是巴沙尔政府。从此,美国的武器装备再次大量流入伊拉克等中东地区。

三、美国力争实现武器出口与军备控制"双赢"

(一) 军事装备工业出口可控论

军火毕竟是杀人的凶器和战争的工具,军事装备工业贸易特别是军事装备工业出口,并不能像一般商品贸易那样做得冠冕堂皇、心安理得。但在现今的人类社会由于阶级和国家的存在,武装冲突和战争难以完全避免,因而军火生产及交易也就会继续存在,而且还在繁荣发展。美国是当今军事装备工业与军事装备工业贸易最发达的国家,是世界军事装备工业出口头号大国,又是所谓的世界警察和"人权卫士"。那美国为什么要极力发展军事装备工业与军事装备工业贸易,并将其武器装备推销到全世界? 美国深知军事装备工业出口是把"双刃剑"的道理,它能够在"刀口上舔血",剑走偏锋,是因为自己能够很好把握住武器出口与军备控制两者之间的"度",即美国的"军事装备工业出口是可控的"。

首先,美国的军事装备工业贸易与军控管理体制完善,运行机制健全。自从二战以后,美国就建立了完整的军事装备工业与贸易管理控制组织机构,颁发或修订了整套的军控法规制度,从国会、国务院、政府各部门、军队及情报机构都有明确的职责分工,同时,加强了武器及其技术出口的严格审查、国内外核查和处罚制裁措施。与此同时,美国还联合欧盟等西方盟友共同管控军事装备工业贸易,完善常规武器和军民两用技术出口控制机制。在冷战时代建立的"巴黎统筹委员会"的基础上,1996 年 7 月 12 日,美国又拉拢西方 33 国组建了《瓦瑟纳尔(Waasanar)多边协定》组织。基本目标还是加强美国及其盟友的军事装备工业贸易管制,防止武器装备及两用技术落入敌对国家、潜在对手或恐怖组织(分子)手中。美国对于违反军控法规和政策的国内外法人、自然人,都依据其国内法律对其予以严惩。美国还经常利用情报部门的信息,对本国公民或外国人员,以偷运走私军火或窃取军事装备工业秘密的指控予以逮捕法办。近期,根据国际互联网的迅猛发展和网络黑客攻击猖盛的新形势,美国又加强了网络审查和信息安全措施,防控军事装备工业技术及军火物资的网上非法交易行为。

其次,美国对于能够出口的对象、武器和机会,决不错失。美国的军控与军事装备工业出口管制政策完全是服务于国家利益,只要符合美国的利益,认为可以进行军事装备工业出口的对象、武器和机会,美国都会抓住不放,并尽可能扩大出口,获得最大的军事经济与政治利益。冷战之后,美国多次放松对欧盟等盟友的军事装备工业出口审查与管制措施,并分别单独与英国、澳大利亚等盟友签订双边军事技术合作协议,简化军事装备工业出口许可证审批手续,鼓励军火商扩大武器出口。美国也利用所谓萨达姆拥有大规模杀伤性威胁和伊朗核威胁,扩大对沙特、阿联酋、埃及、以色列等中东盟友的军事装备工业出口,尽管该地区仍然动荡不安。一般情况下,美国多是利用总统、国务卿、防长等高官出访进行游说推销,或参加进口国的军火采购招标活动,同时利用驻外机构或情报人员收集一些国家的军火采购信息,寻找出口机会;有时美国也会采取一些威逼利诱的手段强行推销军火。2002 年初,在美国军火商洛克希德·马丁公司竞标失败后,捷克和匈牙利两国准备采购英国和瑞典联合生产的先进战斗机,对此,美国政府非常恼怒。美国务院发言人说:"假如它们决心要买,那也应该买美制战机。"前国务卿鲍威尔甚至声称,如果这些北约新成员胆敢购买非美国制造的战机,那将会影响北约以后的联合军事行动。2014 年上半年,美国也利用同样的手段阻止土耳其采购中国的"红旗"-9 防空导弹系统。

最后,美国对于不能出口的对象、武器和机会,果断放弃。美国对于军事装备工业出口是有很明显的选择性的,制定了详细明确的武器装备及两用技术出口限制清单,包括敌对国家、潜在对手、社会主义国家、受到美国或国际制裁的国家、恐怖组织(个人),以及可能危害美国安全或利益的对象。对于限制出口的武器装备,主要是核、生物、化学武器和战略性武器不能出口,常规武器装备中最先进的、可能削弱美国军事优势的、或可能增强竞争对手实力的,也不能出口。美国是一个坚持"只有永恒的利益,没有永久的敌人"信条的现实主义者,因此,它的限制出口清单也是在不断调整变化的。第二次世界大战时期,日本是美国的死敌,原子弹用于实战就是1949年美国投向日本广岛和长崎的两颗。第二次世界大战后,美日结成了盟友;冷战后,美国更是把日本培育成推行自己"亚洲再平衡战略"的"铁杆盟友"。到现在,日本最先进的武器装备都是美国制造,或者是利用美国军事技术制造的。冷战时期,苏联是美国的头号威胁,两者差点把冷战变成热战爆发核战争。冷战后,美俄差点结成非北约盟友,相互之间开展了包括军事技术在内广泛合作。但美国主导北约东扩和强行部署NMD和TMD,尤其是近期乌克兰危机爆发后,美俄互把对方视为头号威胁,美国不仅禁止本国武器装备和技术出口俄罗斯,也限制美进口俄装备和技术。对于新中国,美国也有类似的做法。20世纪70年代至80年代,美国为了联合抗苏改善了对华关系,曾在20世纪80年代中期对中国出口过"黑鹰"多功能直升机,"六四事件"后,美国联合西方国家又强化了对华武器禁运政策。奥巴马政府上台后,希望改善对华关系,并着手重新审查和修订出口控制政策。于是,代表美国军事装备工业行业的多个游说团体加紧了对政府的公关工作,希望政府放松武器出口政策,扩大在中国市场的出口额。全美制造业协会国际经济事务副总裁弗兰克·瓦尔格明确指出,对于美国军火制造商而言,实施严格的出口控制政策实际是"自作自受"。如果政府采纳游说团的建议,美国武器出口收入将从"数百亿美元增长至数千亿美元"①。

(二)"美国例外"和"特殊论"

美国为什么能够做到一手高举"民主、自由、人权"的旗帜,充当世界警察;一手却操纵战争机器,向全世界兜售军火并心安理得?因为,美国人一直抱有"美国例外"和"美国特殊"的心态。正如2014年12月9日,美国参议院情报委员会对外公布了美国中情局自"9.11"事件之后的虐囚报告所反映出的。大部分外国政要和媒体(包括美主要盟友)都认为这是美国的最大丑闻之一,反映了美国价值观虚伪的一面。而美国政要和大部分媒体对此却持正面看法,亲自主导"虐囚"事件的前副总统切尼更是称赞中情局审讯者是"英雄"。一些国内专家也发表文章,认为这正体现了美国的例外和特殊性,它将会使"坏事变好事"。

其一,认为美国秉持的是普世价值观,站在了道德的制高点。美国宪法的关键词是:平等、自由、博爱,核心内容是捍卫民主、人权和自由。对外,美国坚持民主反对独裁,主张人权大于主权,美国人甚至认为他们比所在国(地区)政府更关心、关注民生和人权。因为这是普天下都接受的价值观,而比任何国家都全面、坚决地执行了这个理念,美国站在了道德的制高点。因而,美国有理由、也有权利对它国进行评判,做出自己的任何选择,包括在发动战争和对外军事装备工业出口方面。两伊战争中,美国因伊朗革命与之关系恶化,转而出口武器给伊拉克,支持萨达姆政权攻打伊朗。冷战后,美国认为萨达姆实行独裁,人民失去民主自由,人权没有很好保障,于是发动了两次伊拉克战争,终于推翻了萨达

---

① 美军火商:对华出口限制自断财路自作自受[N].环球时报,2010-01-20。

姆政权,结果造成更大的人道主义危机,十几万伊平民死于战火,几百万难民流离失所,至今伊拉克仍然恐怖袭击不断,成为恐怖分子的乐土。2011 年的"阿拉伯之春"爆发后,美国认为利比亚、叙比亚等国统治者实行独裁,不民主,镇压反对派武装造成人道主义危机,因而向反对派提供大量杀伤性武器,并直接军事干预利比亚,制造了更多的人道主义灾难。2013 年爆发的乌克兰危机,美国故伎重演,武装支持反对派把亲俄的亚努科维奇赶下了台,扶持亲美政权上台。

其二,认为美国的政治社会制度优越,具有自我净化的潜质。美国实行立法权、司法权和行政权"三权分立",办任何事都走法律程序,是个法制社会。总统要发动对外战争必须经过国会讨论并授权,国防预算开支必须经过国会审议通过并颁发"国防授权法案",政府要对外出口军火或限制出口,都要经过国会审议并通过授权法案,国防开支以后要接受国会审计办公室的审查,政府高官及重要事项必须接受国会的质询并做出适当解释等。这些都是美国制度优越性的体现,世界上难有几个国家能够与之媲美。因此,美国的绝大部分军事装备工业出口都是正当的、合理的,也是非常必要的。军事装备工业出口控制措施同样如此。即使是有的或有时军事装备工业出口产生了一些负面效果,比如说出口中东,以及给反对派的武器装备落入 IS 等恐怖分子手中,那不是美国的本意,美国自然会汲取经验教训,今后加强管控罢了。就像美国发动的第二次伊拉克战争,虽然没有找到大规模杀伤性武器,证明发动战争是错误的,美国也敢于接受和承认这个现实,这也是其他国家难以做到的。既然现在伊拉克政权军力比较弱,打不赢 IS,美国可以继续向伊政府军提供大量先进武器装备,派出军事顾问等军事人员,并向其他参与抵抗 IS 统一战线的中东国家提供它们想要的武器装备。

其三,认为美国作为"人权卫士"和世界警察,应该允许其偶尔犯错。俗话说"上帝也有打盹的时候"。美国为了世界和平和保护人权,每年对外出口了数百亿美元的军火,不可能不存在一点问题,或是产生一些负面影响。比如说,向热点地区推销军火而导致武装冲突进一步扩大,向反对派提供武器反而升级了内战致使更大的人道灾难,为抗苏向基地组织以及近期向反对派提供的武器装备大部分落入了恐怖分子手中等。这些与美国因军事装备工业出口而带来的和平与民主效益相比,是微不足道的,也是应该理解而被允许的。今后,美国在总结经验教训的基础上,会继续执行军事装备工业出口与军控的既定方针的。

(三)"维护世界和平论"

记得外国有个军事名家说过,不准备战争就意味着不会有和平。美国认为自己正是这种理念的模范践行者,它不仅随时在准备战争,还随时在发动和参与战争。它认为这一切都是为了维护世界和平,是美国作为超级大国和世界警察的基本职责。要准备和参与战争就必须要有武器装备,不仅美军要有,协同美军作战,或代理美军作战,或者说美国支持或同情者也要有,当然,交战的对手也会有,这就忙坏了美国军事装备工业及其军事装备工业贸易商们。因为,它们是世界上最大的军火生产和销售者。当代以来,一个不争事实是,哪里有战争,有武装冲突,哪里就有美式武器装备,无论是美国的支持者,还是反对者,手中都有美式装备。也许有人会质疑,给交战或冲突双方供应武器,或向世界热点与冲突地区供应武器,这会带来和平吗? 美国的回答是肯定的。美国人干预世界冲突的基本做法历来是"先礼后兵":先进行劝和促谈,不行或冲突加剧,产生"严重人道主义问题",美国就要出兵,用绝对大的暴力消灭对方(或双方)的暴力,从而制止冲突。至于可能会产生更大的人道主义危机,或更多的暴力冲突,那不是美国的初衷,或想要的。其实,美国已经有很多这方面的教训,从第一次海湾战争到第二次海湾战争,从阿富汗战争到利比亚武装干涉,等等。为什么美国不汲取教训,仍然热衷于发动战争,或参与战争及武装干涉呢?其深层次的原因,就需要人们拨开所谓"维护世界和平论"的谜雾,剖析美国推行武器及技术出口控制政策的双重标准,以及通过军事装备工业与贸易手段谋求地缘政治优势和军事经济利益的本质。

美国一向打着维护世界和平与人权的幌子,干预各国(地区)冲突,包括军火销售或禁运和直接出兵,同时,还推动国际社会进行相应行动,并带头采取军事经济制裁措施,对于违反国际(或美国)制裁政策的外国政府及实体进行制裁。而美国自己却往往采取双重标准,说一套做一套。中东历来是世界动乱及冲突的热点地区,也是世界军火库,是美苏/俄和西欧军火的主要销售市场,所以,越是冲突地区,武器装备越好卖。美国是中东的最大军火销售商,当然也面临着苏联、俄罗斯和西欧的剧烈竞争。同时,也是美国外交的主战场,是推行美国国家战略目标和实现美国利益包括地缘政治与军事经济(石油等)利益的重要领域。因此,美国在中东的军事装备工业出口和军控方面下了大功夫,也令美国政府颇费周章。远的不说,就拿2011年爆发的"阿拉伯之春"来看,这是一场几乎席卷整个中东国家的动乱,以反政府的动荡为特征,有的也称之为"颜色革命"。从巴林、埃及、突尼斯、也门,到利比亚、叙比亚等国,先是爆发大规模的反政府抗议活动,逐步演化为武装冲突和内战。美国及时介入干预,并推动联合国通过了对该地区有关国家(组织)的多边武器转让限制措施和其他制裁措施。但从数据资料来看,美国却是这些动荡国家军火销售的主要或最大供应方(见表12-4),而且自身选择性执行相关制裁措施。比如,美国主张对利比亚和叙比亚进行武器禁运,却继续向埃及和巴林等国进行军事援助与军事装备工业出口,即使这些国家也处于动乱之中,并受到国际社会的制裁。

表12-4 "阿拉伯之春"前后向相关国家转让常规武器情况

武器接受方	占国际武器转让总量比例/%	主要供应方及占接受方全部武器转让比例/%		
		第一位	第二位	第三位
巴林	0.10	美国(73%)	比利时(12%)	阿联酋(11%)
埃及	1.81	美国(52%)	俄罗斯(28%)	中国(6%)
利比亚	0.05	俄罗斯(63%)	意大利(22%)	法国(15%)
叙利亚	0.81	俄罗斯(78%)	白俄罗斯(17%)	伊朗(5%)
突尼斯	0.01	美国(00%)	—	—
也门	0.40	白俄罗斯(37%)	乌克兰(23%)	俄罗斯(18%)

资料来源:SIPRI年鉴2012,北京:时事出版社,2013:337-338

美国热衷于向热点和冲突地区销售武器的另一个重要原因,是为了谋取最大的经济利益。众所周知,军火行业是一个垄断行业和具有超额利润的特殊产业。尤其是对于像美国这样要维持世界最大的军事装备工业行业,资金是第一要素,除了美国军队(国防部门)采购主要部分外,其余的产品必须通过出口换回补偿价值,同时,也可在一定程度上弥补美国的贸易逆差和财政赤字。美国的军事装备工业贸易是最赚钱的行业,这是国内外公开的秘密。虽然美国每年几百亿美元的军事装备工业出口额相对于上万亿美元的全年出口额而言,比例不大,但还是相当可观的,尤其是获得的净利润,不仅其他行业垂涎欲滴,就连美国国会和政府也不敢小视。而对于其他军事装备工业出口大国而言,也是可望而不可及的(见表 12 – 5)。从表 12 – 5 可以看出,美国和英国的军事装备工业出口额存在着高额和低额两个数据,这是由于它们的数据来源渠道和统计口径不一致造成的。比如,美国国会图书馆的军事装备工业出口统计数据一般较大,也较全面,而美国国家安全合作署的统计数据则小多了,且没有包含其他渠道常规武器出口的数据。但无论是高额还低额,都相当于英国的两倍,其他国家的好几倍。就军事装备工业出口值占当年出口总额的比例来看,美国也是最高的,只有俄罗斯能与之相比。而此时的俄罗斯无论是军事装备工业出口额还是外贸出口总额,都无法与美国相比,虽然近年来俄年军事装备工业出口额突破了百亿美元,但与美国的军火年出口 300 多亿美元相比,仍然是小巫见大巫。可见,美国把军火作为一种特殊商品,不仅成为推行美国全球战略和干预一些国家和地区事务的重要砝码,而且为美国带来了高额利润。

表 12 – 5　1996—2000 年主要国家报告的武器交付额及占总出口比例

单位:百万美元

年份	1996	1997	1998	1999	2000	1996—2000
美国:高额(1)	23 708	32 212	27 000	32 306	—	115 226
美国:低额(2)	15 410	16 537	16 482	17 558	13 434	79 421
占美出口总额/%(1)	3.7	4.6	4.0	4.7	—	—
占美出口总额/%(2)	2.4	2.4	2.4	2.6	1.8	2.3
英国:高额(1)	109.11	11 449	9 988	6 932	6 985	46 265
英国:低额(2)	6 009	5 754	3 260	1 598	2 728	19 349
占英出口总额/%(1)	3.9	3.9	3.7	2.6	2.6	3.3
占英出口总额/%(2)	2.2	2.0	1.2	0.6	1.0	1.4
法国	5 621	8 176	7 728	4 633	3 298	29 457
占美出口总额/%	1.9	2.8	2.5	1.6	1.1	2.0
俄罗斯	4 055	3 658	2 700	3 328	3 485	17 227
占俄出口总额/%	4.4	4.1	3.6	4.5	3.5	4.0
德国	588	794	760	1607	737	4 486
占德出口总额/%	0.1	0.2	0.1	0.3	0.1	0.2
资料来源:SIPRI 年鉴 2002,北京:世界知识出版社,2003:490 – 491						

第十三章　美国军事装备采办管理体制及其改革

美国军事装备工业生产武器装备的 60% ～70% 还是用于本国军队的消耗,因此,军事装备采办不仅事关整个军事装备工业行业的兴衰成败,也关系到国家安全。美国已经形成了一套相对完备的军事装备采办管理组织机构、法规制度和管理办法,并根据国家战略调整相应地进行改革和完善,以期取得最佳的军事经济效益。

一、美国军事装备采办管理体制

军事装备采办(Equipments Acquisition),又称为国防采办(Defense Acquisition),是指军队(国防部门)通过行政与市场行为获得武器装备,并办理相关事务的过程。美国《联邦采办条例》对"采办"给出的定义:采办是指利用联邦政府拨出的专款,以签订合同的方式为联邦政府购买或租赁所需产品及服务项目。美国国防部在 2003 年 9 月出版的《国防采办缩略语和术语(第 11 版)》中,对国防采办的定义是:为满足军事用途或保障军事任务的需要,对武器和其他系统、物品或劳务(包括建筑)提出方案、计划、设计、开发、实验、签订合同、生产、部署、后勤保障、改进及处理的过程。因此,美国的军事装备采办不同于一般 "采购" 的商业交易行为,而是属于武器装备的 "全寿命周期" 管理范畴。美国军事装备采办管理体制经过多次改革,逐步形成现行的既集中管理,又分散实施的管理体制。美国建立了以国防部为主,其他有关政府部门为辅的系统庞大的武器装备采办管理体系。国防部是集中统一管理部门,三军负责具体组织实施,三军均设有主管武器采办政策计划的主管部门和相应的采办实施部门。除了国防部,其他有关政府部门也参与武器装备采办和军事装备工业管理。其中,能源部是主管核武器工业的政府部门,负责管理核武器系统的研制生产,主管核武器项目的是负责国防计划的助理部长;国家航空航天局是美国民用航天业务的主管部门,并承担一部分军用航空航天计划;交通运输部是美国运输交通业务的主管部门,该部的"船舶管理署"负责国防船舶工业(包括舰船工业)的管理和协调。以卜主要探讨美国国防部范畴内的军事装备采办管理体制,及其管理办法和改革问题。

(一) 美国军事装备采办管理组织机构

美国在"国防部统一领导、三军及国防部业务局分工实施"的装备管理体制下,建立了既相互联系又相互制衡 3 个层次装备采办管理组织机构:第一个层次是由国防采办委员会领导的美国国防采办决策/管理组织系统(见图 13－1);第二个层次是由国防部领导的三军及国防部业务局分工负责的装备采办管理组织系统(见图 13－2)和由国防部统一领导的各军种装备采办管理组织系统(见图 13－3)。

1. 第一层次

美军武器装备采办管理组织机构的第一个层次,属于采办的统一领导和全面规划计

```
┌──────────────┐         ┌──────────────┐         ┌──────────────┐
│ 国防规划与资 │────────▶│ 国防采办委员会 │◀────────│ 联合需求监   │
│ 源委员会     │         │              │         │ 督委员会     │
└──────────────┘         └──────────────┘         └──────────────┘
                          ▲        │
                          │        ▼
                         ┌──────────────┐
                         │ 国防部负责   │
                         │ 采办的副部长 │
                         └──────────────┘
```

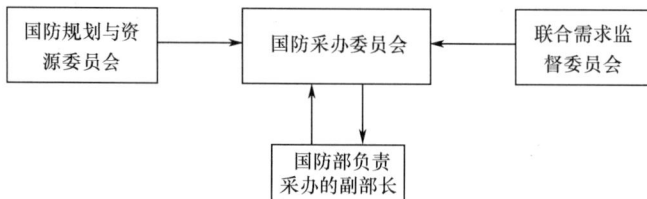

图 13 - 1　美军第一层次装备采办管理组织系统

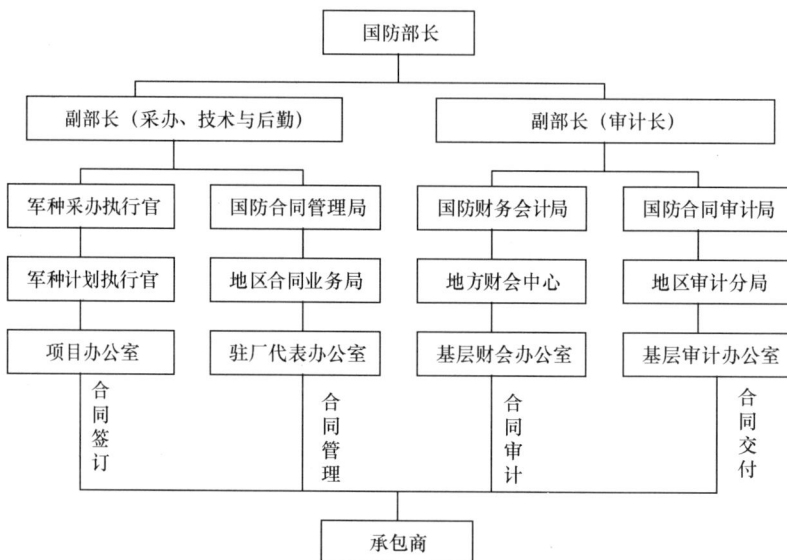

```
                          ┌──────────┐
                          │ 国防部长 │
                          └──────────┘
           ┌──────────────────────┴──────────────────────┐
 ┌──────────────────────┐                    ┌──────────────────────┐
 │ 副部长（采办、技术与后勤）│                    │ 副部长（审计长）     │
 └──────────────────────┘                    └──────────────────────┘
      ┌──────────┴──────────┐                    ┌──────────┴──────────┐
 ┌──────────┐        ┌──────────────┐      ┌──────────────┐    ┌──────────────┐
 │ 军种采办执行官 │        │ 国防合同管理局 │      │ 国防财务会计局 │    │ 国防合同审计局 │
 └──────────┘        └──────────────┘      └──────────────┘    └──────────────┘
 ┌──────────┐        ┌──────────────┐      ┌──────────────┐    ┌──────────────┐
 │ 军种计划执行官 │        │ 地区合同业务局 │      │ 地方财会中心 │    │ 地区审计分局 │
 └──────────┘        └──────────────┘      └──────────────┘    └──────────────┘
 ┌──────────┐        ┌──────────────┐      ┌──────────────┐    ┌──────────────┐
 │ 项目办公室 │        │ 驻厂代表办公室 │      │ 基层财会办公室 │    │ 基层审计办公室 │
 └──────────┘        └──────────────┘      └──────────────┘    └──────────────┘
   合同签订            合同管理              合同审计            合同交付
                          ┌──────────┐
                          │ 承包商   │
                          └──────────┘
```

图 13 - 2　美军第二层次装备采办管理组织系统

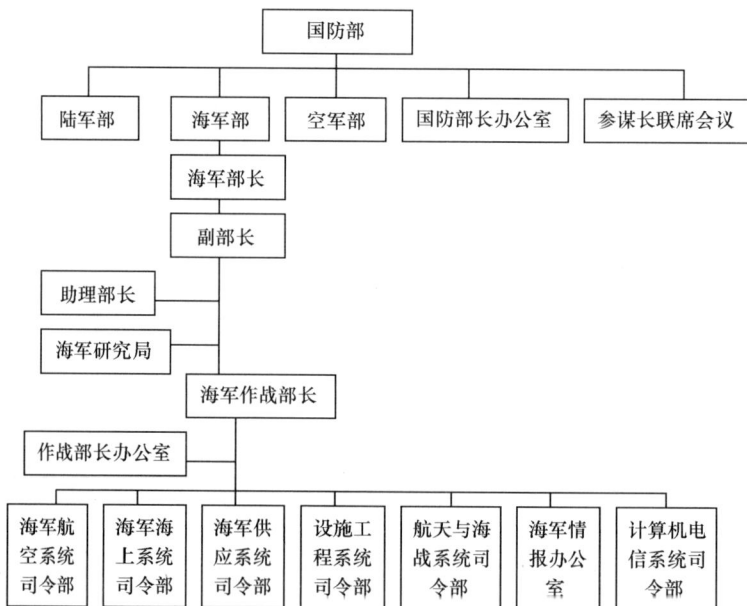

```
                              ┌────────┐
                              │ 国防部 │
                              └────────┘
   ┌────────┬────────┬────────┼──────────────┬──────────────┐
┌────────┐┌────────┐┌────────┐┌──────────────┐┌──────────────┐
│ 陆军部 ││ 海军部 ││ 空军部 ││ 国防部长办公室 ││ 参谋长联席会议 │
└────────┘└────────┘└────────┘└──────────────┘└──────────────┘
            ┌──────────┐
            │ 海军部长 │
            └──────────┘
            ┌──────────┐
            │ 副部长   │
            └──────────┘
  ┌──────────┐
  │ 助理部长 │
  └──────────┘
  ┌──────────┐
  │ 海军研究局 │
  └──────────┘
            ┌────────────┐
            │ 海军作战部长 │
            └────────────┘
  ┌────────────┐
  │ 作战部长办公室 │
  └────────────┘
```

| 海军航空系统司令部 | 海军海上系统司令部 | 海军供应系统司令部 | 设施工程系统司令部 | 航天与海战系统司令部 | 海军情报办公室 | 计算机电信系统司令部 |

图 13 - 3　美军第三层次装备采办管理组织系统示意图

划与需求预算保障系统,分别由国防部负责采办的副部长、国防采办委员会、国防规划与资源委员会、联合需求监督委员会构成。①采办副部长:根据《美国法典》第10篇133节规定,设立的国防部负责采办的副部长是国防部的采办主管和国防部长的首席采办顾问,兼任国防采办执行官。②国防采办委员会:它是由国防部负责采办的副部长领导,对重要武器采办计划进行阶段评审、保障其科学决策的机构。主席由采办副部长担任,副主席是参谋长联席会副主席。委员会成员组成有:采办副部长帮办、国防部审计长、负责计划分析与鉴定的助理国防部长、国防部作战试验与鉴定局长、陆海空三军采办执行官、委员会所属相关专业委员会主席。③国防规划与资源委员会:它是为改进美"规划—计划—预算"系统、加强计划项目与预算编制的统一管理而设立的。其主席由国防部常务副部长担任,成员有负责政策的国防部副部长、参谋长联系会主席、负责采办的国防部副部长、国防部审计长、负责计划分析与鉴定的助理国防部长、陆海空三军的部长等,白宫的行政管理与预算局局长、总统国家安全事务助理也经常派代表出席会议。④联合需求监督委员会:它是国防部为加强用户参与武器采办过程关系,密切作战部门与采办部门之间联系而成立的军事需求审议机构。其主席由参谋长联系会议副主席担任,主要成员是各军种(陆海空)的副参谋长或作战部副部长。

2. 第二层次

美军武器装备采办管理组织机构第二个层次,属于采办的统一管理和分工实施的运行系统,分别由国防部、三军及国防部业务局和武器供应/承包商构成。在国防部长的统一领导下,由负责采办的副部长主管,副部长兼审计长负责监督,并分别由各军种负责采办的执行官和国防部业务局按照专业分工具体实施装备采办和管理事务。在该组织系统中,军种与装备采办管理有关的组织及人员有:军种采办执行官、采办计划执行官和项目管理主任等;与国防部及装备采办管理有关的机构主要有:采办项目管理部门、合同管理部门、财务会计部门和合同审计部门等。

3. 第三层次

美军武器装备采办管理组织机构第三个层次,属于国防部统一管理下的各军种装备采办分工实施的运作系统。各军种的武器采办运行工作,在国防部统一领导下,由各军种具体管理实施。各军种都建立了各自的采办管理组织机构。下面以海军为例探讨军种装备采办管理的组织机构问题,其采办管理组织机构体系如图13-3所示。在该组织机构体系中,主要由军种采办执行官、计划执行官、计划主任和项目管理主任等构成。①军种采办执行官:海军设立一名由总统任命的军种采办执行官,统管海军的武器采办工作。他接受双重领导,既向政府(国防部)国防采办执行官报告计划管理事宜,又向军种部长报告行政管理情况。②计划执行官:海军建立了8个独立于海军司令部的计划执行官组织,目前负责大约30项重要计划和48项非重要计划,属于军种三级采办管理系统中的中间一级,具有承上启下作用,职责同军种采办执行官。③计划主任:是军种采办基层的一级管理组织负责人,亦称项目主任或型号主任。每个项目主任只负责一项采办计划,每个计划执行官领导几个或十几个计划主任。重要武器系统的项目主任由军种部长委任,多军种联合项目由国防部确定的牵头军种委任,其他参与军种委派副主任。④项目办公室(型号办公室):它是由项目主任(计划主任)领导的采办最基层管理部门。由主任、副主任、各业务部门负责人及各类专业人员组成。小的几十人,大的数百人。各部门的设置,根据武器项目的性质、规模、采办策略、管理原则、资源条件等确定。

(二) 美国军事装备采办管理职责分工

由于美军建立了多层次的装备采办管理组织机构,因此,各个机构的管理主体较多,其职责分工情况也比较复杂。在第一、二个层次中,各主要管理主体的职责分工如下:

国防部采办副部长。根据国防部第 5000.1 号指令,确定其主要职责为:制定、公布采办管理政策与规程,组织长期投资领域的分析工作,协调装备需求方案、指导武器系统研究经费的分配,监管国防部整个采办系统,主持国防采办委员会工作,制定采办计划指导方针,确保采办计划符合既定的采办政策与规程,作为国家军备主任和国防部长代表出席北约军备会议,管理"国防采办执行官纪要"和"费用/进度控制系统准则",会同负责兵力与人事管理的助理国防部长,制定采办人员的培训与职业发展政策。

联合需求监督委员会。其主要任务是:审议美军作战能力方面的缺陷,明确各军种军事需求及优先次序,提出三军共同研制、生产的武器项目建设,向国防采办委员会提交核准的军事任务需求书,为武器系统计划的阶段审定提供需求方面的决策依据。其作用地位主要体现在:该委员会主席同时兼任国防采办委员会副主席,协助国防部负责采办的副部长。该委员会不仅在确定采办项目的军事需求方面,而且在确认采办项目的性能目标和其他基本要求方面发挥重大作用。

国防规划与资源委员会。该委员会的基本职责是:就防务规划、计划项目和预算编制问题向国防部长提供决策性建议,审查三军的计划立项文件,评定三军计划项目的实施情况。其作用地位是:加强美防务政策同具体计划项目之间的有机联系,平衡全军各部门之间的资源分配,制定统一协调的未来防务规划和计划,评估这些规划、计划项目的目标对未来国防预算的影响及对今后 20 年国防现代化需求与投资规划的粗略预测。

国防采办委员会。其主要职责是:对三军重要采办计划项目按阶段进行正式审查,为采办过程各个阶段的决策提供可靠的客观依据。其主要作用是:对重要采办项目实行"从摇篮到坟墓"的全寿命管理;武器发展划分为需求分析、方案拟定、演示验证、工程研制、生产部署和使用保障六个阶段,阶段转接必须由采办部门进行审查把关。

在第三个层次中,各管理主体的职责分工是:

军种采办执行官。其主要职责是:组建一个职权和职责明确统一的专职采办领导机构,审查、评定重要武器采办计划的进展情况,评议计划主任报告的重要问题,估价他们提出的行动计划的意义、风险,参加遴选下一级计划执行官和重要采办计划的计划主任,评定他们的工作。

计划执行官和计划主任。他们都是采办项目管理组织的第一线指挥者,负责项目的日常管理,对项目的进展、项目的最后结果起着极其重要的和关键性的作用。

(三) 美国军事装备采办的决策管理机制

美国武器装备采办由国会、政府统一管理决策,有关部门共同参与。其决策管理运行机制分为 3 个层次:

1. 国会与政府共同管理决策机制

美国国会负责制定采办法令,审批重大武器采办项目并监督武器采办的实施。国会参与武器装备采办的常设机构包括：参众两院的军事委员会、拨款委员会和预算委员会。它们通过有关的小组委员会和专门小组，以召开听证会的形式，审议国家安全战略和武器装备采办计划。国会总审计局协助有关委员会分析论证总统提交的国防预算。国会有权核准、否决或修改国防采办计划及其预算提案。总统负责制定国家安全目标，下达防务决策指示和提交国防预算。总统主持的国家安全委员会是总统制定国家安全政策的决策机构，负责审议有关国家安全的重大事宜，包括防务目标、军事战略和重大武器装备采办计划，并提出决策性建议。总统办公厅的行政管理与预算局负责综合审查和平衡包括国防预算在内的所有政府部门预算，经总统批准后提交国会审批。总统科学技术顾问主管的白宫科技政策办公室协助总统制定国家科技政策，并协调军用与民用科研项目，审理军事技术转让事宜。

2. 国防部统一采办管理决策机制

国防部负责根据国会核准的预算和总统下达的指示来编制防务政策指南，领导全军科研装备采购工作。国防部采办决策机构有：一是国防采办委员会（DAB），以及下属专业委员会。二是联合需求监督委员会，为国防采办委员会的阶段审查提供依据。三是国防规划与资源委员会，是武器装备采办有关规划、计划、预算和资源分配等问题的联合审查机构，委员会拟订的《国防计划指导方针》是阐述国防战略和确定军事需求优先项目的纲领性文件，旨在确保更有效、更集中地进行规划计划工作、加强军事战略、具体计划项目和预算编制之间的联系。某些重大武器采办项目，如果这三个委员会还难以决断，就要提交国防部长亲自主持的国防最高决策机构"执行委员会"审议裁决，如果仍难决断，就要提交总统或国会裁决。

3. 军种采购实施决策管理机制

在军种一级也设有相应的武器采办决策审查委员会，充当军种首脑在武器装备采办方面的助手。它们在国防部统一指导和协调下，负责制定和实施各自的武器采办计划，审查本军种的所有武器采办计划，重要计划经军种审查委员会审定并经军种部长批准后，送国防部采办委员会审批。军种采办决策机制有：陆军部长助理（研究、发展与采办）主持的"陆军武器系统采办审查委员会"、空军部长助理（采办）主持的"空军武器系统采办审查委员会"、海军部长助理（研究、发展与采办）主持的"计划决策会议（海军）"和海军部长助理（研究、发展与采办）主持的"计划决策会议（海军陆战队）"。

（四）美国军事装备采办管理的法规制度

美国国防部每年的国防采办费用多达 2 000 亿美元左右，采办人员达数十万人，有 1 000 多个采购部门，每年几乎涉及 1 500 万次合同活动，平均每天 5 万 ~ 6 万次。要保证如此庞大复杂的国防采办系统有效地运行，离不开制度和不断完善有关国防采办管理的法律以及相应的规章和条例。据统计，美国国防采办的法律条款有近 900 项，其管理规定几乎覆盖装备采办管理的方方面面①。因而，美军装备资产采办管理的法规体系比较健全、完整、系统，形成了结构分明的三层装备采办管理法规体系框架。其中，有国会通过的相关法律《国家安全法》《武装部队采购法》《国防生产法》《国防工业储备法》《反托拉斯

---

① 白凤凯，方家银．世界主要军事强国军事装备采办管理[M]．兵器工业出版社，2005：117 - 123。

法》《签订合同竞争法》《诚实谈判法》《国防采办队伍加强法》等；有联邦政府颁布的相关条例和行政命令，如《联邦采办条例》等；还有政府各部、局以及三军制定的相关规章制度，包括国防部等部门制定的条例、指令、指示等。如《国防部第5000.1号指令》《国防部第5000.2号指令》等。此外，陆军部、海军部、空军部和国防后勤局都各自制定《联邦采办条例》的补充规定，对有关问题特别是装备采办管理的程序、职责等做出更加具体的规定。下面对美国军事装备采办管理的主要法规制度，做简要介绍。

1.《国家安全法》

1947年，美国第80届国会通过的《国家安全法》是美国军事法律体系中一部带全局性的基本法，是规范美国防务及其有关活动的基本依据。就武器装备采办管理而言，美国的《国家安全法》一方面奠定了防务政策基础；另一方面确立了国防部长对三军实行集中统一领导的管理体制，并规定了国防部范围内有关武器装备采办的管理机构及其职责分工。

2.《武装部队采购法》

1947年通过的《武装部队采购法》，是美国国防部和三军管理武器装备采购工作的基本法律，规定了军事采购的基本政策和程序。该法明确规定在和平时期除了下列17种特殊情况可以通过谈判的方法外，正常的采购办法是要正式招标、公开竞争。这17种特殊情况是：①在国会或总统宣布国家处于紧急状态时；②公众的急需不允许由于公开招标而延误时间；③采购项目的累计款额不超过2 500美元；④个体或专业服务的项目；⑤由任何一所大学或其他教育机构提供的任何服务；⑥需在境外采购和使用的供应品和服务项目；⑦药品或医疗供应品；⑧供内部零售的供应品；⑨给养供应品；⑩不适于进行竞争的供应品和服务项目；⑪属于实验、开发或研究工作所需的供应品或服务项目；⑫不能公开采购的供应品或服务项目；⑬要求零件标准化和具有互换性的技术设备；⑭公开招标后收到投标价格不合理的；⑮其他法律授权的项目；⑯需要大量原始投资或长期制造准备的专用技术供应品；⑰有利于国防或工业动员的采购。作为美国国防部采购工作指南的《武装部队采购条例》（后来修订为《国防采办条例》），以及目前正在贯彻执行中的《联邦采办条例》和《联邦采办条例国防部补充规定》，都以该法作为重要的依据。

3.《签订合同竞争法》

1984年美国国会通过的《签订合同竞争法》，是美国商品（包括军品）交易合同管理的基本法规，要求在签订军品合同时要进行全面、公开的竞争，要求在武装部队中设立"竞争代理人"，逐步简化采购程序，尽可能使用民品。该法指出，采用密封投标方式对于大部分国防采购项目是不适宜的，而那种可以兼顾质量和价格的"谈判竞争法"则是完全可取的竞争方式。该法还为适当采用独家承包合同明确规定了若干条款。美国的一些学者认为，《签订合同竞争法》在某种意义上是对《武装部队采购法》的一种修订。据报道，自该法通过以来，美国国防采购项目的竞争已有很大程度的提高。自该法通过至1987年，国防采购通过竞争签订的合同从37%上升至58%。

4.《政府合同法》

美国国会通过的《政府合同法》是规范包括国防部在内的政府采购，及其采购合同管理行为的主要法规。该法规定，所有政府部局委托厂商制造或提供材料、供应品或设备，而签订金额超过1万美元的合同时，都应符合下列要求：①这样的合同必须与制造商或正式商人签订,由他们提供履行合同要求的供应品;②在这样的合同内,必须附有供查证的,表明承包商是合法制造商或正式商人的身份证书,并根据法律要求列入有关最低工资、最高工时定额、职业安全和保健条件等规定。

5.《购买美国货法》

美国是最发达的资本主义国家,并对外鼓吹市场经济和自由贸易,国会却颁发《购买美国货法》,其目的不仅是保护本国企业和市场,更重要的是确保国家安全,要求军队(国防部门)必须采购国产武器装备(个别零配件除外)。该法规定,美国政府(国防部门)优先采购国产的成品,承包商只应提交国产的成品,属于以下情况作为例外处理:①只供在美国境外使用的产品;②政府认定不能在美国按合理的商用批量和合格的质量要求进行开采、生产或制造的产品;③政府部局认定优先在国内采购是不符合美国国家利益的产品;④政府部局认定在国内采购费用上是很不合算的产品。

6.《国防拨款授权法》与《国防拨款法》

不仅每年的国防预算,包括国防采购或武器出口,都需要美国国会通过相关《国防拨款授权法》与《国防拨款法》后才能进入执行程序。国防部制定的武器装备采办计划,必须逐年向国会申报,先经两院的军事委员会审议,通过授权法案,再经两院的拨款委员会审议,通过拨款法案,并经总统签署后,方可付诸实施。《国防拨款授权法》涉及国防采办过程的所有问题,是国会控制国防采办的主要工具。《国防拨款法》则是继授权法之后通过的有关军事预算的法令,分门别类地规定国防部某一财年内军事开支(包括武器装备采办在内)的拨款数额。因此,在与国防采办有关的众多法律中,这两项法律对武器装备采办的影响最直接、最具体,也就最有约束作用和现实意义。

7.《国防生产法》

1950年美国国会通过的《国防生产法》,规定了在战争和国家处于紧急状态期间实行特定的国防生产计划与能源计划,确立了优先履行军品合同、保障战略物资供应、扩大国防生产能力、充分发挥小企业作用等方面的基本政策。因此,该法是一部有关国防工业动员和储备事项的主要法律,其目的在于保军、备战,增强应付突发事件的军事装备工业基础与生产能力。

8.《国防采办队伍加强法》

1990年美国国会颁布了《国防采办队伍加强法》,目的是为了从根本上改善国防采办队伍中人员的素质,提高武器装备采办的效率。该法规定了国防采办人员的职务分类、等级标准,要求国防部建立"采办教育、训练与职业发展主任办公室",作为全军采办队伍人事管理中心。该法还规定成立国防采办大学,并对大学课程的水平提出具体要求,以便培训高级采办管理人员。可见,美国非常重视军事装备采办管理人员的队伍建设。

二、美国军事装备采办管理的基本内容

(一)美国军事装备采办项目管理

1. 军事装备采办项目管理的涵义

军事装备采办项目管理是指将武器装备采办当作一个项目进行综合管理,为此建立

特定的组织形式,采取专门的管理方法,通过科学合理地分配人力、物力、时间等资源,以达到既定的管理目标。它是现代管理学中的项目管理原理在军队装备采办管理中的具体运用,是一种先进的管理方法和理念。美军最早在装备采办中采用项目管理方法。20 世纪 50 年代,随着美国国防部的成立和军事特编组织改革,海军和空军开始在装备采办中通过分别设立"特种计划办公室"和"西方发展部"等特编组织,开始尝试运用项目管理方法,并取得了节约资源与提高采办效率的预期效果。随后,这种先进的管理方法在军内外迅速得到推广应用。比如,美国海军的"北极星"计划和太空署宇航局的"阿波罗"计划等,都是装备采办项目管理的成功案例。到 20 世纪 80—90 年代,项目管理作为一种新兴的管理技术方法得到了快速发展,开始在英、法、德、日等西方国家军队装备采办管理中普遍应用。

2. 装备采办项目管理的基本程序

将装备采办作为一个项目进行管理,其工作程序有广义与狭义之分。广义的工作程序是与装备采办的全寿命周期相联系的,包括从该项目的规划计划、研究论证、研制生产、采购部署、使用维护,到退役处置等各个环节;狭义的工作程序则与该项目的采购过程相联系,主要包括招投标与准备谈判、撰写与提交采购建议书、评审建议书与选择承包商、合同签订与履行 4 个环节。在此,主要探讨美军装备采办项目管理中的狭义工作程序:①招投标与准备谈判。此阶段从项目管理办公室接到装备采购需求开始,到发布采购建议书为止。包括编写采购计划、制定采购项目评审标准、进行采购成本估算、推荐生产承包商和编写采购建议书等。②撰写与提交采购建议书。此阶段从采办管理部门将采购建议书寄送给生产承包商开始,到军方接收采购建议书的截止期为止。承包商接到军方装备采购建议书之后,着手编写完成装备采购所需的技术、成本、时间、质量和管理方面的建议,并在规定时限内上交军队采办管理部门。③评审建议书与选择承包商。此阶段从收到承包商采购建议书开始,到军队采办管理部门完成评审,并选出参与下一轮谈判的承包商为止。④合同签订与履行。此阶段从军方与承包商完成谈判事项开始,到签订合同与双方完成各项履约义务为止。

3. 装备采办项目管理的机构设置

美军为了搞好装备采办中的项目管理,还专门设立了相关组织机构,包括在国防部装备采办主管部门、军种装备采办主管部门和武器装备研制生产企业集中的地区,以及重要的承包商中设置项目主任和项目办公室等机构。装备采办项目(或型号)管理办公室,简称项目(型号)办公室,它是由项目主任领导的负责国防部或军种所需装备采办任务的最基层管理机构。美军在军种或国防部业务局设有项目主任,是军方装备采办项目管理的代理人,是直接负责装备采办项目实施的责任者。一些军种重要武器装备采办的项目主任,由所在军种部长委派;多军种联合研制采办的武器项目,由国防部指定的牵头军种委派,其他参与军种委派副主任。其主要职责是在国防部和军种装备采办主管的领导下,贯彻执行国防采购的方针政策,在项目管理组织各部门助手的协助下,做好装备采办的规划、组织、控制、指导和协调等采购工作。美军规定,不仅军方要设立项目主任,承担相应装备采购合同的承包商也应设置项目主任,以便买卖双方相互沟通和协作,同时,还需要他们共同处理好与国家、国防采购管理部门、合同管理部门和用户等的关系。

4. 美军装备采办一体化项目管理

随着项目管理在装备采办管理中的广泛应用,为了规范采办管理,进一步提高采办效益,为用户提供有效的、经济可承受、质优价廉的产品和服务,美军又采取了一体化的项目管理措施。所谓一体化项目管理,是指从装备采办项目的定义、采办项目计划的编制,到采办项目的实施等全过程,实行统筹安排与综合治理,从而能够使采办的各个阶段不间断地、连续地和动态地实现内在衔接,取得综合和集成的效益。项目定义是项目管理的第一阶段,它提供一体化项目管理的方法,是项目成功的基础,主要任务是支持军方采办计划的编制,实现装备采办需求的具体化和落实采办管理策略。项目计划的编制是在第一阶段军方邀请生产承包商参与定义项目并发布招标公告后,企业界根据项目采办要求制定它们的执行计划、具体方法并提交投标报告,军方采办部门再组织评估并做好谈判准备。项目实施是在完成前两个阶段工作的基础上,项目管理者根据合同要求与双方的权利义务,随时跟踪项目实施的具体进度和控制效果,克服内、外部影响因素,采取各种措施保障采办项目顺利实施。由于装备采办项目的复杂性和综合性程度增强,美军从 20 世纪 90 年代中期开始,在引入一体化项目管理模式基础上,在项目管理办公室中采用一体化项目小组的管理方法。

(二) 美国军事装备采办的价格管理

采办价格管理是装备采办管理工作的重要组成部分,它既与装备建设密切相关,又与国民经济和军事装备工业发展紧密相连,也直接影响到装备采办合同能否正常履行,并贯穿于武器装备管理的全寿命过程。装备采办的价格,一般是指军队(或国防部门)为获得武器装备和军事技术,给生产企业或供应商所支付的该商品或劳务的货币形式。美国《联邦采办条例》对采办价格的定义是:为获得商品(劳务)所支付的成本加适用于该合同类型的全部酬金或利润。美军《合同定价指南》对装备采办价格的定义为,买方支付给卖方因提供商品或服务的货币金额。

1. 装备采办的定价目标

为搞好装备采办的价格管理,首先必须确定国防部门的装备定价目标。一般来说,军队采购的首要定价目标是以公平合理的价格从生产商或承包商那里购买到所需的商品和服务。美军装备采办定价目标一般由 3 个要素构成,如图 13 - 4 所示。

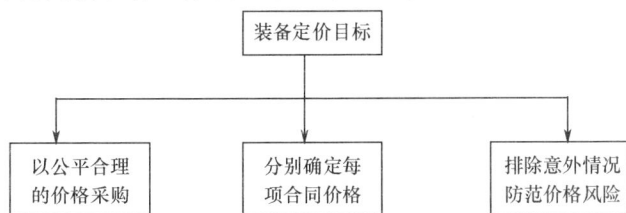

图 13 - 4 美军装备采购定价目标要素构成

装备采购定价的第一个目标是合同价格应该公平合理。根据美国《联邦采办条例》的规定,在合同定价中,军方合同官的首要目标是权衡合同类型、成本和利润或酬金,以达到一个总的结果——对军队和承包商双方来说都是公平合理的价格。在这个过程中,应特别考虑以下几种情况:①低于成本的价格。对承包商来说未必不公平,因为各种原因,在商业谈判中,投标者可能报出低于成本的价格。中标者是否能按报价执行合同则是事后的问题。②军方应防止承包商以低价获取合同的做法:合同授予后增加合同资金或为弥补低价获取的合同的损失,以人为的高价获得后续合同。③错误。由于卖方在估算费用时有严重错误,或根本不负责任,而使报价可能出人意料地低。④如果在合同执行过程中,承包商出现违约、延期交货或其他令人不满意的履约情况,从而导致发生额外的合同或管理费用,那么,仅根据最低的评估价格把合同授予供应商可能是错误的做法。虽然对于军队来说,以最低价格采购到所需的产品和服务,这一点很重要,但它并不是要求只要供应商提出的报价最低,就把合同授予它。⑤如果卖方的报价远低于其他报价或卖方的成本估算,一般说来,该报价可能有问题,军队应该留心这类报价,进行实地调查,以确定该投标商是否了解此项工作,以及是否能按报价完成工作。

　　装备采购定价的第二个目标是分别确定每项合同的价格。一般来说,厂商或供应商总想根据自己的财务状况使一个合同与另一个合同保持平衡。卖方可能在上一个合同亏损了不少,因此,它经常设法在下一个合同上弥补其亏损。签订装备采办合同是一项十分复杂的事情,主要因为:买卖双方都不完全了解承包商与军队间的所有交易情况,竞争和供求的市场力量处于变化之中,交易状况处于变化之中。因此,军方必须分别和单独地确定每个装备采办合同的价格,以确保所有计划价格对有关各方来说都是公平合理的。

　　采购定价的第三个目标是排除意外情况,防范价格风险。军方在采购过程中,要求合同价格相对公平合理,以便排除在签订合同时不能合理地估计到的意外情况而使合同的执行风险增加。通常,在签订装备资产采购合同时,同时有两类重要的意外情况:一是可能由于目前已知和现有的情况引起的意外情况,在一定程度上,能预测出它的影响;二是可能由于目前未知的情况引起的意外情况,对其影响的估计难以精确到可以向承包商和军队双方提供公正的结果。如何处理好这两种意外情况,表 13 - 1 给出了一些分析视角的参考建议。

表 13 - 1　美军装备采办价格风险与防范的分析视角

意外情况	例子	合同价格
在一定程度上能预测到	次品成本 废品成本	该类意外情况应该包括在合同成本估算中,以便尽可能准确地估算那些成本费用
难以精确到可以向承包商和军队双方提供公正的结果	待定诉讼的结果 不稳定材料价格变更费用	该类意外费用应从其成本估算中排除,但应分别加以说明(包括技术意外开支的依据),以利于对相应的合同价格进行谈判

2. 确定合同定价的方法

　　军方要想以公平合理的价格从武器装备的生产商或承包商那里采购到所需要的商品和劳务,在装备采购合同定价管理时主要可以运用以下 3 种基本方法:①价格分析法。它是指审查和评估拟议中的价格,以确定其是否公平合理的方法。该方法不对价格的个别成本要素和利润进行评估,而是当不要求投标商提供成本或定价数据时,必须进行详细的成本分析来评估各个成本要素的合理性,以确保整个价格是公平合理的。价格分析是一种主观性的评估,对于任何一项装备采购来说,不同的价格分析依据,可能对价格的合理性有不同的看法。即使得到的是相同的信息,不同的买方或合同执行官也会对价格的合理性做出不同的判断。②成本分析法。它是指对装备采办项目各成本要素和利润或酬金进行全面审查与评估的方法。审查与评估的目的是,假定经济和效益合理的情况下,就拟议中的成本与合同实际成本提出看法。其中的合同成本是指分摊给某一合同的已发生或将要发生的可列支的直接和间接成本之和,减去可分摊的借款,加上可分摊的利息。直接成本是指与最终成本目标(如合同)有明确关系的任何成本。间接成本是指与单个、最终成本目标没有明确关系,但与两个或更多最终成本目标或总成本目标有关系的任何成本。遇到下列情况就应该进行成本分析:一是当要求投标商提交成本或定价数据时,投标商必须提供完整、准确和当前的数据,以支持所有的拟议成本和利润或酬金;二是当要求投标商提交除成本或定价数据之外的成本信息,以支持对价格合理性或成本真实性的判断时,只要求确定价格合理性或成本真实性所需的信息。③成本真实性分析法。是指独立地审查和评估每个投标商提出的成本估算的各个具体要素的方法,旨在确定所报估算成本要素是否符合要完成工作的实际情况、是否反映需求情况、是否符合投标商技术建议书中所述的独特的实施方法。通常,对每个成本补偿合同的报价均应进行成本真实性分析,以确定履行合同的可能成本,并将该估算用来做出对军队最有利的评估。当利用成本真实性分析来评估固定价格合同的报价时,可以使用在进行风险评估和责任判断中的分析结果。然而,对投标建议书,必须利用招标书中的标准进行评估,报价不一定要通过分析结果来进行调整。

3. 装备定价管理中合同类型的比较

由于武器装备的种类不同,其采用的定价方法也不相同,因此,形成的装备订货合同的类型也各异。美军在装备定价管理中就需要对不同的合同类型进行比较,以选择最佳的合同定价。参与装备订货合同类型比较的人员主要有:采办合同执行官或合同专家,装备计划或项目主任,库存管理人员,审计人员,技术专家,运输、资产或物流管理人员,法律顾问,成本、价格分析人员以及装备使用单位人员。表13-2详细列出了美军装备采办合同类型的比较情况。在不同的情况下,可以比较其定价方式的优劣,以选择最合理的订价合同的类型。

表 13-2　美军装备采办价格管理中合同类型的比较与选择

	主要合同类型比较				
	不变固定价格合同(FFP)	可变固定价格合同(FPEPA)	固定价格加奖励金合同(FPIF)	固定价格加酬金合同(FPAF)	预期变动的固定价格合同(FPRP)
要降低的主要风险	没有。因此,承包商将承担全部成本风险	在整个合同期,人工或材料的市场价格不稳定	合同的人工或材料要求不太确定	由于是判断性的验收标准,存在用户不完全满意的风险	无法有把握地估算出一年后的履约成本
何时使用	• 需求很明确 • 承包商在满足需求方面经验丰富 • 市场状况稳定 • 财务风险不大	有风险的市场价格是可分扣的,且很明显。风险是由承包商无法控制的行业范围内的意外情况引起的	可以确定一个最高限价,以将工作本身可能存在的风险都包括在内。提出的利润分摊方案,会促使承包商去控制成本并实现其他目标	奖励评审小组能公正地应用判断标准。可能给予的奖励费大得足以: • 提供有意义的激励作用 • 证明相关的管理责任是合理的	政府需要承包商对在以后几年内交付的商品或劳务做出肯定的承诺

(续)

主要合同类型比较					
	不变固定价格合同(FFP)	可变固定价格合同(FPEPA)	固定价格加奖励金合同(FPIF)	固定价格加酬金合同(FPAF)	预期变动的固定价格合同(FPRP)
组成要素	每部分或一部分或多部分采用不变固定价格	固定价格有调整的上限,并且根据以下情况对价格进行调整的方案:规定的价格、实际人工或材料成本、人工或材料指数	• 有最高限价 • 目标成本 • 目标利润 • 交货、质量或其他履约目标(任选) • 利润分摊方案	• 不变固定价格 • 评估履约标准 • 根据业绩按标准技术费用的程序	• 第一时间段的固定价格 • 预定的以后各时间段(间隔至少隔12个月) • 以后各时间段的定价时间表
承包商的责任	按合同规定的时间、地点和价格交付令人满意的产品	按照合同规定的时间和地点,以调整过的价格提供可接受的交付产品	按照合同规定的时间和地点,以低于最高限价提供可接受的交付产品	按照合同规定的时间、地点和价格交付产品	按照合同规定的时间和地点,以对各个时间段所确定的价格提供可接受的交付产品
承包商激励	一般说来,成本每降低1美元,利润将增加1美元	实现每减少一美元的成本,增加一美元的利润	通过低于最高限价完成规定的工作或达到客观的履约目标,实现较高的利润	实现每减少一美元的成本,增加一美元的利润;赢得满足履约标准的额外费用	较完成期而言,应实现每减少一美元的成本,增加一美元的利润
类型应用	商品和劳务	高通货膨胀期间商业项目的长期合同	根据原型样机生产重要的系统	以业绩为依据的劳务合同	重要系统零配件的长期生产
《联邦采办条例》的限制条件	一般不适合研究与发展工作	必须加以调整	必须加以调整。应进行协商。承包商必须要有合适的会计系统。成本数据应支持其目标	应进行协商	应进行协商。承包商必须有合适的支持定价的会计系统。及时重新确定
变化形式	工作量不变,固定价格		渐进目标		追溯性重新确定
	成本加奖励金合同(CPIF)	成本加定酬加评奖合同(CPAF)	成本加定酬合同(CPFF)	成本或成本分担合同(C 或 CS)	时间与材料合同(T&M)
要降低的主要风险	高度不确定和推测的工时、人工构成或材料要求(以及其他东西),这些都是完成合同所必需的。军队承担了合同中固有的风险——如果实际成本低于预期成本,将赢利,如果工作不能在预期的成本内完成,将亏损				

（续）

	成本加奖励金合同（CPIF）	成本加定酬加评奖合同（CPAF）	成本加定酬合同（CPFF）	成本或成本分担合同（C 或 CS）	时间与材料合同（T&M）
何时使用	在酬金和诸如实际成本、交付日期、履约基准等履约衡量标准间，能建立起一种客观的关系	对一些关键的履约方面，没有可行的客观激励目标。可以公正地应用判断标准。可能的费用能起到有意义的激励作用	使酬金与业绩（例如实际成本）关联起来是不切实际的，或者说并无多大的意义	承包商预期对承担部分成本或酬金，能得到大量的补偿性利益。供应商是一个非营利的实体	没有合适的其他合同类型（例如，由于成本太低，也就不值得对承包商的间接费用进行审计）
组成要素	目标成本，完成目标，最小、最大以及目标酬金，根据实际成本或完成情况调整酬金方案	目标成本，评估业绩的标准，基本的及最高的酬金，根据业绩按标准调整酬金的程序	• 目标成本 • 固定费用	• 目标成本 • 如果是成本分担合同，对政府的分担额应有一个协议 • 没有酬金	• 最高限价 • 每小时的工资率，还包括间接费用和利润 • 补偿直接材料成本的条款
承包商的责任	做出可信的努力，以在预定的估算成本内满足政府的需要				做出可信的努力，以在价格的限额内满足政府的需要
承包商奖励	通过以较低的成本完成工作或达到其他客观的业绩目标，来获得较高的酬金	通过达到判断的业绩标准，来获得较高的酬金	随着总成本的减少，实现较大的盈利率（即酬金除以总成本）	如果是成本分担合同，分担提供符合双方利益的可交付产品的成本	
典型应用	重要系统原型样机的研究与开发	大规模的研究工作	研究工作	与教育机构的联合研究	对供热厂和飞机发动机进行紧急抢修
《联邦采办条例》的限制条件	承包商必须有一个适当的会计系统。政府在履约期间必须要实施监督，以确保使用有效的方法和进行成本控制。必须要进行协商。必须要证明是正当的。对所能商定的酬金，要有法定和条例的限制。应将《联邦采办条例》52.232－20～23款中相应的成本限制条款包括在内				工资率必须要进行协商。应证明是正当的。政府必须要进行适当的监督，以确保合同的有效实施
变化形式			完成或终止		工时

资料来源：中国国防科技信息中心、美国国防合同定价参考指南［R］,2003:9－18

（三）美国军事装备采办的合同管理

美军装备采办合同管理的主体通常是军方或国防部门的装备采办管理部门，包括装备采办项目办公室、合同审计部门、财会部门、武器试验与鉴定机构等。美军为了加强装备采办合同管理，在国防部专门设置了合同管理局，在一些武器生产承包商较集中的地区设有采办合同管理的地区办事处,在大型厂家设有驻厂代表办公室。美军装备采办合同管理的具体内容,通常包含合同签订、合同履行、合同审计和合同支付管理4个重要环节。

1. 合同订立管理

武器装备采办合同是经济合同中的一种特殊类型,因此,其合同签订也应遵守合同法、招投标等经济法规,同时,国家和装备采办管理主体都要加强监管。美国相关法规规定,企业自主决定参与军品市场竞争,但国家有权依法要求国内拥有唯一专项技能的厂商接受特定的国防合同项目。美军推行以竞争为主的装备采办策略,美国采办法规要求,政府的每个合同项目均应采取最适当的竞争规程,促进充分和公开的竞争,并为此建立了有效的招标和竞争谈判等竞争性机制。美军目前80%的武器项目都采用市场竞争的方式采购。竞争中强调总体最佳效益,不只追求"最低报价"。为充分开展竞争,美国国防部局以上各部门都设有竞争代言人,负责为竞争创造条件,培养竞争对手,提供经费、人员和法律保障,开展评估鉴定等工作。美军相关法规规定,当符合竞争条件的承包商不足时,允许通过改变装备采办项目作战指标要求来增加竞争机会。而且,可在装备方案探索、部件先期开发、系统演示验证、低速初始生产、全速生产与部署等采办过程中的不同决策点充分开展竞争。美国国防部门还明确规定,主承包商在转包合同时也要广泛采用竞争手段,而且军方要把厂商过去实行转包竞争的成绩和开展竞争的潜力作为评估和选择主承包商的重要依据。

2. 合同履行管理

美国装备采办主管部门对采办合同的履行实行严格的监管和质量控制,以确保军队获得价廉物美的装备。为了维护国家安全利益,美国相关法规规定,当装备需求或军事拨款发生变化或业已签订的采办合同继续履行将影响到国家安全利益时,采办主管部门有权单方面提出变更或终止正在履行的合同。美国国防部建立了较完善的法规、健全的合同管理机构并拥有合格的合同管理人员和有效的合同管理办法,保证了合同履行得以顺利实施。美军合同履行管理机关和合同审计机关认真执行合同的履行管理职能。美军合同管理部门针对合同纠纷和承包商对合同履行提出的申诉,根据实际履约情况、合同条款和有关合同管理法规,及时进行调查和协调,必要时提请合同仲裁组织进行裁决,以确保合同的顺利履行。依法追究合同违约责任,也是美军合同履行管理的重要手段。对违约行为和履行义务不完全的情况,通过经济手段和法律手段,采取有力措施,依法追究违约责任,或提出进一步的行动建议,以保证装备采办合同能按期完成。

3. 合同审计管理

美国防部专门设置了国防合同审计局,下设6个地区分局和300多个国内外现场审计办公室。美军还颁发了《合同审计手册》,对国防采办合同审计的概念、被评定资料的类型、应遵循的审计标准,以及所承担工作的目的和范畴、审计程序方法等都做了具体规定。国防采办合同审计,一方面是对国防合同的审查与监督;另一方面,是为国防部门所有采办部门和合同管理部门提供会计与财务方面的咨询,对有效控制合同经费起到了较好的约束作用。国防合同审计人员有权审查承包商的有关财务记录和生产活动情况,参加合同谈判,出席合同管理部门和承包商举行的工作会议,特别是有关财务方面的会议。合同审计结果是合同签订官和合同执行官进行合同谈判、修改及确定成本、价格的基本依据,也是合同支付部门和合同诉讼部门在处理合同支付和纠纷案件时的主要依据。

4. 合同支付管理

由于装备采办合同属于特殊的经济合同,经费来源于国家财政预算,其开支是政府公共支出的重要组成部分,因此,受到来自政府、国会和军队等多方面的监督与控制。美军基本上都实行国防采办与经费收支相分离的管理模式,在装备合同履行之后或履行过程中,由国防财务部门通过银行集中、直接支付给生产承包商,并接受政府(国会)和国防部门审计机构的监督。为加强国防财务与会计工作的统一领导,提高采办合同管理水平和采办效益,美国国防部于1991年改组成立了国防财会局,统一负责采办合同支付工作。美国《联邦采办条例》及其国防部补充条例对付款方式和条件进行了严格的规定:对成本补偿合同,一般采用期中支付(或称临时支付)的形式,即分期付款;而对固定价格合同,则根据项目进展情况,在合同项目完成和交付时进行最终支付。目前,分期付款的一般做法是:承包商根据合同执行情况,定期(每月或两月)对已发生的直接成本和间接成本,按适当的百分比(分期付款率)以标准表格的形式向基层合同管理部门(驻厂办或地区合同业务局)提出支付申请;然后,由基层合同管理部门中负责工程、生产和质量保证的专业人员对申请进行详细审核;最后,合同管理官根据审核结果,对支付申请进行审批。分期付款率一般为已发生成本(包括直接成本和间接成本)的75%～90%,对小企业较为照顾,分期付款率可达95%。

(四) 美国军事装备采办的经费管理

美军为用好管好装备采办经费,建立了完善和责权分明的经费管理体制,基本分为3个层次:一是国会两院的军事委员会、预算委员会和拨款委员会,是国防预算的最高审批机构,负责审批国防预算,国会总审计局协助专门委员会对国防预算在内的政府预算和实际开支进行审核;二是政府的采购委员会,负责研究包括装备在内的政府采购政策和程序,研究问题和提出建议。行政管理和预算局负责制定采购政策,协助总统审查和分配预算;三是国防部机构,国防部长办公厅设国防规划与资源委员会,负责审定国防预算,并监督经费分配。装备采办经费是国防经费的一部分,纳入统一的财务管理范围。"9.11"事件后,美国防预算虽然在原基础上有大幅增加,但仍不能全额满足美军采办的需要。而20世纪90年代以来,美军在数次局部战争中赖以取胜的高新科技武器装备资产,无论是研发、试制,还是装配、保障,都需要高昂的经费支持。为解决采办经费的供需矛盾,以较低的经费采办到高质量的武器装备,加强采办的经费管理,合理控制费用,就成为美采办改革的重中之重。改革规划、计划和预算系统,将费用作为独立变量、进行成本进度控制等措施,就成为美军提高采办经费的综合效益的重要举措。

2002年,美国防部负责采办、技术和后勤的副部长签署了"以费用为独立变量"备忘录,要求在采办中推行费用作为独立变量的管理方式。同时,为有效地控制和降低武器装备的总费用,提出了总拥有费用概念,和以往的武器系统全寿命费用相比,总拥有费用不仅包括与武器系统相关的各种直接和间接费用,而且包括不与武器系统直接相关的基础设施费用。基于此概念,美军提出降低总拥有费用倡议,国防部责成经济承受委员会主抓此项工作,提出2005年前把使用与保障费用降低20%,各军种也成立了降低总拥有费用的专门机构,并采取一系列措施,如实施备件现代化,采用开放性的系统设计方法,扩大项目主任经费管理权限等,争取把采办总经费降至最低。

在成本控制方面,美国防部实施成本会计系统计划,按业务活动进行成本核算和管理,提高装备资产全寿命期成本的透明度。同时,建立严格的财会制度,实行承包商定期进度、成本报告制度,以加强对经费、成本的管理。美国会还通过《纳恩—麦柯迪法案》,该法案规定,对单件费用增长 25% 以上的项目,如果仍希望保留,则国防部长必须在 30 天内向国会提交报告,证明该项目对国家安全起着至关重要的作用,降低成本或者现有成本都难以达到预期的能力,同时,还要证明新的成本估计是建立在可靠的科学分析基础之上的,证明该项目的组织管理部门在经费和成本控制上是卓有成效的。根据该法案,美国防部在 2001 年取消了费用严重超支的海军导弹防御计划,2002 年又取消了"十字军战士"火炮计划,2004 年初又取消了陆军"科曼奇"直升机计划。

三、美国军事装备采办管理的主要方法

为了加强和改善对武器装备采办的管理,美军采取了许多行之有效的管理手段与方法,它们既有相同之处,也有不同之处。在此,重点探讨以下 3 种常用的装备采办管理方法。

(一) 全寿命周期管理

全寿命周期管理(Life Cycle Asset Management,LCAM)是美军于 20 世纪 70 年代率先在武器装备采办中实行的一种新的管理理念和管理方法,基本原理是将武器装备采办管理从研发、采购、分配、使用和退出等全过程看作是一个全寿命周期,在整个周期中都用质量效益和成本费用作为考核标准,对每个环节严格把关,以期以最低的成本费用获得最好的武器装备、发挥装备资产最佳的利用效益和最大化地节约国防预算。这种方法后来也被其他国家军队逐步引入装备采办管理领域,即把装备资产的投入形成、分配使用和退出处置等全过程当作一个全寿命周期,在满足质量和效能的前提下,追求装备资产全寿命周期成本最低、效益最佳,实现系统优化的管理体系。美军在运用这种方法时,以装备采办作为研究对象,从系统管理的整体目标出发,统筹考虑武器装备的投入形成、使用维护和退出处置全过程,并构建三维标准体系结构,将各维度/子维度的协调配合与实际工作部门、人员管理活动相联系,以求得最佳管理效果(见图 13 – 5),其中,对象维表示的是管理对象,即武器装备和二次装备等,二次装备是指在对武器装备进行专业化划分的基础上再进行网格化划分,如对作战飞机又可细分为机载雷达导航系统、机载弹药和机载武器系统等。要素维表示的是各种管理技术与标准,它又可根据武器装备的种类及性质做进一步的网格化划分,如管理标准可细分为要求、技术方法等多个子维度。时间维表示的是武器装备的全寿命周期,按照装备资产从形成前期开始一直到退役处置的时间序列进行划分,如划分为规划设计、采购分配、使用维护和技改退役 4 个阶段,还可对每个阶段再做进一步的细分。

为了便于部队开展装备采办的全寿命周期管理,美国(军队)制定了一整套有关武器装备研制、生产、试验、采购和维护,以及规范科研机构、生产企业和承包商行为的法规制度和指令等。此外,美军还完善装备采办全寿命管理的运行机制。如,装备的规划、计划、预算与执行情况的评估机制,装备研制生产的质量控制与项目成本控制机制,装备采办决

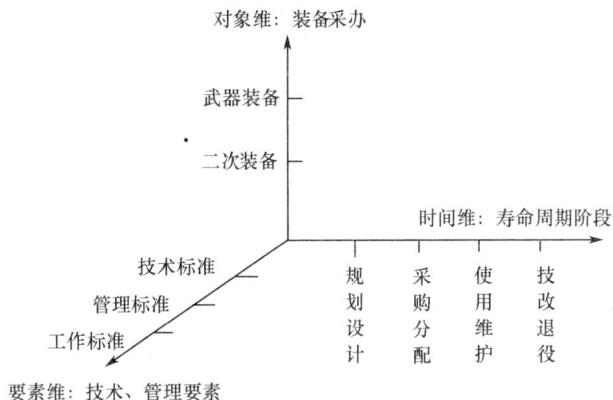

图13-5 美军装备采办 LCAM 体系三维结构示意图

策与执行情况的考评机制,武器装备分阶段的风险控制与费用审查机制等。除设立项目办公室外,美军还有一种管理模式也充分体现了全寿命管理的思想,这就是全寿命管理合同。美军认为,这种方法不仅能够充分保障装备的战备状态,而且是实施经济可承受性战略的必要途径。全寿命管理合同的主体是全服务承包商(FSC),承包商负责提供全寿命周期内的各种服务,包括设计、生产、保障、退役处置等。例如,美海军在 LPD17 船坞运输舰、V-22 倾转旋翼飞机的发动机等装备和设备中采用了这种管理模式。

近年来,美军开始在装备采办中广泛推广应用全寿命周期的科学管理方法,主要采取了以下主要措施:一是实行并行装备工程管理,即在项目的初期阶段,同步考虑后期阶段的问题,因此,要特别重视早期系统分析和费用分析,特别重视可靠性、可生产性和可保障性设计。将演示验证、模拟、仿真等技术用于早期系统分析和方案拟定工作,保证预研与型号、设计与研制生产、研制生产与使用保障等各环节的有机衔接。二是推行协作工作小组的装备管理工作方式。在项目办公室的基础上,吸收项目决策管理部门代表,承包单位代表和军方需求代表,组成不同性质的协作工作小组,如合同小组、性能与费用协调小组、可靠性与可保障性小组、实验与鉴定小组、总体协调小组等。这些小组在项目管理过程中及时沟通,尽早提出要求,及时发现问题,共同协商,加快进展速度。三是搞好性能、进度与全寿命费用的协调与平衡。加强性能价格比分析,推行定费用设计,在保证关键性能和基本进度的前提下,尽可能降低全寿命费用。贯彻通用化、系列化、模块化设计方法,尽可能选用可靠的民用技术部件。在做好性能与价格比和关键技术演示验证的情况下,选定技术、确定方案。在总体协调平衡的基础上,进行某些单项技术改进。

(二) 分阶段装备项目管理

美军在"全寿命周期"管理理念的基础上,又采取了"分阶段项目管理"的方法,以便对装备采办实行全方位、全过程的管理。美军首先将武器或武器系统等装备采办作为一个项目,然后根据其全寿命周期划分为规划、设计、研制、生产、采办、使用维护和退役处理等若干管理阶段(见图13-6)。对于每一个阶段都要认真制定决策方案,确定需求和技术标准,并采取适当的管理对策与方法。对一些重大的武器装备项目,都要在每一个管理阶段结束时进行项目审查和执行结果评估,从而决定该项目是继续进行抑或下马。这是

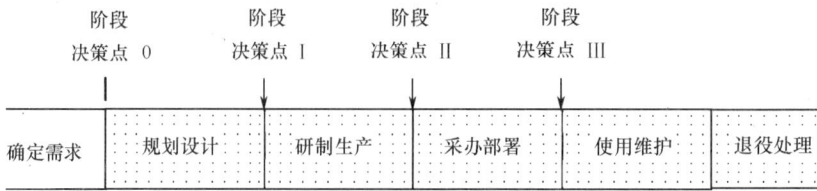

图 13 - 6　美军装备采办分阶段项目管理方法

一种既科学合理又切实可行的管理办法,对保证装备项目管理绩效的稳步推进,避免国防资源的浪费和提高装备资产管理效益,都有着很大意义。美军在对装备进行分阶段项目管理时,通常采取"里程碑"管理方式。

所谓"里程碑"式管理,是将装备采办管理全过程划分为若干阶段,在前一个阶段进入下一个阶段前,设立里程碑决策点,由有关装备管理部门(包括里程碑决策当局领导)按照预定的管理目标和评价标准(包括装备的规划计划、研究论证、研制生产、采购部署、退役处置以及相关的经费、进度、质量和保障措施等进行评审,达到预定的管理目标方可进入下一个管理阶段。在装备采办与管理的每一个里程碑决策点的评审结果,都要及时反馈到"方案精选"阶段,以便不断修正、完善最佳方案,这对装备管理非常重要,可以少走弯路,提高装备综合管理效能。美军装备采办管理阶段划分如图 13 - 7 所示。以某新型武器装备采办及全过程管理为例,"里程碑"管理方式需要进行以下几个步骤:

(1)方案探索与精选——武器装备研发各种备选方案的书面研究。

(2)部件先期研制——获得成熟的部件技术(对技术成熟性进行验证)。

(3)系统综合——部件综合,系统设计基本完备,满足系统要求。

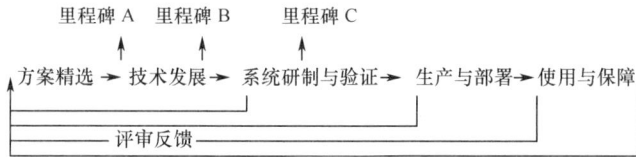

图 13 - 7　美军分阶段装备项目管理的里程碑管理方式

(4)系统验证——利用建模与仿真及试验,验证产品成熟性。

(5)初始小批量生产——使制造能力成熟,进行初始使用试验与评价。

(6)大批量生产——成批进行生产。

(7)使用与保障——对系统进行使用以及持续保障。

进入里程碑 A 的主要管理工作为以上 7 项;进入里程碑 B 后采办项目启动,此时方案及技术已经成熟,并开始投入充分资金(包括过渡性资金,用以支持后期进入采办过程的项目),主要的采办工作为(3)～(7)项;进入里程碑 C 后,产品已经不需要研制,并有充分资金,根据研制、验证阶段实际情况调整购买投资后,主要采办及管理工作为(5)～(7)项。

(三)信息技术与智能化管理

20 世纪 80 年代至 90 年代以来,随着信息技术革命的兴起,美军率先将信息技术与计算机网络化管理手段运用于武器装备采办的管理实践之中。从武器装备的规划设计、试验与鉴定、质量与费用控制、采办管理,到使用维护与退役处置,基本上都实现了模拟仿真、网络传输与智能化管理。基于信息技术的运用和发展,美军于 1997 年就提出了一种新型的装备采办及管理思想与方法体系,即基于计算机仿真技术的装备采办管理体系(Simunlation Based Acquisition,SBA),它是应用各种仿真技术与计算机信息技术集成的装备采办和装备管理体系(见图 13 - 8)①。该管理体系以网络平台为基础,通过计算机网络,将分布在不同位置的仿真设备和相关成员以联邦成员的形式有机地联接,从而成为一个统一的联邦(军队装备)整体,采用统一的 FOM/SOM 表,通过 RTI 进行信息交换,形成一个时空相互耦合同步的系统,人在回路中按不同分布进行仿真试验。该管理体系分为3 个层次:仿真应用层是系统的关键,其主要由各种模型、态势、战场环境模拟、指挥控制、参试装备等联邦成员组成;RTI 总线层,是用于完成 RTI 的各种服务保障的技术及网络平台;管理服务层是对系统中所有仿真应用进行管理与控制,并提供动态战场环境、结果统计、战况服务,以及数据录取和资源共享等服务的装备管理平台。美军装备采办管理部门根据以上模拟仿真的数据,为今后的武器装备采办提供重要决策参考。

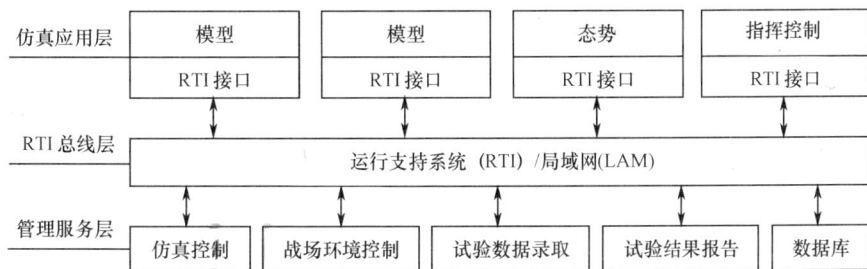

图 13 - 8　美军装备采办模拟仿真管理系统结构示意图

四、美国军事装备采办管理的改革及发展趋势

(一)"绿色采办"改革

众所周知,军队是一国能源资源消耗大户和对环境气候影响最大的主体之一。美军更是如此。美军员额虽然不是世界最大,但其军事装备生产规模、武器装备规模和遂行军事行动的规模,以及造成的破坏强度,毫无疑问都是世界第一。据《绿区:军国主义的环境代价》一书的作者巴里·桑德斯所说:"我们地球上所有人当中对环境最大的污染来自于同一个机构,那就是美国军队。"美国官方报告也承认,其每天用于军事用途的石油为32 万桶,这还不包括承包商、租用或私人设施,以及武器生产所用的燃料。美国的军事机器是二氧化碳的主要制造者和世界环境与气候的主要影响(破坏)者,对此美国政府和国防部门也不得不承认,并逐步意识到它对美国及世界的危害。随着国防建设与军事活动的资源消耗巨增,对环境的污染和气候变化影响日益严重,美军开始注重低碳环保问题。美军在《联合作战工程保障纲要》的"环保准则"中指出,"在军事行动中完全按环保要求行动是不切实际的,尽管如此,制定联合作战计划时还是应当充分考虑环境因素,使美军

---

① 蒋南,赵乾. 美军武器装备管理中的试验与鉴定[J]. 国防技术基础,2009(12)。

各级指挥官在国内外执行任务时满足一定的环保需求。当然,必须记住,多数国内环保需求不适用于国外军事活动"。为此,美军制定了内外有别的军事行动环保规定。在美本土作战或非战争军事行动中,必须严格遵守《国家环保政策法案》等确立的环保要求;在海外作战及军事行动中通常依据行政命令 12114 号《联邦主要海外行动中的环境影响》,确立环保要求。同时,美军决定从源头抓起,即从武器装备的设计、研制和采购环节就引入低碳环保要素,使军队的装备能够低碳环保。于是,美军提出了"绿色采购"的理念,并开始了"绿色采办"改革。

2004 年,五角大楼发布了一份名为《国防部绿色采购战略》的政策文件,该文件提出了国防"绿色采购"的构想,并强调"绿色采购"必须被视为是所有采购项目的首选。该政策文件主要是针对办公用品、印刷品、公用车以及其他非武器类用品制定的。不过,它将工业生物技术产品、可替代燃料、燃油效率与对臭氧层无破坏作用的产品作为其绿色采购项中的一部分。还要求防务承包商在生产中考虑环保问题。美国海军采购的"弗吉尼亚"级攻击潜艇是一个典型的例子。通用动力公司电船分公司描述了该级潜艇采用的新理念。"我们的目标是建造一艘绿色潜艇,整个生命周期——从建造到列装再到淘汰——都不会产生污染"。美国防部门在洛克希德·马丁公司的 F – 22 战机采购项目中,要求通过"F – 22 战机有害物质计划"减少从战机设计到整个生命周期对危险物质的使用,降低对环境和健康造成的影响。为此,该公司去除了起落装置和飞机外表面紧固件中含有的镉,减少了涂料中的挥发性有机物,还去除了密封剂中的铬。在 F – 35 战斗机采办项目中,美国防部门也做了同样的要求,洛克希德·马丁公司不得不改变原有设计,最终使飞机系统危险物质的使用量降低了 75% ,还设法节约能源与控制排放。与之前的飞机设计相比,F – 35 战斗机对冷却液需要量降低了 40% ,对蒸汽的需求量降低了 60% 。

为了配合"绿色采办"改革,美国国防部门和军队还采取了其他一些相关措施:启动寻找替代品来代替传统的碳基燃料的项目。美国国防部高级研究计划局(ARPA)已投入大量资金,进行可应用于军用飞机的生物燃料与合成燃料的研究,这些研究目前被置于更高级别和优先发展的项目。尽量减少军用物资使用过程中的电子垃圾污染。通常,需要填埋与焚烧的垃圾主要来源于计算机与其他电器所使用的电子元件。在美军"网络中心战"概念引领下的电子化世界中,承包商和相关部门都在计划减少服务器的数量,提高计算机能力,并使计算机内部元件可被循环利用。实际上,从小到铅笔,大到大型采购项目,美国国防部及国防供应商都有节能环保的努力,而包括美国海军陆战队在内,美军各军兵种也都有各自的"绿色采办"与环保计划,其中,包括尽可能采购和利用低碳环保产品,在装备采购和使用过程中注意防治污染、净化环境等。

(二) 简化采办流程改革

美国加强军事装备采办管理的基本目标,是提高采办效率,节约国防资源,使美军能够在规定的资源消耗前提下采购到物美价廉的武器装备。但事实上,由于美国军事装备采办管理部门众多,机构重叠,法规复杂,程序繁锁,过程冗长,要提高效率,还真不容易。因此,这成为遭人诟病,尤其是被军火商们抱怨的重点,也成为改革的主要领域。

首先,对采办管理组织体系进行探索性改革,进一步精简组织机构,整合采办管理力量,减少管理层次,形成更加精干灵巧的采办管理系统。美军在 2003 财年对国防部和军种部机关裁员 15% 的基础上，又对采办管理组织机构进行改革，调整和合并了一些重复性岗位部门，通过设立军种采办执行官和主管采办的副军种部长，强化三军参与装备采办管理的职能，重新调整较低层次管理的职责、权限和会计责任，并简化了决策过程。

其次，改革装备采办程序规范，采取新的采办管理政策和程序。1996 年 3 月 15 日，美国国防部颁布了新的国防采办政策和规程，即《国防部 5000.1 号条令》和《国防部 5000.2 号条令》，确定了简化武器采办程序和加强军民一体化的政策，要求采用新的工作方式，鼓励通过先期概念技术演示手段来加速技术成果的产品化，力求降低武器采办费用。在采办工作中正式推广使用"一体化产品小组"工作模式。新的工作模式要求，从项目一开始就把用户吸收进来，组成包括采办管理人员、承包商和用户代表的一体化产品小组，共同协商项目要求，拟定采办策略和具体实施方案，随时解决遇到的问题，以加速采办工作的进度，并共同对采办计划负责。同时，要求简化采办决策过程。重要项目生产的决策，原来要求国防部审定机构对低速生产和高速生产都要进行审定。新的文件主张只做一次正式的审定；另一次审定将委托军种和国防部业务局进行。

最后，全面改革采办管理过程，实现采办管理流程再造。目前，美军不断探索新的采购模式，采用更加灵活、快捷的采购程序，优化采购过程，进一步缩短采购周期，以便军队在限定的期间内能够获得物美价廉的装备和服务。美军在 2001 年出台 DOD5000 系列采办文件后，2003 年、2005 年又进行了多次修订。2009 年 5 月 22 日，在奥巴马总统签署的《武器系统采购改革法案》中，又一次进行了某些修改，主要涉及到对采购过程、预算过程和评估过程的改革。关于采购过程的改革，美军把"定时研制"作为重大武器装备项目研制的优先采办策略，从历来强调的交付 100% 性能的策略，转变为在限定的时期内，从里程碑 A 开始不大于 6 年的时间内交付有用的军事能力的新策略。关于装备采办预算过程的改革，美军将新的规划、计划、预算和执行系统（PPBE）用于装备采办管理，通过建立独立和稳定的采办项目账户来保持重大武器装备研制项目的投资稳定，以减轻由于国防部非采办项目账目短缺拖延项目进度，并最终增加采办项目费用的趋势。

（三）增加采办公平改革

根据美军装备采办管理目标，不仅要提高效率，还要节约资源，确保军队（国防部门）采购和用上物美价廉的产品与服务，这就需要充分发挥自由竞争机制的作用，让国防承包商们在参与国防合同项目时能够自由、公平、公正地进行竞争。但事实并非如此。冷战后，由美国政府主导的军事装备工业企业收购、兼并与重组，加速了整个军事装备工业行业的垄断局面，现在前 20 家军事装备工业巨头垄断了美国 80% 的国防采办合同。美国颁发的大量法规和军用标准体系，也严重阻碍了广大中小企业进入国防承包合同的可能性。还有美国根深蒂固的军事装备工业"铁三角"利益集团，也成为军事装备工业垄断和限制竞争的重要因素。因此，增加军事装备采办的公平性与竞争性，也是美国军事装备采办管理改革的重点领域，而且还是一个长久的课题。为此，美国政府和国防部门进行了多次改革，采取的主要改革措施有：一是在推动军事装备工业企业收购、兼并的同时，要注重反垄断问题，维持国防采办领域的竞争格局。冷战后，美国政府一方面鼓励广大军事装备工业企业通过收购兼并，重组军事装备工业，增强整个行业的竞争力；另一方面，也注意重组后的军事装备工业企业集团可能产生的垄断现象，及时加以纠正和干预。1998 年 7

月,国防部和司法部的有关部门出于反垄断的原因,阻止了洛克希德·马丁和诺思罗普·格鲁曼两家公司的合并申请案。两个部门认为,这种合并将会严重降低军事电子工业领域等军备生产企业的竞争性。2001年,两部门又否决了通用动力公司收购纽波特·纽斯造船厂的案值21亿美元的申请,原因同样是这"将销弱生产核潜艇的竞争力",并"损害生产水面舰艇和核潜艇以及发展水面舰艇新兴技术的竞争力"①。

　　二是维护军事装备工业小企业权益,对于小企业参与国防采办项目竞标给予优惠政策。为了方便小企业参与国防合同的竞争,美国国会在通过《小企业法》的基础上,又颁发了《小企业投资法》,该法律规定,国防主承包商必须同小企业做生意,主承包商对50万美元以上的合同均须制定并实施小企业转包计划。美国国会还通过了《小企业革新与研究法》,规定要保留大量的小型研究与发展项目,以帮助小企业获得"立足之地",并使其在国防科研的后期阶段可与较大的企业进行竞争。20世纪90年代以来,国防部发出倡议,政府应进行大规模的采办改革,既要提高效率、进行合并,并且把合同集中起来,又要根据《小企业法》对与小企业签订转包合同和对小企业转包计划做出具体安排。陆军部率先响应,表示要让小企业尽可能地参加陆军通信和电子指挥公共汽车合同的签订,继续向小企业提供签订合同的机会。在1997财年,陆军预算为610亿美元,其中170亿美元拨给陆军装备司令部。在这期间,小企业得到的主合同占23%,得到的转包合同占41%。

　　三是大幅度改革军用标准体系,允许更多民营企业参与国防采办项目竞争。为了引入竞争机制,给予更多非专业军事装备工业企业参与国防采办项目的机会,美军对现行军用标准体系进行了大幅度的改革。改革的主要内容是打破军用标准的垄断地位,引民入军、军民结合,逐步改变亦军亦民的军事装备工业企业采用两套标准规范、质量体系和会计制度的做法,引入竞争机制,尽可能建立更加开放的国防工业与采办管理体系,进一步扩大装备采购的来源范围。为此,美军还规定了具体的采购目标:到2005年底,将民品采购合同的价值比1999年增加一倍;2005年以后,要将民用产品合同的数量增加到全部国防采办合同的一半左右。

　　对以上一些改革举措,美国国会认为还不够,还需要进一步加速改革步伐。据2012年3月23日美国《防务新闻》网站报道,美国众议院武装部队委员会的国防工业企业问题小组委员会在经过约半年的听证会、现场座谈会和研究工作后,3月20日公布了一份报告,敦促国防部把重点放在简化采办过程,同时增加能够参与合同竞争的公司数量上。该报告就政府如何改进国防采办业务环境提出了44条建议。其中,最主要的建议有:制定一项长期的工业基础政策;落实能改善承包商与国防部之间沟通的技巧;增加国防部的小企业签约目标等。

(四) 装备采办转型发展

　　进入21世纪,在经历了较长时期的军事与军队转型实践探索后,美国政府及国防部门把下一步转型改革的目光放在了采办管理领域。为此,国防部在2007财年专门向国会提交了一份《国防部采办转型倡议》报告。国防部负责采办、技术与后勤的副部长肯·克

① SIPRI 年鉴 2002[M]. 北京:世界知识出版社,2003:411。

里格在该报告的前言中阐述:该报告是依据《2007 财年约翰·沃纳国防授权法》的要求,就国防部正在进行的采办转型倡议和为改革而制定的目标,向国会提交的第一份报告。他说,国防部一直在抓理顺和简化采办系统,并实施各种积极的改革措施,为获得预期的绩效提出持久的解决办法,并就此与国会保持密切合作。该倡议出台的主要目的,是在制度上实现采办程序和系统的转型,使之适应 21 世纪国家安全环境和国防目标的需要。即对国防部业务工作的每一方面进行评估和改革,以便向作战部队提供更强大的能力,并推进采办工作的可视化。倡议还提出了"大采办"的理念——通过对采办程序、采办系统和管理机构实施转型,以获得一个更加一体化、更具凝聚力的采办环境。

该转型倡议涉及美国国防部整个采办部门和军事装备工业体系,会对采办工作产生全方位的影响。为实现这个转型倡议,就要求建立一个灵活快捷的国防采办系统,也意味着任何组成部分都需要不断地进行调整与改革,以适应各种各样的挑战。在主管采办的国防部副部长发布的《战略目标实施计划》中,美国军事装备采办转型包括以下主要内容:①建立一支高效、灵活和符合职业道德规范的采办队伍;②能够出色完成战略性和战术性采办任务;③能够将技术综合集成满足各种作战需求;④能为作战人员提供可靠和经济有效的联合后勤保障;⑤有足以达成战略目标的可以信赖和经济有效的工业能力;⑥改进采办管理方式和决策程序;⑦拥有适应能力强、效率高和经济有效的采办运行网络和基础设施。

通过以上军事装备采办转型与改革发展,美国国防采办管理体制机制将会进一步健全和完善,运行的效率也会更高,从而更有效地保障军事装备工业装备工业的繁荣发展,为美军获得物美价廉的武器装备,增强战斗力提供更好保障。虽然近年来迫于美国财政状况不佳的压力,奥巴马政府制定了国防预算适当削减的计划,但对装备采购和研发的预算下降的幅度并不大(见表 13-3),每年预算总和都超过 1 500 亿美元,接近 2 000 亿美元。美国国防部副部长罗伯特·沃克在 2014 年 12 月主持全面审议美国国防计划会议上说,国防部尤其是采办管理部门的重点工作是如何花掉每年 1 500 亿~1 600 亿美元的武器现代化预算。美国会在通过该预算法案时,授权奥巴马扩大在伊拉克和叙利亚打击伊斯兰武装分子的军事行动。另据美国 2014 年 12 月号的《国防》杂志文章披露,美国政府及国防部门正在计划增加国防投入,以应对下一轮的世界军备竞赛。目前负责美国武器采购的国防部副部长弗兰克·肯德尔认为,虽然美国的军费开支远远超过别国,在武器技术方面也拥有巨大的优势,但这种优势正在被中、俄等国的军事现代化计划所削弱。因此,美国必须制定新的"抵消战略",即在资源增加不是很大,立足于眼下的财政现实,重点发展无人机、隐身技术和无缝网络,形成一套"全球监视和打击"网络,这将有助于美军时时领先于敌军几步。此外,奥巴马政府的"亚太再平衡"战略也正逐步实施。可见,未来美国的国防尤其是武器装备采购和研发投入不会大幅下降,一旦美国经济开始复苏,财政状况得到好转,美国防预算必然上升。2015 年 2 月 2 日,奥巴马总统向国会提交的 2016 财年国防预算就比 2015 年增长 4.4%,达到 5 850 亿美元,其中,基本国防预算 5 345 亿美元,海外军事行动预算 509 亿美元,明显高于表 13-3 中国防部对 2016 财年国防开支的预测数据。增幅最大的就是装备采购和武器研发预算,其中,装备采购经费为 1 077 亿美元,比 2015 财年增长 14.1%;武器研发经费 698 亿美元,比 2015 财年增长 6.3%,重点投向落实"国防创新倡议"目标,研发具有世界领先地位的"颠覆性军事技术"。虽然美

表 13 - 3　2013—2017 财年美国基本国防开支预测

单位:10 亿美元

	2008A	2009A	2010A	2011A	2012A	2013E	2014E	2015E	2016E	2017E
人员开支	136	146	153	154	158	161	151	144	137	131
运营支持	255	271	293	302	285	263	239	229	219	210
装备采购	165	135	136	133	121	115	94	89	85	81
研发测试和评估	80	80	80	76	72	73	77	74	70	67
其他	30	35	30	20	15	15	12	10	10	9
合计	666	666	691	687	650	627	573	546	522	498
增长率	0.11	0	0.04	0	-0.06	-0.03	-0.09	-0.05	-0.05	-0.04
资料来源:美国国防部,美林公司,中信证券研究部										

国在军事装备研发和采购方面舍得投入,也取得了令人惊叹的成绩,但资源与成本总是硬约束。据 2015 年 3 月 5 日彭博新闻社网站的报道称,美国国会政府问责局近日公布武器成本年度审查报告草案,对五角大楼的 78 项重大武器研发项目进行了审查,发现其中有47 项的预期成本有所上升,年度增加了 270 亿美元,其中就包括洛克希德·马丁公司的F - 35 战斗机项目。对此,美国防部计划通过武器装备技术采办改革,促进有限的武器研发经费转换为更多、更优质的武器装备。中新网 2015 年 3 月 3 日援引中国国防科技信息网的一篇报道指出,美国国防部正在进行技术采办管理改革,试图为其科学项目带来新的希望,并呼吁加大研发投入以创造技术突破。改革的重点是对研发预算的执行流程进行审查,重新调整研究重点,对研发项目进行监督,并寻求更好的方式与私营部门合作。目前国防部已经确定了 17 个技术组合,美国国防部负责研究、开发与工程的助理副部长谢弗将其形容为“利益共同体”,因为每项技术均囊括了五角大楼实验室、国防高级研究计划局及各军事分支机构的代表项目。这 17 个技术组合包括数据和分析、工程柔性系统、赛博、电子战、反大规模杀伤性武器、自主性、有人操控系统、先进电子设备、空中平台、生物医学、反简易爆炸装置、能源和电力、地面和海上平台、材料和制造、传感器、空间以及武器技术。谢弗表示,每个技术组合由一位高级国防官员负责监督,“我们正试图制定一个更加一致的、综合的计划,使工业界的研发能力聚焦在一起,而不必分别追赶陆军、海军和空军的需求,此举将减少重复劳动”。因此,下一步美国军事装备采办管理改革仍然是军队改革的重中之重,国防采办转型仍在路上。

附　　录

2014 年世界军火公司 100 强

2014 年排名	公司	2013 年排名	公司 CEO	所在国家	2013 年防务收入/百万美元
1	洛克希德·马丁	1	Marilyn Hewson, Chairman, President&CEO	美 国	40 494.00
2	波音	2	W. James McNerney Chairman&CEO	美 国	32 000.00
3	英国 BAE 系统	3	Ian King CEO	英 国	28 014.00
4	雷神公司	4	Thomas Kennedy CEO	美 国	22 047.60
5	诺斯罗普·格鲁曼	6	Wes Bush Chairman President&CEO	美 国	19 500.00
6	通用动力	5	Phebe Novakovic Chairman&CEO	美 国	18 836.00
7	空中客车	7	Thomas Endeis CEO	荷 兰	16 546.50
8	联合技术公司	9	Louis Chenevert Chairman&CEO	美 国	11 894.00
9	法国泰勒斯	11	Jean－Bernard Levy Chairman&CEO	法 国	10 961.60
10	芬梅卡尼卡	8	Mauro Moretti. General Manager&CEO	意大利	10 896.30
11	L－3 通信公司	10	Michael Stiranese Chairman President&CEO	美 国	10 337.00
12	俄罗斯安泰	14	Vladislaw Menshikov General Director	俄罗斯	8 326.30
13	亨廷顿·英格尔斯工业	13	Mike Petters President&CEO	美 国	6 324.00
14	罗尔斯·罗伊斯	16	John Roissier CEO	英 国	6 123.60
15	霍尼韦尔公司	15	David Cote Chairman&CEO	美 国	4 900.00
16	法国 DCNS 公司	22	Patrick Boissier Chairman&CEO	法 国	4 601.70
17	德事隆（达信）集团	18	Scott Donnelly President&CEO	美 国	4 236.40
18	博思艾伦	17	Ralph Shrader Chairman	美 国	4 100.00
19	通用电气公司	20	Jeffrey Immelt Chairman&CEO	美 国	4 100.00
20	美国 ITTExelis 公司	19	David Cote Chairman&CEO	美 国	4 093.00
21	乐埃杜斯控股公司	NR	John Jumper Chariman&CEO	美 国	4 080.00
22	惠普公司	36	Meg Whitman Chairman President&CEO	美 国	4 070.70
23	赛峰集团	25	Jean－Levy Chairman&CEO	法 国	4 027.00

（续）

2014 年排名	公司	2013 年排名	公司 CEO	所在国家	2013 年防务收入／百万美元
24	巴布科克公司	27	Peter Rogers &CEO	英国	3 423.80
25	俄罗斯直升飞机公司	24	Alexander Mikheev CEO	俄罗斯	3 406.40
26	三菱重工业公司	33	Shunichi Miyanaga Presidenr&CEO	日本	3 354.90
27	奥斯科什卡车公司	21	Charles Szews CEO	美国	3 047.00
28	莱茵金属集团	31	Armin Papperger CEO	德国	2 952.80
29	萨伯公司	30	Hakan Buskhe President&CEO	瑞典	2 948.30
30	埃尔比特系统公司	35	Israel	以色列	2 925.20
31	科学应用国际公司	12	Anthony Moraco CEO	美国	2 884.70
32	加州分析中心公司	32	Ken Asbury President&CEO	美国	2 735.10
33	优斯咨询	26	Martin Koffel CEO	美国	2 702.90
34	联合引擎—建筑公司（United Engine – Building）	49	Vladislav Masalov General Director	俄罗斯	2 647.00
35	以色列飞机工业公司	39	Joseph Weiss President&CEO	以色列	2 646.00
36	柏克德工程公司	40	Craig Albert Chairman	美国	2 600.00
37	美国阿连特技术系统	29	Mark DeYoung President&CEO	美国	2 525.00
38	戴恩公司	28	Steven Gaffney Chairman&CEO	美国	2 479.60
39	印度斯坦航空设备公司	37	Ravindra Tyagi Chairman&Managing Director	印度	2 459.00
40	哈里斯公司	34	William Brown Chairmanm President&CEO	美国	2 418.00
41	计算机科学公司	23	Mike Lawrie President&CEO	美国	2 401.00
42	罗克韦尔柯林斯国际公司	38	Kelly Ortberg President&CEO	美国	2 395.00
43	曼特克国际公司	41	George Pederson Chairman&CEO	美国	2 207.60
44	福陆公司	48	David Seaton Chairman&CEO	美国	2 162.30
45	通用电子能设备公司	42	J. Neal Blue Chairman&CEO	美国	2 149.60
46	苏霍伊航空控股公司	43	Igor Yakovlevich Ozar General Director	意大利	2 126.70
47	瑟尔科集团	45	Rupert Soames CEO	英国	2 124.60
48	拉斐尔先进防务系统公司	52	Yedidia Yaari President&CEO	以色列	2 115.00
49	新加坡科技工程公司	47	Tan Pheng Hock President&CEO	新加坡	1 988.20
50	达索飞机制造公司	55	Eric Trappier Chairman&CEO	法国	1 923.80
51	科巴姆公司	46	Tan Trappier Chairman&CEO	英国	1 907.00

（续）

2014 年排名	公司	2013 年排名	公司 CEO	所在国家	2013 年防务收入／百万美元
52	无线电—电子技术公司 Concern Radio – Electronic Technology	NR	Nikolay Kolesov General Director	俄罗斯	1 801.00
53	意大利造船金融集团	59	Giuseppe Bono CEO	意大利	1 543.20
54	金库普公司	NR	Scott J Seymour President&CEO	美国	1 377.40
55	韩国航空航天工业公司	87	Ha Sung – yong President&CEO	韩国	1 364.20
56	伊尔库特公司	62	Roman Zhurenko General Director	俄罗斯	1 350.70
57	康斯堡公司	58	Walter Qvam, President&CEO	挪威	1 272.20
58	奎奈蒂克公司	57	Frederico Fleury Curado President&CEO	英国	1 268.00
59	三菱电机公司	53	Masaki Sakuyama President&CEO	日本	1 102.40
60	巴西航空工业公司	61	Frederico Fleury Curado President&CEO	巴西	1 101.80
61	克劳斯—玛菲—韦格曼公司	63	Frank Haun CEO	德国	1 096.20
62	LIG Nexl	77	Lee Hyo koo CEO	韩国	1 087.40
63	奈科斯特公司	70	Philippe Burtin CEO	法国	1 078.30
64	帕特里亚公司	78	Heikki Allonen President&CEO	法国	1 028.30
65	梅吉特航空电子设备公司	66	Stephen Young CEO	英国	1 015.40
66	川崎重工业公司	51	Shigeru Murayama . President	日本	1 004.90
67	阿塞勒桑军用电子工业公司	74	Faik Eken CEO	土耳其	1 001.40
68	GKN 宇航公司	50	Michael Flowers CEO	英国	993.40
69	齐默林公司	60	Michael Flowers CEO	英国	973.20
70	三星泰科	65	Kim Cheol – kyo CEO	韩国	945.00
71	米格飞机	93	Sergcy Sorgeyevich Korotkov General Director	俄罗斯	927.20
72	埃森哲咨询公司	75	Pierre Nanterme Chairman&CEO	美国	888.00
73	穆格公司	76	John Scannell Chairman&CEO	美国	861.00
74	巴拉特电子公司	69	Sunil Kumar Sharma Chairman&Managing Director	印度	853.40
75	日本电气	44	Nobuhiro Endo President	日本	846.90
76	Cubic	73	William Boyle CEO	美国	843.60
77	AAR	71	David Storch General Director	美国	839.20
78	RTI	80	Boev Sergey General Director	俄罗斯	819.00

（续）

2014 年排名	公司	2013 年排名	公司 CEO	所在国家	2013 年防务收入/百万美元
79	Alion 科学技术公司	83	Bahman Atefi Chairman&CEO	美 国	788.70
80	土耳其航空航天工业公司	85	Muharrem Dortkasli President&CEO	土耳其	788.40
81	CAE	79	Marc Parent President&CEO	加拿大	772.40
82	柯蒂特·莱特公司	82	David Adams President&CEO	美 国	760.90
83	RUAG	67	Urs Breitmeier CEO	瑞 士	750.80
84	迪尔防务控股公司	84	Claus Gunther CEO	德 国	730.30
85	PAE 公司	NR	John Heller CEO	美 国	704.10
86	厄尔特拉电子设备公司	68	Rakesh Sharma CEO	英 国	696.30
87	英德拉公司	91	Javier Monzon Chairman	西班牙	678.00
88	鲍尔航空航天与技术公司	90	Robert Strain President	美 国	677.00
89	怀尔	72	George Melton Chairman President&CEO	美 国	676.90
90	前视红外系统公司	88	Andrem Teich President&CEO	美 国	650.00
91	巴特尔研究所	86	Jeffrey Wadsworth President&CEO	美 国	613.90
92	雅各布斯工程公司	56	Craig Martin President&CEO	美 国	582.10
93	维亚萨特公司	94	Mark Dankberg Chairman&CEO	美 国	565.20
94	以色列军事装备工业公司	95	Avi Felder President &CEO	以色列	560.00
95	纳维斯塔	64	Troy Clarke President&CEO	美 国	541.00
96	纳莫公司	92	Edgar Fossheim President&CEO	瑞 典	529.80
97	戴—齐摩尔曼公司	98	Harold Yoh Chairman&CEO	美 国	518.80
98	IHI	99	Tamotsu Saito President&CEO	日 本	512.00
99	Mission Essential	81	Peter Horvath President&CEO	美 国	490.00
100	Griffon6	NR	Ronald J. Kramer CEO	美 国	426.20

资料来源：国科环宇 2014－08－15

参 考 文 献

[1] Stockholm International Peace Research Institute[M]. The SIPRI Yearbook, 1993－2013.

[2] U. S. Arms control and Disarmament Agency[M].. World Military Expenditures and ArmsTransfers 1999－2012.

[3] CRS Report for Congress[M]. Conventional Arms Transfers to Developing Nations,1996－2012.

[4] Jurgen Brauer and J. Paul Dunne. Arms Trade Offsets：What do We Know? Paper for 8th Annual Defence Economics and Security Conference University of the West of England[M]. Bristol, June 2004.

[5] ARMING The Future. A Defence Industry for the 21st Century[M]. New York, Brookings Institution Press,1999.

[6] The Arms Trade. Problems and Prospects in the Post－Cold War World[M]. London, SAGE Periodicals Press,1995.

[7] Russia in the World Arms Trade. Stockholm International Peace Research Institute[M]. Publication：sipri OXFORD UNIVERSITY PRESS,1998.

[8] RUSSIA IN THE WORLD ARMS TRADE. Publication：Carnegie Endowment for International Peace[M]. Washinton, D. C. ,1997.

[9] The World Factbook 2002－2006,Central Intelligence Agency.

[10] National Defense Budget Estimates For FY2002－2014,DOD.

[11] Analytical Perspectives－Budget of the United States Government Fiscal Year 2007,DOD.

[13] www. defenselik. mil .

[14] DOD Financial Management Pegulation,DOD.

[15] Jane's Defence Weekly, Jane's Information Group.

[16] A Precent History of Military Compensation Prlative to Privete Sector Compensation,James Hosek,RAND.

[17] 黄如安,罗革伪. 后冷战时代的世界军事装备工业与贸易[M]. 北京:国防工业出版社,2004.

[18] 总装备部电子信息基础部. 2004 年世界武器装备与军事技术发展报告[R]. 北京:国防工业出版社,2005.

[19] 军事科学院世界军事研究部. 美国军事基本情况[M]. 北京:军事科学出版社,2004.

[20] 李霖. 国防军事装备工业贸易[M]. 北京:解放军出版社,1998.

[21] 王羊. 美苏军备竞赛与控制研究[M]. 北京:军事科学出版社,1993.

[22] 黄如安,刘燕花,崔金伟,康荣. 俄罗斯的军事装备工业与贸易[M]. 北京:国防工业出版社,2008.

[23] 黄如安,肖俊华. 外军资产管理[M]. 北京:国防工业出版社,2012.

[24] 丁莹. 美国国防工业国际合作研究[D]. 长沙:国防科学技术大学,2006.